Beatrix Borchard / Regina Back / Elisabeth Treydte (Hg.)

Musik(vermittlung) und Gender(forschung) im Internet

Studien und Materialien
zur Musikwissenschaft

Band 92

Beatrix Borchard / Regina Back / Elisabeth Treydte (Hg.)
Musik(vermittlung) und Gender(forschung) im Internet

Georg Olms Verlag
Hildesheim · Zürich · New York
2016

Musik(vermittlung) und Gender(forschung) im Internet
Perspektiven einer anderen Musikgeschichtsschreibung

Herausgegeben von
Beatrix Borchard, Regina Back und Elisabeth Treydte
unter redaktioneller Mitarbeit von Silke Wenzel

Georg Olms Verlag
Hildesheim · Zürich · New York
2016

Umschlagmotive:
Lautenspielerin unter Kurtisanen. Gastmahl des verlorenen Sohnes,
Niederländisches Tafelbild, 16. Jh. Bayerisches Nationalmuseum München, Inv. R. 3559.
Mit freundlicher Genehmigung
Würdigungsblatt für Clara Schumann mit Musikerinnen Autographen (1929),
Sophie Drinker Institut Bremen. Mit freundlicher Genehmigung
Tonbandgeräte, Mischpult, Radio, Plattenspieler 1960er Jahre, Privatbesitz.
Mit freundlicher Genehmigung
John Cage 1963 im Hause Gertrud Meyer-Denkmanns,
Uhlhornsweg 35 in Oldenburg, Privatbesitz.
Mit freundlicher Genehmigung

Das Werk ist urheberrechtlich geschützt. Jede Verwertung außerhalb
der engen Grenzen des Urheberrechtsgesetzes ist ohne Zustimmung des Verlages
unzulässig. Das gilt insbesondere für Vervielfältigungen, Übersetzungen, Mikroverfilmungen
und die Einspeicherung und Verarbeitung in
elektronischen Systemen.

Die Deutsche Nationalbibliothek verzeichnet diese Publikation
in der Deutschen Nationalbibliografie; detaillierte bibliografische Daten
sind im Internet über *http://dnb.d-nb.de* abrufbar.

∞ ISO 9706
Gedruckt auf säurefreiem und alterungsbeständigem Papier
Umschlaggestaltung: Barbara Gutjahr, Hamburg
Druck: Hubert & Co, Göttingen
Satz: Schauplatz Verlag, Baden-Baden
Alle Rechte vorbehalten
Printed in Germany
© Georg Olms Verlag AG, Hildesheim 2016
www.olms.de
ISBN 978-3-487-15405-3

Inhalt

I

Beatrix Borchard
Musik(vermittlung) und Gender(forschung) im Internet –
Ein erstes Resümee 3

Kirsten Reese
Von den Anfängen …
Sehen/Hören/Lesen/Assoziieren: Überlegungen zu Darstellungsmöglichkeiten
in und mit multimedialen und interaktiven Medien (2006) 21

Kirsten Reese
… und heute …
Einsichten – ein Besuch bei Gertrud Meyer-Denkmann (2012) 39

Janina Klassen
Gender, Sprache, Wertungsfragen 45

Florian Rügamer
Warum MUGI und nicht Wikipedia? 59

II

Elisabeth Treydte
Schlaglichter. Kontexte geschlechterforschender Musikwissenschaften 79

Martina Bick
Wie wird der Mann ein Mann? Über die Entwicklung von „Männerartikeln"
im Rahmen der Forschungsplattform MUGI 95

Christiane Wiesenfeldt
Repertoire-Konstanten und -Wandel von Komponistinnen des späten
18. und 19. Jahrhunderts 101

Cornelia Bartsch
Werk und Werkverzeichnis im digitalen Medium als „translatio memoriae" –
zur Notwendigkeit von Kritik 117

INHALT

III

Nicole K. Strohmann
Gender und Raum: Orte kompositorischen Wirkens von Frauen im
Frankreich des 19. Jahrhunderts 149

Martina Bick
Mittäterschaften. Wie Musikschriftstellerinnen zur Heroenbildung
beitrugen 181

Regina Back
Von Frauen mit „männlich erhobnem Geist" und Männern in der
Rolle der „Krankenwärterinn" – Facetten der Beziehungen zwischen
Fanny Hensel, Carl Klingemann und Felix Mendelssohn Bartholdy 197

Sarah M. Ross
Musikalische Grenzgängerinnen – Wie Frauen den Kanon amerikanischer
Synagogalmusik neu bestimmen 215

Beatrix Borchard/Bettina Knauer
Musik und Gender – Vermittlungsprojekte an weiterführenden Schulen.
Grundlagen, Fragestellungen, Beispiele 239

Autor_innen des Bandes 253

I

Beatrix Borchard

Musik(vermittlung) und Gender(forschung) im Internet – ein erstes Resümee

Am Anfang standen zwei Erkenntnisse: Die Ergebnisse von Forschung gehen verloren, wenn sie nur in Hochschulprojekte und einmalige Aufführungen münden, und: Vernetzung tut Not. Jede Studierende, jede Wissenschaftlerin (zunächst waren es ausschließlich Frauen), die sich mit musikbezogener Frauen- und Geschlechterforschung befasste, war in ihrem jeweiligen institutionellen Kontext eine Einzelkämpferin. So entstand noch in Berlin an der Universität der Künste (damals Hochschule der Künste) eine Idee, die 2001 am musikwissenschaftlichen Institut Detmold/Paderborn gemeinsam mit meiner Mitarbeiterin Kirsten Reese als Konzept für eine umfassende, multimediale Forschungsplattform zum Thema *Musik und Gender* entworfen wurde.

Konzept

Von vornherein legten wir die Plattform mehrteilig an: Ein personenbezogener Teil, der sich den Kompositionen und dem musikalischen Wirken von Frauen vom Mittelalter bis heute widmen sollte, wurde unterteilt in *Lexikon, multimediale Präsentationen, Materialsammlung* und *kommentierte Links*. Später sollte ein sachbezogener Teil hinzukommen. Im Mittelpunkt der zugrundeliegenden Forschungsarbeit standen Arbeits- und Lebenszusammenhänge von Musikerinnen und bisher nicht erfasste bzw. unerforschte Kompositionen. Ziel war es, durch die als offener Wissensraum konzipierte Plattform zu einer Musikgeschichtsschreibung beizutragen, in der nicht „Autoren" und „Werke" im Zentrum stehen, sondern das musikbezogene kulturelle Handeln von Frauen *und* Männern sowie die Rekonstruktion historischer und aktueller Lebens- und Klangwelten. Musik wurde in diesem Kontext verstanden als Beziehungsereignis, verschriftlichte Werke als Teil eines komplexen Gefüges. Zunächst sollte das vielfältige Wirken von Frauen ins Blickfeld gerückt werden. Das bedeutete, im lexikalischen Teil von MUGI nicht nur die Arbeit von Komponistinnen, sondern auch von Interpretinnen, Mäzeninnen, Initiatorinnen von musikalischen Salons, Verlegerinnen, Pädagoginnen, Förderinnen u.a. lexikalisch zu erfassen. Eine Vorauswahl im Sinne von „die 100 wichtigsten Musikerinnen" wurde bewusst nicht getroffen, weil Auswahl hierarchisiert und Kriterien voraussetzt, die im Forschungs- und Vernetzungsprozess erst entwickelt werden sollten. Außerdem ging es zunächst um Vernetzung bereits geleisteter Forschungsarbeit, auf deren Schwerpunktsetzung wir keinen Einfluss hatten. Tradierte Bewertungen sollten grundlegend hinterfragt werden. Die Kategorisierung „Frau" wurde zunächst nicht hinterfragt.

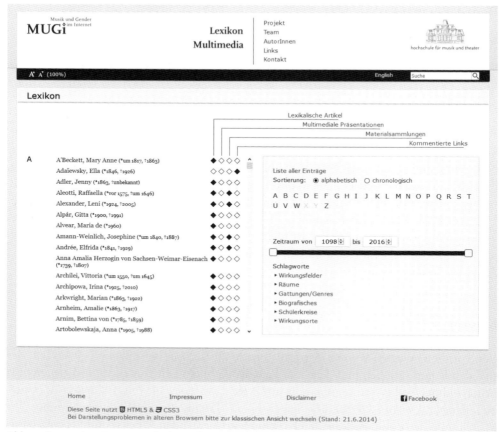

Abb. 1: Screenshot (1.10.2015); dieser Sreenshot gibt das aktuelle Erscheinungsbild wieder.
Foto: © MUGI

MUGI heute

Inzwischen sind fast 15 Jahre vergangen. Was in Detmold/Paderborn begann, wurde an der Hochschule für Musik und Theater Hamburg ab 2002 mit verschiedenen Mitarbeiter_innen[1] systematisch weitergeführt und ausgebaut[2] – anderes trat aufgrund der schmalen personellen Ausstattung in den Hintergrund, wie der Plan, einen parallelen Sachteil aufzubauen. So

---

1   Für den lexikalischen Teil Sophie Fetthauer, Nicole Strohmann, Regina Back, Ellen Freyberg, wieder Regina Back sowie Silke Wenzel und für den multimedialen Teil Kirsten Reese, Julia Heimerdinger sowie Florian Rügamer. Vgl. „Team" unter http://mugi.hfmt-hamburg.de/Team (MUGI = Musikvermittlung und Gender im Internet).

2   *MUGI. Musikvermittlung und Genderforschung: Lexikon und multimediale Präsentationen*, hg. von Beatrix Borchard, Hochschule für Musik und Theater Hamburg, 2003 ff. Online frei verfügbar unter http://www.mugi.hfmt-hamburg.de.

wurde im Laufe der Jahre vor allem durch den lexikalischen Teil Schritt für Schritt ein nach wie vor weitgehend unbekannter Teil des europäischen Kulturerbes zum ersten Mal erfasst und nicht nur Wissenschaftler_innen und Musiker_innen, sondern auch der interessierten Öffentlichkeit zugänglich gemacht. Die historische Orientierung des Lexikons spiegelt die historische Orientierung unseres Faches. Die Hoffnung, durch die kommentierten Links die zeitgenössische Musikszene immer aktuell miteinbeziehen zu können, war nicht so zu realisieren wie geplant. Außerdem müssen Links ständig aktualisiert werden – auch dies eine Frage der personellen Kapazitäten. Ein Selbstdarstellungsforum für zeitgenössische Komponistinnen sollte MUGI nicht sein, sondern eine wissenschaftliche Plattform.

Die Beschränkung zunächst auf Frauen, dann die Einbeziehung sogenannter „Männerseiten" wurde wiederholt diskutiert. Da der Nachholbedarf bezogen auf unser Wissen über das kulturelle Handeln von Frauen nicht nur in der Vergangenheit sondern selbst noch in der Gegenwart unvermindert groß ist, wird MUGI auch künftig einen Beitrag zu beiden Gebieten leisten, zur musikbezogenen Frauen- *und* zur Geschlechterforschung. Die ursprüngliche Beschränkung auf Europa entsprach den Vorgaben von Geldgebern und wird nun nach und nach, nicht zuletzt dank erster englischsprachiger Seiten aufgehoben. Die Nichteinbeziehung der populären Musik bis auf den Bereich Kabarett ergab sich aus den eigenen Forschungsschwerpunkten und war rein pragmatisch motiviert. Auch dies wird sich durch den geplanten weiteren Ausbau der Plattform gemeinsam mit Nina Noeske ändern. (vgl. dazu den Aufsatz von Elisabeth Treydte „Schlaglichter. Kontexte geschlechterforschender Musikwissenschaften" im vorliegenden Band).

Die Anlage der Artikel zeigt deutlich, dass es um ein möglichst breites Erfassen musikbezogener Tätigkeitsfelder geht statt, wie in herkömmlichen Lexika üblich, um die Zuweisung einer bestimmten Profession. Gerade für den Bereich der Musik ist bis heute und geschlechtsunabhängig die Vielfalt von Tätigkeiten kennzeichnend. Welche dieser Tätigkeiten hauptsächlich dem Gelderwerb dient, ist nur eines unter vielen Kennzeichen. Die Auswertung von Repertoires, wie sie Christiane Wiesenfeld in ihrem Aufsatz „Repertoire-Konstanten und -Wandel von Komponistinnen des späten 18. und 19. Jahrhunderts" auf der Grundlage des MUGI-Lexikons in Angriff genommen hat, bezieht sich nahezu ausschließlich auf öffentliche Auftritte der Musikerinnen. Speziell, aber nicht ausschließlich bezogen auf weibliche Musiker kann jedoch Professionalität nicht als gleichbedeutend mit Berufstätigkeit gelten.[3] Das wird besonders deutlich, wenn man die gesamte Bandbreite zwischen privatem und öffentlichem Musizieren mit ins Blickfeld nimmt, wie es hier explizit geschieht. Dadurch wurde zum ersten Mal sichtbar, welche Rolle Frauen historisch speziell als Trägerinnen des jeweiligen regionalen und städtischen Musiklebens gespielt haben. Die Erfassung von Wirkungsorten, sowohl mit den historischen Ortsbezeichnungen wie den aktuellen, vermittelt so auch der Regionalgeschichtsschreibung umfangreiches, bisher unbekanntes

---

3 Vgl. Borchard, Beatrix, „Frau oder Künstlerin – Musikerinnen im Deutschland des 19. Jahrhunderts", in: *Professionalismus in der Musik. Arbeitstagung in Verbindung mit dem Heinrich-Schütz-Haus Bad Köstritz vom 22. bis 25.8.1996*, hg. von Christian Kaden und Volker Kalisch, Essen 1999, S. 115–122 (= Musik-Kultur. Eine Schriftenreihe der Musikhochschule Düsseldorf 5).

Rubriken	Inhalt
1 Namen	Hauptname: Geburtsname: Sonstige Namen:
2 Lebensdaten	* [Geburtsdatum, -ort (damalige Bezeichnung/heutige Bezeichnung)] † [Todesdatum, -ort (damalige Bezeichnung/heutige Bezeichnung)]
Kommentar zu unklaren Lebensdaten	[Nur bei unklaren Daten angeben]
3 Tätigkeiten	[Tätigkeitsfelder im Sinne eines musikbezogenen Handelns (nicht ausschließlich Berufstätigkeiten)]
4 Orte und Länder, Text	[kurzer ausformulierter Text über die Orte und Länder, in denen die Musikerin schwerpunktmäßig wirkte]
Orte und Länder, Liste	Orte: [z.B. Namen von Künstlerkolonien, Klöstern, Schlössern, Ghettos, u.ä.] Städte: Regionen: Länder:
5 Profil	[prägnante Zusammenfassung des Lebens und Schaffens, zugespitzte Beschreibung der besonderen Lebens- und Arbeitszusammenhänge]
6 Charakterisierender Satz	[charakterisierender Satz von der oder über die betreffende Musikerin mit genauer Quellenangabe, bei fremdsprachigen Zitaten mit deutscher Übersetzung]
7 Biografie	[Biografie der Musikerin mit Quellennachweisen für Zitate und Hauptaussagen]
[mehr zu Biografie]	
8 Würdigung	[Beschreibung, Charakterisierung und Einordnung des kompositorischen und/oder sonstigen Schaffens und Wirkens der Musikerin]
[mehr zu Würdigung]	
9 Rezeption	[Rezeption (historisch, gegenwärtig, kompositorisch, wissenschaftlich, aufführungspraktisch, in Roman, Film usw.)]
[mehr zu Rezeption]	
10 Werkverzeichnis	[gegliedertes Werkverzeichnis bei Komponistinnen und Autorinnen (Gliederung und Formate siehe Redaktionsrichtlinien)]
[mehr zu Werken]	
11 Repertoire	[Repertoire von Interpretinnen, als ausformulierter Text oder als Auflistung]
[mehr zum Repertoire]	

Musik(vermittlung) und Gender(forschung) im Internet – ein erstes Resümee

Rubriken	Inhalt
12 Quellen	[Dokumente, Rezensionen, Sekundärliteratur einschließlich aktuellen Verweisen auf Artikel, Dokumente, Bilder usw. im Internet (Gliederung und Formate siehe Redaktionsrichtlinien)]
[mehr zu Quellen]	
13 Forschung	[aktueller Forschungsstand mit Hinweisen auf eventuelle Besonderheiten und auf Orte, wo Quellen zu finden sind]
14 Forschungsbedarf	[kurzer formulierter Text über die konkreten Forschungsdesiderate, wichtig!]
15 Abbildung [(Porträt-)Bild der Musikerin]	Vollständiger Titel der Abbildung: Quelle: Ansprechpartner für Rechte: Genehmigungsvermerk:
16 Schriftprobe	Vollständiger Titel der Abbildung: Quelle: Ansprechpartner für Rechte: Genehmigungsvermerk:
17 Hörbeispiel	Vollständiger Titel der Abbildung: Quelle: Ansprechpartner für Rechte: Genehmigungsvermerk:
18 Notenbeispiel	Vollständiger Titel der Abbildung: Quelle: Ansprechpartner für Rechte: Genehmigungsvermerk:
19 Materialsammlung	[Hinweise auf Bilder, Dokumente, Hörbeispiele, Texte usw., die sich für eine Archivierung im Internet eignen (z. B. Audio-Aufnahmen oder andere Dokumentationen von Kompositionen, Performances, Konzerten etc., Abbildungen von Noten, Autografen, Fotos, Materialien aus Familienbesitz, Bibliografien, Quellenverzeichnisse etc., Beiträge aus anderen Medien, Manuskripte von Radiosendungen, Seminar-, Diplom- und Magisterarbeiten etc.)]
20 Autor/in des lexikalischen Artikels, Angabe des Datums	

Abb. 2: Maske für lexikalische Artikel über Musikerinnen © MUGI

Material. Die Wirkungsräume sind über die Verschlagwortung erschlossen.[4] Nicole K. Strohmann nimmt in ihrem Beitrag „Gender und Raum: Orte kompositorischen Wirkens von Frauen im Frankreich des 19. Jahrhunderts" am Beispiel von Augusta Holmès ein ganzes Spektrum von Räumen in den Blick, der Frage nachgehend, wie Musik Räume konstituiert.

Die Kategorie *Würdigung* – bei der „Wirkung" implizit mit gedacht ist – eröffnet einen Einblick in die Arbeitsfelder der jeweiligen Musikerin und ihre Rezeption. Dass über zitierte Rezensionen mentale Bilder entstehen, die im Rahmen der Textsorte Lexikonartikel nicht differenziert hinterfragt werden können, ist unvermeidlich, bedürfte aber der Analyse beispielsweise im Rahmen einer Auswertung der Artikel in einer vergleichenden Studie. Janina Klassen hat in ihrem Beitrag zum Thema „Gender, Sprache, Wertungsfragen" die Grundlage zu einer solchen Untersuchung gelegt.

Ein Akzent der Lexikon-Artikel lag konzeptionell – im Gegensatz zu herkömmlichen Lexika – auf dem *Lückenschreiben*[5], hier gemeint als Markieren von Forschungslücken sowie Hinweisen auf unaufgearbeitete Archivbestände und private Nachlässe. Vom Benennen der Desiderata im Abschnitt *Forschungsbedarf* sollen Impulse zu weiterer Forschungsarbeit ausgehen, etwa wenn es um die Themensuche für Examens-, Diplom- oder Doktorarbeiten geht. Werkverzeichnisse verweisen in einem nicht erwarteten Umfang auf bisher ungehörte Musik und damit auch auf künftige Editionsaufgaben. Welche Grundsatzfragen sich bei der Anlage von Werkverzeichnissen stellen, zeigt Cornelia Bartsch in ihrem Beitrag „Werk und Werkverzeichnis im digitalen Medium als „translatio memoriae" – zur Notwendigkeit von Kritik" im Bild des sprichwörtlichen Wettkampfs zwischen Hase und Igel und weist zu Recht darauf hin, dass der lexikalische Teil von MUGI dringend einer Ergänzung durch den ursprünglich mitprojektierten Sachteil bedarf.

Besonders die interessierte Öffentlichkeit reagierte nicht nur auf den neuen Zugang zu Informationen, sondern auch auf die Möglichkeit der Ergänzung und Korrektur biographischer Details der Artikel, während sich die Erwartung, dass die Autor_innen selbst für Aktualisierungen sorgen, nicht immer erfüllte. Dass die Möglichkeit der Fortschreibbarkeit, die einer der großen Vorteile des Mediums ist, eher zurückhaltend genutzt wurde, hängt abgesehen vom ständigen Zeit- und Finanzmangel aller Beteiligter auch mit Vorbehalten innerhalb der wissenschaftlichen Community gegenüber einer Internetveröffentlichung von Forschungsergebnissen zusammen. Diese Vorbehalte bezogen sich zum einen auf die Einschätzung, dass für die eigene wissenschaftliche Laufbahn eine Internetveröffentlichung als nicht gleichwertig gelte mit einer Printveröffentlichung, zum anderen sprach aus ihnen die

---

4 Zur Bedeutung der Kategorien Orte und Räume für die musikbezogene Geschlechterforschung vgl. zahlreiche Veröffentlichungen von Susanne Rode-Breymann, hier sei nur genannt: Rode-Breymann, Susanne: „Orte und Räume kulturellen Handelns von Frauen", in: *History/Herstory. Alternative Musikgeschichten*, hg. von Annette Kreutziger-Herr und Katrin Losleben, Köln/Weimar/Wien 2009 (Musik-Kultur-Gender 5) S. 186–197.

5 Vgl. Borchard, Beatrix, „Mit Schere und Klebstoff. Montage als wissenschaftliches Verfahren in der Biographik", in: Cordula Heymann-Wentzel/Johannes Laas (Hg.): *Musik und Biographie. Festschrift für Rainer Cadenbach*, Würzburg 2004, S. 30–45.

Musik(vermittlung) und Gender(forschung) im Internet – ein erstes Resümee

Sorge vor „Diebstahl am geistigen Eigentum". Die Gleichwertigkeitsdebatte erledigt sich zunehmend von selbst, auch wenn es immer noch Kolleginnen und Kollegen gibt – selbst im Bereich Genderforschung –, die meinen, sie könnten das MUGI-Lexikon ohne Quellenangabe verwenden, weil es ja „nur" im Netz verfügbar ist. Zudem haben die Plagiatsaffären der letzten Jahre deutlich gezeigt, was wir immer schon wussten, nämlich dass vermeintlicher oder tatsächlicher geistiger Diebstahl nicht an ein bestimmtes Medium gebunden ist.

MUGI-Lexikon

Anders als ursprünglich gedacht, lag der Hauptakzent der Arbeit auf dem lexikalischen Teil. Für ihn wurde eine Datenbank entwickelt, in der auch unter Kategorien recherchiert werden kann, die aus spezifisch genderbezogenen Fragestellungen erwuchsen. Das verlief nicht ohne Probleme. Denn eine Datenbank erarbeitet man am besten, wenn die Daten möglichst vollständig vorliegen. Hier aber ging es um ein Projekt, das sich ständig weiterentwickelte und veränderte. Verschlagwortung und Suchfunktionen mussten mehrfach überarbeitet werden. Das ist aufwendig, weil ja auch die ‚alten' Seiten nachgearbeitet werden müssen, jedoch notwendig. Die Überarbeitung betraf vor allem für weiterführende Studien besonders wichtige Kategorien wie „Wirkungsfelder", „Wirkungsorte" sowie „Räume". Die folgende Tabelle, die den Autor_innen mit der Bitte zur Verfügung gestellt wird, die aus ihrer Sicht passenden Zuordnungen anzukreuzen und gegebenenfalls neue Schlagwörter zu nennen, zeigt begrifflich eine große Heterogenität, um die Suchmöglichkeiten so vielfältig und so offen wie möglich zu gestalten (s. Tabelle). Außerdem wurden aus konzeptionellen Gründen Felder aufgenommen wie Briefe, Dialogpartnerin, ideelle Förderung, materielle Förderung etc., die im engeren Sinne nicht als musikbezogen gelten. Der Beitrag von Regina Back: „Von Frauen mit „männlich erhobnem Geist" und Männern in der Rolle der „Krankenwärterinn" – Facetten der Beziehungen zwischen Fanny Hensel, Carl Klingemann und Felix Mendelssohn Bartholdy" zeigt, dass diese Felder nicht geschlechtsspezifisch sind:

Schlagworte*			
Wirkungsfelder:			
	[ ] Akkordeon	[ ] Bass (Kontra- /E-)	[ ] Bearbeitung
[ ] Beratung	[ ] Bildende Kunst	[ ] Briefe	[ ] Brotberuf
[ ] Cembalo	[ ] Chorleitung	[ ] Concertina	[ ] Dialogpartnerin
[ ] Dirigieren	[ ] Dramaturgie	[ ] Edition	[ ] Elementare Musikpädagogik (historisch)
[ ] Flöte	[ ] Förderung (ideell)	[ ] Förderung (materiell)	[ ] Forschung
[ ] Fürstin	[ ] Gesang	[ ] Gitarre	[ ] Glasharmonika
[ ] Gottesdienst	[ ] Harfe	[ ] Improvisation	[ ] Instrumentenbau

* Sämtliche Tabellen mit den hier präsentierten Schlagworten: © MUGI

Wirkungsfelder:

[ ] Interpretation	[ ] Journalismus	[ ] Kammermusik	[ ] Keyboard
[ ] Kirchenmusik	[ ] Klangkunst	[ ] Klavier	[ ] Komposition
[ ] Konzertmeisterin	[ ] Konzertorganisation	[ ] Korrepetition	[ ] Laptop
[ ] Laute	[ ] Librettistik	[ ] Literatur	[ ] Malerei
[ ] Management	[ ] Mandoline	[ ] Mäzenatentum	[ ] Medienkunst
[ ] Memoiren	[ ] Muse	[ ] Musikhochschule (Institution)	[ ] Musikkritik
[ ] Musikpädagogik	[ ] Musikpolitik	[ ] Musikschulgründung	[ ] Musiktheorie
[ ] Musiktherapie	[ ] Musikwissenschaft	[ ] Nachlassverwaltung	[ ] Oboe
[ ] Orchester	[ ] Orchesterleitung	[ ] Organistin	[ ] Orgel
[ ] Performance	[ ] Rebec	[ ] Regie	[ ] Salonorchester
[ ] Sammlung	[ ] Saxophon	[ ] Schauspiel	[ ] Schlagzeug
[ ] Schriftstellerin	[ ] Schulmusik	[ ] Songwriting	[ ] Sounddesign
[ ] Stimme	[ ] Streichquartett	[ ] Stummfilm	[ ] Stundengebet
[ ] Tanz	[ ] Theaterleitung	[ ] Theorbe	[ ] Theremin
[ ] Unterricht	[ ] Veranstalterin	[ ] Verlag	[ ] Vermittlung
[ ] Viola	[ ] Viola da gamba	[ ] Violine	[ ] Violoncello
[ ] Widmungsträgerin	[ ] Wissenschaft		

Räume:

	[ ] Adelshaus	[ ] Akademie (Aufführungsort)	[ ] Akademie (Ausbildungsstätte)
[ ] Altersheim	[ ] Bibliothek	[ ] Bühne	[ ] Club
[ ] Erziehungsheim	[ ] Fernsehen	[ ] Festivals	[ ] Film
[ ] Garten	[ ] Gasthaus	[ ] Gefängnis	[ ] Haus
[ ] Hochschule	[ ] Hof	[ ] Internet	[ ] Kindergarten
[ ] Kinderheim	[ ] Kino	[ ] Kirche	[ ] Kloster
[ ] Konservatorium	[ ] Konzentrationslager	[ ] Konzertsaal	[ ] Krankenhaus
[ ] Mädchenschule	[ ] Medialer Raum	[ ] Musenhof	[ ] Musikhochschule
[ ] Musikschule	[ ] Natur	[ ] Opernhaus	[ ] Psychiatrische Anstalt
[ ] Radio	[ ] Salon	[ ] Schloss	[ ] Schule
[ ] Städtischer Raum	[ ] Straße und Plätze	[ ] Studio	[ ] Theater
[ ] Universität	[ ] Verein	[ ] Waisenhaus	

Musik(vermittlung) und Gender(forschung) im Internet – ein erstes Resümee

Auch die Verschlagwortungen für die Rubriken „Gattungen/Genre"s sowie „Biographisches" mussten kontinuierlich erweitert, Zuordnungen immer wieder diskutiert werden, obwohl es sich bei ihnen um tradierte musikwissenschaftliche Kategorisierungen handelt:

Gattungen/Genres:

	[ ] Alte Musik	[ ] American Band Music	[ ] Artikel
[ ] Aufsatz	[ ] Ballade	[ ] Ballett	[ ] Buch
[ ] Bühnenmusik	[ ] Chanson	[ ] Charakterstück	[ ] Chormusik
[ ] Dokumentation	[ ] Elektroakustische Musik	[ ] Elektronische Musik	[ ] Experimentelle Musik
[ ] Feature	[ ] Filmmusik	[ ] Funktionale Musik	[ ] Gedichte
[ ] Geistliche Musik	[ ] Geistliches Drama	[ ] Gemeinschaftswerk	[ ] Hörspiel
[ ] Improvisation	[ ] Installation	[ ] Instrumentalmusik	[ ] Intermedien
[ ] Jazz	[ ] Jodeln	[ ] Kabarett	[ ] Kammermusik
[ ] Kantate	[ ] Kinder (Kindermusik/Musik für Kinder)	[ ] Klangkunst	[ ] Klangökologie
[ ] Klaviermusik	[ ] Kleinkunst	[ ] Laienmusik	[ ] Lied
[ ] Lyrik	[ ] Madrigal	[ ] Märchenspiel	[ ] Melodram
[ ] Messe	[ ] Militärmusik	[ ] Motette	[ ] Musikkritik
[ ] Musiktheater	[ ] Musique spectrale	[ ] Neue Medien	[ ] Oper
[ ] Operette	[ ] Opernfantasien	[ ] Oratorium	[ ] Orchestermusik
[ ] Orgelmusik	[ ] Pädagogische Musik	[ ] Performance	[ ] Politische Musik
[ ] Popularmusik	[ ] Prosa	[ ] Psalmvertonung	[ ] Radiophone Musik
[ ] Revue	[ ] Rezension	[ ] Romance	[ ] Schauspielmusik
[ ] Sinfonie	[ ] Singspiel	[ ] Solokonzert	[ ] Sonate
[ ] Song	[ ] Sound Design	[ ] Streichoktett	[ ] Streichquartett
[ ] Streichtrio	[ ] Stummfilmmusik	[ ] Symphonie	[ ] Tanz
[ ] Vaudeville	[ ] Violinmusik	[ ] Virginalmusik	[ ] Vokalmusik
[ ] Volksmusik	[ ] Weltmusiken	[ ] Zeitgenössische Musik	

Biografie:			
	[ ] „Wunderkind"	[ ] Adel	[ ] Antisemitismus
[ ] Auszeichnung/ Ehrung	[ ] Autobiografie	[ ] Autodidaktin	[ ] Blindenwesen
[ ] Brief	[ ] Bürgertum	[ ] Christentum	[ ] Damen-Streichquartett
[ ] Damen-Trio	[ ] Damenkapelle	[ ] Ehe	[ ] Emigration (auch innere)
[ ] Enkelin eines Komponisten	[ ] Erwerbstätigkeit	[ ] Exil	[ ] Fahrradpionierin
[ ] Finanzielle Notlage	[ ] Frauenbewegung	[ ] Frauenorchester	[ ] Frauenorganisation
[ ] Friedensbewegung	[ ] Geistlicher Stand	[ ] Hofmusikerin	[ ] Hofpianistin
[ ] Hofsängerin	[ ] Homosexualität	[ ] Judentum	[ ] Kammersängerin
[ ] Kammervirtuosin	[ ] Katholizismus	[ ] Kinderkonzerte	[ ] Krieg
[ ] Kulturelle/Künstlerische Gemeinschaft	[ ] Künstlerfamilie	[ ] Künstlerpaar	[ ] Malerei
[ ] Musikpreis	[ ] Mutter	[ ] Nachlass	[ ] Politische Partei/ Organisation
[ ] Protestantismus	[ ] Quäker	[ ] Rassismus	[ ] Spiritualität
[ ] Stipendium	[ ] Tagebuch	[ ] Trennung vom Ehemann	[ ] Verfolgung
[ ] Verwandte eines/r Komponisten/in	[ ] Witwe		

Viele der biographischen Kategorien wurden nur fallweise und bezogen auf lebende Musiker_innen mit deren Einverständnis vergeben. Das betrifft vor allem die Felder „Ehe-/Partnerschaft/Kinder", „sexuelle Orientierung" sowie „Religionszugehörigkeit". Besonders problematisch erwies sich die Markierung „Judentum", da aus historischen Gründen oft nicht zu trennen ist zwischen einer selbstbestimmten Zuordnung und einer negativen Markierung aufgrund der Nürnberger Rassengesetze aus dem Jahr 1935. Sarah M. Ross verweist in ihrem Beitrag „Musikalische Grenzgängerinnen – Wie Frauen den Kanon amerikanischer Synagogalmusik neu bestimmen" auf die Debatte, wer aus welcher Sicht als Jude/Jüdin gilt und wer nicht, sowie auf die wachsende Bedeutung von Rabbinerinnen, Kantorinnen und Singer-Songwriterinnen für das heutige Reformjudentum vor allem in den USA. Über die Markierung muss also im Einzelfall am besten von den Betroffenen selbst entschieden werden. Wo dies nicht möglich war, wurde die Kategorie Judentum nur verschlagwortet, wenn sie aus Sicht der Redaktion für Leben und Werk der Person bedeutsam gewesen ist. In welcher

Musik(vermittlung) und Gender(forschung) im Internet – ein erstes Resümee

Weise sie dies war, ergibt sich für die NS-Zeit aus dem ergänzenden Schlagwort Antisemitismus, für andere historische Phasen jedoch nicht. Dass hier weiterführende Untersuchungen notwendig sind, darauf hat Sarah M. Ross in ihrem Aufsatz verwiesen.

Dass es sich bei der Verschlagwortung des MUGI-Lexikons um ein dynamisches System handeln muss, wird auch an einer durchaus nicht von vornherein mit bedachten Kategorie wie „Schülerin von…" deutlich. Zum einen wurde, je mehr Instrumentalistinnen in das Lexikon aufgenommen wurden, immer deutlicher, welche Rolle Schülerkreise gespielt haben und spielen, zum anderen verweist diese recherchierbare Zuordnung auf männliche Musiker, die Frauen ausgebildet und gefördert haben:

Schülerkreise um…:			
	[ ] Adolf Henselt	[ ] Adolf Rebner	[ ] Adolph Brodsky
[ ] Adolph Schlösser	[ ] Adrien-François Servais	[ ] Agathe Backer Grøndahl	[ ] Albert Becker
[ ] Albert Geiger	[ ] Alberto Randegger	[ ] Alessandro Pezze	[ ] Alexander Dreyschock
[ ] Alexander Zemlinsky	[ ] Alfredo Piatti	[ ] Andreas Moser	[ ] Andreas Streicher
[ ] Ann Mounsey Bartholomew	[ ] Anna Schultzen von Asten	[ ] Anne Queféllec	[ ] Anton Bohrer
[ ] Anton Bruckner	[ ] Antonio Bernacchi	[ ] Antonio Salieri	[ ] Arno Hilf
[ ] Arnold Schönberg	[ ] Arthur de Greef	[ ] Artur Schnabel	[ ] August Buhl
[ ] August Goltermann	[ ] August Wilhelmij	[ ] Auguste Dupont	[ ] Bedřich Smetana
[ ] Benjamin Godard	[ ] Bohuslav Foerster	[ ] Brian Ferneyhough	[ ] Bronisław Huberman
[ ] Bruno Zwintscher	[ ] Camille Saint-Saëns	[ ] Carl Baermann	[ ] Carl Baermann (jun.)
[ ] Carl Czerny	[ ] Carl Dawidow	[ ] Carl Flesch	[ ] Carl Friedberg
[ ] Carl Halir	[ ] Carl Reinecke	[ ] Carl Tausig	[ ] Charles Dancla
[ ] Charles Lucas	[ ] Charles Steggall	[ ] Charles Villiers Stanford	[ ] Charles-Marie Widor
[ ] Cipriano Potter	[ ] Clara Schumann	[ ] Claude Debussy	[ ] Dieter Schnebel
[ ] Dionys Pruckner	[ ] Diran Alexanian	[ ] Domenicus Stephani	[ ] Dominique Merlet
[ ] Ebenezer Prout	[ ] Edgar Mouncher	[ ] Eduard Jacobs	[ ] Eduard Mertke
[ ] Eduard Pirkert	[ ] Eduard Pirkhart	[ ] Eduard Rappoldi	[ ] Eduard Reuß
[ ] Edward Dannreuther	[ ] Elise Polko	[ ] Emanuel Wirth	[ ] Émile Bienaimé
[ ] Emile Sauret	[ ] Engelbert Humperdinck	[ ] Enrique Arbós	[ ] Ernst F. Wenzel
[ ] Ernst Ferdinand Wenzel	[ ] Ernst Friedrich Richter	[ ] Ernst Julius Otto	[ ] Ernst Pauer

So entstand 2014 aus der Sache heraus eine Erweiterung des Lexikons, die bereits ursprünglich mitgedacht war, nämlich die Aufnahme von Artikeln über männliche Musiker und Musikschriftsteller unter Gendergesichtspunkten. Martina Bick zeigt in ihrem Aufsatz „Wie wird der Mann ein Mann? Über die Entwicklung von ‚Männerartikeln' im Rahmen der Forschungsplattform MUGI", dass bereits die „Start"-Artikel über Eduard Hanslick, Anton Reicha, Richard Wagner, Franz Schubert u.a. einen vielfältigen Einblick in die Geschichte des Denkens über „Weiblichkeit" und „Männlichkeit" im Bereich der angeblich geschlechtslosen Musik versprechen. Durch diese Ergänzung wird zudem deutlich, wie stark auch weibliche Autoren geschlechtsspezifische und häufig misogyne Zuschreibungen reproduziert haben. Bewusst oder unbewusst haben sie sich so in den „Mainstream" eingeschrieben, vielleicht nicht zuletzt, um Publikationsmöglichkeiten zu erhalten. Martina Bick hat in einem weiteren Beitrag zum Thema „Mittäterschaften? Wie Musikschriftstellerinnen zur Heroenbildung beitrugen (La Mara, Lina Ramann und Anna Morsch)" den Aspekt des „Einschreibens" herausgearbeitet. Ergänzt wird dieser Artikel durch ihre gemeinsam mit Cornelia Geissler gestaltete multimediale Präsentation (http://mugi.hfmt-hamburg.de/Multimedia/Musikschriftstellerinnen_im_19._Jahrhundert).

Es versteht sich von selbst, dass die „Männerseiten" anders konzipiert werden mussten als die „Frauenseiten", da es sich hier nicht um allgemeine biographische Artikel handelt, sondern um Artikel, die den Fokus ausschließlich auf Genderaspekte und die biographische Vernetzung mit weiblichen Musikern und Förderern legen.

	Rubriken	Inhalt
1	Namen	Hauptname: Geburtsname: Sonstige Namen:
2	Lebensdaten	* [Geburtsdatum, -ort (damalige Bezeichnung/heutige Bezeichnung)] † [Todesdatum, -ort (damalige Bezeichnung/heutige Bezeichnung)]
	Kommentar zu unklaren Lebensdaten	[Nur bei unklaren Daten angeben]
3	Tätigkeiten	[Tätigkeitsfelder im Sinne eines musikbezogenen Handelns (nicht ausschließlich Berufstätigkeiten)]
4	Orte und Länder, Text	[kurzer ausformulierter Text über die Orte und Länder, in denen die Musikerin schwerpunktmäßig wirkte]
	Orte und Länder, Liste	Orte: [z.B. Namen von Künstlerkolonien, Klöstern, Schlössern, Ghettos, u.ä.] Städte: Regionen: Länder:
5	Profil unter Genderaspekten	[prägnante Darstellung der Genderaspekte im Leben und Werk des Musikers (z.B. Frauen-/Männerbild, Einfluss von MusikerInnen, InterpretInnen, MäzenInnen, PädagogInnen, LebensgefährtInnen, Musen, Einfluss durch sexuelle Orientierung, etc.)

Musik(vermittlung) und Gender(forschung) im Internet – ein erstes Resümee

	Rubriken	Inhalt
6	Charakterisierender Satz unter Genderaspekten	[charakterisierender Satz über die Rolle von Genderaspekten im Leben und Werk des Musikers oder über ihr Frauen- und Männerbild; Zitat mit genauer Quellenangabe, bei fremdsprachigen Zitaten mit deutscher Übersetzung]
7	Kurzbiografie	[Kurzbiografie des Musikers]
8	In Beziehung mit:	[Frauen oder Männer, mit denen der Musiker in Beziehung stand (im schriftlichen Dialog/im mündlichen Dialog/ Widmung/Unterrichtsverhältnis/Dokumentaristin von/ verheiratet mit/ etc.) mit Quellennachweisen für Zitate und Hauptaussagen]
9	Werk/Wirken unter Genderaspekten	[Werk und Wirken des Musikers mit Genderbezug, nachvollziehbar durch Widmungen, Kompositionen, die in Zusammenarbeit oder im Zusammenhang mit einer Beziehung zu einer Frau oder einem Mann entstanden sind wie z.B. „Wesendoncklieder" (Wagner/Wesendonck), geschlechtsbezogene Metaphern oder Theorien in Texten, etc.]
10	Wissenschaftliche Rezeption unter Genderaspekten	[Rezeption der Werke mit Genderbezug (historisch, gegenwärtig, in Rezensionen, kompositorisch, wissenschaftlich, aufführungspraktisch, in Roman, Film usw.)]
11	Werkliste und Repertoire unter Genderaspekten	[Repertoire von Interpreten, das einen nachweisbaren Genderbezug hat – z.B. Konzertprogramme von Joseph und Amalie Joachim, Joseph Joachim und Johannes Brahms, Clara und Robert Schumann, etc.]
12	Quellen zu Genderaspekten	[Dokumente, Rezensionen, Sekundärliteratur usw. (Gliederung und Formate siehe Redaktionsrichtlinien)]
13	Links für Genderaspekte	[aktuelle Verweise auf Artikel, Dokumente, Bilder usw. im Internet]
14	Stand der Forschung unter Genderaspekten	[aktueller Forschungsstand mit Hinweisen auf eventuelle Besonderheiten und auf Orte, wo Quellen zu finden sind]
15	Forschungsbedarf zu Genderaspekten	[kurzer formulierter Text über die konkreten Forschungsdesiderate, wichtig!]
16	Abbildung [(Porträt-)Bild des Musikers]	Vollständiger Titel der Abbildung: Quelle: Ansprechpartner für Rechte: Genehmigungsvermerk:
20	Materialsammlung mit Genderbezug	[Hinweise auf Bilder, Dokumente, Hörbeispiele, Texte usw. mit Genderaspekten, die sich für eine Archivierung im Internet eignen (z. B. Audio-Aufnahmen oder andere Dokumentationen von Kompositionen, Performances, Konzerten etc., Abbildungen von Noten, Autografen, Fotos, Materialien aus Familienbesitz, Bibliografien, Quellenverzeichnisse etc., Beiträge aus anderen Medien, Manuskripte von Radiosendungen, Seminar-, Diplom- und Magisterarbeiten etc.)]
21	Autor/in des lexikalischen Artikels, Angabe des Datums	
22	letzte Aktualisierung	

Abb. 3: Maske Männerseiten

Inzwischen verfügt das MUGI-Lexikon über einen großen Stamm von Autor_innen und wächst kontinuierlich. Zurzeit sind es ca. 500 Artikel. Dadurch ist die Grundlage für weiterführende systematische Untersuchungen wie etwa zu Professionalisierungswegen von Pianistinnen, Cellistinnen, Geigerinnen gelegt. Silke Wenzels Studie „Dreißig Violoncellistinnen. Eine biografisch-systematische Studie" steht kurz vor der Veröffentlichung. Entsprechendes gilt für Studien zur Wahrnehmung weiblicher Musiker in Kritiken.

Auch das Gesicht von MUGI wurde zweimal aktualisiert, die Programmierung sich verändernden Nutzergewohnheiten sowie der Weiterentwicklung von Browsern und Software angepasst. Datenbank und Layout entsprechen mit HTML5 und CSS3 dem neuesten Stand der Technik, so dass MUGI nunmehr mit einem „responsive design" auch für das Lesen auf Smartphones attraktiv ist. Darüber hinaus wurde die Optik der Seite an gedruckte Lexika angeglichen. Die neue, digital zur Verfügung gestellte zweispaltige Druckfassung einzelner Artikel als pdf-Datei ist zwar vom Aufbau her, jedoch nicht im Außenbild von einem gedruckten Lexikonartikel zu unterscheiden.

Die Namensveränderung von „Musik und Gender im Internet" zu „Musikvermittlung und Genderforschung im Internet" bei gleichbleibender Abkürzung MUGI weist auf eine Akzentverschiebung des gesamten Projekts auf die Vermittlung von Forschung und Musik, ein Aspekt, der besonders im multimedialen Teil der Plattform und in den an ihn anknüpfenden Seminar- und Schulprojekten zum Tragen kommt.

MUGI Multimedial

Zweiter Schwerpunkt der Forschungsplattform sind speziell für das Medium Internet konzipierte multimediale Präsentationen über Leben und Werk von Komponistinnen und Musikerinnen oder Sachthemen wie „Musik und Körper". Ein wichtiger Gedanke dabei war (und ist) es, neben traditionellen Werkformen von vornherein auch Arbeiten ins Blickfeld zu rücken, die einen erweiterten Werkbegriff voraussetzen, wie Performances, elektronische Musik, Klangkunst und andere zeitgenössische Musikformen. Dafür sowie für genderspezifische Sachthemen mussten neue Methoden der Erschließung und neue multimediale Darstellungsformen entwickelt werden. Die an Feature- und Montageformen[6] orientierten Präsentationen wurden individuell erarbeitet und von Webdesigner_innen gemeinsam mit den jeweiligen Autor_innen gestaltet, um das jeweilige Thema mit Hilfe verschiedener Materialien und Formate, wie z.B. Texten, Audiodateien, Fotos, Videos, interaktiven Modulen und Animationen, möglichst aspektreich darzustellen. Jede Präsentation ist durch einen Kommentar zum zugrundeliegenden inhaltlichen und darstellerischen Konzept ergänzt. Kirsten Reese hat in ihrem Beitrag aus dem Jahr 2003/2006 „Sehen/Hören/Lesen/Assoziieren: Überlegungen zu Darstellungsmöglichkeiten in und mit multimedialen und interaktiven

---

6 Vgl. Borchard, „Mit Schere und Klebstoff".

Musik(vermittlung) und Gender(forschung) im Internet – ein erstes Resümee

Abb. 4: Startseite MUGI multimedial, Screenshot (1.10.2015), Foto: © Veronika Grigkar/MUGI

Medien"[7] die grundsätzlichen konzeptionellen Überlegungen zum multimedialen Teil der Forschungsplattform formuliert. Wir drucken ihn hier noch einmal ab und verknüpfen ihn mit einem Kommentar zu ihrer 2015 veröffentlichten Seite über Gertrud Meyer-Denkmann (http://mugi.hfmt-hamburg.de/Multimedia/Ein_Besuch_bei_Gertrud_Meyer_Denkmann).

---

7 Reese, Kirsten, „Sehen/Hören/Lesen/Assoziieren: Überlegungen zu Darstellungsmöglichkeiten in und mit multimedialen und interaktiven Medien", in: *Musik mit Methode: Neue kulturwissenschaftliche Perspektiven*, hg. v. Corinna Herr, Monika Woitas, Köln, Weimar 2006 (= Musik – Medien – Geschlecht. Studien zur europäischen Kultur 1), S. 109–126.

Online zugänglich sind derzeit z.B. weitere Präsentationen zu Themen wie – bereits erwähnt – „Musikschriftstellerinnen im 19. Jahrhundert" (Martina Bick und Cornelia Geissler), „Kunst im Kollektiv – les femmes savantes" (Martina Seeber), „Licht und Klang. Aspekte der Raumwahrnehmung in Klanginstallationen von Christina Kubisch" (Claudia Tittel, Thomas Nösler und Sakrowski), „Spielfrauen im Mittelalter" (Constanze Holze, Pepe Jürgens und Kirsten Reese), „Dienstmädchen auf der Opernbühne des 18. Jahrhunderts" (Birgit Kiupel und Cornelia Geissler), „Körper und Musik" (Julia Gerlach und Sybille Hotz) oder Pauline Viardot-Garcia (Beatrix Borchard und Julia Lindig) sowie Ethel Smyth (Melanie Unseld und Wice GmbH).

Dass der multimediale Teil der Plattform sehr viel langsamer wächst als der lexikalische, hängt zum einen damit zusammen, dass Entwurf und Realisation aufwendig sind, zum anderen, dass die meisten Musikwissenschaftler_innen und -publizist_innen nach wie vor ausschließlich ‚in Büchern' denken und sich schwer damit tun, die Vorteile des Mediums, wie z.B. die nichthierarische und nichtlineare Darstellungsweise zu nutzen sowie interaktive Elemente zu entwickeln. Auch das sehr verbreitete, auf schnelle Information ausgerichtete Nutzer_innenverhalten steht einer intensiven Auseinandersetzung mit vielfältigen Präsentationen im Internet entgegen. Im Rahmen von Seminaren und Schulstunden hingegen korrespondieren die multimedialen Präsentationen mit modernen pädagogischen Konzepten des entdeckenden und forschenden Lernens, wie beispielsweise eine im Rahmen eines Seminars erarbeitete Präsentation unter dem Titel „Räume für Musik – Fanny Hensel" (http://mugi.hfmt-hamburg.de/Multimedia/Räume_für_Musik_-_Fanny_Hensel) oder „Multimediale Aspekte im Schaffen der Komponistin Babette Koblenz von Lena Blank, Christian Bähnisch und Kirsten Reese (http://mugi.hfmt-hamburg.de/Multimedia/Multimediale_ Aspekte_im_Schaffen_der_Komponistin_Babette_Koblenz) sowie ein Schulprojekt „Panorama der Vielfalt. Musik und Gender in heutiger Popularkultur" von Silke Wenzel und Florian Rügamer (http://mugi.hfmt-hamburg.de/Multimedia/Panorama_der_Vielfalt).

MusikGeschichtsVermittlung an Schulen

Das Projekt „Musik und Gender an weiterführenden Schulen" unter Leitung von Beatrix Borchard und Bettina Knauer wird in Hamburg seit 2010 als Projektpartnerschaft zwischen Wissenschaftler_innen, jungen Künstler_innen, Lehrer_innen und Schüler_innen mit dem Ziel durchgeführt, Schüler_innen und Lehrer_innen einen Einblick in die musik- und kulturwissenschaftliche, genderorientierte Forschung zu ermöglichen. Am Projekt nahmen bislang ca. 120 Schüler_innen teil, Klassenstufe 6–13. Durch aktive Mitwirkung an kleineren Forschungsprojekten, Einbindung in den wissenschaftlichen wie künstlerischen Betrieb an der Hochschule für Musik und Theater Hamburg, Erarbeitung eigener Formate zur Musikvermittlung gemeinsam mit Studierenden der wissenschaftlichen und künstlerischen Studiengänge etc. lernen Schüler_innen Fragestellungen und Methoden der Musik-, Literatur- und Kulturwissenschaft kennen. Der Beitrag von Beatrix Borchard und Bettina Knauer,

Musik(vermittlung) und Gender(forschung) im Internet – ein erstes Resümee

„Musik und Gender – Vermittlungsprojekte an weiterführenden Schulen. Grundlagen, Fragestellungen, Beispiele", stellt die Zusammenarbeit mit Schulen dar und zeigt, dass genderorientierte Themen einen fruchtbaren Kontrapunkt zum üblichen Lehrplan bilden können. Grundsätzlich gilt es auch im Transfer zu Schulen einen Prozess des Umdenkens in der Musikgeschichtsschreibung und damit auch in der Musik- und Kulturvermittlung zu bewirken.

Fazit

Es sei abschließend noch einmal betont: Es geht auch in der Zukunft darum, eine Forschungsplattform und nicht ein herkömmliches Lexikon-Projekt zu betreuen und weiter auszubauen, und die besonderen Chancen und Möglichkeiten des Mediums Internet gezielt (und besonders auch für die Lehre) zu nutzen. Es gilt zunehmend dem Prinzip Wikipedia von wissenschaftlicher Seite aus etwas entgegenzusetzen. Florian Rügamer hat in seinem Beitrag „Warum MUGI und nicht Wikipedia?" für den vorliegenden Band die aktuellen Debatten innerhalb der Wikipedia Community um Geschlechtergerechtigkeit verfolgt.

Wichtig bleibt
– die breite Zugänglichkeit des Mediums, die Informationen nicht nur der scientific community, sondern größeren Kreisen von Interessierten zugänglich macht und auch rückwirkend deren Informationen und Quellen nutzt,
– die Möglichkeit, multimedial zu arbeiten, also neben Texten auch Bild-, Noten- und Klangquellen wenigstens ausschnitthaft präsentieren zu können, um einen umfassenden Eindruck der kulturellen Arbeit von Musiker_innen vermitteln zu können,
– die Möglichkeit, vorläufige Ergebnisse zu präsentieren, die ständig fortgeschrieben werden können. Dadurch wird der Forschungsprozess in seiner Diskontinuität und Fragmenthaftigkeit offengelegt. Ganz bewusst sollen die Lücken in der Kenntnis vor allem von weiblichen Biographien und Schaffenszusammenhängen aufgezeigt statt zugeschrieben werden,
– die Möglichkeit, in multimedialen Beiträgen Informationen nicht hierarchisiert zu vermitteln, sondern den Nutzer_innen die Chance zu bieten, den Zugang zu der Arbeit einer Musikerin oder zu einem Sachthema bezüglich Themenauswahl und -reihenfolge selbst zu wählen. Außerdem können durch Verlinkungen Leben und Arbeit stärker miteinander verknüpft und verschiedene Aspekte individuell und vielfach aufeinander bezogen werden,
– die Möglichkeit der Interaktion für die Nutzer_innen, einmal durch E-Mail-Kontakt, vor allem aber auch durch spielerische Präsentationsformen,
– die Möglichkeit, durch die Erarbeitung individuell gestalteter Beiträge neue hochschuldidaktische Wege zu beschreiten. In Projekten könnte die musikalische Einstudierung, wissenschaftliche Aufarbeitung und technische Umsetzung einer multimedialen Seite die

Zusammenarbeit verschiedener Fachrichtungen intensivieren. Der pluralistische Zugang zu einem Thema könnte tiefere Eindrücke hinterlassen, die Auseinandersetzung mit dem Medium die Kompetenzen der Studierenden und Lehrenden im multimedialen Bereich stärken,
– die Möglichkeit, eine Forschungsplattform bereitzustellen, die gemeinsam ausgebaut werden kann, und zwar hochschulübergreifend und inter – national.

Dank

Unser Dank für die finanzielle Unterstützung nicht nur der Drucklegung dieses Buches gilt der Mariann Steegmann Foundation und ihrem Beirat, vor allem jedoch Prof. Dr. Eva Rieger.

Literatur

Borchard, Beatrix, „Frau oder Künstlerin – Musikerinnen im Deutschland des 19. Jahrhunderts", in: *Professionalismus in der Musik. Arbeitstagung in Verbindung mit dem Heinrich-Schütz-Haus Bad Köstritz vom 22. bis 25. August 1996*, hg. von Christian Kaden und Volker Kalisch, Essen 1999, S.115–122 (= Musik-Kultur. Eine Schriftenreihe der Musikhochschule Düsseldorf 5).

Borchard, Beatrix, „Mit Schere und Klebstoff. Montage als wissenschaftliches Verfahren in der Biographik", in: Cordula Heymann-Wentzel/Johannes Laas (Hg.): *Musik und Biographie. Festschrift für Rainer Cadenbach*, Würzburg 2004, S. 30–45.

Borchard, Beatrix, Öffentliches Quartettspiel als geschlechtsspezifische „Raumgestaltung"?, in: *Musik – Stadt. Traditionen und Perspektiven urbaner Musikkulturen,* Bd. 3: Musik in Leipzig, Wien und anderen Städten im 19. und 20. Jahrhundert: Verlage – Konservatorien – Salons – Vereine – Konzerte, hg. von Stefan Keym und Katrin Stöck, Leipzig 2011, S. 385-399

Reese, Kirsten, „Sehen/Hören/Lesen/Assoziieren: Überlegungen zu Darstellungsmöglichkeiten in und mit multimedialen und interaktiven Medien", in: *Musik mit Methode: Neue kulturwissenschaftliche Perspektiven*, hg. v. Corinna Herr, Monika Woitas, Köln, Weimar 2006 (= Musik – Medien – Geschlecht. Studien zur europäischen Kultur 1), S. 109–126.

Rode-Breymann, Susanne: „Orte und Räume kulturellen Handelns von Frauen", in: *History/Herstory. Alternative Musikgeschichten*, hg. von Annette Kreutziger-Herr und Katrin Losleben, Köln/Weimar/Wien 2009 (Musik-Kultur-Gender 5) S. 186–197.

Rode-Breymann, Susanne, „Raum – eine Kategorie musikalischer Gattungshistoriographie?", in: *Gattungsgeschichte als Kulturgeschichte. Festschrift Arnfried Edler*, hg. von Christine Siegert, Katharina Hottmann, Sabine Meine, Martin Loeser und Axel Fischer, Hildesheim 2008 (Ligaturen. Musikwissenschaftliches Jahrbuch der HMTH 3) S. 189–204.

Kirsten Reese

Von den Anfängen …

Wir haben uns entschieden, den Aufsatz „Sehen/Hören/Kopieren/Assoziieren: Überlegungen zu Darstellungsmöglichkeiten in multimedialen und interaktiven Medien" aus der Anfangszeit von MUGI zum 15-jährigen Jubiläum der Internetplattform nochmals abzudrucken.[1] Obwohl die Beschreibungen der Möglichkeiten des Internets aus heutiger Perspektive in einigen Abschnitten überholt sind[2], wurde der Text nicht aktualisiert. Im Gegenteil erschien es interessant, dass auf diese Weise offensichtlich wird, wie viele Aspekte der Erscheinungs- und Darstellungsformen des Internets inzwischen selbstverständlich geworden sind. Gleichzeitig lässt sich einschätzen und nachverfolgen, worauf das Augenmerk bei der Entwicklung des Formats „multimediale Präsentation" im Rahmen der MUGI-Plattform lag, und wie die Konzeption mit den Möglichkeiten der multimedialen Darstellung im Internet zu der damaligen Zeit korrespondierte.

An dieser Stelle soll es nicht darum gehen, Entwicklungen der vergangenen zehn Jahre in technischer Hinsicht und vor allem im Hinblick auf die Formate und ihre Nutzung im Internet nachzuzeichnen und zu analysieren. Lediglich eine Beobachtung soll angeführt werden: insbesondere im Hinblick auf die Verknüpfung von Medieninhalten, die vor allem im Textabschnitt „Hypertext/Hypermedia" dargestellt wird, haben sich andere Entwicklungen eingestellt, als sie zum Zeitpunkt der Konzipierung der „multimedialen Präsentationen" vorausgesehen wurden. Verschiedenartige Medienformate werden aktuell eher getrennt dargestellt. So hat sich „Soundcloud" als Portal für Musik für eine große Anzahl von Musiker/innen durchgesetzt, „Youtube" für Videos sowieso, wobei auch hier Musik als Videodatei mit Standbild präsentiert wird. Die vereinheitlichte Verpackung dient der einfachen Orientierung, so dass sich die jeweils individuelle Gestaltung einer Internetpräsentation mit einem ‚Gesicht', wie im Text beschrieben, weniger durchgesetzt hat als erwartet. Umso wichtiger ist es, dass es Plattformen wie MUGI gibt, die unterschiedlich gestaltete Inhalte systematisch zugänglich machen.

---

1 Ursprünglich erschienen als „Sehen/Hören/Lesen/Assoziieren. Überlegungen zu Darstellungsmöglichkeiten in multimedialen und interaktiven Medien", in: *Musik mit Methode: Neue kulturwissenschaftliche Perspektiven*, hg. v. Corinna Herr, Monika Woitas, Köln, Weimar 2006 (= Musik – Medien – Geschlecht. Studien zur europäischen Kultur 1), S. 109–126.

2 So ist es beispielsweise interessant, sich zu vergegenwärtigen, dass in den Anfangszeiten von MUGI viele Rechner noch nicht mit Soundkarten ausgestattet waren, und somit nicht davon ausgegangen werden konnte, dass Audiodateien umstandslos gehört werden konnten. Oder, ein ebenso simples Beispiel, im Hinblick auf die „langen Downloadzeiten" von denen im Text die Rede ist, sind heute von den schnelleren Computern und Netzen unvergleichlich größere Datenmengen problemlos zu bewältigen.

Kirsten Reese

Sehen/Hören/Lesen/Assoziieren:
Überlegungen zu Darstellungsmöglichkeiten in und mit multimedialen und interaktiven Medien (2006)

Die hier dargelegten Überlegungen beruhen auf Erfahrungen bei der Erstellung von multimedialen Internetseiten innerhalb des Forschungsprojekts „Musik und Gender im Internet" (MUGI). Da ein Schwerpunkt von MUGI die Musikvermittlung im Internet ist, war es schon in der Konzeptionsphase ein besonderes Anliegen des Projekts, medienspezifische Präsentationsformen für die Darstellung des Profils einer Musikerin, eines Musikwerks oder eines Sachthemas zu entwickeln. Um dieses Ziel anhand von Beispielen anschaulich zu machen und um verschiedene Ansätze hierfür ‚auszuprobieren', wurden bereits 2001 acht Internetsites zu Musikerinnen als ‚Fallbeispiele' realisiert. 2004 entstanden zwei weitere, umfangreichere multimediale Präsentationen („Licht und Klang. Aspekte der Raumwahrnehmung in Klanginstallationen von Christina Kubisch" sowie „Dienstmädchen auf der Opernbühne des 18. Jahrhunderts")[3]. Anhand von ausgewählten Beispielen aus diesen multimedialen Präsentationen soll im Folgenden dargestellt werden, auf welche Weise durch ein interaktives und multimediales Medium wie dem Internet neue methodische Ansätze für die Darstellung von musikbezogenen und musikwissenschaftlichen Inhalten entwickelt werden können. Dabei beruhen die hier vorgestellten Überlegungen zum einen auf den Ausgangskonzepten für die Sites, zum anderen auf den Erfahrungen, die *im Prozeß* der praktischen Erstellung und mit dem Einsatz der Sites gemacht wurden. Eine analytische Darstellung und theoretische Auseinandersetzung mit den realisierten multimedialen Präsentationen erscheint nicht zuletzt deshalb besonders wichtig, weil die ‚vielen bunten Bilder' und das spielerische Moment, das die Internetsites enthalten, möglicherweise dazu verleiten, sie als *Spielerei* abzutun. Stattdessen soll es hier darum gehen, die Potentiale eines ästhetischen Zugangs in und mit einem neuen Medium für die Vermittlung von Musik und ihren Kontexten zu zeigen.

Methodische Vielfalt

Als ein zentraler methodischer Ansatz der multimedialen Präsentationen auf der MUGI-Plattform ist zunächst die konzeptionelle und gestalterische Vielfalt zu nennen. Ausgehend von der Überlegung, dass jede Künstlerin, jeder künstlerisch-kreative Schaffensprozess und jedes Werk anders ist, erschien es folgerichtig, jeweils unterschiedliche methodische Zugänge

---

[3] Links zu allen multimedialen Präsentationen auf MUGI: Eine Auflistung der multimedialen Präsentationen mit zugehöriger URL findet sich unter http://mugi.hfmt-hamburg.de/Multimedia (eingesehen am 7.5.2015).

und andere Formen der medialen Darstellung zu finden. Daher wurden die multimedialen Präsentationen von jeweils anderen Webdesignern gestaltet, und Navigation und Design wurden bewusst unterschiedlich konzipiert, um der jeweiligen Site ein eigenes Aussehen, ein ‚eigenes Gesicht' zu geben. Die Vielfalt der Gestaltungsmöglichkeiten ist für Internetplattformen kein selbstverständliches Konzept, da normalerweise – um einen besseren Gebrauch zu gewährleisten – ähnlich gestaltete Inhaltsbereiche präsentiert werden sollen.[4]

Im Falle von MUGI unterscheiden sich nicht nur Konzept und Gestaltung der Sites, sondern es stehen auch bei jeder Site verschiedene inhaltliche Aspekte und Themen im Mittelpunkt, etwa die Darstellung des künstlerischen Arbeitsprozesses, die Frage, wie die familiäre und nationale Herkunft eine Musikerin beeinflussen, oder die multimediale Darstellung einer audiovisuellen, mehrdimensionalen Klanginstallation usw. Ein weiterer Differenzierungspunkt besteht in den Rezipientengruppen, ob etwa ein allgemein musikinteressiertes oder eher ein wissenschaftlich orientiertes Publikum angesprochen werden soll.

Entstehungsprozeß – Quellen – multimediales Material

Der Entstehungs*prozess* spielte für die Entwicklung der Inhalte der Sites und der verwendeten Methoden eine wichtige Rolle. Entscheidend war dabei oft die sinnliche Konfrontation mit den Quellen, dem ‚multimedialen Material', nach dem gesucht wurde, um es in die Site einzubinden. Dies lässt sich anhand der im Jahr 2001 entwickelten Fallbeispiele für die multimedialen Präsentationen zu vier zeitgenössischen Komponistinnen veranschaulichen, deren Erarbeitung hier kurz geschildert sei: Die Sites entstanden in enger Zusammenarbeit zwischen der Autorin als wissenschaftlicher Mitarbeiterin von MUGI und den Komponistinnen. In der Regel wurden in einem ersten Treffen Materialien gesichtet, die für eine Präsentation in Frage kamen, und die inhaltlichen Schwerpunkte der Internetsite besprochen. Daraufhin entwickelte die Autorin ein Konzept für die Site, das wiederum mit der Komponistin und der dritten an den Projekten beteiligten Person, dem/der Webdesigner/in, abgestimmt wurde.

Die Gespräche mit den Komponistinnen fanden an deren jeweiligen Arbeitsort statt. Die Tatsache, dass dort ein direkter Zugriff auf ihr Archiv möglich war, erwies sich als äußerst bedeutsam. So war eine ‚sinnliche Konfrontation' mit Material aus dem Archiv der Komponistinnen möglich – mit Partituren, Skizzen, Fotos von Aufführungen, aber auch persönlichen Fotos zum Beispiel aus der Ausbildungszeit und Abbildungen oder Gegenständen, die die Künstlerinnen zu einer bestimmten Arbeit inspiriert hatten. Für die Präsentation im Internet wurde nach aussagekräftigen Materialien mit einer Ausstrahlung – einer ‚Aura' (s.u.) – gesucht. Dabei zeigte sich, dass die Komponistinnen selbst nicht unbedingt einschätzen konnten, welches Material besonders geeignet war. Materialien, die aus der Sicht der Autorin

---

4 Auf der MUGI-Plattform wird dieser Aspekt durch die ‚lexikalischen Artikel' repräsentiert.

interessant erschienen, erwähnten sie oft eher ‚beiläufig' oder sie entdeckten diese ‚zufällig', auf hartnäckiges Nachfragen der Autorin hin in einem lange nicht mehr durchgeschauten Karton.[5]

Die Konfrontation mit dem Material generierte häufig auch die übergeordneten Themen, die in einer multimedialen Präsentation behandelt wurden. Denn anhand des gesichteten Materials formulierte die Komponistin inhaltliche Überlegungen, die im Gespräch vertieft wurden. Auch Fragen der Autorin an die Komponistin waren nicht (wie etwa bei einem Interview) vorher durchdacht und formuliert, sondern wurden anknüpfend an das Material gestellt. Als Methode ließe sich also formulieren, das Material Fragen aufwerfen und die Musikerinnen anhand des Materials aus ihrer Perspektive erzählen zu lassen, anstatt das Gespräch durch vorgegebene Fragen zu lenken. Ein Beispiel dafür, wie sich aus einem Gespräch auch die Struktur einer Internetsite entwickelte, findet sich in der multimedialen Präsentation zu Katia Tchemberdji[6]). Die aufgeführten Themen beziehen sich auf bisher unveröffentlichte Fotos aus dem Familienarchiv der Tchemberdjis, und die Ausführungen der Komponistin wurden erst im Nachhinein in die Form eines ‚Interviews' gebracht. Auf diese Weise entstanden die Unterseiten „Musikalische Famile" (Foto von Tchemberdji mit ihrer Großmutter, der Komponistin Zara Levina und Tchemberdjis Mutter Valentina Tchemberdji mit Sviatoslav Richter tanzend), „Ausbildung" (Fotos aus Tchemberdjis Studienzeit, die sie mit ihren Kommilitonen und vor allem ihren Kommilitoninnen zeigt) und „russische Herkunft" (Foto von Tchemberdji, wie sie als Teil ihres Studiums Volkslieder in russischen Dörfern aufzeichnet).

Im Folgenden werden nun medienspezifische Eigenschaften des Internet aufgeführt. Anhand von konkreten Beispielen soll gezeigt werden, wie durch diese Eigenschaften Darstellungsformen ermöglicht und bedingt werden, die zur Übermittlung von Inhalten und Bedeutung genutzt werden können.

Multimedialität

Die multimedialen Möglichkeiten des Internet machen es besonders geeignet für die Präsentation und Vermittlung von Musikwerken und musikbezogenen Inhalten. Denn die Möglichkeit, auf einer Internetseite über eine/n Musiker/in selbstverständlich auch ein (noch so kurzes) Klangbeispiel hören zu können, erlaubt es, einen ersten Eindruck zu bekommen von dem, worum es bei einer Musikschaffenden oder einem Musikwerk eigentlich geht: den lebendigen Klang. Ein Beispiel hierfür findet sich auf der Internetsite zu Zara Levina[7], einer

---

5 Zum Thema des ‚zufälligen Findens' vgl. Borchard, Beatrix, *Stimme und Geige. Amalie und Joseph Joachim. Biographie und Interpretationsgeschichte*, Wien 2005, besonders S. 24f. und Kap. „Das Material oder: Über Koffer und Schubladen", S. 33–56.
6 http://mugi.hfmt-hamburg.de/Tchemberdji/, Bereich ‚Gespräch' (eingesehen am 7.5.2015).
7 http://mugi.hfmt-hamburg.de/Levina/, Bereich ‚Audio' (eingesehen am 7.5.2015).

in Westeuropa gänzlich unbekannten russischen Komponistin, auf die wir im Zusammenhang mit der Erarbeitung der Site zu Katia Tchemberdji (ihrer Enkelin) stießen. Es sind drei Klangbeispiele abrufbar, darunter zwei Lieder. Sie wurden von Schallplatten aus dem Privatarchiv der Familie Tchemberdji überspielt, die in Westeuropa nie erhältlich waren und auch in Russland längst vergriffen sind. Die Lieder sind kurz und schlicht, aber ‚anrührend', und bieten einen sinnlichen Einstieg für die Beschäftigung mit der Musik Levinas, der genuin ist und sich nicht durch schriftliche Beschreibungen ersetzen lässt. Musik transportiert als Medium Inhalte, die auf mehreren Ebenen lesbar/hörbar sind: Sie vermag emotional zu berühren, zugleich ist es je nach Hintergrundwissen der/des Hörerin/Hörers (also zum Beispiel für Musikwissenschaftler/innen) möglich, auch bei sehr kurzen Musikbeispielen weitere Informationen, etwa im Hinblick auf eine stilistische/historische Einordnung oder auch eine Abweichung von der historischen Norm, die ein ‚Erkenntnisinteresse' wecken könnte, herauszuhören. Auf beiden Ebenen, der eher sinnlich-emotionalen und der eher kognitiven, kann ein Klangbeispiel einen Einstieg in die Musik vermitteln.

Neben auditivem Material lassen sich im Internet Materialien aus vielen anderen medialen Quellen integrieren. Dazu zählen neben schriftlichen Texten vor allem Bildmaterial (Fotos, Zeichnungen, Scans von Partituren, Arbeitsskizzen, Autographe usw.), sowie Film- oder Videoausschnitte oder animierte Bilder.[8] Diese sind auch bei musikbezogenen Inhalten von Bedeutung, insbesondere bei Arbeiten, die in sich schon intermedial sind, etwa zeitgenössische Werkformen wie zum Beispiel audiovisuelle Performances oder Klanginstallationen. Die auditiven, visuellen und räumlichen Aspekte dieser Arbeiten lassen sich nicht oder nur sehr eingeschränkt auf den klassischen Dokumentationsmedien für Musik, CDs und anderen Tonträgern, darstellen.[9] „Der tönende See" von der Autorin ist beispielsweise eine audiovisuelle Arbeit, die neben den klanglichen Bestandteilen auch bestimmt wird durch die visuellen und atmosphärischen Charakteristika des Aufführungsortes. „Der tönende See" wird auf der MUGI-Plattform im Rahmen einer interaktiven Flash-Applikation vorgestellt[10]. Das Anfangsfoto des Flashfilms, von dem aus die Nutzer/innen navigieren können, zeigt einen von Wald umrandeten See, auf dem zahlreiche ‚Klangschüsseln' schwimmen, durch Anklicken und ‚roll-over' der Schüsseln werden dann weitere Fotos sichtbar, beziehungsweise Klänge hörbar.

---

8 Das Visuelle hat die Medien und Medientheorie lange dominiert, was sich auch im html-Code, der ersten Programmiersprache des Internet, niederschlug. Allerdings gibt es Anzeichen dafür, dass sich dies zunehmend ändert, vgl. hierzu auch Frank Hartmann: „Sound ist, trotz aller medientheoretischen Kaprizierung auf Sichtbarkeiten, Oberflächen und grafischen interfaces, die Signatur des neuen Medienzeitalters." Zit. nach: Hartmann, Frank, „instant awareness. Eine medientheoretische Exploration mit McLuhan", in: *Soundcultures. Über elektronische und digitale Musik*, hg. von Marcus S. Kleiner, Achim Szepanski, Frankfurt a.M. 2003, S. 45.
9 Dass zum Erleben von Musik mehr gehört als nur das Hören von Tönen und dass visuelle, räumliche und soziale Aspekte einbezogen werden müssen, gilt natürlich auch für historische Musik.
10 http://mugi.hfmt-hamburg.de/Reese/, Bereich ‚Der tönende See–Klang' (eingesehen am 7.5.2015).

Kirsten Reese

Hypertext/ Hypermedia

Über die Möglichkeiten anderer Medien hinausgehend, lassen sich im Internet die Einzelmedien oder Materialien auf dynamische Weise miteinander verbinden: Beispielsweise wenn durch Anklicken der Abbildung einer Partitur Musik erklingt oder wenn schriftlicher Text mit gesprochenem Text kombiniert wird (zum Beispiel wie oben dargestellt im Bereich ‚Gespräch' auf der Site zu Katia Tchemberdji). Man spricht bei Textverknüpfungen beziehungsweise -verlinkungen von Hypertext, bei Medienverknüpfungen von Hypermedia. Die auf einer Internetseite eingebundenen Materialien/Medien können von dem/der Autor/in so aufeinander bezogen werden, dass sie sich gegenseitig in ihrer Wirkung verstärken. Ein Bild kann sich zum Beispiel als Pop-Up durch ein ‚roll-over' über eine Browserseite legen, wodurch ‚Schichten' von Bedeutung vermittelt werden. Bei „Der tönende See" erscheinen durch ‚roll-over' Fotos von der Rückenansicht der Zuhörer/Zuschauer vor dem Hintergrund des Sees und verschwinden wieder, wenn die/der Nutzer/in den Cursor weiterbewegt. Betrachtet man die Einzelmedien, so wird lediglich ein Foto über ein anderes gelegt. Da diese Schichtung jedoch dynamisiert, also in einem zeitlichen aufeinander bezogenen Ablauf geschieht, wird ein inhaltlicher Zusammenhang nahegelegt, in diesem Fall, dass die künstlerische Arbeit „Der tönende See" die individuelle Rezeption jedes einzelnen Zuschauers/Zuhörers als Teil der Arbeit mit einbezieht.

Hypertext/Hypermedia sind durch Nicht-Linearität und Interaktivität gekennzeichnet, die sich gegenseitig bedingen. Der multimediale ‚Text' einer Internetseite (‚Text' verstanden als medienwissenschaftlicher Begriff auch für *nicht schriftliche* Formen eines Zeichengefüges, das eine zusammenhängende Bedeutung entstehen lässt[11]) muss nicht linear aufgebaut sein und gelesen werden, sondern der/die Nutzer/in kann entscheiden, welche Textstränge er/sie verfolgt. Bezogen auf die Präsentation von „Der tönende See" heißt das, dass die Nutzer/innen entscheiden können, welche der Schüsseln, hinter denen sich Klänge aus unterschiedlichen Zeitabschnitten der elektronischen Komposition verbergen, sie zuerst per Maus ansteuern und wie sie weiternavigieren. Das entspricht dem Ablauf der Klanginstallation, die zwar einen Anfang und ein Ende und damit eine dramaturgisch gefüllte Dauer hatte, die aber dennoch bestimmt war durch eine Mehrdimensionalität der klanglichen Ereignisse: Je nach Position der Zuhörer im Verhältnis zu den sich über den See fortbewegenden klingenden Schüsseln konnten sich jeweils andere Klänge überlagern und hervortreten. Auf der Internetseite wiederum können die Nutzer sich, wie die Installationsbesucher, individuell den Schüsseln nähern, um das Klanggeschehen zu verfolgen. Auch in der Binnenstruktur des Werks, also innerhalb einzelner Abschnitte der Komposition, überlagerten sich die elektronischen Klänge in immer unterschiedlicher Weise. Um dies zu vermitteln wurde in einem Unterbereich des Flashfilms ein Foto mit einem kontinuierlich durchlaufenden ‚Loop' unterlegt: der/die Nutzer/in kann hier durch Anklicken von weiteren Schüsseln weitere Klangschichten hinzufügen, die sich in unterschiedlichen Perioden überlagern.

---

11 Vgl. Hickethier, Knut, *Einführung in die Medienwissenschaft*, Stuttgart u.a. 2003, S. 101.

Die Vermittlung von Nicht-Linearität und Mehrdimensionalität geschieht also zum einen durch die Dynamisierung, die zeitliche Strukturierung von aufeinander bezogenen medialen Darstellungen. Zum anderen geschieht sie aber auch durch die spezifische nicht-lineare Qualität des Bildes selbst, wie sie von dem Medienwissenschaftler Knut Hickethier beschrieben wird: „wenn die Augen des Betrachters das Bild ‚abfahren', so erfolgt dies nicht wie bei der Schrift zeilenartig, sondern attraktionsorientiert. Das Bild hat also einen stärker ganzheitlich wirkenden Charakter, der Gleichzeitigkeit (und damit auch Nicht-Zeitlichkeit) vermittelt."[12]

‚weniger ist mehr' – Verdichtung, Verweisstruktur – Montage/Collage

Die Einbindung multimedialer Inhalte auf einer Internetseite unterliegt gewissen Bedingungen und Einschränkungen, die sich aus der Technik ergeben, zum Beispiel bezüglich der unterschiedlichen Dateigrößen der verwendeten Dateien, insbesondere wenn es sich um Audio- und Videodateien handelt. Große Dateien führen in Abhängigkeit von der Geschwindigkeit der Internetverbindung zu langen Downloadzeiten und zu einem stockenden Aufbau der Seiten. Dies beeinflußt auch das ‚Userverhalten': Internetnutzer/innen werden kaum online ellenlange Texte lesen, beziehungsweise sich stundenlang einzelne Seiten anschauen. Wenn man das Internet als Speicher- und Verbreitungsmedium nutzt, lädt man sich Texte und Medien herunter, um sie sich dann offline anzuschauen, ansonsten klickt man nach einer gewissen Zeit weiter, denn die Interaktivitäts-*möglichkeit* provoziert geradezu den Wunsch, ständig auf weitere Seiten vorzudringen. Eine wichtige Rolle spielt auch das Interface des Mediums, der Computerbildschirm: die Inhalte müssen auf den Bildschirm passen. Zwar können Inhalte noch nach unten angehängt werden, wo sie durch Scrollen sichtbar gemacht werden, alle Navigationsmöglichkeiten auf weitere Seiten müssen jedoch auf dem Bildschirm sichtbar sein und über Symbole (Icons) dargestellt werden. So entsteht ein dialektisches Verhältnis, denn während sich die Inhalte einer Internetsite unendlich in Seiten und Unterseiten auffächern können, bleibt auf der jeweiligen Seite wenig ‚Platz'. Diese gestalterischen Bedingungen führen zu einer Verknappung und Konzentration der Inhalte durch die zwangsläufige Beschränkung auf kurze Texte, kleine, datenreduzierte Bilder und kurze Audio- und Videoeinspielungen. Gleichzeitig verweisen viele der eingebundenen Inhalte wiederum auf andere Inhalte, weil Links auf andere Seiten durch grafisch hervorgehobene Wörter oder Passagen im Text oder durch Icons, die vom Inhalt der Seite abgeleitet sind, dargestellt werden. Die permanente Verweisstruktur von Hypertext beziehungsweise Hypermedia erzeugt bei den Nutzer/innen ein Gefühl von ‚es steckt noch mehr dahinter' (siehe auch weiter unten: Dispositiv), sie bewirkt eine Kontextualisierung. Die Konzentration der Inhalte resultiert in einer Konzentration der Aussagen, die exemplarischen Charakter bekommen. Ein Beispiel

---

12 Ebd., S. 84.

hierfür findet sich auf der Site zu Katia Tchemberdji im Bereich ‚Gespräch'[13], wo beim Öffnen der Unterseiten sofort als Audio ein Satz aus dem jeweiligen Interviewabschnitt erklingt. Die Aussage, die die Komponistin in diesem aus dem Interview extrahierten Satz macht, bekommt als ‚Statement' eine besondere Bedeutung. Die ‚exponierte' Aussage auf der Unterseite ‚Ausbildung' lautet beispielsweise: „Als wir studiert haben, da waren in unserer Kompositionsklasse die Hälfte Mädchen. Mindestens. Das war selbstverständlich." In der Textfassung des Interviews, die die/der Nutzer/in lesen kann, wenn der Audiosatz verklungen ist, wird diese Aussage näher erläutert. Aber schon das kurze Statement führt an die auf der Seite thematisierte Fragestellung heran: Es wird „selbstverständlich" genannt, was in den meisten westeuropäischen Ländern alles andere als selbstverständlich war, nämlich dass viele weibliche Komponisten ausgebildet wurden. Weil die Aussage isoliert wird – das wäre unsere These – wird die/der Nutzer/in anregt, sich den Unterschied zwischen den ost- und westeuropäischen, beziehungsweise sozialistischen und kapitalistischen Ländern bewußt zu machen und sich zu fragen, warum es diesen Unterschied gibt. Eine Antwort auf diese Frage liefert auch die komplette (schriftliche) Fassung des Interviews nicht, aber durch das hervorgehobene Statement wird die Problemstellung pointiert herausgestellt.

In der multimedialen Präsentation zu Natalia Pschenitschnikova[14] wird besonders intensiv mit dem Prinzip der Verdichtung gearbeitet. Im Gegensatz zur Site von Tchemberdji sind hier zum Beispiel keine ausführlichen Interviewsequenzen abrufbar, sondern ausschliesslich kurze Statements, die zudem nur als Audio, also nicht schriftlich fixiert, abrufbar sind. Die Statements lassen sich durch Anklicken eines der Aussage entnommenen Halbsatzes aktivieren, zum Beispiel auf der dritten Seite des Bereichs „Psalm" der Halbsatz „Ich arbeite selten am Tisch...". Folgendes Statement erklingt:

> Ich arbeite selten am Tisch, ich arbeite überall eigentlich. Ich kann mir nicht so einen Luxus leisten, am Tisch zu arbeiten, weil ich über Stücke nachdenke, wenn ich auf dem Spielplatz bin, Gemüse schneide, oder wenn ich im Zug sitze, und wenn ich dann zu Tisch komme kann ich das nur aufschreiben, oder ich schreibe das einfach irgendwohin, auf Papier, das ich mithabe, deswegen ist so ein kleines Format entstanden.[15]

Dies antwortete Natalia Pschenitschnikova auf die Frage, warum sie ihre Skizzen auf so kleinformatiges Papier schreibt. Die Frage ergab sich spontan, als Pschenitschnikova in einem der Arbeitstreffen die Skizzen zu dem Stück „Psalm" zeigte, das in der Internetpräsentation vorgestellt werden sollte (auch ein Beispiel für das oben angesprochene ‚Ausgehen vom Material'). Ihre Antwort schneidet Gender-Themen an: Es geht um Kinder („Spielplatz") und Küche („Gemüse schneiden"), also um die allgemeinen Themen der Arbeitsorganisation und -ökonomie von Frauen. Die Themenfelder werden nicht direkt angesprochen beziehungsweise abgefragt, aber sie schwingen mit. Hier spielt es auch eine Rolle, dass die Aus-

---

13 http://mugi.hfmt-hamburg.de/Tchemberdji/galerie/komp_proz.html (eingesehen am 7.5.2015).
14 http://mugi.hfmt-hamburg.de/Pschenitschnikova/ (eingesehen am 7.5.2015).
15 http://mugi.hfmt-hamburg.de/Pschenitschnikova/ Bereich ‚Psalm' (eingesehen am 7.5.2015).

sagen der Komponistin nicht schriftlich fixiert sind, denn gerade Gender-Themen eröffnen ein komplexes, oft sogar widersprüchliches Feld von miteinander verwobenen Fragen, so dass eindeutige, endgültige Fest*schreibungen* nicht angemessen sind. Das Medium Internet bietet durch die Verdichtung und Isolierung von Aussagen den Raum, Fragen aufzuwerfen, auf die Vielschichtigkeit von Problematiken und ihrer möglichen Gründe und Hintergründe aufmerksam zu machen, diese ungelöst stehen zu lassen und stattdessen Assoziationsfelder zu eröffnen.

Durch die Verwendung von Textausschnitten, Statements, kurzen Sätzen oder weiterverweisenden Textteilen und Schlagworten, sowie durch die Integration anderer Medien rücken Montage/Collage-Verfahren in den Vordergrund. Die Bedeutung von schriftlichem Text tritt zurück, das multimediale Material hingegen tritt besonders hervor, wie beispielsweise im Bereich „Psalm" in der Site zu Natalia Pschenitschnikova, wo der Text nur aus ‚auseinandergenommenen' Programmhefttexten besteht, umgeben von anderen Medien, Fotos, Videos und Audiodateien. Das Verhältnis zwischen Text und Bild verschiebt sich im Vergleich zu anderen Darstellungsformen: In wissenschaftlichen Texten wird eine Abbildung als eine Illustration des Textes oder als Anschauungsmaterial verstanden, während ein journalistisches Bild oft nur durch die Bildunterschrift in einen Kontext gesetzt und so verständlich wird (zum Beispiel wenn bei einem Foto von verletzten Menschen die Bildunterschrift mitteilt, um welches Unglück es sich handelt). Im Kontext einer Internetseite, in der das Material im Zusammenhang mit anderem heterogenen multimedialen Material präsentiert wird, kann ein Bild gezeigt werden, ohne kommentiert zu werden oder zu kommentieren. (Dies gilt insbesondere dann, wenn man ein Bild, das in eine Seite eingebunden ist, anklicken, vergrößern und aus der Seite herausgelöst in einer neuen Seite öffnen kann, wodurch es dann im wörtlichen Sinn ‚für sich' steht). Dass nicht nur durch schriftlichen Text Aussagen gemacht werden, wurde bereits an dem oben genannten Beispiel der multimedialen Präsentation zu „Der tönende See" thematisiert.

Medium: Stimme

In den multimedialen Präsentationen zu Natalia Pschenitschnikova und Katia Tchemberdji kommen die Komponistinnen selbst zu Wort. Ihre Stimmen erklingen, sobald man auf eine neue Seite (Tchemberdji), beziehungsweise einen weiterführenden ‚Halbsatz' anklickt (Pschenitschnikova), die/der Nutzer/in wird ‚direkt angesprochen'. Die Stimme transportiert eigene Inhalte, die sich durch die schriftliche Transkription der Interviews nicht unbedingt vermitteln, zum Beispiel im Hinblick auf die Herkunft der Komponistinnen: dass Deutsch nicht ihre Muttersprache ist, ergibt sich aus ihrem russischen Akzent und ihrem eigenen, grammatikalisch nicht immer korrekten, aber phantasievollen Umgang mit der deutschen Sprache. So wie hier Ausdrucksweisen und Wortschöpfungen auf die Kreativität und Intelligenz der Sprecherinnen hinweisen, gibt die Stimme im allgemeinen Hinweise auf den Charakter der/des Sprechenden (lebhaft, introvertiert, mit den eigenen Gedanken beschäftigt usw.). Der Sprachduktus vermag einen Eindruck davon zu geben, wie gedankliche Prozesse strukturiert werden, oft sogar auch eine Annäherung daran, wie ein/e Künstler/in an Schaffensprozesse herangeht (bedächtig, strukturiert, chaotisch usw.) – so können über die Stimme wieder andere Zugänge nicht nur zur Person, sondern auch zu den Werken vermittelt werden.

Die Stimme ist ein Thema, das innerhalb der Medien- und Kulturwissenschaften in den letzten Jahren gerade (wieder-)entdeckt wurde. Brigitte Felderer, die im Jahr 2004 am Karlsruher Zentrum für Kunst und Medientechnologie eine Ausstellung zur Stimme (Phonorama) kuratierte, spricht davon, dass in der „bildgeleiteten Mediengesellschaft [...] die Stimme eine neue Qualität [gewinnt]" – die Stimme stehe für die „aussagekräftige(n) Lebendigkeit einer nuancenreichen Verständigung [...]."[16]

Die Stimme erlaubt Rückschlüsse auf Geschlecht, Alter und Herkunft der Sprecher/innen und steht für Individualität, Emotionalität und Authentizität. Sie hat eine affektive Qualität, denn das Sprechen hat einen Rhythmus, der über die Atmung gegliedert wird, und einen Tonhöhenverlauf, die ‚Stimmmelodie'. Die/der Zuhörer/in fühlt sich der Stimme auf sinnlich-körperlicher Ebene nah und wird in eine kommunikative Situation eingebunden:

> Eine Stimme tritt immer als gehörte Stimme auf, so dass Sprechen und Hören, Stimmeinsatz und Stimmwahrnehmung wie zwei Seiten einer Medaille untrennbar zusammengehören. Eine Stimme stellt keinen klar abgrenzbaren Gegenstand dar, sondern ist eher als atmosphärisches, energetisches und situatives Geschehen zwischen Sprechenden und Hörenden zu beschreiben. Dieses stimmlich-auditive Geschehen verbindet Sprecher und Hörer in spezifischer Weise miteinander und bindet sie aneinander [...][17]

Die Einbindung der Stimme transportiert also bezogen auf die Person der/des Sprechenden eigene Inhalte und hat kommunikative und auratische Aspekte. Im Hinblick auf die inhaltliche Aussage des Gesprochenen steht sie für Momente von Ambivalenz, Offenheit und Flüchtigkeit, insbesondere wenn der gesprochene Text nicht schriftlich fixiert wird, wie oben beschrieben.[18]

Ästhetik – ‚virtual reality' – Mediendispositiv – Raum und Zeit – Aura

Die Wirkung von Materialien und Darstellungsformen im Internet hat auch eine ästhetische Dimension. So haben Fotos eine besondere Ausstrahlung und Tiefe, weil das Bild auf dem Computerbildschirm leuchtet, sie wirken oft intensiver als auf Papier. Die Einbindung von

---

16 Felderer, Brigitte, „Die Stimme. Eine Ausstellung", in: *Phonorama. Eine Kulturgeschichte der STIMME als Medium*, hg. von Brigitte Felderer, Berlin 2004.
17 Kolesch, Doris, „Artaud. Die Überschreitung der Stimme", in: *Phonorama*, S. 189.
18 Anhand von Stimme und Sprachduktus ließen sich insbesondere auch Genderaspekte untersuchen, z.B. inwieweit sich der über die Stimme transportierte Gestus von Frauen weniger von wissendem Dozieren, als vielmehr durch einen fragenden, suchenden Stimmausdruck geprägt ist.

Bildern kann so programmiert werden, dass sie beliebig vergrößert werden können. Mit der Computermaus können dann einzelne Bildabschnitte ‚abgefahren' und wie unter einem Mikroskop betrachtet werden. In der multimedialen Präsentation zu Pauline Viardot[19] finden sich hierfür im Bereich ‚Ausstellung' zwei Beispiele: Auf der Unterseite ‚Autographe' ein Brief von Pauline Viardot an den Geiger Jean Becker (um 1865) und auf der Unterseite ‚Café' ein Foto von Pauline Viardot von A. Wacquez & Radiguet (um 1860). Autograph und Foto können angeklickt und vergrößert, dann ‚abgefahren' werden, so dass Wasserzeichen, Flecken, Struktur und Farbe des Papiers usw. sichtbar werden. Für die Nutzer ergibt sich eine virtuelle, aber dennoch haptische, sinnlich scheinende Begegnung mit den Materialien. Sie können den Quellen ‚nahekommen', es mag ihnen so vorkommen, als würden sie im Archiv ein Dokument auswählen, es durchblättern und berühren oder im Museum ganz nah an ein Gemälde herantreten, um den Pinselstrich zu sehen. Diese sinnliche Auseinandersetzung birgt ein Moment ästhetischer Erfahrung.

‚Virtual reality' – ‚als-ob-Realität' – macht einen Teil der Faszination des Computers und des Mediums Internet aus. Hier spielt der in der Medienwissenschaft verwendete, auf Michel Foucault zurückgehende Begriff des ‚Mediendispositivs' eine Rolle, der beschreibt, wie und in welchem gesellschaftlichen Kontext ein Medium genutzt wird und auf charakteristische Effekte hinweist, zum Beispiel den Realitätseffekt des Kinos. Im Hinblick auf die medialen Eigenschaften des Internet lassen sich spezifische Strukturen und Effekte ebenfalls benennen.

> Für das Internet bzw. die computergestützte Kommunikation […] ist eine spezifische Anordnungsstruktur festzustellen und zu beschreiben. Gegenüber dem Fernsehapparat ist der Benutzer dem Bildschirm des Computers sehr viel näher gerückt, er ist diesem durch eine komplexe Bedienungsstruktur (Keyboard, Mouse) und über die notwendigen Befehlseingaben direkter verbunden.[20]

Die ‚Mensch-Maschine-Interaktion' ist bei Computer und Internet noch enger geworden. Ihre Bedienung ist zwangsläufig interaktiv, denn während man beispielsweise den Fernseher anmachen und laufen lassen kann, muss man am Bildschirm klicken und entscheiden, wie es weitergehen soll. Die Interaktivität des Mediums, die Möglichkeit und Notwendigkeit als Nutzer/in Entscheidungen zu treffen, und einen medialen Text nach eigenen Bedürfnissen, also nicht-linear, lesen zu können, trägt nach Hieckethier zu einem ‚Omnipotenzgefühl' bei, ebenso wie die Erfahrung der potentiellen Verfügbarkeit ‚allen Wissens der Welt', zu dem ich mir von meinem Computer zu Hause aus Zugang verschaffen kann. Die Überwindung räumlicher und zeitlicher Grenzen erlaubt es, über ‚Streaming' an Veranstaltungen teilzunehmen. Synchronität findet nicht mehr im realen Raum statt, „Präsenz drückt sich nicht mehr durch Gleichzeitigkeit aus, sondern durch Partizipation".[21] Interaktion, Partizi-

---

19 http://mugi.hfmt-hamburg.de/Viardot/ (eingesehen am 7.5.2015).
20 Hickethier, Medienwissenschaft, S. 196f.
21 Föllmer, Netzmusik, S. 25.

pation, Überwindung von Raum und Zeit – natürlich ließen sich solche medialen Effekte auch kritisch hinterfragen, hier geht es jedoch um das subjektive Erleben der Nutzerin/des Nutzers, das sich aus dem Potential, aus den Möglichkeiten des Mediums ergibt.

Schon im Hinblick auf die Zeitlosigkeit des Bildes und die Verweisstruktur des Netzes wurde thematisiert, dass Raum und Zeit zentrale Aspekte der medialen Erfahrung im Internet sind. Die/der Nutzer/in kann nicht nur steuern, wohin es weitergeht, sondern auch wann. Alles ist immer verfügbar. Ortlosigkeit (es sind Internetseiten aus allen Regionen der Welt verfügbar) vermittelt einen unendlichen Raum, Gleichzeitigkeit vermittelt Zeitlosigkeit. Statt mit dem Begriff ‚Effekt' lassen sich diese Erfahrungen auch dem Begriff ‚Aura'[22] verknüpfen.

Ein konkretes Beispiel für einen auratischen Effekt wäre der (von mir so genannte) „Guckkasteneffekt"[23] bei der Wiedergabe von Videos. Wenn man (vor allem im 19. Jahrhundert) in einen Guckkasten schaute, wurde die reale Welt ausgeblendet und es offenbarte sich eine eigene ‚Miniaturwelt'. Ähnliches geschieht heute bei der Wiedergabe von Videos im Internet, die aufgrund ihrer Dateigröße meist nur in kleinem Format dargestellt und oft in einem kleinen Extra-Fenster geöffnet werden: Man schaut in eine Maschine, und es offenbart sich eine Welt mit vielen Schichten ‚dahinter', raumlos und zeitlos. Dem Medium haftet sogar etwas Magisches an, so wie es in vergangenen Jahrhunderten bei der Einführung neuer Medien, seien es Guckkasten, Laterna magica, ‚talking machines', Sprechpuppen, den ‚körperlosen Stimmen' des Grammophons und des Radios usw., beobachtet werden konnte. Auch die Einbindung der Stimme hat einen ähnlich auratischen Effekt, sie erklingt ‚aus dem Nichts', beziehungsweise aus einer ‚toten' Maschine, welche wiederum durch die Stimme belebt wird. Die Stimme ‚tritt auf', wird inszeniert, beziehungsweise trägt zur Inszenierung bei.

---

22 Zum Begriff und Begriffsentwicklung vgl. Hickethier, Medienwissenschaft, S. 89f.: „Mit der Eigenständigkeit der ‚Welt der Bilder' als einer Medienwirklichkeit der bildenden Kunst verbunden ist der Begriff der **Aura** [Hervorhebung durch Hickethier]. Dem einmaligen künstlerischen kommt gerade durch dieses Nur-einmal-Vorhandensein ein auratischer Charakter zu, der, so Walter Benjamin in seinem Traktat „Das Kunstwerk im Zeitalter seiner technischen Reproduzierbarkeit" (1936), durch die technischen Reproduktionsmedien wie die Fotografie (als Medium der Kunstreproduktion) verloren ginge. Nun zeigt sich gerade an den Medien Fotografie und Film, dass der Effekt einer Aurabildung in den technisch vervielfältigten Bilderwelten nicht verschwunden und dass die Aura nicht an die Einmaligkeit, an ein Hier und Jetzt eines spezifischen Ortes, gebunden ist. [...] Aura in einem neuen Sinn wird heute, anders als zu Benjamins Zeiten, vor allem durch die Medien und ihre Inszenierung erzeugt."

23 Vgl. Kirsten Reese, Kommentar zur multimedialen Präsentation: *Licht und Klang. Aspekte der Raumwahrnehmung in Klanginstallationen von Christina Kubisch*, http://mugi.hfmt-hamburg.de/Multimedia/Licht_und_Klang._Aspekte_der_Raumwahrnehmung_in_Klanginstallationen_von_Christina_Kubisch (eingesehen am 7.5.2015).

SEHEN/HÖREN/LESEN/ASSOZIIEREN

Inszenierung

Wenn die beschriebenen ästhetischen/auratischen und medienspezifischen Effekte – die sinnliche Wirkung des Materials, die Verbindung der Medien, die Erfahrung von Zeit und Raum, spezifische Effekte wie der Guckkasteneffekt usw. – zusammenkommen, kann man von der Inszenierung einer Internetsite sprechen. So ist etwa in der multimedialen Präsentation zu der Autorin das zentrale Foto des Flashfilms von einem schwarzen Rahmen umgeben. Durch die dunkle Umrahmung wirkt die Abbildung des Sees mit den ‚Klangschüsseln' wie auf einer Bühne präsentiert, vor allem deswegen, weil die Seite keinen Text enthält.

Zur Inszenierung gehört, durch die grafische Gestaltung, das heißt durch Farb- und Schriftwahl und die Gestaltung von Icons und anderen grafischen Elementen einer Site ein charakteristisches Aussehen zu geben. Bei der multimedialen Präsentation „Licht und Klang. Aspekte der Raumwahrnehmung in Klanginstallationen von Christina Kubisch"[24] sind die graphischen Gestaltungselemente (grüne Lichtstreifen) abgeleitet von einem Foto einer Arbeit von Christina Kubisch. Der Hintergrund der Seiten ist schwarz, die Schrift weiß. Die Gestaltung knüpft an visuelle Aspekte der Arbeiten der Künstlerin an: in vielen Klanginstallationen arbeitet Christina Kubisch mit UV-Licht, wobei Lautsprecher, Kabel oder andere Objekte mit fluoreszierender Farbe bestrichen sind, so dass sie unter Schwarzlicht im Dunkeln grün leuchten. Ein weiteres individuell gestaltetes Element ist die Navigations‚leiste' für die Hauptnavigation: senkrechte Striche sind abgeleitet von der digitalen Darstellung einer akustischen Wellenform, z.B. in einer Audiosoftware. Ebenso kann ein ‚eigener Raum'[25] geschaffen werden, wie beispielsweise in der multimedialen Präsentation zu Pauline Viardot, wo das ‚Eintreten in einen Raum' durch die Gestaltung der Startseite inszeniert wird: die/der Nutzer/in betritt quasi den Kosmos der Pauline Viardot, der durch die in der Site vorkommenden Themenbereiche repräsentiert und durch zum Teil animierte Icons visualisiert und sonifiziert wird. Alle gestalterischen Komponenten – Musik, die sofort abgespielt wird, Bilder und Fotos, Farb- und Schriftwahl usw. – sind aufeinander abgestimmt.

In diesem Zusammenhang komme ich wieder auf die konzeptuelle und gestalterische Vielfalt der multimedialen Präsentationen auf der MUGI-Plattform zurück. Jede multimediale Präsentation sieht anders aus, ist anders ‚gemacht' und eben anders inszeniert. Der Begriff der Inszenierung wird hier besonders sinnfällig, weil es zur Idee der Inszenierung gehört, den jeweiligen inszenierten Gegenstand auf eine auf ihn zugeschnittene Weise zu präsentieren und zur Geltung zu bringen.

---

24   http://mugi.hfmt-hamburg.de/Kubisch/ (eingesehen am 7.5.2015).
25   Es bieten sich hier interessante Anknüpfungspunkte an Diskussionen innerhalb der Museologie an, z.B. über die Frage, wie der Raum, in dem sich die Besucher einer Ausstellung bewegen, die Ausstellungsinszenierung beeinflusst. Vgl. die Vorträge des Workshops „Ausstellungen als Instrument der Wissensvermittlung" im April 2002 am Helmholtz-Zentrum für Kulturtechnik, Humboldt-Universität Berlin, insbesondere Gottfried Korff, „Staunen, Raum und Resonanz: Merkwelt Wissenschaft", http://www2.hu-berlin.de/kulturtechnik/sammlungen.php?show=veranstaltungen&which=tagung (eingesehen am 7.5.2015).

Inszenierung geschieht selbstverständlich nicht um ihrer selbst willen, also losgelöst von den Inhalten, die es darzustellen gilt. Inhalt und Form bedingen einander, und der Sinn der Verwendung künstlerischer Strategien[26] liegt darin, ästhetische Erfahrung mit ‚Erkenntnis', beziehungsweise der Vermittlung von Wissen zu verbinden.

Dynamisierung von Text und Leseprozess

Ein Beispiel für eine Strategie/eine Methode, die mit einer bestimmten Inszenierung verbunden ist, findet sich in der multimedialen Präsentation zu Christina Kubisch. Autorin der Site ist die Kunst- und Kulturwissenschaftlerin Claudia Tittel, und die Texte beruhen auf Teilen ihrer Dissertation, in der sie zahlreiche Klanginstallationen analysiert. Weil die üblichen Dokumentationsmedien (Audio- oder Videoaufnahmen) nicht ausreichen, um akustische, visuelle und räumliche Eigenschaften der Werke zu erfassen, fertigte Tittel ausführliche Wahrnehmungsbeschreibungen der Installationen an, an die sie ihre analytische Beobachtungen anknüpft. In Anlehnung an den in den 1960er/70er Jahren für die elektronische Musik entwickelten Begriff der ‚Hörpartitur' könnte man von ‚Wahrnehmungspartituren' beziehungsweise ‚Wahrnehmungsprotokollen' sprechen.

Nun stellte sich die Frage, wie man die detaillierten und für eine multimediale Präsentation eigentlich zu langen Texte medial umsetzen könnte. Hierzu wurden zunächst die Ausgangstexte in Abschnitte unterteilt und Bildern zugeordnet, zugleich wurden sie aber auch ‚dynamisiert', was zu einer Steuerung der Leseprozesse der Nutzer/innen führte.

Dies soll anhand eines Beispiels aus dem Bereich „KlangFlussLichtQuelle – Raumwahrnehmung"[27] gezeigt werden. Auf der ersten Seite dieses Bereichs sind drei Fotos eingebunden, die ineinander überblenden. Die Seite hat keinen schriftlichen Kommentar. Auf der Unterseite mit dem Stichwort ‚visuell' sind drei Textseiten anklickbar. Jede dieser Seiten zeigt jeweils ein Foto, wobei sich sowohl die Textabschnitte als auch das Foto vor dem dunklen Hintergrund langsam einblenden. Es werden folgende Texte eingeblendet: „Die Besucher betraten

---

26 Ebenso können spielerische Aspekte eingebunden werden wie beim interaktiven ‚Orpheus-Spiel' in der Site zu Pauline Viardot im Bereich ‚Stimme'. Hier wird die Stimme Viardots, die nicht mehr hörbar gemacht werden kann, mit den klingenden Stimmen von Sängerinnen und Sänger aus sechs verschiedenen historischen bis aktuellen Aufnahmen verknüpft. Sie erklingen, wenn man das Bild von Pauline Viardot-Garcia auf eine der Sänger und Sängerinnen, die sie umgeben, zieht. Es handelt sich um Interpretationen einer einzigen Passage aus der Arie des Orpheus in Glucks Oper *Orpheus und Eurydike* „Ach ich habe sie verloren", einer Arie und einer Rolle, deren Verständnis und Interpretation wesentlich durch Pauline Viardot geprägt wurde. „Die Bandbreite der Aufnahmen reicht von Maria Callas, bekanntlich einer Sopranistin, über eine Altistin bis zu einem Countertenor. Die Unterschiede zwischen den einzelnen Aufnahmen sind so eklatant, dass sie sofort Fragen zu Tempogestaltung, Stilistik, Besetzung, Geschlechtsidentität zwischen Rolle und Sänger usw. provozieren." Beatrix Borchard, *Kommentar zur multimedialen Präsentation: Pauline Viardot*. http://mugi.hfmt-hamburg.de/Multimedia/Pauline_Viardot (eingesehen am 7.5.2015).

27 http://mugi.hfmt-hamburg.de/Kubisch/ (eingesehen am 7.5.2015).

SEHEN/HÖREN/LESEN/ASSOZIIEREN

zunächst einen dunklen Raum." (Seite 1) Dieser erste, für sich stehende Satz versetzt diejenigen, die sich die Internetseite anschauen, gewissermaßen in die Perspektive der Besucher der Klanginstallation: so wie der Ausgangspunkt der Wahrnehmung für die Besucher der dunkle Raum ist, ist es für die/den Nutzer/in der schwarze Bildschirmhintergrund.

Es folgt eine quasi neutrale Beschreibung dessen, was die Betrachter sehen:

> Auf beiden Seiten des Raumes bildeten vierzig quaderförmige Betonpfeiler mit fluoreszierendem, unterschiedlich angeordnetem, grünleuchtendem Linienschmuck eine zweihundert Meter lange Flucht in den Raum. Die Linienanordnung schien in der Gesamtheit vorerst einheitlich, bei genauerem Hinsehen variierte sie jedoch zwischen den einzelnen Stützen stark. Wie sich durch die Perspektive des Raumes die Pfeiler verkleinerten, verjüngten sich auch die Zwischenräume zwischen den Linien in Blickrichtung.

Auf der nächsten Seite wird beschrieben, wie das Gesehene auf die Betrachter wirkt:

> Durch die den Betonpfeiler unterschiedlich spiralförmig umwickelnden Leuchtstreifen oszillierte der Raum. Einerseits löste sich die schwere Masse der Pfeiler auf, andererseits bildeten sich leicht bewegende immaterielle plastische Körper im Raum, die sich oberhalb spiegelten. Die Decke selbst schien wie ein schwarzer Schleier auf dem Raum zu liegen, so dass auch ihre Schwere aufgelöst war. [...]

Der dritte Schritt ist die eigentliche ‚Analyse', eine Beschreibung aus der Sicht der distanzierten Beobachterin, die die beiden Wahrnehmungsmodi – was sehe ich? wie wirkt es auf mich? – zusammenbringt.

> Durch den Einsatz von Schwarzlicht wurde die Atmosphäre des Ortes und somit auch seine Materialität verändert. Die räumlichen Körper – wie die Betonpfeiler – wurden unsichtbar, und der Raum schien selbst aufgelöst zu sein, nicht mehr zu existieren. Die durch die Leuchtstreifen gebildeten „immateriellen Skulpturen" wurden als einzige „Objekte" wahrgenommen. Sie waren die einzigen Bezugspunkte für das menschliche Auge, zu denen es schweifte, um sie zu fixieren. Da das normalerweise zur visuellen Raumerfassung benötigte Licht in all seinen Schattierungen nicht vorhanden war, versuchte das Auge immer wieder, ausgehend von den virtuellen Lichtquellen, einen Gegenstand im Raum auszumachen, an dem es sich orientieren konnte. [...].

Die Texte beschreiben und analysieren die Wahrnehmungssituation. Die Verteilung auf drei Seiten entspricht einer inhaltlichen Gliederung des Wahrnehmungs- und Analyseprozesses. Dabei korrespondieren die Texte mit den auf der ersten Seite des Bereichs abgebildeten Fotos: In den Texten ist von der Immaterialität der Seheindrücke die Rede, von Spiegelungen und schwarzen Schleiern, und genau dies wird durch das Überblenden, das ‚Verschwimmen' der Fotos nachvollziehbar.

Indem die Texte Wahrnehmung beschreiben, leisten sie etwas verhältnismäßig Abstraktes, der Wahrnehmungsvorgang wird ‚auseinandergenommen', muss aber von der oder dem Leser/in innerlich wieder zusammengesetzt, wieder vorgestellt werden. Die Texte müssen nachvollziehend, also langsamer, gelesen werden. Dieser Zeitstrukturierung des Lesens und

Verstehens entspricht, dass die in Flash programmierte Seite sich in einer (kaum merklichen) zeitlichen Abfolge aufbaut, Texte und Bilder treten allmählich aus dem Dunkeln hervor. Die Bilder bleiben im Hintergrund sichtbar. Es gibt einen ständigen gegenseitigen Verweis zwischen abstrahierendem Text und sinnlicher, visueller Darstellung. Im Bereich „Diapason" werden entsprechende Verfahren auch auf akustischer Ebene angewandt.[28]

Resümee

> Zu komplex, dynamisch, fragmentiert und widersprüchlich erscheinen unsere Erfahrungen und Reflektionen heute, als das sie mit traditionellen Textformen noch angemessen zu repräsentieren wären.[29]

> Was es heute zu denken gilt, kann in der Form der Zeile oder des Buches nicht niedergeschrieben werden.[30]

Die hier dargestellten Überlegungen berühren Fragen der Wissensvermittlung mit den sich immer weiter entwickelnden Medien in der heutigen ‚Wissensgesellschaft'. Angesichts rasant wachsender Datenbanken und der anhaltenden Digitalisierung von Archiven wird das verfügbare Wissen zwar immer größer, aber die Informationsfülle ist in Wirklichkeit kaum mehr zu bewältigen, so dass es zunehmend darum geht, mit Nicht-Wissen (beziehungsweise mit dem Wissen, dass es sicherlich noch weiteres Wissen gibt, das man aber nicht verarbeiten kann) kompetent umzugehen. Hier setzt die neuere Forschung über Formen der Wissensgestaltung und -vermittlung an.[31] Insbesondere geht es auch um die Konsequenzen, die sich aus einem veränderten Verständnis von Wissen, wie es vor allem in der postmodernen und poststrukturalistischen Theorie formuliert wurde, ergeben: Wissen wird nicht mehr hierarchisiert gedacht, sondern als vernetzt und dynamisch aufgefasst. Die (musikwissenschaftliche) Genderforschung bietet anschauliche Beispiele für Wissensinhalte, die als komplex,

---

28 Vgl. Reese, Kirsten, Kommentar zur multimedialen Präsentation: *Licht und Klang. Aspekte der Raumwahrnehmung in Klanginstallationen von Christina Kubisch*. 2005. http://mugi.hfmt-hamburg.de/Multimedia/Licht_und_Klang._Aspekte_der_Raumwahrnehmung_in_Klanginstallationen_von_Christina_Kubisch (eingesehen am 7.5.2015).
29 Stephan, Peter Friedrich, „Denken am Modell – Gestaltung im Kontext bildender Wissenschaft", in: Bernhard E. Bürdek, *Der digitale Wahn*, Frankfurt a.M. 2001.
30 Derrida, Jacques, *De la grammatologie* (1967), zit. nach Stephan, Peter Friedrich, „Knowledge Media Design – Konturen eines aufstrebenden Forschungs- und Praxisfeldes", in: *Knowledge Media Design – Grundlagen und Perspektiven*, hg. von Maximilian Eibl, Harald Reiterer, Peter Friedrich Stephan, Frank Thissen, München 2005.
31 Vgl. Eibl, Maximilian/Reiterer, Harald/Stephan, Peter Friedrich und Thissen, Frank (Hg.), *Knowledge Media Design – Grundlagen und Perspektiven*, München 2005, S. 11.
Dieser Aufsatz stellt eine Einführung in den sich z.Zt. etablierenden Forschungszweig des Wissensdesigns dar, der interdisziplinär zwischen Kunst und Gestaltung, Kulturwissenschaft, Informatik, Medienwissenschaft und weiteren verwandten Fächern angesiedelt ist.

dynamisch, fragmentiert und widersprüchlich bezeichnet werden können: Sie sind komplex, u.a. weil sie viele unterschiedliche Disziplinen berühren; dynamisch, weil immer mehr Wissen hinzukommt; fragmentiert, weil es dennoch überall Lücken gibt; und widersprüchlich beispielsweise im Hinblick auf die Frage, wie man die künstlerischen Leistungen etwa von Clara Schumann oder Fanny Hensel vor dem Hintergrund ihrer soziokulturellen ‚Unterdrückung' bewerten soll. Auch wenn die oben angeführten Zitate eine Zuspitzung darstellen, andere Formen der Wissensvermittlung sind gerade im Bereich der Genderforschung, in dem es um die Vermittlung eines anderen Wissens geht, sinnvoll.

Die in diesem Aufsatz besprochenen Methoden (methodische Vielfalt, Quellenbefragung, Materialien und Personen sprechen lassen, Prozessualität, Montage/Collage-Verfahren usw.) sind zum größten Teil nicht neu. Im Internet ein- und medial umgesetzt verbinden sich solche methodischen Ansätze mit den spezifischen Charakteristiken des Mediums: Nicht-hierarchische Darstellungsformen, die eine Interaktion der Nutzer/innen ermöglichen und verlangen, erlauben eine nicht-hierarchische Strukturierung von Wissen. Verknappung und Verdichtung verlangen exemplarische, die Verweisstruktur des Netzes kontextualisierende Zugänge. Multimediales Material dient nicht mehr nur dazu, schriftliche Texte zu illustrieren, sondern kann selbst Bedeutung übermitteln. Die Einbindung nicht-schriftlicher Medien eröffnet Assoziationsfelder, und insbesondere über auditives Material können Themen und Fragen angesprochen werden, ohne sie schriftlich zu fixieren und damit ‚festzuschreiben'. Das Material ‚spricht für sich', es hat eine Medialität, eine Aura und eine eigene Ästhetik.

Der Einsatz von Neuen Medien an sich bedeutet noch nicht automatisch eine Anwendung innovativer Methoden (man kann mit neuen Medien auch ganz konventionelle Darstellungsformen reproduzieren). Dem Vorwurf, die Verwendung von Neuen Medien sei ‚nicht wissenschaftlich', etwa weil assoziativ gearbeitet wird, läßt sich entgegnen, dass die wissenschaftliche Herangehensweise und Methodik, mit der ein/e Wissenschaftler/in arbeitet, wie sie/er denkt, auswählt und strukturiert, sich nicht ändert, ob man nun eine Internetsite konzipiert oder einen wissenschaftlichen Vortrag schreibt. Umgekehrt garantiert eine ‚wissenschaftliche Form' noch keinen wissenschaftlichen Inhalt.[32] Eine Reflexion der Methoden ist dagegen eine Bedingung für wissenschaftliches Arbeiten (deshalb werden die multimedialen Präsentationen auf der MUGI-Plattform auch jeweils mit einem Kommentar versehen). Bei der Exploration neuer Darstellungsformen im Internet oder in anderen multimedialen Medien[33] geht es nicht um eine von außen applizierte Ästhetisierung, sondern darum, über die Einbindung ästhetischer Erfahrung andere Erkenntnisformen zu initiieren.

---

32 Studierende am Massachusetts Institute of Technology haben jüngst einen „Automatic Paper Generator" entwickelt, der zufällig generierte, sinnfreie ‚wissenschaftliche' Papers erzeugt, die sogar auf Fachkonferenzen angenommen wurden. Vgl. http://pdos.csail.mit.edu/scigen/. (eingesehen am 7.5.2015).
33 Ein herausragendes, zu wenig bekanntes Beispiel für die Musikvermittlung mit Neuen Medien ist die CD-ROM „Prisma" von und über die Komponistin Kaija Saariaho, Montaigne naïve 782085(franz.)/782086(engl).

Dies bietet sich gerade bei einer Wissensvermittlung an, bei der es um die Vermittlung künstlerischer Prozesse geht. So wie ein Kunstwerk vielschichtige Bedeutung transportiert, soll es auch die Kunstvermittlung tun.

Literatur (Auswahl)

Benjamin, Walter. *Das Kunstwerk im Zeitalter seiner technischen Reproduzierbarkeit*, Frankfurt a.M. 2006 (1936).
Borchard, Beatrix, *Stimme und Geige. Amalie und Joseph Joachim. Biographie und Interpretationsgeschichte*, Wien 2005.
Bürdek, Bernhard E., *Der digitale Wahn*, Frankfurt a.M 2001.
Eibl, Maximilian/Reiterer, Harald/Stephan, Peter Friedrich und Thissen, Frank (Hg.), *Knowledge Media Design – Grundlagen und Perspektiven*, München 2005.
Felderer, Brigitte (Hg.), *Phonorama. Eine Kulturgeschichte der STIMME als Medium*, Berlin (2004).
Föllmer, Golo, *Netzmusik. Elektronische, ästhetische und soziale Strukturen einer partizipativen Musik*, Hofheim 2005.
Hickethier, Knut, *Einführung in die Medienwissenschaft*, Stuttgart u.a. 2003.
Kleiner, Marcus S. und Szepanski, Achim (Hg.), *Soundcultures. Über elektronische und digitale Musik*, Frankfurt a.M. 2003.

Kirsten Reese

... und heute ...

Bei dem zweiten Text, der in diesem Band dokumentarisch abgedruckt wird, handelt es sich um einen Kommentar zu der multimedialen Präsentation „Ein Besuch bei Gertrud Meyer-Denkmann".[1] Bei jeder der einzelnen Präsentationen ist eine Rubrik „Kommentar" vorgesehen, um die jeweils spezifischen Navigations- und Gestaltungsformen darzustellen und deren Bezug zum Inhalt zu reflektieren. In diesem Fall hat der Kommentar die Form eines Essays („Einsichten"), der die Begegnung mit Gertrud Meyer-Denkmann und die Erarbeitung der Internetsite auf eine persönliche Weise nachzeichnet. Gertrud Meyer-Denkmann starb 2014 im Alter von 96 Jahren. Der Abdruck des Essays stellt insofern auch eine Würdigung des Lebens und Wirkens dieser bedeutenden Musikpädagogin, Musikwissenschaftlerin, Pianistin und Komponistin dar.

Einsichten – ein Besuch bei Gertrud Meyer-Denkmann (2012)

Die Entstehung der Internetsite

Als ich Gertrud Meyer-Denkmann 2005 in ihrem Haus in Oldenburg besuchte (tatsächlich handelte es sich um zwei Besuche im Abstand von einigen Monaten) und darum bat, ein Gespräch mit ihr aufzeichnen zu dürfen, das die Grundlage für eine multimediale Internetseite bilden sollte, war sie zunächst skeptisch. In vielen Interviews und Radiosendungen, auf Podien und Gesprächsforen habe sie ihre Erfahrungen und Erlebnisse bereits geschildert. Dennoch erklärte sie sich bereit, dieses Gespräch mit mir zu führen, und trotz ihrer anfänglichen Skepsis wurde die Atmosphäre zusehends offener. Neben der Aufzeichnung eines Interviews lag der Sinn des Besuchs auch darin, Materialien zu sichten und zusammenzutragen, die als Medien in die Website eingebunden werden könnten. Und so gingen wir gemeinsam durch das Haus, das von ihren Eltern gebaut wurde, und in dem GMD – so wird sie von Freunden, Kollegen und Studierenden genannt – seit den 1950er Jahren lebt, und hangelten uns durch ihr Archiv: Fotos, Programmhefte, Briefe und Telegramme von befreundeten Komponisten, Plakate von Veranstaltungen mit Studierenden an der Universität Oldenburg, Kinderzeichnungen, die im Rahmen von musikpädagogischen Kursen entstanden usw. Vieles fotografierte ich, darunter im Arbeitszimmer auch den Schrank, den Gertrud Meyer-Denkmanns Vater zur Meisterprüfung gebaut hatte, und ebenso den Blick aus dem Wohnzimmer in den Garten, ihr „Kraft-

---

[1] http://mugi.hfmt-hamburg.de/Multimedia/Ein_Besuch_bei_Gertrud_Meyer-Denkmann (eingesehen am 7.5.2015).

reservoir". Aus den mit Audio- und Videokassetten vollgepackten Regalen nahm ich eine Auswahl von Mitschnitten von Konzerten und von Studierenden-Aufführungen mit, um sie später durchzugehen. Im Prozess des Heraussuchens und Sichtens kommentierte Gertrud Meyer-Denkmann alle Materialien, bzw. sie gaben mir Anlass zu weiteren Fragen.

Das multimediale Format

Was diese Site also gegenüber den Aufsätzen und Radiosendungen zu Gertrud Meyer-Denkmanns Wirken und Denken, sowie gegenüber ihrem Selbstzeugnis, der 2007 erschienenen Autobiografie „Zeitschnitte", auszeichnet, ist das multimediale Format – Gertrud Meyer-Denkmann hat selbst früh die Bedeutung von Medien erkannt, und sie konsequent in ihre musikpädagogische Arbeit eingebunden. Multimedial bedeutet hier konkret, dass das Gespräch als Audiofile gehört sowie als transkribierter Text gelesen werden kann, dass die Fotos, die Gertrud Meyer-Denkmann und ich gemeinsam anschauen, abgebildet sind, und dass Audio- und Videobeispiele aus ihrem Archiv gehört und gesehen werden können. Die Site hat ein spezifisches, modernes Design, eine „flotte" Gestaltung, wie Gertrud Meyer-Denkmann wohl sagen würde, das ihr, die in den 1960er, 70er und 80er Jahren der Avantgarde zugehörte, entspricht. Eine Besonderheit liegt darin, dass die Fotos aus Gertrud Meyer-Denkmanns Archiv wiederum abfotografiert wurden. Die damit verbundenen Unschärfen und minimalen Verschiebungen von Perspektiven sind gewollt, ebenso wie der teilweise noch sichtbare „Hintergrund" des Mosaiksteinbodens im Stil der 1960er Jahre, auf den die Fotos zum Abfotografieren gelegt wurden – sie stehen für das Motiv des Erinnerns und die persönliche Perspektive auf geschichtliches Material.

Struktur und Themenfelder

Die Medien sind aber nicht nur abgebildet bzw. abrufbar, sondern werden zueinander in Beziehung gesetzt. Sie sind kaleidoskopartig einem Schlagwort zugeordnet, jeweils mit der Möglichkeit, zu anderen Materialien mit demselben Schlagwort weiter zu klicken. Die Schlagworte stehen für die Themenfelder, um die das Gespräch und die von den Archivmaterialien ausgelösten Gedanken kreisen. Die Interviewausschnitte werden also nicht in einer chronologischen Abfolge wiedergegeben. Auch Gertrud Meyer-Denkmanns eigene Lebensdarstellung, ihre 2007 im wolke Verlag erschienenen „Zeitschnitte", folgt keiner Chronologie. Während aber in „Zeitschnitte" die Themen systematisch geordnet sind (die Kapitel handeln zusammengefasst von: Herkunft und Prägungen, den Darmstädter Ferienkursen, anderen Szenen und Zentren der Neuen Musik in den 60er bis 80er Jahren, anderen Festivals: Donaueschinger Musiktage, Bremen Pro Musica Nova und andere, Musikpädagogischer Unterricht und Publikationen, Forschungsarbeiten, Lehrtätigkeit an Hochschulen u.a.) ist hier die Systematik eher assoziativ und lückenhaft und wie die zusammengetragenen

Materialien mosaikartig angelegt. Das Gespräch – als Audiodatei und als transkribierter Text rezipierbar – und die verschiedenen Medien stehen gleichberechtigt nebeneinander. Die Strukturierung des Inhalts gruppiert sich also um das Gespräch als Leitfaden; die Navigationsmöglichkeiten führen von Schlagwort zu Schlagwort.

Mündlicher Ausdruck und Stimme als Medium

Ein zentraler Aspekt des multimedialen Formats liegt darin, dass das Gespräch mit Gertrud Meyer-Denkmann als Audiodatei eingesehen und eben GEHÖRT werden kann. Im mündlichen Gespräch drückt sich ein Mensch anders aus als in schriftlicher Form. Mündlichkeit transportiert Witz, Schlagfertigkeit, Energie, der mündliche Ausdruck vermittelt, wie jemand denkt. Wir bekommen einen Eindruck davon, was Gertrud Meyer-Denkmanns Persönlichkeit ausmacht und was sie in den vielen Jahren ihres Wirkens angetrieben hat: Neugierde, das Machen-Wollen, Esprit. Im Audio-Gespräch hört man ihren Tonfall und Sprachduktus, wie sie bei einem Satz schon den nächsten denkt, Betonungen, die Bedeutungen zuspitzen, eigenwillige Formulierungen und Wortschöpfungen (z.B. „Umraum"). (Der besseren Lesbarkeit halber wurde die Transkription dennoch geringfügig an eine schriftliche Form angepasst.)

Gertrud Meyer-Denkmann über das gesprochene Wort zu erleben ist aber auch deswegen wichtig und ihrem Wirken nicht äußerlich, weil sie in besonderem Maße über ihre Praxis gewirkt hat. In unserem Gespräch betonte sie immer wieder, dass sie nicht genügend Zeit gehabt habe, über die Themen, mit denen sie sich auseinandergesetzt und über die sie geforscht hat, zu schreiben und zu publizieren. Zum einen habe sie das Machen stets dem Schreiben vorgezogen, zum anderen wollte sie sich lieber mit immer neuen Bereichen und Themen auseinandersetzen, statt (für andere) das festzuhalten, was sie aus diesen Auseinandersetzungen gelernt hat. In späteren Lebensjahren begriff sie dies wohl immer stärker als Versäumnis, denn in der Zeit meiner Besuche war sie intensiv damit beschäftigt, zu den Themen, über die sie immer hatte schreiben wollen, Aufsätze fertig zu stellen und zu veröffentlichen. (Dies zeugt im Übrigen von der großen Disziplin und Willensstärke von Gertrud Meyer-Denkmann, die immerhin bereits 87 Jahre alt war). Sicher gab es auch die Befürchtung, angesichts so vieler reicher, ungewöhnlicher Erlebnisse und Bekanntschaften gegen Ende ihres Lebens nur mit anekdotenhaften Erzählungen und nicht aus inhaltlichen Gesichtspunkten, als Fachfrau, rezipiert und ernst genommen zu werden – „aus dem Nähkästchen plaudern liegt mir nicht", wie sie es im Gespräch sagte.

Weiterführend: Gertrud Meyer-Denkmanns Schriften

Diese Website versucht zu vermitteln, dass einerseits das praxisnahe Wirken von Gertrud Meyer-Denkmann nicht weniger wert ist als etwa die Publikation von wissenschaftlichen Texten – andererseits kann eine Internetseite das Lesen von Gertrud Meyer-Denkmanns

Schriften natürlich nicht ersetzen. Wer sich intensiver mit ihrem Denken und ihrer Forschung auseinandersetzen will und ihre Texte liest, wird feststellen, dass Selbstaussagen, die im Gespräch auf dieser Website eine Rolle spielen, sich auch in ihren Veröffentlichungen widerspiegeln, etwa ihre „Neugier", also das Interesse, sich stets neuen Entwicklungen zuzuwenden und sie zu untersuchen. Bis ins hohe Alter reflektiert Gertrud Meyer-Denkmann mit erstaunlicher Aktualität über Clubkultur, die Auswirkungen des Internets für das Komponieren, audiovisuelle Medienkunst, Gestik und Körper usw.[2]

Autobiografie – Internetsite: Fragen über Selbstdarstellung und Außenperspektiven

Diese Internetseite stellt eine Ergänzung dar zu Gertrud Meyer-Denkmanns eigener Lebensdarstellung „Zeitschnitte meines Lebens mit Neuer Musik und Musikpädagogik 1950 - 2005", erschienen 2007. Das Buch bietet einen reichen Fundus an Beschreibungen von Begegnungen mit Akteuren der Neuen Musik besonders in den 1950er - 1980er Jahren, von Besuchen von Konzerten und Festivals und Reflexionen der eigenen musikpädagogischen, journalistischen und musikwissenschaftlichen Tätigkeit.

Gertrud Meyer-Denkmann selbst nannte dieses Buch wiederholt in unserem Gespräch keine Autobiografie, sondern kühl ihren „Bericht". Dennoch ist es alles andere als ein neutraler Bericht: in Gertrud Meyer-Denkmanns Schilderungen fließen viele Kommentare und persönliche Reflexionen ein, die zwischen den Kapiteln sogar in einer besonderen Form, als Verse, herausgestellt werden.

Ein Beispiel:

„Warum komponieren Sie eigentlich nicht?"
Das fragte mich Stockhausen einst –

Ja – Warum eigentlich nicht?
(...)
Es gibt Dinge – auch die abstraktesten oder geistigen –
die sind ohne ein Körpererlebnis nicht zu denken.
Und so verband ich in der Vermittlung von neuer Musik
Eine körpernahe Praxis sei es als Erfinden, Improvisieren
Von Musik oder als Realisieren von Aktionspartituren –
Eine Vermittlung, in der das eine durch das andere
Zu einer sinnvollen Einheit sich verbindet und somit zu
Einer neuen Sicht und des Verstehens von Musik führen könnte.

Also: Komponiere ich auch „damit".[3]

---

[2] http://mugi.hfmt-hamburg.de/meyerdenkmann/bibliographie.php (eingesehen am 7.5.2015).
[3] Meyer-Denkmann, Gertrud, *Zeitschnitte meines Lebens mit Neuer Musik und Musikpädagogik 1950-2005*, Hofheim 2007, S.171/173

Einsichten – ein Besuch bei Gertrud Meyer-Denkmann (2012)

Dieses Beispiel, in dem Gertrud Meyer-Denkmann die Hierarchisierung von Komponieren als schriftlicher Notation von Musikwerken gegenüber der Interpretation oder Vermittlung von Neuer Musik in Frage stellt, zeigt auch, warum es interessant ist, die „Zeitschnitte" ergänzend zu dem auf unserer Internetseite dokumentierten Gespräch zu lesen. In dem Gespräch wie in dem Buch spürt man bei manchen Themen ein Bedauern um die Möglichkeiten, die sie nicht hatte oder nicht realisieren konnte, zuweilen sogar eine gewisse Bitterkeit. Zu diesen Themen zählen z.B., dass sie als Nicht-Akademikerin nicht ernst genug genommen wurde (aus wirtschaftlichen Gründen konnte sie kein Abitur machen, daher auch nicht ordentlich studieren, allerdings wurde ihr 1988 von der Universität Oldenburg die Ehrendoktorwürde zugesprochen), und dass sie zu sehr auf ihre musikpädagogische Tätigkeit und ihren „Bestseller", die „Klangexperimente", festgelegt wurde.

Ambivalent ist auch die Darstellung ihrer Position als Frau in der Szene der Neuen Musik. „In meiner Arbeit habe ich in meiner Rolle als Frau kaum Probleme gehabt – ich verstand mich als ‚emanzipiert' und war es auch."[4] – und in diesem Sinne äußert sich Gertrud Meyer-Denkmann auch im Interview: „Ich habe nie eine feministische Unterstützung gebraucht". Auf die Frage, ob sie sich je mit Frauen besonders identifiziert oder solidarisiert, oder sich einer Frauengruppe angeschlossen habe, antwortete sie, dass sie das nie besonders interessiert habe, weil die Zeiten ganz anders gewesen seien, und weil sie sich immer schon als Einzelgängerin durchgeschlagen habe. Die in die Internetseite eingebundenen Medien zeigen jedoch, dass zumindest in der Hochzeit der Frauenbewegung ein Interesse an feministischen Themen vorhanden war. Ein Foto zeigt ein an der Wand des Arbeitszimmers hängendes Plakat eines Konzerts mit der Frauengruppe N'OVA, und es gibt Videoausschnitte eines musikalischen 'Frauenprogramms' (Songs von Meredith Monk und eine ironische Musikalisierung von Schillers Glocke – das Video wurde übrigens von Eva Rieger gefilmt!).

Es ließe sich sagen, dass aus heutiger Perspektive nicht viel dazu gehört sich vorzustellen, wie in (bezüglich der Rolle der Frau) emanzipierteren Zeiten Gertrud Meyer-Denkmanns beruflicher Werdegang anders verlaufen wäre, wahrscheinlich sogar im Hinblick auf eine eigene kompositorische Tätigkeit. Solche Überlegungen sind jedoch gerade in Bezug auf Genderaspekte heikel. Wie die Behauptung, weil sie eine Frau war, konnten bestimmte berufliche Optionen nicht verwirklicht werden, und die Frage: läuft sie nicht zentralen Themen einer genderorientierten Musikforschung zuwider, wie sie auch mit dem Forschungsprojekt *Musikvermittlung und Genderforschung im Internet*, in dessen Rahmen diese Internetseite ja erscheint, repräsentiert werden? Denn letztendlich geht es ja gerade darum, mit Hierarchisierungen und Antagonismen zu brechen und gerade keine Wertungen vorzunehmen zwischen Publizieren und mündlicher Überlieferung als Lehrerin, zwischen Musikpädagogik und Musikwissenschaft, zwischen Komponieren und Vermittlung von Neuer Musik …

---

4   Meyer-Denkmann, Zeitschnitte, S.171.

KIRSTEN REESE

Eine persönliche Perspektive

Wie ambivalent diese Themen sind, wird aus einem Ausspruch und einer E-Mail deutlich, die nicht im Zusammenhang mit unserem Gespräch standen: Ich begegnete Gertrud Meyer-Denkmann zuerst 2004, als im Edith-Ruß-Haus für Medienkunst ein Porträt-Konzert mit meinen Kompositionen und Installationen stattfand. Als das Konzert zu Ende war, kam sie auf mich zu und sagte „Sie haben es gut, das hätte ich auch gerne gemacht, mir hat man gesagt, ich muss schreiben."

In eine ähnliche Richtung ging auch die E-Mail, die sie mir kurz nach meinem ersten Besuch in Oldenburg schrieb:

„Hallo Kirsten Reese,

ich habe ein schlechtes Gewissen: zu viel Gerede meinerseits – zu wenig sachliche, objektive Antworten. Vor allem: angesichts Ihrer Vita und Werkliste (leider konnte ich sie erst hinterher lesen), hätte ich gerne sehr viel mehr über Ihre Kompositionen gehört! Ihre Arbeiten und Tätigkeiten finde ich hochspannend! In ähnlicher Weise hätte ich mir meine Tätigkeiten etc. gewünscht: aber in Oldenburg ist so was nicht möglich ..."

Erst beim Verfassen dieses Textes wurde mir bewusst, dass es zu der Zeit, als Gertrud Meyer-Denkmann sich als Komponistin hätte etablieren können, die Formate, auf die sie sich bezog – Klanginstallationen, performative Formen zwischen Komposition und Installation – so noch kaum gab. Nicht umsonst fühlte sich Gertrud Meyer-Denkmann am stärksten zu John Cage hingezogen, der am meisten die traditionellen Formen des Komponierens durchbrach.

Obwohl Gertrud Meyer-Denkmann vielleicht in vielen Zusammenhängen Außenseiterin blieb – bei den Darmstädter Ferienkursen als 39-jährige Frau (beim ersten Besuch 1957) unter größtenteils viel jüngeren, fast ausschließlich männlichen Komponisten; als Musikpädagogin aus der Provinz, die in der musikalischen Kreation in der Neuen Musik mit Kindern neue Bahnen schuf; als künstlerisch Tätige und praktisch Forschende im Hochschulbetrieb ... – obwohl sie vielleicht nie ganz dazugehörte, verschaffte sie sich Gehör und erarbeitete sich den Respekt von Kolleg_innen und Student_innen, die von ihren Impulsen in der Neuen Musik und Musikpädagogik geprägt und inspiriert wurden.
Sie ging einen ganz eigenen, ihren Weg.
„Nein, es gab keinen Weg, ich wollte, musste gehen – allein, ohne Wegweiser.
Was trieb mich?
Neugier, wissen, lernen wollen.
Immer wieder auf der Suche nach Neuem, das, was anders war, sich veränderte."[5]

---

5   Meyer-Denkmann, Zeitschnitte, S. 11.

Janina Klassen

Gender, Sprache, Wertungsfragen

I

„Der junge Brahms wäre vermutlich beleidigt gewesen, hätte Freund Schumann seine pianistischen Fertigkeiten wie folgt gepriesen: *Johannes Brahms ist eine männliche Clara Schumann.*"[1] Luise F. Pusch ging vor dreißig Jahren davon aus, dass ein Leistungsvergleich mit einer Frau grundsätzlich abwertend sei. Diese These beruht auf der Reaktion von männlichen Kollegen, die Pusch in Umkehrung der herrschenden Grammatik mit einem allgemeinen Femininum konfrontierte: „Wenn ich von ‚Linguistinnen' oder ‚Leserinnen' rede, sind Männer also immer mitgemeint."[2] Im Jahr 2013 haben die Universitäten Leipzig und Potsdam die Movierung „Professorin" als Oberbegriff in ihre Grundordnungen übernommen.[3] Irritation löst das Vorgehen nach wie vor aus, auch wenn die „Aufwertung des Femininums durch selbstbewußten, konsequenten und forcierten Gebrauch"[4], den Pusch Anfang der 1980er Jahren proklamierte, nicht mehr in gleicher Weise vehemente Aggressionen hervorruft wie ihrerzeit.

Obwohl verbale Äußerungen in mündlicher und schriftlicher Form das zentrale musikwissenschaftliche Kommunikationsmedium sind, findet keine systematische Evaluierung von Texten in Bezug auf den Sprachgebrauch, ihre im- wie expliziten Annahmen und Wertungen statt. Carl Dahlhaus' Schrift *Analyse und Werturteil*[5] von 1970 betrifft ästhetische Wertungen und konfrontiert werkimmanente mit rezeptionstheoretischen Ansätzen. Wertschätzungs- und Abwertungsdiskursen Populärer Musik gelten die Studien von Ralf von Appen und Michael Fuhr.[6] Auch die an der Universität Graz institutionalisierte „Musikalische Wertungsforschung"[7] sowie

---

[1] Pusch, Luise F., *Das Deutsche als Männersprache*, Frankfurt a.M. 1984, S. 77. Die kursive Hervorhebung stammt von Pusch.
[2] Pusch, Männersprache, S. 77.
[3] Vgl. http://www.faz.net/aktuell/beruf-chance/campus/neue-schreibweise-nur-noch-professorinnen-an-der-uni-leipzig-12210792.html (eingesehen am 22.7.2013). Vgl. auch die online-Kommentare zum Artikel.
[4] Pusch, Männersprache, S. 78.
[5] Dahlhaus, Carl, *Analyse und Werturteil*, Mainz 1970.
[6] Appen, Ralf von, *Der Wert der Musik*, Bielefeld 2007; Fuhr, Michael, *Populärmusik und Musikästhetik*, Bielefeld 2007. Inzwischen ist von Ursula Brandstätter erschienen: *Erkenntnis durch Kunst. Theorie und Praxis musikalischer Transformation*, Wien u.a. 2013, das sich mit Verbalisierungsstrategien auseinandersetzt.
[7] Vgl. Dorschel, Andreas, „Was ist musikalische Wertungsforschung? Gedanken über die Kanonisierung von Komponisten und Kompositionen", in: *Jahrbuch des Staatlichen Instituts für Musikforschung Preußischer Kulturbesitz*, Mainz u.a. 2004, S. 371–385.

das neue Handbuch „Kanon"[8] befassen sich grundlegend mit ästhetischen Kategorien von Kunstproduktion sowie In- und Exklusion bei der Kanonbildung, nicht aber ausdrücklich mit Diskursanalysen[9] und nur vereinzelt mit Genderfragen. Diese Ansätze werden vielmehr in die unter dem Label „New Musicology"[10] zusammenfassbaren Forschungsinitiativen einbezogen. Dazu zählt das Projekt *Musikvermittlung und Genderforschung im Internet*: „Fortführung und Weiterentwicklung der Genderforschung in Europa und ihre Verankerung im musik- und kulturwissenschaftlichen Diskurs"[11], so lautet die Zielvorgabe in der programmatischen Präambel. „Gender" bildet die Hauptkategorie. Alles Weitere baut darauf auf. Die folgenden Ausführungen bieten einige grundsätzliche theoretische Überlegungen zu Sprache und Gender sowie zu impliziten wie expliziten Wertungen an. Dazu referiere ich sprach-, literatur-, medien- und sozialwissenschaftlich fundierte Theorien, die sich mit Textanalysen und Wertungsfragen befassen.[12] Sie können methodisch zur Evaluierung musikwissenschaftlicher Texte genutzt werden, so meine Hypothese. Ob und wie sie auch auf Musik selbst, das heißt auf ‚Musik als Text' anwendbar sind, bleibt zu diskutieren.

II

Senta Trömel-Plötz[13] und Pusch gehen Anfang der 1980er Jahre von einer geschlechtersprachlich determinierten Teilung der Gesellschaft in Frauen und Männer aus[14], wie die Titel *Frauensprache* (Trömel-Plötz) und *Männersprache* (Pusch) zeigen. Sie richten in ihren in gegenseitigem Austausch erfolgenden Frauenforschungen den Fokus auf Sprache als Herrschaftsinstrument, durch das Frauen, ihre Leistungen und ihre Produktionen marginalisiert werden. Daraus entwickeln beide Forscherinnen feministische linguistische Sprach- beziehungsweise Kommunikationsanalysen sowie Vorschläge zu neuen Gebrauchsformen. Trömel-Plötz und Pusch sehen eine defizitäre Sprache und geschlechterbestimmte Kommunikation, in der weibliche Formen entweder gar nicht oder als minderwertige Ableitung oder als Sonderfall vorkommen, und fordern eine egalitäre Konzeption beziehungsweise einen die jahrhundertelange Fehlentwicklung umkehrenden Sprachgebrauch. Sie präzisieren auf linguistischer Ebene eine der zentralen Thesen von Eva Rieger. Rieger veröffentlicht in ihrer musikwissenschaftlichen Unter-

---

8 Pietschmann, Klaus; Fuhrmann-Wald, Melanie (Hg.), *Der Kanon der Musik. Theorie und Geschichte. Ein Handbuch*, München 2013.
9 Einen Beitrag aus musikpädagogischer Sicht bietet Vogt, Jörg, „Anmerkungen zur möglichen Bedeutung der Diskursanalyse für die Musikpädagogik", in: *Musikpädagogische Forschungsberichte* 1992, S. 91–106.
10 Vgl. Davidović, Dalibor, „New Musicology", in: de la Motte-Haber, Helga, von Loesch, Heinz, Rötter, Günther und Utz, Christian (Hg.), *Lexikon der Systematischen Musikwissenschaft*, Laaber 2010 (=Handbuch der Systematischen Musikwissenschaft 6), S. 349 f.
11 Vgl. „Ziele und Methoden von MUGI", in: *Musikvermittlung und Genderforschung: Musikerinnen-Lexikon und multimediale Präsentationen*, hg. von Beatrix Borchard, Hochschule für Musik und Theater Hamburg, 2003 ff., http://mugi.hfmt-hamburg.de/Projekt (eingesehen am 29.6.2013).
12 Auf die herangezogene Literatur wird jeweils vor Ort verwiesen.
13 Trömel-Plötz, Senta, *Frauensprache: Sprache der Veränderung* [1982], Neuauflage München 2007.
14 Vgl. Pusch, Männersprache, S. 24.

suchung *Frau, Musik und Männerherrschaft* 1981 ein bipolares semantisches Differential weiblicher (defizitärer) und männlicher (positiv konnotierter) Eigenschaften[15], die nicht nur in wortsprachlichen Zuweisungen wirksam seien, sondern auch das musikalische Material prägten und – bewusst oder unbewusst – durch die Musik rezipiert würden. Die allen drei Untersuchungen zugrundeliegende Hypothese, dass Sprache „kein Natur-, sondern ein historisch-gesellschaftliches Phänomen"[16] sei und „unsere grundlegenden Wertvorstellungen"[17] kodifiziere, gilt – mit Modifikationen – auch in neueren Untersuchungen. Die Frage, wie Sprache das bewirkt und welche Konsequenzen das für das Alltagsleben auf der einen und die Kunstausübung auf der anderen Seite hat, bleibt allerdings strittig.

Mit der Erweiterung der Frauen- zur Genderforschung in den 1990er Jahren[18] treten die essentialistisch verstandenen sprachlichen Weiblichkeits- und Männlichkeitsschemata zugunsten einer größeren Diversifikation von Genderkonzepten in den Hintergrund. Das spiegelt sich auch in der spannungsreichen Vielfalt derzeitiger Gendersprachtheorien, die sich auf keine einheitlichen Linien fokussieren lassen. Nach Gisela Klann-Delius bestehen zwischen Frauen- und Männersprachen keine fundamentalen Differenzen, auch wenn „Sprachen in einigen Aspekten ihrer Struktur geschlechtsspezifische Asymmetrien"[19] aufweisen. Vielmehr wird generell davon ausgegangen, dass Frauen wie Männer mit genderspezifischen Sprachmustern individuell und variabel umgehen und diese Spielräume auch nutzen. Danach ist der Gebrauch geschlechtsspezifischer Sprache komplexer als die Pionierinnen der Frauenforschung annahmen. Dementsprechend vielfältig sind die aus unterschiedlichen wissenschaftlichen Disziplinen und Perspektiven diskutierten Theorien. Klann-Delius referiert verschiedene Erklärungsansätze[20] zur Genderprägung durch Sprache, wie lern- und entwicklungstheoretische (Gendersozialisierung durch Familie, Peergroups und Medien), kognitions- und sozialpsychologische (Prägung der Geschlechterrollen durch kognitive, emotionale und „makrosoziologische Faktoren"[21]), interaktionistische (Praktiken des „doing of gender"[22]), evolutionsbiologische und neurokognitive Theorien, die von ihr jeweils skeptisch hinterfragt werden.[23] Im Allgemeinen befassen sich die zitierten Untersuchungen mit einer mehr oder weniger unbewusst genutzten Gebrauchssprache und der lebenswirklichen Kon-

---

15 Rieger, Eva, *Frau, Musik und Männerherrschaft. Zum Ausschluß der Frau aus der deutschen Musikpädagogik, Musikwissenschaft und Musikausübung*, Berlin 1981, S. 105 ff.
16 Pusch, *Männersprache,* S. 20.
17 Ebd., Männersprache, S. 35.
18 Vgl. dazu die allgemeine Darstellung von Opitz-Belakhal, Claudia, *Geschlechtergeschichte*, Frankfurt a.M./New York 2010, S. 7–27.
19 Klann-Delius, Gisela, *Sprache und Geschlecht*, Stuttgart, Weimar 2005, S. 19.
20 Vgl. ebd, S. 140-168.
21 Ebd., S. 154.
22 Ebd., S. 161.
23 Klann-Delius enthält sich dabei einer expliziten eigenen Präferenz. Vgl. auch die Rezension von Kotthoff, Helga, „Neues zu Sprache, Gespräch und Geschlecht", in: *Freiburger Frauenstudien* 18, online unter: http://www.zag.uni-freiburg.de/fff/zeitschrift/band18/kotthoff.pdf (eingesehen am 1.7.2013).

struktion von Gender. Für Kunstproduktionen gelten indes andere Bedingungen, da Sprache und symbolische Geschlechtskonstruktion durch Interaktion, Aufmachung und Habitus beziehungsweise deren Karikierung gezielt als konstitutive stilistische ästhetische Mittel inszeniert werden.[24] Das Spiel mit Crossgender, Androgynität, Queerness und Camouflage ist bereits ein zentraler Bestandteil antiker Theater- und barocker Opernkonzepte.[25] Heute gehören indessen performative Habitualisierung und diverse Selbstinszenierungen von Gender, inklusive der im Crossdressing genutzten „Kleidungssemiotik"[26], nach Helga Kotthoffs überzeugender Darlegung zu Alltagsphänomenen. Danach wäre das Spiel damit kein Privileg der Künste. Vielmehr wirken Kunst und Alltag auch im Zeichenrepertoire der Geschlechterkonstruktion wechselseitig aufeinander ein.

In öffentlich-rechtlichen Verlautbarungen rücken in der Gendersprachdiskussion andere Interessen in den Vordergrund. Empfehlungen über geschlechtergerechte beziehungsweise geschlechterneutrale Sprache und Kommunikation wie die *Guidelines on gender-neutral language*[27] der Unesco, der *Leitfaden für Geschlechtergerechtes Formulieren*[28] oder auch die Fragen nach Sinn und Nutzung des „Gender Gap"[29] bedienen in erster Linie politische Vorgaben des Gendermainstreaming. Wenn heute die „Realisierung der Bildungschancengleichheit der Geschlechter"[30] angestrebt wird, so unter dem Druck politischer und ökonomischen Forderungen in Folge des demografischen Wandels in den Industrieländern in den letzten Jahrzehnten anstatt aus ethischer Überzeugung zur Verwirklichung des Gleichheitsgrundsatzes, wie Klann-Delius unterstreicht.

III

Methodische Zugänge zur Evaluierung von Sprache und Texten bieten Verfahren wie linguistische Sprach- und Textanalysen, die in der empirischen Sozialwissenschaft und in der

---

24 Vgl. zur Erzähltheorie Nünning, Ansgar und Nünning, Vera (Hg.), *Erzähltextanalyse und Gender Studies*, Stuttgart 2004, S. 15 ff.
25 Peraino, Judith A., *Listening to the sirens. Musical technologies of queer identity from Homer to Hedwig*, Berkeley 2006; Grawe, Andrea, „Rollenspiele. Zum Wandel der Geschlechterrollen im Theater der Frühen Neuzeit", in: *Orte der Musik. Kulturelles Handeln von Frauen in der Stadt*, hg. von Susanne Rode-Breymann, Köln, Weimar, Wien 2007, S. 185–199; Knaus, Kordula, *Männer als Ammen – Frauen als Liebhaber. Cross-gender Casting in der Oper von 1600-1800*, Stuttgart 2011.
26 Kotthoff, Helga, „Was ist doing gender?" [2011], online unter: http://gleichstellungsbuerofhp.blogsport.de/texte/kotthoff-helga-was-ist-doing-gender (eingesehen am 1.7.2013).
27 Desprez-Bouanchaud, Anne, *Guidelines on gender-neutral language*, 3. Aufl. 1999, online unter: http://unesdoc.unesco.org/images/0011/001149/114950mo.pdf, (eingesehen am 30.7.2013).
28 Fischer, Beatrice und Wolf, Michaela, *Leitfaden für Geschlechtergerechtes Formulieren*, http://www.uni-graz.at/ued01www_files_geschlechter_gerechtes_formulieren-4.pdf (Version vom 9.4.2009, eingesehen am 29.7.2013).
29 Vgl. dazu den Artikel „Gender Gap (Linguistik)", in: http://de.wikipedia.org/wiki/Gender_Gap_(Linguistik) (eingesehen am 29.7.2013).
30 Klann-Delius, Sprache und Geschlecht, S. 17.

Psychologie entwickelten Modelle von Inhalts- und Gesprächsanalysen sowie die in verschiedenen Disziplinen verwendeten Formen von Diskursanalysen.[31] Diskursanalysen sind ein methodisches Instrument der seit den 1960er Jahren unter dem Schlagwort „Discours/Diskurs"-Theorie zunächst in Linguistik, Geschichts- und Sozialwissenschaften versammelten Ansätze, die von der Hypothese ausgehen, dass „Wissen und Wirklichkeit Ergebnisse soziokultureller Prozesse sind", so Achim Landwehr.[32] Trotz der Pluralität des Diskursverständnisses überschneiden sich die Verwendungen des Diskursbegriffs nach Landwehr darin, dass der Fokus „in der einen oder anderen Form immer auf den Sprach- und Zeichengebrauch in unterschiedlichen medialen und kommunikativen Kontexten gerichtet ist, um dadurch formale und inhaltliche Strukturierungen aufzudecken".[33] Diesem diskurstheoretischen Ansatz sind auch die methodisch an der „New History" beziehungsweise den „Cultural Studies" orientierten und unter der Bezeichnung „New Musicology" zusammenfassbaren Forschungen verpflichtet, in denen die Formen und Regeln des Diskurses (auch wenn nicht immer explizit darauf verwiesen wird), die Wirklichkeitskonstruktion und die davon beeinflussten Bedingungen kultureller Praxis (Kontexte, institutionelle Rahmen, In- und Exklusion, beteiligte Akteur_innen und Autor_innen, Medien, Aufführungsmöglichkeiten) über die ästhetischen Kunstobjekte hinaus untersucht werden. Dieser breit aufgestellte wissenschaftliche Ansatz korrespondiert mit den Zielen und Methoden des Projekts *Musikvermittlung und Gender im Internet*.[34] Neben dem lexikalischen Teil, in dessen Bestand Komponistinnen, Ausführende, Mäzeninnen und Vermittlerinnen einbezogen sind, bestechen die multimedialen Präsentationen. Standardisierte Evaluierungskriterien liegen für derartige multimediale Präsentationen allerdings noch nicht vor.

Ein Internetauftritt bietet mit multimedialen Konzepten und netzbasierten Kommunikationsformen auf mehreren Ebenen entfaltbare Präsentationsforen. Die verschiedenen Wort-, Ton- und Bildbotschaften lassen sich in einem erweiterten kulturtheoretischen Verständnis als Texte auffassen. Dabei zeigen allein die Wortbeiträge eine große stilistische Vielfalt. Sie hängt mit den medienspezifischen Kommunikationsformen zusammen. Nach Julia Schmid bildet sich hier eine netzeigene Rhetorik aus.[35] Dazu zählt auch der Einsatz der

---

31 Vgl. Feustel, Robert; Schochow, Maximilian, „Einleitung: Zwischen Sprachspiel und Methode. Perspektiven der Diskursanalyse", in: *Zwischen Sprachspiel und Methode. Perspektiven der Diskursanalyse*, hg. von Robert Feustel und Maximilian Schochow, Bielefeld 2010, S. 7–16; Bluhm, Claudia; Deissler, Dirk; Scharloth, Joachim; Stukenbrok, Anja, *Linguistische Diskursanalyse: Überblick, Probleme, Perspektiven*, online unter: http://www.scharloth.com/publikationen/scharloth_diskursanalyse.pdf, bes. Abschnitt 6.4: „Linguistische Diskursanalyse" (eingesehen am 28.7.2013).
32 Landwehr, Achim, „Diskurs und Diskursgeschichte, Version: 1.0", in: *Docupedia-Zeitgeschichte*, 11.2.2010, URL: http://docupedia.de/zg/Diskurs_und_Diskursgeschichte?oldid=84596 (eingesehen am 15.8.2013, S. 2 von 8). Frauen- und Geschlechterforschung berücksichtigt Landwehr allerdings nicht.
33 Ebd.
34 Vgl. „Ziele und Methoden von MUGI".
35 Schmid, Julia, *Internet-Rhetorik. Chancen und Widerstände des Orators auf der digitalen Agora*, Berlin 2007 (= neue rhetorik 1), S. 15 f.

unter „Webdesign"³⁶ zusammenfassbaren nichtsprachlichen Mittel. Typografien, Farben, Muster, Diagramme, Animationen, stille wie bewegliche Bildelemente, Sounds und Musikstücke sind im Sinne der Wirkungsstrategie aufeinander abzustimmen und damit „integraler Bestandteil einer Internet-Rhetorik".³⁷ Während Schmids Analysen sich weitgehend auf die Präsentation der Textebenen konzentrieren und besonders die Kommunikationsformen der ‚Oratoren' berücksichtigen, arbeitet die Gruppe *Forschungsprojekt Internet* an einer umfassenden Methodenreflexion über quantitative und qualitative Online-Inhaltsanalysen.³⁸ Inhaltsanalysen sind theoriegeleitet und operieren auf der Basis von Hypothesen.³⁹ Die Voraussetzungen für umfassende Online-Inhaltsanalysen sind mit der Digitalisierung von Sprach-, Ton- und Bildtexten gegeben. Aufgrund ihrer gemeinsamen Datenstruktur können sie in kategorial quantifizierbare Einheiten zerlegt und ausgewertet werden. Die Verfahren sind anspruchsvoll und aufwändig, und sie erfordern interdisziplinäre Zugänge. Um die besondere Herausforderung zu unterstreichen, fasst die Gruppe *Forschungsprojekt Internet* die Spezifika des Netzes wie folgt zusammen: „Flüchtigkeit, Dynamik und Transitorik der Inhalte", „Medialität, Multimedialität bzw. Multimodalität", „digitale Bild-, Video-, Audio-Formate für unterschiede Ausgabegeräte […], Zeichenmodalitäten bzw. -systeme (Film, Bild, Sprache, Design/Layout)", „Nonlinearität/Hypertextualität", „geplante oder emergente Netzwerke mit unterschiedlicher Linktiefe", „Reaktivität und Personalisierung", „kollektive oder usergestützte Inhaltsproduktion in Foren und Blogs".⁴⁰

In den MUGI-Online-Präsentationen werden nicht nur sachlich-nüchterne, sondern auch affektive und unterhaltende Komponenten eingesetzt. Stil und Sprache der Kommentare bleiben anschaulich, teils auch persönlich, und sie sind unterschiedlich lang.⁴¹ Die nichtlineare Onlinestruktur erfordert spezifische, den medialen Bedingungen entsprechende Text- und Bildmodule.⁴² Darüber hinaus soll die abwechslungsreiche Gestaltung die Nutzer_innen

---

36 Ebd., S. 215 ff.
37 Ebd., S. 217.
38 Welker, Martin; Wünsch, Carsten; Böcking, Saskia; Bock, Annekatrin; Friedemann, Anne; Herbers, Martin; Isermann, Holger; Knieper, Thomas; Meier, Stefan; Pentzold, Christian und Schweitzer, Eva Johanna, „Die Online-Inhaltsanalyse: methodische Herausforderung, aber ohne Alternative", in: *Die Online-Inhaltsanalyse. Forschungsprojekt Internet*, hg. von Martin Welker und Carsten Wünsch, Köln 2010 (= Neue Schriften zur Online-Forschung 8), S. 9.
39 Unter dem Stichwort Inhaltsanalyse ist ein Methodenbündel zusammengefasst, Ziele sind u.a. Quantifizierbarkeit und Komplexitätsreduktion; vgl. Rössler, Patrick, *Inhaltsanalyse*, Konstanz, 5. Aufl. 2005; s. zu einzelnen Kategorien auch: www.inhaltsanalyse.de (eingesehen am 10.11.2013; Beispielliteratur für die Anwendung findet sich unter http://www.axtimwal.de/statistik-literatur#Studien (eingesehen am 20.8.2013).
40 Welker u.a., „Online-Inhaltsanalyse", S. 11.
41 Vgl. zur Forderung nach Kürze Schmid, Internet-Rhetorik, S. 158 f. Schmids Ausführungen gelten dem Online-Journalismus und dessen Qualitätsmerkmalen. Die eingesehenen MUGI-Artikel bieten dagegen auch ausführliche Kommentare.
42 Vgl. Reese, Kirsten, „Sehen/Hören/Lesen/Assoziieren. Überlegungen zu Darstellungsmöglichkeiten in und mit multimedialen und interaktiven Medien", in: *Musik mit Methode. Neue kulturwissenschaftliche Perspektiven*, hg. von Corinna Herr und Monika Woitas, Köln, Weimar, Wien 2006

in Spannung halten und ihre Neugier fördern. Die multimedialen Beiträge präsentieren sich in unterschiedlichen Settings, die die jeweiligen Teams verantworten. Auch wenn keine direkte Beteiligung in Form von Blogs oder Foren vorgesehen ist, und die Kommunikation zwischen Anbieter_innen und Nutzer_innen asymmetrisch bleibt, so ist doch eine Fülle formatspezifischer individueller Wahl- und Verlinkungsmöglichkeiten bei der Reihenfolge und Vertiefung der angebotenen Informationen gegeben.

Wie diese Spezifika in multimedialen MUGI-Präsentationen im Internet kreativ genutzt und individuell in einer theoretisch fundierten und reflektierten Ablaufdramaturgie inszeniert werden, hat Kirsten Reese[43], die Konzept und Aufbau gemeinsam mit der Herausgeberin Beatrix Borchard zentral mitgestaltet hat, instruktiv dargestellt. Der Onlineauftritt bietet frische Darstellungsformate und Zugangsweisen für musikhistorische Stoffe, die mit neuen Themen und Fragestellungen in variablen Ansätzen der Wissensvermittlung zugänglich sind. So offeriert der Artikel „Dienstmädchen auf der Opernbühne"[44] Informationen über ein in der europäischen Oper des 18. und 19. Jahrhunderts sehr beliebtes Rollenmodell aus sozialgeschichtlicher Perspektive. Von hier aus wird die Thematik kultur- und musikwissenschaftlich erschlossen, ausgebreitet, auf unterschiedlichen Ebenen kommentiert, mit aufschlussreichen zeitgenössischen Text- und Bildmaterialien, verspielten grafischen Animationen, Klangbeispielen und verschiedenen Audiokommentaren zugänglich gemacht. Darüber hinaus zeigt sich die Onlinepräsentation vor allem bei der Aufbereitung aktueller Kunstarten, die in Printmedien, Schallaufzeichnungen, Fotos und Videos allein schwer anschaulich zu machen sind, wie Klangkunst und Performancekunst, als adäquates Format. Artikel wie „Licht und Klang. Aspekte der Raumwahrnehmung in Klanginstallationen von Christina Kubisch"[45] oder „Körper & Musik"[46] nutzen fantasievoll die vielfältigen Einsatzmöglichkeiten unterschiedlicher Grafiken, Bild- und Sounddateien, um den Nutzer_innen

---

(= Musik – Kultur – Gender 1), S. 115 ff. Der Aufsatz ist im hiesigen Band nochmals abgedruckt und verknüpft mit einem Kommentar Kirsten Reeses zu ihrer 2015 veröffentlichten Seite über Gertrud Meyer-Denkmann.

43 Reese, „Sehen/Hören/Lesen/Assoziieren", S. 109-126.
44 Kiupel, Birgit; Geissler, Cornelia; Reese, Kirsten und Brinkmann, Boris, „Dienstmädchen auf der Opernbühne", in: *Musikvermittlung und Genderforschung: Musikerinnen-Lexikon und multimediale Präsentationen*, hg. von Beatrix Borchard, Hochschule für Musik und Theater Hamburg, 2003 ff., http://mugi.hfmt-hamburg.de/Multimedia/Dienstmädchen_auf_der_Opernbühne_des_18._Jahrhunderts (eingesehen am 20.8.2013).
45 Tittel, Claudia; Nösler, Thomas und Sakrowski, „Licht und Klang. Aspekte der Raumwahrnehmung in Klanginstallationen von Christina Kubisch", in: *Musikvermittlung und Genderforschung: Musikerinnen-Lexikon und multimediale Präsentationen*, hg. von Beatrix Borchard, Hochschule für Musik und Theater Hamburg, 2003 ff., http://mugi.hfmt-hamburg.de/Multimedia/Licht_und_Klang._Aspekte_der_Raumwahrnehmung_in_Klanginstallationen_von_Christina_Kubisch (eingesehen am 2.8.2013).
46 Gerlach, Julia, „Körper & Musik", in: *Musikvermittlung und Genderforschung: Musikerinnen-Lexikon und multimediale Präsentationen*, hg. von Beatrix Borchard, Hochschule für Musik und Theater Hamburg, 2003 ff., http://mugi.hfmt-hamburg.de/Multimedia/Körper_und_Musik (eingesehen am 2.8.2013).

einen anschaulichen Einstieg in diese für sich schon multimedial verfassten Kunstarten zu bieten.

Glaubwürdigkeit[47] wird durch die Autorität der veranstaltenden Institution (die Hochschule für Musik und Theater Hamburg) und der am Projekt beteiligten Wissenschaftler_innen (Leitung, Redaktion, Autor_innen, interdisziplinäre Teams) auf mehreren Ebenen garantiert. MUGI-Artikel sind über die Hochschuladresse zugänglich. Als sichtbares Zeichen ist die Institution außerdem durch Logo und Schriftzug jeweils auf den Startseiten vertreten. In der Selbstdarstellung des Projekts wird die wissenschaftliche Fundierung dargelegt. Quellenangaben und Forschungsliteratur entsprechen der Offlinekonvention. Sie ermöglichen eine Überprüfung der Inhalte und fordern gleichzeitig zu weiteren Recherchen auf. Das – bei allen Varianten der Präsentation – einheitliche Grundraster der Artikel im lexikalischen Teil schafft darüber hinaus eine verlässliche Rahmung.

Bei den Multimediapräsentationen verfügen die Autor_innen aufgrund der Vielfalt der zu bedienenden Foren über große Gestaltungsspielräume, wie Kirsten Reese[48] zeigt: Auf der Vermittlungsebene sind es die variablen Formen der Wissenspräsentation, auf der hierarchischen Ebene die Wahl der Zugriffsmöglichkeiten, auf der inhaltlichen Ebene die multimediale Vielfalt an Informationen, auf der dramaturgischen Ebene die Inszenierungswege, auf der ästhetischen Ebene das Spiel mit den spezifischen Bedingungen von Interfacepräsentation und auf organisatorischer Ebene die interdisziplinäre Teamarbeit zwischen Musikwissenschaft, Informatik, Sound- und Webdesign. Die multimedialen Präsentationen lassen individuelle, auch affektive und emotionale Entscheidungen zu über die Wahl der Medien, die Art (Loops, Sequenzen, Spots, Flashs) und Dauer der anklickbaren Bild- und Sounddateien oder die Vertiefungs- und Verknüpfungsmöglichkeiten. Damit wächst die Verantwortung der Anbietenden für die Seriosität der präsentierten Inhalte. Jede Entscheidung ist mit Wertungen verbunden.

IV

In ihrer Einführung in die Wertung von Literatur definieren Renate von Heydebrand und Simone Winko Werten als „eine Handlung, in der ein Subjekt in einer konkreten Situation aufgrund von Wertmaßstäben (axiologischen Werten) und bestimmten Zuordnungsvoraussetzungen einem Objekt Werteigenschaften (attributive Werte) zuschreibt."[49] Diese Einführung wird herangezogen, weil sie literarische Wertungsvorgänge umfassend beschreibt und dezidiert begründet, und weil keine vergleichbare musikwissenschaftliche Anleitung vorliegt.

---

47 Glaubwürdigkeitszuschreibung ist nach Schmid eine zentrale Komponente für online-Oratoren und wird ethisch begründet, Schmid, Internet-Rhetorik, S. 92 ff.
48 Reese, „Sehen/Hören/Lesen/Assoziieren", S. 109 ff.
49 Heydebrand, Renate von; Winko, Simone, *Einführung in die Wertung von Literatur*, München 1996, S. 39.

Die hier vorgestellten Kategorien sind teils direkt auf Musik bezogene Wertungshandlungen anwendbar beziehungsweise übertragbar. Gewertet wird in sprachlicher Form, durch explizite Nennung (gut/schlecht) und durch implizite Verweise (etwa in metaphorischen Ausdrücken, Ironie, Vergleichen, Wechsel von der kognitiven zur emotionalen Beschreibung), und in nicht-sprachlicher Form. Dazu zählen Entscheidungen für oder gegen eine Aufnahme, Aufführung, Besprechung, Prämierung, Publikation und Weitergabe eines Objekts. Handlungssubjekte sind einzelne Personen (Autor_innen, Vermittler_innen, Rezipient_innen) auch Gruppen oder Institutionen. Sie bewerten Formen, Inhalte, Wirkungen (ästhetisch, emotional, auch ethisch oder politisch[50]) durch ihre Produktion, Auswahl, die Formen und Medien der Verbreitung, Analysen, Deutungen und Empfehlungen. Daher gelten als Objekte „einerseits Texte [...], andererseits alle gesellschaftlichen kommunikativen Handlungen, die mit diesen Texten vollzogen werden."[51] Wertungen können sich sowohl auf die Handelnden selber beziehen als auch auf die Objekte übertragen werden. Beispiele dafür sind ein einschlägiges Image von Personen, Vermittlungsinstanzen, einschließlich ihrer Orte (Literaturhaus, Philharmonie, bestimmte Clubs), Institutionen (Hochschulen, Akademien), Vertrauen auf das Urteil von Veranstaltenden, von diskursmächtigen Medien oder Peergroups. Ziel der Wertung ist die Ex- oder Inklusion in einen Kanon.[52]

Eine Wertzuweisung setzt Maßstäbe (axiologische[53] Werte) voraus. Wie die wechselhaften einzelnen und kollektiven Einschätzungen zeigen, sind Objekte nicht ‚an sich' wertvoll[54], sondern sie erhalten ihre Prädikation in einem bestimmten Kontext und in Relation zu axiologischen Werten. Die positive oder negative Aufladung der axiologischen Werte ist wandelbar. Sie können nach allgemeiner Vereinbarung ästhetisch fundiert sein, wie Authentizität oder Kohärenz, die in der Autonomieästhetik eine große Rolle spielen. Darauf beziehen sich attributive Werte wie „Reife" oder „von ruhiger Beherrschung der formellen Kunstmittel"[55]

---

50 Vgl. die ethisch grundierte Plagiatsdiskussion um Helene Hegemanns Roman *Axolotl Roadkill* oder die politische Debatte um den Rap-Star Eminem.
51 Von Heydebrand/Winko, Wertung, S. 27.
52 Die Prozesse der Kanonbildung werden seit den 1990er Jahren sowohl in der Literatur- als auch in der Musikwissenschaft thematisiert; vgl. zur Musikwissenschaft Pietschmann; Fuhrmann-Wald (Hg.), *Der Kanon der Musik*, München 2013; die Themenhefte *Kanonbildungen. Positionen. Texte zur aktuellen Musik*, 58, 2004, und „Kanon", *Zeitschrift für Musiktheorie*, Bd. 21, 2006, Heft 1; zu Gender: Citron, Marcia J., *Gender and the Musical Canon*, Illinois 1993; Heydebrand, Renate von; Winko, Simone, „Ein problematisches Verhältnis: *Gender* und der Kanon der Literatur", in: *Genus. Geschlechterforschung/Gender Studies in den Kultur- und Sozialwissenschaften. Ein Handbuch*, hg. v. Hadumod Bußmann und Renate Hof, Stuttgart 2005; zur Literaturwissenschaft allgemein: Freise, Matthias und Stockinger, Claudia (Hg.), *Wertung und Kanon*, Heidelberg 2010.
53 Das Wort ist abgeleitet vom griechischen „axios" (wert, würdig); von Heydebrand; Winko, Wertung, S. 40 f.
54 Von Heydebrand/Winko diskutieren sie an der wechselvollen Rezeption des „Barock", vgl. ebd., S. 134 ff.
55 Rezensionen in der *Allgemeinen musikalischen Zeitung*, 1848, Sp. 232 f. und der *Neuen Berliner Musikzeitung*, 1847, S. 384, in: Klassen, Janina, *Clara Schumann. Musik und Öffentlichkeit*, Köln, Weimar, Wien 2009 (= Europäische Komponistinnen 3), S. 259.

(am Beispiel von Clara Schumanns *Klaviertrio* op. 17), oder sich an übergeordneten ethischen, politischen und gesellschaftlichen Kategorien orientieren. So gilt die Entscheidung, das kulturelle Handeln von Frauen als wichtigstes Auswahlkriterium zu setzen, wie in der Buchreihe „Europäische Komponistinnen" oder dem MUGI-Projekt, einem außerästhetischen axiologischen Wert. Er wird aus einer ideologiekritischen Haltung heraus gewählt, um „Forschungslücken"[56] zu markieren und möglichst zu füllen, die aufgrund eines als einseitig, verkürzend und verzerrend angesehenen Konzepts traditioneller Musikgeschichtsschreibung entstanden sind. Die Sympathie für diese Zielsetzung bestimmt auch meine eigene positiv gestimmte Werthaltung dem Projekt gegenüber.

Die Haltung des wertenden Subjekts behandeln von Heydebrand und Winko unter den „Zugangsvoraussetzungen".[57] Das können eigene „Erfahrungen und individuelles wie auch kollektives, konventionalisiertes Wissen der Wertenden"[58] sein, das heißt die Summe dessen, was sich Wertende als Maßstäbe angeeignet haben. Mit konventionalisiertem Wissen ist allgemeines kulturgeschichtliches oder ästhetisches Wissen gemeint, wie es in kollektiv übereinstimmenden Diskursen im Unterricht und in Lehrbüchern tradiert wird. Schwerer zu fassen sind subjektive Erfahrung und individuelles Wissen. Es beeinflusst sprachliche wie nicht-sprachliche, „motivationale"[59] Wertungen. „In nicht-sprachlichen Wertungshandlungen stehen axiologische Werte als ‚Werthaltung' motivierend hinter der Handlung"[60], so von Heydebrand und Winko. Damit ist ein ganzes Bündel komplexer Handlungsmotivationen angesprochen. Die eine Handlung auslösenden Werthaltungen werden im Laufe des Lebens erworben und internalisiert, durch individuelle Disposition, Ausbildung und Sozialisation, aber auch durch die „Aneignung gruppenspezifischer Rollenerwartungen und Handlungsmuster"[61], um nur einige Punkte zu nennen. Hierauf gründen Überzeugungen. Da Werthaltungen einen „zentralen Stellenwert in der Persönlichkeitsstruktur"[62] einnehmen, so die Autorinnen, wirken sie nicht nur kognitiv, sondern auch emotional. Das macht sich bemerkbar, wenn zu bewertende Objekte besonderen Genuss oder Ärger auslösen.

Einen hilfreichen Ansatz, um Wertungsfragen zu stellen, bietet Friederike Worthmanns systematisierter „Leitfaden zur Analyse literarischer Wertungen"[63], in den – neben weiteren – die oben zusammengefassten Forschungen von von Heydebrand und Winko eingegangen sind. Der Leitfaden enthält einen Katalog von zwölf Punkten, nämlich 1. die „*Manifesta-*

---

56 Vgl. „Ziele und Methoden von MUGI".
57 Der Begriff bezeichnet „die Bedingungen, die erfüllt sein müssen, damit ein Wertender [...] einen axiologischen Wert auf ein Objekt" beziehen kann, von Heydebrand, Winko, Wertung, S. 44.
58 Ebd.
59 Der Begriff wird aus der Sozialpsychologie übernommen und von anderen Theorien abgegrenzt, vgl. ebd., S. 46–59.
60 Ebd., S. 46.
61 Ebd., S. 53.
62 Ebd., S. 56.
63 Vgl. „Leitfaden zur Analyse literarischer Wertungen", in: Worthmann, Friederike, *Literarische Wertungen. Vorschläge für ein deskriptives Modell*, Göttingen 2004, S. 248 ff.

tion"⁶⁴ der Wertung, sichtbar durch die Auswahlhandlung (Kauf, Aufnahme eines Stücks ins Repertoire, Prämierung, Weitergabe) und/oder eine sprachliche Aussage, 2. der „*Maßstab*" der Wertung, 3. das „*Resultat*", 4. das bewertete „*Objekt*", 5. das wertende „*Subjekt*", 6. die „*Adressaten und Rezipienten*" der Wertung, 7. das Wie (die „*Modalität*"), 8. der Wertungskontext, 9. die „*Ziele*" der Wertung, 10. die „*Ergebnisse*", 11. die „*Folgen*" und 12. das Warum der Wertung.

Ein Teil der hier aufgelisteten Punkte deckt sich mit den so genannten „W-Fragen". Sie bieten traditionell einen allgemeinen methodischen Ansatz zur Wissensgenerierung, der auch als Grundlage für musikwissenschaftliche Recherchen dient. Davon ausgehend können die von von Heydebrand und Winko dargelegten Mittel oder Worthmanns Leitfaden evaluativ auf Musik, Formen von Musikeditionen⁶⁵ und Musik begleitende, beschreibende, analysierende oder reflektierende Texte (einschließlich der eigenen) angewendet werden. Die Grenzen der Gültigkeit sind indessen da erreicht, wo poststrukturalistische Konzepte zugrunde liegen, nach denen keine Trennung zwischen objekthaften ästhetischen Werken und ihrer Beschreibung auszumachen ist, da sie beide als Zeichen einer „netzartigen ‚Intertextualität'"⁶⁶ gelten. In diesem Fall rücken in Bezug auf Wertungsfragen Machtdiskurse in den Vordergrund.

Brahms wäre zumindest überrascht gewesen, hätte Schumann ihn als „*männliche Clara Schumann*"⁶⁷ tituliert, so darf vor dem Hintergrund heutiger Forschung spekuliert werden. Angesichts der Bedeutung, die der Künstlerin in der Öffentlichkeit zukam, wäre das Kompliment für den noch weitgehend unbekannten Zwanzigjährigen sehr hoch gegriffen. Doch darf ohnehin davon ausgegangen werden, dass Clara Schumann 1853 auf das Attribut ‚männlich' verzichtet hätte, nicht zuletzt deshalb, weil die Künstlerin derartige gegenderte Vergleiche als persönliche Kränkung auffasste, trotz der allgemeinen gesellschaftlichen Wertschätzung.

Literatur

Appen, Ralf von, *Der Wert der Musik*, Bielefeld 2007.
Bluhm, Claudia; Deissler, Dirk; Scharloth, Joachim; Stukenbrok, Anja, *Linguistische Diskursanalyse: Überblick, Probleme, Perspektiven*, online http://www.scharloth.com/publikationen/scharloth_diskursanalyse.pdf (eingesehen am 10.7.2013).
Bock, Annekatrin; Isermann, Holger; Kniper, Thomas, „Herausforderungen bei der quantitativen (visuellen) Inhaltsanalyse von Online-Inhalten", in: Welker, Martin; Wünsch, Carsten (Hg.), *Die Online-Inhaltsanalyse. Forschungsprojekt Internet*, Köln 2010 (= Neue Schriften zur Online-Forschung 8), S. 224–239.

---

64 Ebd., S. 248. Das Kursive entspricht dem Original.
65 Darauf beziehen sich die „textkritischen" Arbeiten mit Quellen bei Schwindt, Nicole, *Musikwissenschaftliches Arbeiten. Hilfsmittel – Techniken – Aufgaben*, Kassel u.a., 6. Aufl. 2007, S. 161 ff.
66 Von Heydebrand;Winko, Wertung, S. 291.
67 Pusch, Männersprache, S. 77.

Citron, Marcia J., *Gender and the Musical Canon*, Illinois 1993.

Dahlhaus, Carl, *Analyse und Werturteil*, Mainz 1970.

Desprez-Bouanchaud, Anne, *Guidelines on gender-neutral language*, 3rd edition 1999, online http://unesdoc.unesco.org/images/0011/001149/114950mo.pdf (eingesehen am 30.7.2013).

Freise, Matthias; Stockinger, Claudia (Hg.), *Wertung und Kanon*, Heidelberg 2010.

Feustel, Robert; Schochow, Maximilian, „Einleitung: Zwischen Sprachspiel und Methode. Perspektiven der Diskursanalyse", in: Feustel, Robert/Schochow, Maximilian (Hg.), *Zwischen Sprachspiel und Methode. Perspektiven der Diskursanalyse*, Bielefeld 2010, S. 7–16.

Fuhr, Michael, *Populärmusik und Musikästhetik*, Bielefeld 2007.

„Gender Gap (Linguistik)", in: http://de.wikipedia.org/wiki/Gender_Gap_(Linguistik) (eingesehen am 29.7.2013).

Gerlach, Julia, „Körper & Musik", in: *Musikvermittlung und Genderforschung: Musikerinnen-Lexikon und multimediale Präsentationen*, hg. von Beatrix Borchard, Hochschule für Musik und Theater Hamburg, 2003 ff., http://mugi.hfmt-hamburg.de/Multimedia/Körper_und_Musik (eingesehen am 3.8.2013).

Grawe, Andrea, „Rollenspiele. Zum Wandel der Geschlechterrollen im Theater der Frühen Neuzeit", in: Susanne Rode-Breymann (Hg.), *Orte der Musik. Kulturelles Handeln von Frauen in der Stadt*, Köln, Weimar, Wien 2007, S. 185–199.

Heydebrand, Renate von; Winko, Simone, *Einführung in die Wertung von Literatur*, München 1996.

Heydebrand, Renate von; Winko, Simone, „Ein problematisches Verhältnis: *Gender* und der Kanon der Literatur", in: *Genus. Geschlechterforschung/Gender Studies in den Kultur- und Sozialwissenschaften. Ein Handbuch*, hg. v. Hadumod Bußmann, Renate Hof, Stuttgart 2005, S. 186–220.

„Inhaltsanalyse", in: http://de.wikipedia.org/wiki/Inhaltsanalyse (eingesehen am 10.7.2013).

Kiupel, Birgit; Geissler, Cornelia; Reese, Kirsten; Brinkmann, Boris, „Dienstmädchen auf der Opernbühne", in: *Musikvermittlung und Genderforschung: Musikerinnen-Lexikon und multimediale Präsentationen*, hg. von Beatrix Borchard, Hochschule für Musik und Theater Hamburg, 2003 ff., http://mugi.hfmt-hamburg.de/Multimedia/Dienstmädchen auf der Opernbühne des 18. Jahrhunderts (eingesehen am 3.8.2013).

Klann-Delius, Gisela, *Sprache und Geschlecht*, Stuttgart, Weimar 2005.

Klassen, Janina, „Clara Schumann", in: *Musikvermittlung und Genderforschung: Musikerinnen-Lexikon und multimediale Präsentationen*, hg. von Beatrix Borchard, Hochschule für Musik und Theater Hamburg, 2003 ff., http://mugi.hfmt-hamburg.de/artikel/Clara Schumann (eingesehen am 28.8.2013).

Knaus, Kordula, *Männer als Ammen – Frauen als Lieberhaber, Cross-gender Casting in der Oper von 1600-1800*, Stuttgart 2011.

Kotthoff, Helga, *Neues zu Sprache, Gespräch und Geschlecht*, online http://www.zag.uni-freiburg.de/fff/zeitschrift/band18/kotthoff.pdf (eingesehen am 1.7.2013).

Kotthoff, Helga, „Was ist doing gender?", http://gleichstellungsbuerofhp.blogsport.de/texte/kotthoff-helga-was-ist-doing-gender/ (eingesehen am 1.7.2013).

Landwehr, Achim, „Diskurs und Diskursgeschichte, Version: 1.0", in: *Docupedia-Zeitgeschichte*, 11.2.2010, URL: http://docupedia.de/zg/Diskurs_und_Diskursgeschichte?oldid=84596 (eingesehen am 15.8.2013).

Nünning, Ansgar, Nünning, Vera (Hg.), *Erzähltextanalyse und Gender Studies*, Stuttgart 2004.
Peraino, Judith A., *Listening to the sirens. Musical technologies of queer identity from Homer to Hedwig*, Berkeley 2006.
Pietschmann, Klaus; Fuhrmann-Wald, Melanie (Hg.), *Der Kanon der Musik. Theorie und Geschichte. Ein Handbuch*, München 2013.
Pusch, Luise F., *Das Deutsche als Männersprache*, Frankfurt a.M. 1984.
Reese, Kirsten, „Sehen/Hören/Lesen/Assoziieren. Überlegungen zu Darstellungsmöglichkeiten in und mit multimedialen und interaktiven Medien", in: *Musik mit Methode. Neue kulturwissenschaftliche Perspektiven*, hg. von Corinna Herr und Monika Woitas, Köln, Weimar, Wien 2006, (= Musik – Kultur – Gender 1) S. 109–126.
Sanitter, Nadine, „Rockin' Geeks" – Konstruktion und Repräsentation von Männlichkeit im Musikgenre *Indie*", in: *Musik & Genderdiskurs*, hg. von Janina Klassen, 2012, S. 73–89 (= *Freiburger Zeitschrift für GeschlechterStudien* 1, 2012, Jg. 18).
Schmid, Julia, *Internet-Rhetorik. Chancen und Widerstände des Orators auf der digitalen Agora*, Berlin 2007 (= neue rhetorik 1).
Schwindt, Nicole, *Musikwissenschaftliches Arbeiten. Hilfsmittel – Techniken – Aufgaben*, Kassel u. a. ^{6}2007 (= Bärenreiter Studienbücher 1).
Tittel Claudia, Nösler, Thomas, Sakrowski, „Licht und Klang. Aspekte der Raumwahrnehmung in Klanginstallationen von Christina Kubisch", in: *Musikvermittlung und Genderforschung: Musikerinnen-Lexikon und multimediale Präsentationen*, hg. von Beatrix Borchard, Hochschule für Musik und Theater Hamburg, 2003 ff. http://mugi.hfmt-hamburg.de/Multimedia/Licht_und_Klang._Aspekte_der_Raumwahrnehmung, (eingesehen am 3.8.2013).
Trömel-Plötz, Senta, *Frauensprache: Sprache der Veränderung* [1982], Neuauflage, München 2007.
Vogt, Jörg, „Anmerkungen zur möglichen Bedeutung der Diskursanalyse für die Musikpädagogik", in: *Musikpädagogische Forschungsberichte* 1992, S. 91–106.
Worthmann, Friederike, *Literarische Wertungen. Vorschläge für ein deskriptives Modell*, Göttingen 2004.
Welker, Martin; Wünsch, Carsten; Böcking, Saskia; Bock, Annekatrin; Friedemann, Anne; Herbers, Martin; Isermann, Holger; Knieper, Thomas; Meier, Stefan; Pentzold, Christian; Schweitzer, Eva Johanna, „Die Online-Inhaltsanalyse: methodische Herausforderung, aber ohne Alternative", in: Welker, Martin, Wünsch, Carsten (Hg.), *Die Online-Inhaltsanalyse. Forschungsprojekt Internet*, Köln 2010 (= Neue Schriften zur Online-Forschung 8), S. 9–30.
„Ziele und Methoden von MUGI", in: *Musikvermittlung und Genderforschung: Musikerinnen-Lexikon und multimediale Präsentationen*, hg. von Beatrix Borchard, Hochschule für Musik und Theater Hamburg, 2003 ff., http://mugi.hfmt-hamburg.de/Projekt (eingesehen am 29.6.2013).

Florian Rügamer

Warum MUGI und nicht Wikipedia?

"Want to know why I'm not editing Wikipedia? I'm busy doing science."[1]

Die Idee, das "Wissen der Welt" zu sammeln und im Online-Lexikon *Wikipedia* kostenfrei zugänglich zu machen, ist vor Kurzem 15 Jahre alt geworden[2]. Längst ist die "freie Enzyklopädie" aus unserem täglichen Leben nicht mehr wegzudenken und hat sich mittlerweile eine Monopolstellung unter den lexikalischen Nachschlagewerken erarbeitet: Die *Encyclopædia Britannica* wurde im März 2012 und die *Brockhaus Enzyklopädie* im August 2014 eingestellt – nicht nur, aber auch aufgrund der kostenlosen Alternative. In der Liste der 500 meistfrequentierten Websites weltweit des Online-Dienstes *Alexa Internet* erreicht *Wikipedia* derzeit Platz sieben, unter den nicht-kommerziellen Websites gar Platz eins.[3] Nur die Suchmaschinen *Google*, *Yahoo* und *Baidu* sowie die Videoplattform *YouTube*, das soziale Netzwerk *Facebook* und der Online-Versandhändler *Amazon* erfreuen sich noch höherer Zugriffs- bzw. Besucherzahlen. Vorläufiger Höhepunkt dieses ,Siegeszuges' war die im Jahr 2011 vom *Wikimedia Deutschland e.V.*, dem Trägerverein der deutschsprachigen *Wikipedia*, initiierte Petition "Wikipedia for World Heritage", die sich mit viel Medienresonanz und ebenso viel Selbstvertrauen dafür einsetzte, das "größte kollaborative […]

---

1 Kommentar "Katherines" zu Morgan, Patrick, "On Friendship Bracelets and Ninja Turtles: Wikipedia's Gender Gap", Blog des Magazins *Discover*, 31.1.2011, http://blogs.discovermagazine.com/discoblog/2011/01/31/on-friendship-bracelets-and-ninja-turtles-wikipedias-gender-gap/ (eingesehen am 5.12.2015).
2 Am 15.1.2016.
3 Alexa – Actionable Analytics for the Web, http://www.alexa.com/topsites/global (eingesehen am 5.12.2015) – zum Vergleich: MUGI rangiert in etwa auf Platz 700.000. Die überaus gute Positionierung der Wikipedia im World Wide Web ist unter anderem auch Resultat einer rigorosen Politik der Suchmaschinenoptimierung auf Kosten anderer Internetseiten. Durch den Zusatz "nofollow", mit dem im Quellcode jeder Hyperlink automatisch versehen wird, der aus der Wikipedia hinausführt, werden Suchmaschinen wie Google angewiesen, diesen Links keine weitere Beachtung zu schenken und zu verfolgen – insbesondere auch zu Webseiten, die in einem Artikel als Quelle angegeben sind, darunter auch MUGI. Die Notwendigkeit dieser Maßnahme als Werkzeug gegen Werbung und sog. "Link-Spam" ist spätestens seit den im Mai 2008 eingeführten "gesichteten" bzw. "ungesichteten" Artikelversionen nicht mehr gegeben. Vgl. Mayerl, Christoph, "Warum Wikipedia mit dem NoFollow Link das Netz zerschießt", in: *Perlentaucher. Das Kulturmagazin*, 1.9.2006, https://www.perlentaucher.de/essay/warum-wikipedia-mit-dem-nofollow-link-das-netz-zerschiesst.html (eingesehen am 5.12.2015).

Projekt der Menschheit"⁴ als UNESCO-Weltkulturerbe anerkennen zu lassen – zwar erfolglos, aber mit immerhin über 100.000 Unterstützerinnen und Unterstützern.⁵

Selbstredend hat dieses Informations- bzw. Wissensmonopol auch Auswirkungen auf den Wissenschaftsbetrieb, auf Forschung und Lehre. Kaum eine Lehrveranstaltung zu Methoden wissenschaftlichen Arbeitens, gleich welcher Fachrichtung, kommt ohne Erörterung der bis heute kontrovers diskutierten Frage nach der Zitierfähigkeit von *Wikipedia*-Artikeln aus, und unabhängig vom jeweiligen Diskussionsergebnis häufen sich Plagiatsfälle nicht gekennzeichneter Inhalte aus der „freien Enzyklopädie" in schulischen oder studentischen Arbeiten. Zahlreiche Tagungen⁶ unterschiedlichster Disziplinen widmen sich diesem und anderen Themen rund um das Online-Nachschlagewerk – mal mit eher kritischen Vorbehalten, mal mit wohlwollender Achtung bis hin zur Anerkennung einer Vorbildfunktion von *Wikipedia*, die u.a. im Bereich offener Bildungsressourcen (OER)⁷ zweifellos gegeben ist. Der Schulterschluss von *Wikipedia* und schulischer oder akademischer Lehre wird schon seit längerem in diversen Projekten und Workshops erprobt, so in der Projektreihe „Wikipedia macht Schule" und im „Wikipedia Hochschulprogramm".⁸ Angesichts ihrer Omnipräsenz ist es auch nicht weiter verwunderlich, dass die *Wikipedia* selbst bzw. die dahinter stehende Community bereits mehrfach Gegenstand wissenschaftlicher Studien, Abschlussarbeiten und Dissertationen war und ist⁹, meist aus soziologischer und/oder pädagogischer Perspektive. Eine Untersuchung musikbezogener Inhalte und Diskurse steht hingegen noch aus. Und nicht zuletzt erhöht sich durch die (scheinbare) Nähe zur „freien Enzyklopädie" der Rechtfertigungsdruck für Forschungsprojekte, deren Forschungsergebnisse „wie die Wikipedia" als Online-Enzyklopädie veröffentlicht und zur freien Verfügung gestellt werden, so etwa

---

4 Oppong, Marvin, *Verdeckte PR in Wikipedia. Das Weltwissen im Visier von Unternehmen*. Eine Studie der Otto Brenner Stiftung, Frankfurt a.M. 2014, S. 5.
5 Vgl.: Wikimedia Deutschland, „Wikipedia for World Heritage", https://de.wikipedia.org/wiki/Wikipedia:Welterbe (eingesehen am 5.12.2015).
6 Aktuelles Beispiel: Tagung an der Pädagogischen Hochschule FHNW, Basel 27. und 28.11.2015, vgl: Zerwas, Marco, „Wikipedia in der Praxis. Geschichtsdidaktische Perspektiven", http://www.lisa.gerda-henkel-stiftung.de/wikipedia_in_der_praxis_geschichtsdidaktische_perspektiven?nav_id=5969 (eingesehen am 5.12.2015).
7 Vgl.: Schwarzkopf, Christopher, „Freies Wissen und Wissenschaft (Teil 02): Offene Bildungsressourcen (OER) an Universitäten und Hochschulen: Plädoyer für eine didaktische Sicht", Blog des Wikimedia Deutschland, 27.6.2015, http://blog.wikimedia.de/2015/07/27/freies-wissen-und-wissenschaft-teil-02-offene-bildungsressourcen-oer-an-universitaeten-und-hochschulen-plaedoyer-fuer-eine-didaktische-sicht/ (eingesehen am 5.12.2015).
8 Vgl.: Wikimedia Deutschland, „Bildung und Wissen. Wikipedia macht Schule…", https://wikimedia.de/wiki/Schulprojekt (eingesehen am 5.12.2015) und Wikimedia Deutschland, „Wikipedia: Hochschulprogramm", https://de.wikipedia.org/wiki/Wikipedia:Hochschulprogramm (eingesehen am 5.12.2015). Am „Hochschulprogramm" hat der Verfasser selbst mit mehreren Lehrangeboten teilgenommen.
9 Minke, Marcel, *Wikipedia als Wissensquelle. Die Online-Enzyklopädie als Basis einer Lernumgebung*, Hamburg 2013; Beyersdorff, Marius, *Wer definiert Wissen? Wissensaushandlungsprozesse bei kontrovers diskutierten Themen in „Wikipedia – Die freie Enzyklopädie". Eine Diskursanalyse am Beispiel der Homöopathie*, Münster 2011; und viele andere.

MUGI – *Musikvermittlung und Genderforschung im Internet* oder das ebenfalls in Hamburg angesiedelte *Lexikon verfolgter Musiker und Musikerinnen der NS-Zeit* (LexM).[10]

Diesen weitreichenden und allgegenwärtigen Folgen für Wissenschaft und Forschung, aber auch für unser Alltagsleben, steht ein hohes Maß an Unwissenheit oder gar Desinteresse an der (Selbst-)Organisation, den Mechanismen und Funktionsweisen der *Wikipedia* gegenüber. Sowohl Lehrkräfte als auch Studierende – letztere immerhin sog. „digital natives" – sind sich häufig kaum bewusst, wie das Gelesene zustande gekommen ist, geschweige denn, dass sie selbst jederzeit auch schreibend an der Enzyklopädie partizipieren könnten.

Die Kathedrale und der Basar

Sowohl die Idee einer „freien" Enzyklopädie als letztendlich auch ihre technische Realisierung hat ihre Wurzeln in der Open Source- bzw. Freien-Software-Bewegung, die sich bis in die Mitte der 1980er Jahre zurückverfolgen lässt. Das Kunstwort „Wikipedia" setzt sich neben dem selbsterklärenden Bestandteil „-pedia" für „Enzyklopedia" aus dem hawaiianischen Wort „Wiki" bzw. „Wiki wiki" (deutsch: „schnell" bzw. „sehr schnell") zusammen. Wikis sind – verkürzt gesagt – Webseiten, die nicht zwischen Schreib- und Lesezugriff differenzieren: „Wer sie lesen kann, der darf auch Seiten bearbeiten und anlegen,"[11] selbst ohne vorherige Benutzerregistrierung und -anmeldung. Sie unterscheiden sich also von traditionellen „Content Management Systemen" (CMS) durch den weitgehenden Verzicht auf ein restriktives Redaktionssystem mit Rechteverwaltung und behandeln Autor- und Leserschaft gleich. Zum Einsatz kam dieses anarchistisch und subversiv anmutende Konzept zunächst in der (freien) Softwareentwicklung: als Werkzeug für Wissensmanagement, bei der Organisation und Kommunikation unter Programmierern sowie zur Dokumentation von Softwareaktualisierungen oder Fehlermeldungen.[12]

Zwei Aspekte sind in diesem Zusammenhang für die Geschichte und Funktionsweise der *Wikipedia* sowie für den Vergleich mit MUGI aufschlussreich: Zum einen, dass es vor der eigentlichen *Wikipedia* wie wir sie heute kennen, mehrere gescheiterte Versuche eines kollaborativen Online-Lexikons gab, darunter die *Interpedia* (1993), die *Nupedia* (2000) und die *GNUpedia* (2001), deren Inhalte zwar ebenfalls frei zugänglich waren, jedoch einem sehr aufwendigen, bürokratischen Redaktionsprozess nach dem Vorbild gedruckter Enzyklopä-

---

10 Maurer Zenck, Claudia und Petersen, Peter (Hg.), *Lexikon verfolgter Musiker und Musikerinnen der NS-Zeit* (*LexM*), Universität Hamburg 2005 ff, http://www.lexm.uni-hamburg.de/content/below/index.xml (eingesehen am 5.12.2015).

11 Danowski, Patrick u.a., „Wikipedia als offenes Wissenssystem", in: Ullrich Dittler u.a. (Hg.), *Online-Communities als soziale Systeme. Wikis Weblogs und Social Software im E-Learning*, Münster u.a. 2007 (= Medien in der Wissenschaft, 40), S. 17–26, hier S. 18.

12 Das erste Wiki, das von Ward Cunningham 1995 entwickelte *WikiWikiWeb*, ist bis heute öffentlich zugänglich unter http://c2.com/cgi-bin/wiki (eingesehen am 5.12.2015). Vgl. auch Leuf, Bo und Cunningham, Ward, *The Wiki Way. Quick Collaboration on the Web*, Michigan 2001.

dien unterlagen. Erst als Jimmy Wales und Larry Sanger am 15. Januar 2001 das Wiki-System ihrer stagnierenden *Nupedia* zur Seite stellten, gelang der Durchbruch. Zum anderen scheint dieser zunächst rein technische Unterbau von so herausragender Bedeutung gewesen zu sein – und dies ist bei genauer Betrachtung bemerkenswert –, dass die *Wikipedia* nicht nach inhaltlichen Gesichtspunkten oder wie ihre Vorläufer nach dem Medium Internet oder der freien Lizenz der Veröffentlichung benannt wurde, sondern, wenig werbewirksam, nach dem verwendeten Softwaretypus. Aus der technischen Lösung wurde ein ideologischer Überbau.

Einen Großteil ihres Erfolges, aber auch etliche, bis heute nicht überwundene Probleme verdankt die „freie Enzyklopädie" also einem bestimmten Konzept bzw. einer Philosophie der Softwareentwicklung und damit verbunden auch einen Großteil ihrer Autorenschaft. Frei nach einem in der Open-Source-Bewegung sehr einflussreichen Essay Eric S. Raymonds[13] lässt sich dieses Wiki-Prinzip, die Selbstorganisation und das Fehlen einer übergeordneten, redaktionellen Instanz, als „Basar" beschreiben, dem herkömmliche Veröffentlichungsprozesse als „Kathedrale" gegenüberstehen: Der Kathedralenbau folgt einem im Vorfeld festgelegten Bauplan, an dem nur wenige Eingeweihte teilhaben (Bauherr, Baumeister, Steinmetze, usw.). Die Arbeit wird von einer hierarchisch organisierten Gruppe von Spezialist_innen verrichtet und ist getan, sobald das Gebäude vollendet wurde. Erst jetzt darf die fertige Kathedrale von der Öffentlichkeit betreten werden. Im Gegensatz dazu organisiert sich ein Basar weitestgehend selbst. Weder gibt es einen vorgefertigten Plan noch eine Hierarchie unter den Händler_innen. Es herrscht ein Kommen und Gehen von Verkäufer_innen, die jeweils ihre eigenen Waren feilbieten, und Käufer_innen, aber dennoch bleibt der Markt als Ganzes erhalten und die Grundversorgung gesichert. Dass dieses System funktioniere, sogar sehr gut funktioniere, komme – so Raymonds – einem Wunder gleich. Doch lassen sich diese Prinzipien der Softwareentwicklung tatsächlich auf den Aufbau einer Enzyklopädie übertragen?

„Es wird […] angenommen, dass das aus dem Open Source Softwareentwicklungsprozess übernommene ‚1000-Augen-Prinzp' [vgl. Eric S. Raymond: ‚Given enough eyeballs, all bugs are shallow'[14]] gleich gut wie oder besser als ein klassischer Redaktionsprozess funktioniert."[15] Im Falle von reinem Faktenwissen, wie etwa biographischen Lebensdaten, mag diese Vermutung zutreffen und die Selbstkontrolle relativ problemlos vonstattengehen. Bei komplexeren Fragestellungen und insbesondere immer dann, wenn es um die Ausrichtung und Zielsetzung des Projektes im Ganzen, also also doch so etwas wie einen „Bauplan" geht, erfolgt die „Konstruktion von Wissen" auf den jedem Artikel beigeordneten Diskussionsseiten oder auf

---

13 Raymond, Eric S., „The Cathedral and the Bazaar". Vortrag vom Vierten Internationalen Linux-Kongress am 22.5.1997, Würzburg. Wiederveröffentlicht in: Ders., *The Cathedral and the Bazaar. Musings on Linux and open source by an accidental revolutionary*, Cambridge u.a. 2001.
14 Ebd, S.1.
15 Kohl, Christian und Metten, Thomas, „Wissenskonstruktion durch kooperatives Schreiben in Netzwerkmedien", in: *Wolf-Andreas Liebert und Marc-Denis Weitze (Hg.), Kontroversen als Schlüssel zur Wissenschaft? Wissenskulturen in sprachlicher Interaktion*, Bielefeld 2006, S. 179–193, hier S. 182.

Metaebene im *Wikipedia*-Namensraum.[16] Die dort geführten „diskursiven Aushandlungsprozesse"[17] (beispielsweise mit Hilfe von „Meinungsbildern") erstrecken sich gerade bei abstrakten, zeitgeschichtlichen oder kontroversen Themen oft über mehrere hundert Seiten und übertreffen den Umfang der eigentlichen Inhalte um ein Vielfaches. Zwar finden diese Aushandlungsprozesse in der (virtuellen) Öffentlichkeit statt, sind also transparenter als der wissenschaftliche Fachdiskurs, haben aber trotz oder gerade wegen des basisdemokratischen Ansatzes die Tendenz, entweder im kleinsten gemeinsamen Nenner, im „Digitalen Maoismus" (Jaron Lanier)[18] zu münden oder „in einem Kontext von Machtkonstellationen statt[zu]finden bzw. in einer unmittelbaren Verbindung zu Machtstrukuren [zu] stehen"[19], wobei dem jeweiligen Engagement für das Projekt oft mehr Bedeutung beigemessen wird als inhaltlichen Argumenten: „In der Wikipedia-Welt bestimmen jene die Wahrheit, die am stärksten besessen sind."[20] Die Utopie eines nicht-hierarchischen, klassenlosen Kollektivs weicht in der Praxis also den rigorosen Gesetzen der freien Marktwirtschaft. Händler_innen, welche die meisten Waren auf dem Basar anbietet, gewinnen an Einfluss; sie bestimmen den Preis.

Auch wenn die Inhalte in der *Wikipedia* oft deutlich besser sind als ihr Ruf – wirklich ‚Falsches' in engerem Sinne findet sich nicht häufiger als in herkömmlichen Nachschlagewerken –, stellt sich die Frage, ob die vielbeschworene „Schwarmintelligenz" und „Weisheit der Massen" tatsächlich geeignet ist, um beispielsweise komplexe historische oder soziokulturelle Zusammenhänge erklärend darzustellen.

> Das Kollektiv kann immer dann Klugheit beweisen, wenn es nicht die eigenen Fragestellungen definiert; wenn die Wertigkeit einer Frage mit einem schlichten Endergebnis, wie einem Zahlenwert festgelegt werden kann; und wenn das Informationssystem, welches das Kollektiv mit Fakten versorgt, einem System der Qualitätskontrolle unterliegt, das sich in einem hohen Maße auf Individuen stützt. Wenn nur eine dieser Vorgaben wegfällt, wird das Kollektiv unzuverlässig.[21]

Konkret bedeutet dies unter anderem, dass

---

16 Zur Funktionsweise von Namensräumen vgl.: Beyersdorff, Marius, Wer definiert Wissen? Wissensaushandlungsprozesse bei kontrovers diskutierten Themen in „*Wikipedia – Die freie Enzyklopädie*". *Eine Diskursanalyse am Beispiel der Homöopathie,* Münster 2011, S. 40f.
17 Vgl.: Ebd. S. 34f.
18 Lanier, Jaron, „Digital Maoism. The Hazards of the New Online Collectivism", in: *Edge*, 30.5.2006; Deutsch als „Digitaler Maoismus. Kollektivismus im Internet, Weisheit der Massen, Fortschritt der Communities? Alles Trugschlüsse", in: *Süddeutsche Zeitung*, 10.5.2010 (Übersetzung von Andrian Kreye), http://www.sueddeutsche.de/kultur/das-so-genannte-web-digitaler-maoismus-1.434613 (eingesehen am 5.12.2015).
19 Beyersdorff, Wer definiert Wissen?, S. 35.
20 Blech, Jörg und von Bredow, Rafaela, „Eine grausame Welt. Der Digitalvisionär Jaron Lanier über seine Zweifel an Wikipedia, den gefährlichen Glauben an die Weisheit der Massen und die mächtige Religion der Computerfreaks", in: *DER SPIEGEL* 46/2006, S. 183. URL.: http://www.spiegel.de/spiegel/print/d-49533682.html (eingesehen am 5.12.2015).
21 Lanier, Digital Maoism. (Übersetzung von Andrian Kreye).

> […] die Schwächen der Wikipedia ausgerechnet dort liegen, wo viele ihre größte Stärke vermuten: Sie eignet sich nicht besonders gut dafür, sich einen ersten Überblick über ein komplexes Thema zu verschaffen. […] Es ist eine höchst anspruchsvolle Aufgabe, auf knappem Raum in ein geschichtswissenschaftliches Thema einzuführen. Solche Beiträge eignen sich nicht dafür, kooperativ verfasst zu werden. […] Zum bloßen Faktensammeln braucht man keine historische Ausbildung. […] So kehrt mit modernsten Kommunikationsmitteln eine von der Geschichtswissenschaft längst ad acta gelegte Form der historischen Betrachtung zurück: Große Männer machen große Geschichte.[22]

Es macht einen erheblichen Unterschied, ob sich freiwillige Mitarbeiterinnen und Mitarbeiter in einem gemeinsamen Softwareprojekt engagieren, das bei allen Beteiligten gleiche oder zumindest ähnliche Kompetenzen und Fähigkeiten voraussetzt, oder ob in einem Autorenkollektiv das „Weltwissen" gesammelt und niedergeschrieben werden soll. Oder anders ausgedrückt: es ist fraglich, ob sich die Händler_innen eines Basars dazu eignen, eine Kathedrale zu errichten.

Gender Gap

"Define Gender Gap? Look Up Wikipedia's Contributor List."[23]

Soll das Projekt einer kollektiv geschriebenen Enzyklopädie, die wissenschaftlichen Standards genügt und über eine bloße Aufzählung von ‚Fakten' hinausgeht nachhaltig gelingen, so sind zwei Grundvoraussetzungen in der *Wikipedia* nur unzureichend erfüllt: weitgefächerte Fachkompetenzen und eng damit verknüpft Diversität.

Für Wissenschaftlerinnen und Wissenschaftler, insbesondere der Geistes-, Kultur- und Humanwissenschaften, bietet das Schreiben in der „freien Enzyklopädie" aus vielerlei Gründen nur wenig Anreize. „Die Offenheit [hat] u.a. auch zur Folge, dass seine [oder ihre] Beiträge nicht als Publikation zählen, da Artikel nicht eindeutig einer Person bzw. einer Gruppe zuzuordnen sind und eben auch keinen wissenschaftlichen peer review-Prozess durchlaufen haben."[24] Weitere Gründe sind der von Vielen beklagte, raue Umgangston in der Gemeinschaft, zu wenig Wertschätzung individueller Fähigkeiten, von Expertenwissen und des persönlichen Engagements, Vorbehalte gegenüber Online-Publikationen im Allgemeinen, der

---

22 Staas, Christia, „Je umstrittener, desto besser. Was taugen die Geschichtsartikel der Online-Enzyklopädie Wikipedia? Ein Gespräch mit dem Historiker Peter Haber", in: *DIE ZEIT*, 8.7.2010 Nr. 28. http://www.zeit.de/2010/28/Wikipedia-Daten/komplettansicht (eingesehen am 5.12.2015).
23 Cohen, Noam, „Define Gender Gap? Look Up Wikipedia's Contributor List", in: *New York Times*, 31.1.2011, S. A1.
24 Kohl und Metten, Wissenskonstruktion durch kooperatives Schreiben, S. 182.

hohe Zeitdruck im Wissenschaftsbetrieb[25] sowie einige inhaltliche Aspekte, auf die noch eingegangen wird.

Erschwerend kommt hinzu, dass die Autorenschaft der *Wikipedia* zumindest in ihren Anfangstagen vorwiegend aus dem Umfeld der Freien-Software-Bewegung hervorging und sich daraus nicht nur eine sowohl quantitative als auch qualitative Schieflage zugunsten naturwissenschaftlicher Themen und Netzkultur entwickelte, sondern mit „nur ca. 1,1 Prozent Frauen[anteil] an der Entwicklung von Open Source und Freier Software"[26] auch eine beträchtliche Geschlechterkluft: „In general I would say we're a lot of geeks. A lot of tech geeks."[27] (Jimmy Wales). Zwar konnte in einer Studie der *Wikimedia Foundation* vom April 2011 das Klischee des Durchschnitts-Wikipedianers als „männlicher Studienabsolvent, der programmiert, Open Source unterstützt, Online-Spiele spielt und in den USA oder Europa lebt"[28] widerlegt werden, jedoch nur in einigen wenigen Punkten: „92 Prozent der Editorenschaft haben ausgeprägte Computerkenntnisse, aber nur[?] 36 Prozent aller Befragten können programmieren und Applikationen entwickeln."[29] Der in den mittlerweile zahlreich durchgeführten Datenerhebungen und Studien stets wiederkehrende Hinweis auf die hohe Computer- und Technikaffinität der *Wikipedia*-Community hat insofern Bedeutung, als sich hieraus auf eine überproportionale Beteiligung meist männlicher Jungakademiker aus dem Bereich der MINT-Fächer schließen lässt – von den befragten Autorinnen gaben lediglich halb so viele (18 Prozent) ausgeprägte Programmierkenntnisse an wie ihre männlichen Mitstreiter (39 Prozent). Dabei ist es mit einem bloßen Verweis auf das Medium Internet oder Web 2.0 nicht getan, in zahlreichen sozialen Netzwerken sind Frauen stärker vertreten als Männer, etwa bei *Twitter* (64 Prozent) und *Facebook* (58 Prozent).

Aktuelle Schätzungen – die Angabe des Geschlechts bei der Anmeldung ist nicht verbindlich und ohnehin erst seit Herbst 2011 möglich – schwanken zwischen einem Gesamt-

---

25 Vgl. Fußnote 1.
26 Kloppenburg, Julia u.a., Kompass der Vielfalt. Vielfalt in Wikipedia gemeinsam gestalten, Eine Broschüre des Gender- und Technikzentrums der Beuth Hochschule und Wikimedia Deutschland e.V., August 2014, S. 9, https://commons.wikimedia.org/wiki/File:Kompass_der_Vielfalt.pdf (eingesehen am 5.12.2015). Vgl. auch Reagle, Joseph, „‚Free as in sexist?' Free culture and the gender gap", in: *First Monday. Peer-Reviewed Journal of the Internet*, 18/1 7.1.2013, http://firstmonday.org/article/view/4291/3381 (eingesehen am 5.12.2015).
27 Safer, Morley, „Wikimania. Meet the Wikipedians. Those ‚persnickety', techy types who keep your favorite Internet information website brimming with data" Interview mit Jimmy Wales, in: *60 Minutes/ CBS News*, 5.4.2015, http://www.cbsnews.com/news/wikipedia-jimmy-wales-morley-safer-60-minutes/ (eingesehen am 5.12.2015).
28 Wikimedia Foundation, Wikipedia Editors Study. Results from the Editor Survey, April 2011, S. 2: „A caricatured profile of Wikipedia editors has emerged over time: a male graduate student who programs, supports open source, plays massively multiplayer online games, and lives in US or Europe." (deutsche Übersetzung vom Verfasser), https://commons.wikimedia.org/wiki/File:Editor_Survey_Report_-_April_2011.pdf (eingesehen am 5.12.2015). An der Studie haben 5.073 Autorinnen und Autoren teilgenommen, was in etwa 0,4% der Community entspricht.
29 Kloppenburg u.a., Kompass der Vielfalt, S. 7. Vgl. auch Wikimedia Foundation, Wikipedia Editors Study 2011, S. 18.

Frauenanteil von 9 und 16 Prozent, wobei diese Werte in einzelnen Sprachversionen der *Wikipedia* noch einmal stark differieren. So ist beispielsweise die außerordentlich geringe Beteiligung von Frauen in der indischen *Wikipedia* bzw. die Frauenquote unter Autoren indischer Herkunft möglicherweise ein Resultat unzureichender Chancengleichheit und des erschwerten Zugangs zu Bildung (Abbildung 1).

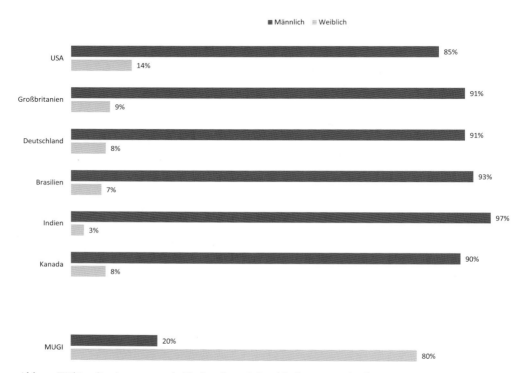

Abb. 1: Wikipedia-Autoren nach Herkunft und Geschlecht im Vergleich mit MUGI. Quelle: http://blog.wikimedia.org/2012/04/27/nine-out-of-ten-wikipedians-continue-to-be-men/ (abgerufen am 5.12.2015) und MUGI-Datenbank (Stand: November 2015).

Noch deutlicher treten diese geschlechtsbezogenen Unterschiede hervor, wenn nicht nur Personen, sondern auch einzelne Beiträge in die Auswertung einfließen. Knapp ein Drittel der Wikipedianerinnen verlässt aus verschiedenen Gründen nach nur wenigen Seitenbearbeitungen die Autorengemeinschaft. Als Hauptursachen werden u.a. das benutzerunfreundliche Interface[30], Zeitmangel (Doppelbelastung von Familie und Beruf), Konfliktscheue und

---

30 Das Wiki-System, das nicht auf einer graphischen Benutzeroberfläche („What You See Is What You Get") basiert, sondern auf einer zuweilen sperrigen und komplexen Wiki-Syntax (scherzhaft: „Garbage In, Garbage Out") betrifft allerdings Autorinnen und Autoren gleichermaßen. Es spricht für sich, dass die *Wikimedia Foundation* auf das strukturelle Problem der geringen Frauenbeteili-

mangelndes Selbstvertrauen (geschlechtsspezifische Sozialisation) genannt.[31] Umgekehrt nimmt der Frauenanteil unter den „am stärksten Besessenen" mit mehr als 2000 Beiträgen proportional zur Anzahl der Bearbeitungen noch weiter ab[32] (Abbildung 2).

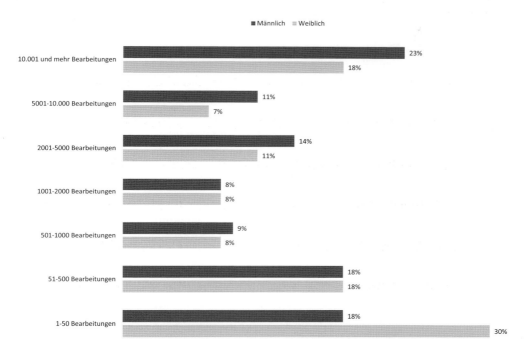

Abb. 2: Anzahl der Beiträge nach Geschlecht.

Dies hat nicht nur zur Folge, dass die Darstellung des „Weltwissens" selbst sogar stärker männlich dominiert ist als sich allein aufgrund des geringen Frauenanteils erwarten ließe

---

    gung mit Verbesserungen an der Software reagiert. Vgl.: Kleinz, Torsten, „Neuer Wikipedia-Editor für alle", in: *Heise Online*, 27.7.2013, http://www.heise.de/newsticker/meldung/Neuer-Wikipedia-Editor-fuer-alle-1925045.html (eingesehen am 5.12.2015).

31 Vgl.: Gardner, Sue, „Nine Reasons Women Don't Edit Wikipedia (in their own words)", in: *Sue Gardner's Blog*, 19.2.2011, http://suegardner.org/2011/2/19/nine-reasons-why-women-dont-edit-wikipedia-in-their-own-words/ (eingesehen am 5.12.2015). Auf die weiteren genannten Gründe wird im Folgenden noch genauer eingegangen.

32 Vgl. auch: Lam, Shyong K. u.a., „WP:Clubhouse? An Exploration of Wikipedia's Gender Imbalance", Vortrag zum WikiSym 2011, 7th International Symposium on Wikis and Open Collaboration Mountain View, 3.–5.10.2011. http://files.grouplens.org/papers/wp-gender-wikisym2011.pdf (eingesehen am 5.12.2015), S. 4.

– ein Blick in die Versionshistorie einzelner *Wikipedia*-Artikel spricht Bände –, sondern vor allem auch die dazugehörigen „diskursiven Aushandlungsprozesse" und Machtstrukturen. Zwar liegen nur vage Schätzungen vom Mai 2004 zur Geschlechterverteilung unter den Administrator_innen in der deutschsprachigen *Wikipedia* vor[33], also zu demokratisch gewählten Autorinnen und Autoren mit erweiterten Benutzerrechten und Privilegien (Löschung von Artikeln, Benutzer-Sperrungen, Seiten-Sperrungen, usw.), da jedoch „Kandidaten, die nicht eine deutlich vierstellige Anzahl von Bearbeitungen aufweisen können, meist abgelehnt werden,"[34] dürfte sich der Frauenanteil unter diesen Entscheidungsträgern im niedrigen einstelligen Prozentbereich bewegen. Mit weitreichenden Konsequenzen: Bearbeitungen durch weibliche Autoren werden häufiger rückgängig gemacht als die männlicher Autoren[35]. Sowohl Artikel, die von Frauen erstveröffentlicht wurden, als auch solche, die dezidiert ‚Frauenthemen' behandeln (Frauenbiographien, Themenbereiche Feminismus und Gender Studies, usw.), sind häufiger Gegenstand ausufernder Kontroversen[36], werden häufiger gelöscht oder sind von Löschung bedroht[37] – so unter anderem auch der Übersichtsartikel zu Frauen in der Musik[38]. Autorinnen und Autoren sind zwar in etwa gleich oft von Sperrungen betroffen, unter den unbefristeten, lebenslangen Benutzer-Sperren, die nur in schwerwiegenden Ausnahmefällen ausgesprochen werden, überwiegt jedoch der Frauenanteil.[39] „In diesem Zusammenhang ist von der Dominanz maskuliner Verbünde (In-Groups) die Rede, die eine Beteiligung von Frauen in Wikipedia verhindern können"[40] und zu einem gewissen Grad ein Klima des Nicht-Willkommen-Fühlens und von Misogynie erzeugen, bis hin zu offen zur Schau gestelltem Sexismus.[41]

---

33 „Gesamt: a) aktiv: 70 Administratoren b) inaktiv: 2 c) Status zurückgegeben: 1 (Stand Mai 2004)
   a) 55 männlich, 3 weiblich, 12 nicht eindeutig aus der Benutzerseite erkennbar, vermutlich männlich
   b) 1 männlich, 1 weiblich
   c) 1 männlich
   zusammen 73, davon sicher 55, wahrscheinlich 69 männlich und 4 weiblich." https://de.wikipedia.org/wiki/Wikipedia:Wikipedistik/Soziologie/Gender_Studies (eingesehen am 5.12.2015).
34 https://de.wikipedia.org/w/index.php?title=Wikipedia:Administratoren&oldid=147212448 (eingesehen am 5.12.2015).
35 Vgl.: Lam u.a., „WP:Clubhouse?", S. 8 und Gardner, Nine Reasons Women Don't Edit Wikipedia: „5) Some women don't edit Wikipedia because the information they bring to Wikipedia is too likely to be reverted or deleted."
36 Vgl.: Ebd., S. 7.
37 Vgl.: Kloppenburg u.a., Kompass der Vielfalt, S. 10.
38 Der „Löschantrag" wurde jedoch nicht angenommen und der Artikel ist noch vorhanden. Vgl.: https://de.wikipedia.org/wiki/Wikipedia:L%C3%B6schkandidaten/3._Juli_2014#Frauen_in_der_Musik_.28LAZ.29 (eingesehen am 5.12.2015).
39 Vgl.: Lam u.a., „WP:Clubhouse?", S. 8. Dies mag auch damit zusammenhängen, dass Personen, die der Wikipedia beitreten um ihr bewusst zu schaden, möglicherweise falsche Angaben zu ihrem Geschlecht machen.
40 Vgl.: Kloppenburg u.a., Kompass der Vielfalt, S. 10.
41 Vgl.: Gardner, Nine Reasons Women Don't Edit Wikipedia: „6) Some women don't edit Wikipedia because they find its overall atmosphere misogynist. [...] 7) Some women find Wikipedia culture to be sexual in ways they find off-putting."

Warum MUGI und nicht Wikipedia?

All diese Probleme sind hinlänglich bekannt, wurden und werden immer wieder insbesondere von US-amerikanischen Medien neben der fehlenden, übergeordneten redaktionellen Instanz als Hauptkritikpunkt an der *Wikipedia* genannt. Die *Wikimedia Foundation*, der globale Dachverband sämtlicher Sprachversionen der „freien Enzyklopädie" und zahlreicher weiterer Wiki-Projekte, reagierte schon frühzeitig und erklärte vor einigen Jahren das Ziel, bis 2015 den Anteil von Frauen in der Autorenschaft auf 25 Prozent anzuheben, zur Chefsache. Trotz zahlreicher Bemühungen – Fördermaßnahmen, Initiativen, Mailinglisten[42], Benutzerumfragen, einem WikiWomanCamp[43], Verbesserungen an der Software, usw. – musste der erfolgsverwöhnte *Wikipedia*-Gründer Jimmy Wales gegenüber der BBC am 8. August 2014 „vollständiges Versagen"[44] bei der Beseitigung der Geschlechterkluft einräumen. Woran scheitert es?

Tatsächlich lässt sich diese Frage anhand durchgeführter Studien und aktueller Ereignisse relativ leicht beantworten. Es scheitert am Problembewusstsein der und Rückhalt aus der Autoren-Gemeinschaft. Zum Thema „Welche Prioritäten der [Wikimedia] Foundation hält die Community für unangebracht?" nannten die befragten Wikipedianerinnen und Wikipedianer mit deutlicher Mehrheit vor allen anderen Wahlmöglichkeiten den Einsatz für Autorinnen („Recruiting and supporting female editors") (Abbildung 3).

Ein ähnlich gelagerter Konflikt zwischen Trägerverein und Community ließ sich Anfang letzten Jahres – von den Medien weitestgehend unbemerkt – in der deutschsprachigen *Wikipedia* beobachten. Im Anschluss an die *Wikimedia Diversity Conference* vom 9. bis 10. November 2013 in Berlin wurde unter Leitung von Prof. Dr. Ilona Buchem, Gastprofessorin für Digital Media & Diversity am Gender- und Technikzentrum der Beuth Hochschule für Technik Berlin in Zusammenarbeit mit dem *Wikimedia Deutschland e.V.* das Projekt *Wikipedia Diversity* ins Leben gerufen.[45] Angesichts zahlreicher solcher und ähnlicher Maßnahmen zur Förderung von (Geschlechter-)Vielfalt ist dies nichts Außergewöhnliches. Bemerkenswert ist allerdings, dass sich zur gleichen Zeit und davon unabhängig am *Wikipedia*-Eintrag der Universität Hamburg eine Grundsatzdiskussion zur ‚richtigen' Schreibung von „Studierenden" bzw. „Studenten" entwickelte[46], die in einem „Meinungsbild" mündete, welches – Geschlechterrolle rückwärts – die Verwendung des generischen Maskulinums[47] als verbindliche Schreibweise festzulegen suchte:

---

42 Wikimedia Foundation, Mailinglist Gendergap, https://lists.wikimedia.org/mailman/listinfo/gendergap (eingesehen am 5.12.2015).

43 Wikimedia Foundation, WikiWomenCamp, https://meta.wikimedia.org/wiki/WikiWomenCamp (eingesehen am 5.12.2015).

44 Hepker, Caroline, „Wikipedia ‚completely failed' to fix gender imbalance". Interview des BBC mit Jimmy Wales vom 8.8.2014, http://www.bbc.com/news/business-28701772 (eingesehen am 5.12.2015).

45 Vgl.: Wikimedia Deutschland, Projektseite Wikipedia-Diversity, http://projekt.beuth-hochschule.de/wikimedia/ (eingesehen am 5.12.2015).

46 Vgl.: https://de.wikipedia.org/wiki/Diskussion:Universität_Hamburg/Archiv/1#Studenten_vs._Studierende (eingesehen am 5.12.2015).

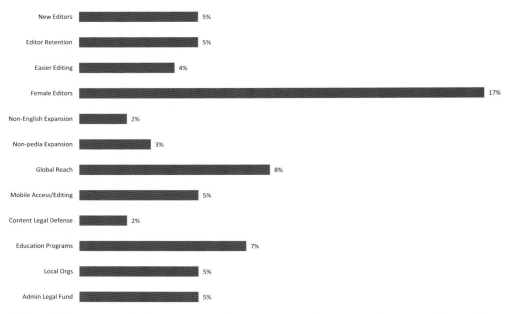

Abb. 3: „What priorities do the community find inappropriate for the Foundation?" Teil der Umfrage zur Arbeit der *Wikimedia Foundation* von 2012.
Quelle: https://commons.wikimedia.org/wiki/File:Editor_Survey_2012_-_What_priorities_inappropriate.png (eingesehen am 5.12.2015).

Kurz und knapp: In der Wikipedia soll so geschrieben werden, wie es heute allgemein in der Schriftsprache üblich ist. Die sogenannte „geschlechtergerechte Sprache" (Definition) ist heute im allgemeinen Sprachgebrauch kaum verbreitet. Daher soll sie in der Wikipedia nicht zum Einsatz kommen. Die Initiatoren des MB sprechen sich dafür aus, stattdessen das „generische Maskulinum" zu verwenden. Diese im Deutschen überaus häufig verwendete Form (Beispiele: „Ärzte", „Demonstranten", „Lehrer") dient dazu, Personen auf geschlechtsneutrale Art zu benennen.

Das Wort „Gendering" (oder „gendern") bezeichnet das Verfassen oder die Umformulierung von Texten nach den Leitlinien der „geschlechtergerechten Sprache".[48]

---

47 Vgl.: Gardner, Nine Reasons Women Don't Edit Wikipedia: „8) Some women whose primary language has grammatical gender find being addressed by Wikipedia as male off-putting."
48 Meinungsbild zum Generischen Maskulinum, https://de.wikipedia.org/wiki/Wikipedia:Meinungsbilder/Generisches_Maskulinum_und_Gendering_in_der_WP (eingesehen am 5.12.2015). Vgl. auch „Jetzt abstimmen gegen Männerwiki!", in: http://www.emma.de/artikel/jetzt-abstimmen-gegen-maennerwiki-313401, 31.1.2014 (eingesehen am 5.12.2015) und Stefanowitsch, Anatol, „Wikipedia und die starken Männer", in: *Sprachlog. Bremer Sprachblog*, 31.1.2014, http://www.sprachlog.de/2014/01/31/wikipedia-und-die-starken-maenner/ (eingesehen am 5.12.2015).

Zwar wurde der Vorschlag mit großer Mehrheit abgelehnt (in erster Linie aus formalen Gründen), jedoch erwecken derartige Verwerfungen den Verdacht, dass entweder die von den Trägervereinen angestrebte Erhöhung des Frauenanteils nicht wahrgenommen oder gar missbilligt wird, „dass die Wikipedia gar kein Frauenproblem hat, sondern ein Männerproblem (nämlich: dass unter den männlichen Editoren zu viele sind, die ein Problem mit Frauen oder wenigstens kein Problem mit einer Abwesenheit von Frauen haben.")[49]

Wie die Ursachen sind auch die Folgen der ungleich starken Beteiligung weiblicher und männlicher Autoren in der *Wikipedia* vielschichtig und weitreichend. In der Außenwahrnehmung ergibt sich aus dem Ungleichgewicht in der Comunity sowohl ein Ungleichgewicht der Themenvielfalt bzw. -auswahl als auch ein Ungleichgewicht in Artikellänge und -qualität:

> The entry on "Sex and the City" includes only a brief summary of every episode, sometimes two or three sentences; the one on "The Sopranos" includes lengthy, detailed articles on each episode.
> Is a category with five Mexican feminist writers impressive, or embarrassing when compared with the 45 articles on characters in "The Simpsons?"[50]

Am offensichtlichsten schlägt sich die Unterrepräsentation von Frauen in der Autorenschaft in einer Unterrepräsentation von Frauen im Artikelbestand nieder: Unter den 75 in den 15 größten Sprachversionen der „freien Enzyklopädie" am häufigsten verlinkten Personen sind nur drei weiblichen Geschlechts, Queen Elizabeth II, Marilyn Monroe und Margaret Thatcher.[51] Aus musikhistorischer und -wissenschaftlicher Perspektive aufschlussreich ist das Verhältnis der in der deutschsprachigen *Wikipedia* verzeichneten Komponistinnen und Komponisten, das sich aus den Schnittmengen der Kategorien „Komponist nach Epoche" (generisches Maskulinum!) und den Kategorien „Mann" und „Frau" ergibt[52]

---

49 Stefanowitsch, Wikipedia und die starken Männer.
50 Cohen, Define Gender Gap? Look Up Wikipedia's Contributor List. Jedoch sind derartige Vergleiche häufig das Resultat hartnäckig kursierender Gerüchte und eher ein Spiegelbild der Gesellschaft im Allgemeinen denn der Wikipedia-Community im Speziellen; Vgl. auch https://en.wikipedia.org/wiki/Wikipedia:Wikipedia_has_more (eingesehen am 5.12.2015).
51 Aragón, Pablo u.a., „Biographical Social Networks on Wikipedia. A cross-cultural study of links that made history", Barcelona 4.7.2012, http://arxiv.org/pdf/1204.3799v2.pdf (eingesehen am 5.12.2015). Vgl. auch: „The Worrying Consequences of the Wikipedia Gender Gap", in: *MIT Technology Review*, 19.4.2012, http://www.technologyreview.com/view/427626/the-worrying-consequences-of-the-wikipedia-gender-gap/ (eingesehen am 5.12.2015).
52 Stand: 17.8.2015. Die Statistik wurde mittels der Wikipedia-API erhoben und weicht geringfügig von Ergebnissen der Suchmaschine Cirrus ab. Vgl.: https://de.wikipedia.org/w/api.php (eingesehen am 5.12.2015) und https://de.wikipedia.org/wiki/Hilfe:Suche/Cirrus (eingesehen am 5.12.2015).

	Kategorie:Mann	Kategorie:Frau	Frauenanteil in %
Kategorie:Komponist (Mittelalter)	56	2	3,4
Kategorie:Komponist (Renaissance)	374	0	0
Kategorie:Komponist (Barock)	1001	8	0,8
Kategorie:Komponist (Klassik)	677	13	1,9
Kategorie:Komponist (Romantik)	1222	41	3,2
Kategorie:Komponist klassischer Musik (20. Jahrhundert)	3795	221	5,5
Kategorie:Komponist klassischer Musik (21. Jahrhundert)	544	89	14
gesamt	7669	374	4,7

Selbstredend sind diese Zahlen im Kontext der im 19. Jahrhunderts einsetzenden Verbürgerlichung der Musikkultur und des damit verbundenen kulturgeschichtlichen und gesellschaftspolitischen Wandels zu sehen sowie des ohnehin problematischen Begriffs „Komponistin", der eine institutionalisierte Ausbildung und Professionalität im Sinne von (Brot-)Beruf impliziert[53] – der sukzessive Zuwachs des Frauenanteils dokumentiert dies in anschaulicher Weise. Dennoch: An einigen Musikhochschulen ist das Geschlechterverhältnis in den Kompositions-Studiengängen schon seit mehreren Jahren in etwa ausgeglichen, insgesamt liegt der Frauenanteil bei derzeit 32 Prozent.[54] Bezogen auf die „Kategorie: Komponist[en] klassischer Musik (21. Jahrhundert)" sind komponierende Frauen folglich nur halb so oft in der *Wikipedia* vertreten wie ihre männlichen Kollegen. Dass ein Eintrag in der *Wikipedia* und ganz allgemein die Präsenz im Internet mitunter karriereentscheidend sein kann, versteht sich von selbst.

---

53 Vgl.: Kreutziger-Herr, Annette und Unseld, Melanie (Hg.), *Lexikon Musik und Gender*, Kassel 2010, S. 91.
54 Vgl.: Deutsches Musikinformationszentrum (MIZ), Studierende in Studiengängen für Musikberufe – nach Frauen und Ausländern, URL.: http://www.miz.org/intern/uploads/statistik10.pdf (eingesehen am 5.12.2015).

Äpfel und Birnen

Der Vergleich mit MUGI drängt sich geradezu auf: Trotz der insgesamt fast 1,9 Millionen Artikel, die in der deutschsprachigen Version der „freien Enzyklopädie" seit Mai 2001 von über zwei Millionen freiwilligen Autorinnen und Autoren (davon sind momentan 19.000 aktiv) geschrieben wurden, übertrifft der Bestand von MUGI mit aktuell 463 lexikalischen Einträgen die in *Wikipedia* verzeichneten Komponistinnen (374) deutlich – trotz des ungleich aufwändigeren und zeitintensiveren wissenschaftlichen Redaktionsprozesses. Insgesamt gibt es nur zur Hälfte der bei MUGI vertretenen Personen auch einen *Wikipedia*-Eintrag.

Im Durchschnitt ist ein MUGI-Artikel fünfmal umfangreicher als seine Entsprechung in der „freien Enzyklopädie" (falls vorhanden),[55] was nicht zwangsläufig auf eine ‚höhere Qualität' schließen lässt. Das Mehr an Information kommt vor allem durch ausgedehnte Werk-, Repertoire-, Literatur- und Quellenverzeichnisse zustande, sowie durch Abschnitte zur Rezeption, zum Forschungstand und zu Forschungsdesiderata. Insbesondere die beiden letztgenannten Inhalte sind ein Alleinstellungsmerkmal von MUGI, deren Erarbeitung weit über das Sammeln von Fakten hinaus geht und Expert_innenwissen bzw. die genaue Kenntnis des wissenschaftlichen Fachdiskurses unabdingbar macht.

In vielen Fällen ist ein MUGI-Artikel das Resultat intensiver, originärer Forschungsarbeit, welche in der *Wikipedia* explizit unerwünscht ist. „No original research"[56] ist eine der wenigen verbindlichen Richtlinien des Projektes. Ihrem eigenen Selbstverständnis nach ist sie eine allgemeine Enzyklopädie nach dem Vorbild Denis Diderots und Jean-Baptiste le Rond d'Alemberts *Encyclopédie ou Dictionnaire raisonné des sciences, des arts et des métiers*, hat als solche durchaus ihre Daseinsberechtigung und braucht den Vergleich mit klassischen Konversationslexika nicht zu scheuen. Sie nimmt für sich aber nicht in Anspruch, die Summe sämtlicher Fachenzyklopädien aller Wissenschaftszweige abzudecken. Sie will vorhandenes Wissen sammeln und frei zugänglich machen, nicht neues Wissen schaffen. Dies führt zu zwei paradox anmutenden Schlussfolgerungen: ein MUGI-Artikel wäre als Erstveröffentlichung in der *Wikipedia* mit hoher Wahrscheinlichkeit nicht überlebensfähig und würde entweder mit dem Hinweis auf unzureichende Relevanz oder auf Originärforschung gelöscht. Sobald es aber einen MUGI-Artikel gibt, könnte ein Eintrag in der *Wikipedia* bestehen, mit MUGI als Beleg für enzyklopädische Relevanz und als Quelle. Der eingangs erwähnten Frage nach der Zitierfähigkeit von *Wikipedia*-Artikeln kommt aufgrund ihrer Funktion als Tertiärquelle in der wissenschaftlichen Praxis im Grunde genau so viel Bedeutung zu wie der Frage nach der Zitierfähigkeit aktueller Auflagen der *Encyclopædia Britannica*

---

55 Ermittelt anhand des Artikelbestandes vom November 2013: ein MUGI-Artikel misst im Durchschnitt (Median) 23833 Bytes, der dazugehörige *Wikipedia*-Artikel 4536 Bytes. Die tatsächliche Größe kann aufgrund der Wiki-Syntax leicht abweichen.
56 Vgl.: https://en.wikipedia.org/wiki/Wikipedia:No_original_research (eingesehen am 5.12.2015).

oder der *Brockhaus Enzyklopädie* – gar keine. Sie kann und sollte als Primärquelle für den aktuellen öffentlichen Diskurs zu verschiedenen Themenbereichen herangezogen werden, beispielsweise zur Rezeption eines Komponisten oder einer Komponistin im internationalen Vergleich. Als wissenschaftliche Sekundärliteratur ist sie genau so sinnvoll und brauchbar wie die beiden genannten gedruckten Nachschlagewerke.

Literatur

Alexa – Actionable Analytics for the Web, URL: http://www.alexa.com/topsites/global (eingesehen am 5.12.2015).

Aragón, Pablo u.a., *Biographical Social Networks on Wikipedia. A cross-cultural study of links that made history*, Barcelona 4.7.2012, URL: http://arxiv.org/pdf/1204.3799v2.pdf (eingesehen am 5.12.2015).

Beyersdorff, Marius, *Wer definiert Wissen? Wissensaushandlungsprozesse bei kontrovers diskutierten Themen in „Wikipedia – Die freie Enzyklopädie". Eine Diskursanalyse am Beispiel der Homöopathie*, Münster 2011.

Blech, Jörg und von Bredow, Rafaela, „Eine grausame Welt. Der Digitalvisionär Jaron Lanier über seine Zweifel an Wikipedia, den gefährlichen Glauben an die Weisheit der Massen und die mächtige Religion der Computerfreaks", in: *DER SPIEGEL* 46/2006.

Cohen, Noam, „Define Gender Gap? Look Up Wikipedia's Contributor List", in: *New York Times*, 31.1.2011.

Danowski, Patrick u.a., „Wikipedia als offenes Wissenssystem", in: Ullrich Dittler u.a. (Hg.), *Online-Communities als soziale Systeme. Wikis Weblogs und Social Software im E-Learning*, Münster u.a. 2007 (= Medien in der Wissenschaft, 40), S. 17–26.

Deutsches Musikinformationszentrum (MIZ), *Studierende in Studiengängen für Musikberufe - nach Frauen und Ausländern*, URL.: http://www.miz.org/intern/uploads/statistik10.pdf (eingesehen am 5.12.2015).

Gardner, Sue, „Nine Reasons Women Don't Edit Wikipedia (in their own words)", in: *Sue Gardner's Blog*, 19.2.2011, URL: http://suegardner.org/2011/02/19/nine-reasons-why-women-dont-edit-wikipedia-in-their-own-words/ (eingesehen am 5.12.2015).

Hepker, Caroline, „Wikipedia ‚completely failed' to fix gender imbalance". Interview des BBC mit Jimmy Wales vom 8.8.2014, URL: http://www.bbc.com/news/business-28701772 (eingesehen am 5.12.2015).

Kleinz, Torsten, „Neuer Wikipedia-Editor für alle", in: *Heise Online*, 27.7.2013, URL: http://www.heise.de/newsticker/meldung/Neuer-Wikipedia-Editor-fuer-alle-1925045.html (eingesehen am 5.12.2015).

Kloppenburg, Julia u.a., *Kompass der Vielfalt. Vielfalt in Wikipedia gemeinsam gestalten, Eine Broschüre des Gender- und Technikzentrums der Beuth Hochschule und Wikimedia Deutschland e.V.*, August 2014, URL: https://commons.wikimedia.org/wiki/File:Kompass_der_Vielfalt.pdf (eingesehen am 5.12.2015).

Kohl, Christian und Metten, Thomas, „Wissenskonstruktion durch kooperatives Schreiben in Netzwerkmedien", in: Wolf-Andreas Liebert und Marc-Denis Weitze (Hg.), *Kontroversen als Schlüssel zur Wissenschaft? Wissenskulturen in sprachlicher Interaktion*, Bielefeld 2006, S. 179–193.

Kreutziger-Herr, Annette und Unseld, Melanie (Hg.), *Lexikon Musik und Gender*, Kassel 2010.

Lam, Shyong K. u.a., „WP: Clubhouse? An Exploration of Wikipedia's Gender Imbalance", Vortrag zum WikiSym 2011, 7th International Symposium on Wikis and Open Collaboration Mountain View, 3.-5.10., 2011. URL: http://files.grouplens.org/papers/wp-gender-wikisym2011.pdf (eingesehen am 5.12.2015).

Lanier, Jaron, „Digital Maoism. The Hazards of the New Online Collectivism", in: *Edge*, 30.5.2006; Deutsch als „Digitaler Maoismus. Kollektivismus im Internet, Weisheit der Massen, Fortschritt der Communities? Alles Trugschlüsse", in: *Süddeutsche Zeitung*, 10.5.2010 (Übersetzung von Andrian Kreye), URL: http://www.sueddeutsche.de/kultur/das-so-genannte-web-digitaler-maoismus-1.434613 (eingesehen am 5.12.2015).

Leuf, Bo und Cunningham, Ward, The Wiki Way. Quick Collaboration on the Web, Michigan 2001.

Maurer Zenck, Claudia und Petersen, Peter (Hg.), „Lexikon verfolgter Musiker und Musikerinnen der NS-Zeit (LexM)", Universität Hamburg 2005ff, URL: http://www.lexm.uni-hamburg.de/content/below/index.xml (eingesehen am 5.12.2015).

Mayerl, Christoph, „Warum Wikipedia mit dem NoFollow Link das Netz zerschießt", in: *Perlentaucher. Das Kulturmagazin*, 1.9.2006, URL: https://www.perlentaucher.de/essay/warum-wikipedia-mit-dem-nofollow-link-das-netz-zerschiesst.html (eingesehen am 5.12.2015).

Minke, Marcel, *Wikipedia als Wissensquelle. Die Online-Enzyklopädie als Basis einer Lernumgebung*, Hamburg 2013.

Morgan, Patrick, „On Friendship Bracelets and Ninja Turtles: Wikipedia's Gender Gap", Blog des Magazins *Discover*, 31.1.2011, URL: http://blogs.discovermagazine.com/discoblog/2011/01/31/on-friendship-bracelets-and-ninja-turtles-wikipedias-gender-gap/ (eingesehen am 5.12.2015).

Oppong, Marvin, *Verdeckte PR in Wikipedia. Das Weltwissen im Visier von Unternehmen. Eine Studie der Otto Brenner Stiftung*, Frankfurt a.M. 2014.

Raymond, Eric S., *The cathedral and the bazaar. Musings on Linux and open source by an accidental revolutionary*, Cambridge u.a. 2001.

Reagle, Joseph, „'Free as in sexist?' Free culture and the gender gap", in: *First Monday. Peer-Reviewed Journal of the Internet*, 18/1 7.1.2013, URL: http://firstmonday.org/article/view/4291/3381 (eingesehen am 5.12.2015).

Safer, Morley, „Wikimania. Meet the Wikipedians. Those ‚persnickety', techy types who keep your favorite Internet information website brimming with data", Interview mit Jimmy Wales, in: *60 Minutes/CBS News*, 5.4.2015, URL: http://www.cbsnews.com/news/wikipedia-jimmy-wales-morley-safer-60-minutes/ (eingesehen am 5.12.2015).

Schwarzkopf, Christopher, *Freies Wissen und Wissenschaft (Teil 02): Offene Bildungsressourcen (OER) an Universitäten und Hochschulen: Plädoyer für eine didaktische Sicht*, Blog des Wikimedia Deutschland, 27.6.2015, URL: http://blog.wikimedia.de/2015/07/27/freies-wissen-und-wissenschaft-teil-02-offene-bildungsressourcen-oer-an-universitaeten-und-hochschulen-plaedoyer-fuer-eine-didaktische-sicht/ (eingesehen am 5.12.2015).

Staas, Christia, „Je umstrittener, desto besser. Was taugen die Geschichtsartikel der Online-Enzyklopädie Wikipedia? Ein Gespräch mit dem Historiker Peter Haber", in: *DIE ZEIT*, 8.7.2010 Nr. 28.

Stefanowitsch, Anatol, „Wikipedia und die starken Männer", in: *Sprachlog. Bremer Sprachblog*, 31.1.2014 , URL: http://www.sprachlog.de/2014/01/31/wikipedia-und-die-starken-maenner/ (eingesehen am 5.12.2015).

Wikimedia Deutschland, *Bildung und Wissen. Wikipedia macht Schule*, URL: https://wikimedia.de/wiki/Schulprojekt (eingesehen am 5.12.2015).

Wikimedia Deutschland, *Wikipedia for World Heritage*, URL: https://de.wikipedia.org/wiki/Wikipedia:Welterbe (eingesehen am 5.12.2015).

Wikimedia Deutschland, *Wikipedia:Hochschulprogramm*, URL: https://de.wikipedia.org/wiki/Wikipedia:Hochschulprogramm (eingesehen am 5.12.2015).

Wikimedia Deutschland, *Projektseite Wikipedia-Diversity*, URL: http://projekt.beuth-hochschule.de/wikimedia/ (eingesehen am 5.12.2015).

Wikimedia Foundation, *Mailinglist Gendergap*, URL: https://lists.wikimedia.org/mailman/listinfo/gendergap (eingesehen am 5.12.2015).

Wikimedia Foundation, *Wikipedia Editors Study. Results from the Editor Survey*, April 2011, URL: https://commons.wikimedia.org/wiki/File:Editor_Survey_Report_-_April_2011.pdf (eingesehen am 5.12.2015).

Wikimedia Foundation, *WikiWomenCamp*, URL: https://meta.wikimedia.org/wiki/WikiWomen Camp (eingesehen am 5.12.2015).

Wikipedia (de), *(archivierte) Diskussionsseite zum Artikel „Universität Hamburg*, URL: https://de.wikipedia.org/wiki/Diskussion:Universit%C3%A4t_Hamburg/Archiv/1#Studenten_vs._Studierende (eingesehen am 5.12.2015).

Wikipedia (de), *Löschdiskussion zum Artikel „Frauen in der Musik"*, URL: https://de.wikipedia.org/wiki/Wikipedia:L%C3%B6schkandidaten/3._Juli_2014#Frauen_in_der_Musik_.28LAZ.29 (eingesehen am 5.12.2015).

Wikipedia (de), *Meinungsbild zum Generischen Maskulinum*, URL: https://de.wikipedia.org/wiki/Wikipedia:Meinungsbilder/Generisches_Maskulinum_und_Gendering_in_der_WP (eingesehen am 5.12.2015).

Wikipedia (de), *Wikipedia:Administratoren*, URL: https://de.wikipedia.org/w/index.php?title=Wikipedia:Administratoren&oldid=147212448 (abgerfufen am 5.12.2015).

Wikipedia (de), *Wikipedia:Wikipedistik/Soziologie/Gender_Studies*, URL: https://de.wikipedia.org/wiki/Wikipedia:Wikipedistik/Soziologie/Gender_Studies (abgerfufen am 5.12.2015).

Wikipedia (en), *Wikipedia: No_original_research*, URL: https://en.wikipedia.org/wiki/Wikipedia:No_original_research (eingesehen am 5.12.2015).

Wikipedia (en), *Wikipedia: Wikipedia_has_more...*, URL: https://en.wikipedia.org/wiki/Wikipedia:Wikipedia_has_more... (eingesehen am 5.12.2015).

Zerwas, Marco, *Wikipedia in der Praxis. Geschichtsdidaktische Perspektive*, URL: http://www.lisa.gerda-henkel-stiftung.de/wikipedia_in_der_praxis_geschichtsdaktische_perspektiven?nav_id=5969 (eingesehen am 5.12.2015).

Jetzt abstimmen gegen Männerwiki!, in: http://www.emma.de/artikel/jetzt-abstimmen-gegen-maennerwiki-313401, 31.1.2014 (eingesehen am 5.12.2015).

„The Worrying Consequences of the Wikipedia Gender Gap", in: *MIT Technology Review*, 19.4.2012, URL: http://www.technologyreview.com/view/427626/the-worrying-consequences-of-the-wikipedia-gender-gap/ (eingesehen am 5.12.2015).

II

Elisabeth Treydte

Schlaglichter.
Kontexte geschlechterforschender Musikwissenschaften

Das Forschungsprojekt „Musikvermittlung und Genderforschung im Internet" (MUGI) hat durch sein (mehr als) zehnjähriges Bestehen nicht nur eine biografische Forschung über Frauen im Bereich Musik befördert und damit deren kulturelles Handeln öffentlich sichtbar und wissenschaftlich zugänglich gemacht. Es steht zugleich für einen Paradigmenwechsel in der deutschsprachigen musikwissenschaftlichen Fachdisziplin in vielerlei Hinsicht; denn das breit angelegte Forschungsprojekt musikwissenschaftlicher Geschlechterforschung beschränkt sich weder auf Einzelpersonen oder Einzelwerke, noch ist es bestrebt einen Kanon „weiblicher Beethovens" zu erstellen. Im Gegenteil fordert es dazu auf, eine Klassifizierung in kanon(un)fähige Werke und Komponist_innen zu vermeiden und die Vielfalt des musikbezogenen Handelns in den Vordergrund zu stellen. Diese Enthierarchisierung der musikwissenschaftlichen Forschung war und ist mehr als überfällig, um die starken kulturellen und sozialen Ausgrenzungen, die etwa durch Kanonbildung[1] und eine methodisch festgefahrene Fachtradition permanent machtvoll wirken, aufzubrechen.

Solch ein Paradigmenwechsel inhaltlicher und methodischer Art basiert sowohl auf der Aneignung interdisziplinärer theoretischer und methodischer Ansätze als auch der Bereitschaft, viele neue Wege der Musikforschung in einem emanzipativen, feministischen – also wissenschaftspolitischen – Sinne zu gehen. In Anbetracht der Internetplattform MUGI, die im Laufe der Jahre immens an Umfang und Vielfalt gewonnen hat, wird deutlich:

> Wissenschaftliches Wissen ist kontextabhängig. Es wird in bestimmten Zeiten und an bestimmten Orten, in Auseinandersetzungen mit alten Theorien und Praktiken, mit neuen Mitteln und Einsichten und in der Hoffnung auf neue Erkenntnisse produziert. [...] Wissenschaftliche Praxis ebenso wie die sie legitimierenden Theorien sind in Kontexte eingebettet, die ihnen nicht äußerlich bleiben.[2]

Deshalb soll an dieser Stelle ein Blick auf einen Teil der verschiedenen Kontexte geschlechterforschender Musikwissenschaft gewagt werden, die auch in einem Projekt wie MUGI verinnerlicht sind. Dabei ist selbstverständlich, dass nicht von *der* einen musikwissenschaftlichen Genderforschung ausgegangen wird, die womöglich gar als linear fortschreitend oder als abgeschlossen vollständig erachtet wird. Vielmehr sollen in der Folge Forschungsperspektiven angeführt werden, die anhand von Beispielen illustrieren, welche Entwicklungen

---
1 Vgl. dazu Citron, Marcia, *Gender and the Musical Canon*, Urbana und Chicago 2000.
2 Singer, Mona, *Geteilte Wahrheit. Feministische Epistemologie, Wissenssoziologie und Cultural Studies*, Wien 2005, S. 9.

und Überlegungen die geschlechterforschende Musikwissenschaft mitunter prägen und dabei gleichberechtigt nebeneinander stehen. Die aufgezeigten Forschungspfade haben dabei sicher nicht auf direktem Wege zur Entwicklung von MUGI geführt[3], aber dennoch können ihre Kontexte indirekt auf seine Genese eingewirkt haben.

(Un-)Sichtbarkeiten: Frauen in der Musik

Die Dirigentin Elke Mascha Blankenburg[4] machte sich Ende der 1970er Jahre auf die Suche nach den Komponistinnen der Musikgeschichte und -gegenwart, da sie das bis dato geltende Paradigma, in der Musikgeschichte gäbe es schlichtweg keine Komponistinnen, stark in Zweifel zog[5]. Aufgrund ihrer eigenen, oftmals auf Ausgrenzung basierenden Erfahrungen als Dirigentin inmitten einer damals männerdominierten Musikkultur, suchte sie einerseits nach Vorbildern und Gleichgesinnten und fragte sich andererseits voller Neugier, ob eventuell auffindbare Werke von Komponistinnen einer Aufführung und kritischen Bewertung standhalten würden: „Ich platze vor Spannung. Wie mochte diese Musik klingen? Wird sie so gut sein, wie die der männlichen Kollegen? Wie haben diese Frauen gelebt?"[6]

Neben diesem Unterfangen des Suchens war sie stark an der Vernetzung mit Musikerinnen interessiert, die sie gleichermaßen bei der Recherche, aber auch als zeitgenössische Vorbilder und Mitstreiterinnen unterstützen sollten. Aus diesem Impuls heraus veröffentlichte sie in der feministischen Zeitschrift *Emma* den Artikel „Vergessene Komponistinnen", in dem sie auf die patriarchal geprägte Musikgeschichtsschreibung aufmerksam machte und zugleich die Musikerinnen im deutschsprachigen Raum zu einem Vernetzungstreffen einlud. Diesem Aufruf folgten zahlreiche Frauen, die sich auch nach der zweiten Welle der Frauenbewegung nur schwer als professionelle Musikerinnen, Dirigentinnen oder Komponistinnen verorten und positionieren konnten. So wurde dieses Vernetzungstreffen gleichsam zu einem politischen Akt, wie sich etwa in den Erinnerungen der Komponistin Siegrid Ernst[7] lesen lässt:

> 1978: eine überraschende Einladung nach Köln, die sich an mich als „Komponistin" wandte. Weder während meines Studiums noch in Konzerten hatte ich je davon gehört, dass es Frauen in diesem Berufsfeld gibt – und ich war inzwischen 50 Jahre alt! Das Treffen war

---

3 Vgl. dazu das einleitende Kapitel „Musik(vermittlung) und Gender(forschung) im Internet – ein erstes Resümee" von Beatrix Borchard in diesem Band.
4 1943–2013.
5 Vgl. dazu Blankenburg, Elke Mascha, „Vergessene Komponistinnen", in: *Emma,* (1977), Nr. 11, S. 44–46.
6 Elke Mascha Blankenburg, zit. nach *Archiv Frau und Musik, Die Geschichte des Archiv Frau und Musik,* http://www.archiv-frau-musik.de/cms/uber-das-archiv/geschichte (eingesehen am 21.7.2015).
7 Vgl. auch Haselmann, Lena, Artikel „Siegrid Ernst", in: *Musikvermittlung und Genderforschung: Lexikon und multimediale Präsentationen,* hg. von Beatrix Borchard, Hochschule für Musik und Theater Hamburg, 2003 ff., http://mugi.hfmt.hamburg.de/Artikel/Siegrid_Ernst (eingesehen am 31.8.2015).

dann geprägt von Maschas mitreißendem Temperament und der Aufbruchstimmung der Frauenbewegung. Für mich öffnete sich dabei eine neue Welt, gehöre ich doch noch zu der Generation, in welcher Familiengründung und -versorgung die selbstverständliche Hauptaufgabe der Frau war. Unvergessen sind die Abende lebhafter Diskussionen, die Freude beim Entdecken und Hören der Kompositionen von Frauen, die – wie sich bald zeigte – den Rahmen von „Hausmusik" durchaus sprengten.[8]

Die anwesenden Frauen emanzipierten mit dieser und den weiteren Zusammenkünften nicht nur sich selbst als Musikerinnen jenseits einer fürsorgenden Reproduktionsarbeit, sondern entwickelten darüber hinaus – in Ergänzung zum bis dato rezipierten Kanon der Werke und Geschichten musikalischer Männer – ein Konzept für ein professionelles (Selbst-)Verständnis von Komponistinnen und Musikerinnen.

Auch Vivienne Olive erinnert dieses Ereignis bis heute als wegweisend für sich persönlich, aber auch für ihren Beruf:

> Nie werde ich die Reise nach Köln von Freiburg Ende der 1970er-Jahre vergessen. Zu dieser Zeit war ich noch Studentin an der Musikhochschule in Freiburg und die „Frauenbewegung" war gerade im Entstehen – besonders was die Musik betraf. Damals wurden ständig neue Werke von Komponistinnen entdeckt, und auf einmal fühlte ich mich als Komponistin anerkannt – anstatt nur als etwas exotische Randerscheinung in den Kompositionsklassen Europas toleriert zu werden.[9]

Mit der Vernetzung und Organisation dieser Musikerinnen untereinander bildete sich in unmittelbarer Konsequenz der „Internationale Arbeitskreis Frau und Musik e.V." (IAK). Der Arbeitskreis sammelte Notenmaterialien von Komponistinnen der Vergangenheit und recherchierte die Lebensumstände dieser Frauen, bevor im Jahr 1987 der Schritt an die Öffentlichkeit gewagt wurde: das internationale Komponistinnenfestival sorgte für Furore und führte nicht immer zu wohlwollenden Reaktionen einer kritischen Presse.[10] Neben diesen öffentlichkeitswirksamen Aktionen des IAK entstand über die Jahrzehnte hinweg ein Archiv mit Partituren, Literatur und Tonträgern, vorerst aufbewahrt in der Privatwohnung der Initiatorin Mascha Blankenburg.

Heute ist dieses ehemalige Privatarchiv von beträchtlichem Umfang und öffentlich zugänglich, da es, nach einigen Jahren der ehrenamtlichen Tätigkeit, durch finanzielle Förderung in eigens dafür genutzte Räumlichkeiten umziehen konnte. Zeitgleich konnte eine feste Mitarbeiterin eingestellt werden, durch welche die professionelle Erfassung der Bestände und zugleich auch die kompetente Beratung von Besucher_innen gewährleistet ist. Derzeit umfasst der Bestand des in Frankfurt a.M. angesiedelten Archivs über 23.000 Medienein-

---

8 Ernst, Siegrid; Heller, Barbara; Matthei, Renate u.a., „Zum Tod von Elke Mascha Blankenburg – ein Nachruf", in: *Viva Voce*, 2013, Nr. 96, S.7–10, hier S. 8.
9 Ebd., S. 9.
10 Vgl. Archiv Frau und Musik, Ordner „Presse" in „Nachlass Elke Mascha Blankenburg", Frankfurt a.M.

heiten, darunter Faksimileausgaben mit Werken von Hildegard von Bingen, Erstdrucke von Cécile Chaminade oder einer Ausgabe der „Musikalischen Studienköpfe" von La Mara aus dem Jahr 1882.[11] Hinzu kommen Vor- und (Teil-)Nachlässe von Komponistinnen des 20. bzw. 21. Jahrhunderts wie etwa von Felicitas Kukuck[12], Grażyna Bacewicz[13] oder Leni Alexander[14]. Neben den Werken dieser Komponistinnen bereichern Ton- und Bildaufnahmen, Programmzettel, private Dokumente, (wissenschaftliche) Aufsätze und Bücher die Sammlung. Insgesamt kann das Archiv damit einen beeindruckenden Bestand mit Materialien von gut 1800 Komponistinnen vorweisen. Eine erstaunliche Anzahl, wenn man bedenkt, wie mühsam das Zusammentragen all dieser Informationen und Materialien war und wie wenige dieser Komponistinnen (auch heute) überhaupt bekannt sind. Wenngleich das Hauptaugenmerk auf Dokumentation von Leben und Werken der Komponistinnen aus Vergangenheit und Gegenwart liegt, wird das Archiv durch Literatur über Sängerinnen und Musikerinnen aus dem Bereich Jazz- bzw. Popularmusik und Spezialsammlungen wie etwa die Postkartensammlung mit Motiven der Damenblasorchester aus der Kaiserzeit ergänzt.

Damit ist das „Archiv Frau und Musik" in Frankfurt a.M. eine einmalige Institution und das einzige Komponistinnenarchiv weltweit[15]. Es spielt entsprechend aufgrund seiner Materialbasis auch heute weiterhin für die Grundlagenforschung eine elementare Rolle[16]. So können aufgrund der vielfältigen Sammlungen an diesem spezifischen Ort Biografien und Werkverzeichnisse erstellt, Werke genauen Analysen unterzogen werden, aber auch „Lebensverhältnisse und -realitäten von musikschaffenden Frauen in verschiedenen soziohistorischen und -ökonomischen Kontexten"[17] im Detail betrachtet werden. Auf Basis der über lange Zeit zusammengetragenen Materialien und deren permanenter Analyse durch

---

11 Vgl. dazu den Artikel von Martina Bick in diesem Band: „Mittäterschaften? Wie Musikschriftstellerinnen zur Heroenbildung beitrugen".

12 Vgl. hierzu: Johannsen, Margret, Artikel „Felicitas Kukuck", in: *Musikvermittlung und Genderforschung: Lexikon und multimediale Präsentationen*, hg. von Beatrix Borchard, Hochschule für Musik und Theater Hamburg, 2003 ff., http://mugi.hfmt-hamburg.de/Artikel/Felicitas_Kukuck (eingesehen am 28.8.2015).

13 Vgl. hierzu: Nevermann-Körting, Uta, Artikel „Grazyna Bacewicz", in: *Musikvermittlung und Genderforschung: Lexikon und multimediale Präsentationen*, hg. von Beatrix Borchard, Hochschule für Musik und Theater Hamburg, 2003 ff., http://mugi.hfmt-hamburg.de/artikel/Grazyna_Bacewicz (eingesehen am 28.8.2015).

14 Vgl. hierzu: Frankenbach, Bettina, Artikel „Leni Alexander", in: *Musikvermittlung und Genderforschung: Lexikon und multimediale Präsentationen*, hg. von Beatrix Borchard, Hochschule für Musik und Theater Hamburg, 2003 ff., http://mugi.hfmt-hamburg.de/Artikel/Leni_Alexander (eingesehen am 28.8.2015).

15 Ergänzt wird der Bestand durch das hervorragende Archiv von Cid femmes in Luxemburg, dessen Sammlungsschwerpunkt sich auf populäre Musik richtet.

16 Umso mehr muss an dieser Stelle auf die momentane finanzielle Notlage des Archivs hingewiesen werden. Die Einrichtung ist durch Kürzungen von Schließung bedroht. Weitere Informationen dazu unter: www.archiv-frau-musik.de

17 Wucherpfennig, Claudia; Fleischmann, Katharina, „Feministische Geographien", in: *ACME: An International E-Journal for Critical Geographies*, 7 (3), 2008, S.350–376, hier S. 354. http://acme-journal.org/index.php/acme/article/view/811 (zuletzt eingesehen am 21.7.2015).

die geschlechterforschende Musikwissenschaft kann die spezifische Situation von Frauen in Musikausbildung, -ausübung, Musikgeschichtsschreibung und auch in der herkömmlichen Forschung nachvollziehbar gemacht werden.[18] In diesem Sinne können die Sammlungen des „Archivs Frau und Musik" sowie die daraus hervorgehenden Diskussionen und Forschungen als eine Basis (von vielen) verstanden werden, welche die musikwissenschaftliche Frauenforschung bereicherten, und der in der Folge einen Perspektivwechsel in der Wissensproduktion auslösten: von einem werkzentrierten patriarchal geprägten Musikkanon hin zu der Sicht- und Hörbarmachung von bis dato unbekannten Musikerinnen der Vergangenheit und Gegenwart.

Jung und zornig?! Männlichkeit und Musik

Neben diesem Blick auf eine etablierte Institution als ein Fundament zur Entwicklung musikwissenschaftlicher Frauenforschung in zumeist historischer Perspektive soll an dieser Stelle ergänzend eine weitere Kontextebene betrachtet werden. Sie verweist auf eine zusätzliche, theoretische Strömung der Wissensproduktion und geht zurück auf die Erkenntnis, dass Geschlecht als soziale Strukturkategorie zu verstehen ist. In diesem Kontext wird Geschlecht zunehmend als gesellschaftlicher Platz-Anweiser betrachtet und nimmt die (veränderbaren) Geschlechter-Ordnungen in den Fokus, in denen Frauen wie auch Männer „geschlechtsspezifischen" Zuweisungen unterliegen und sich (neu) verorten müssen. Hierauf basiert auch die simple wie fundamental wichtige Feststellung, dass die Zuschreibungen hinsichtlich Repräsentation und Codes von Geschlecht auch und ebenso stark für Männer bzw. Formen der Männlichkeit(en) gelten.

Für eine feministische Musikforschung bedeutet diese Theorieverschiebung, den Blick auch auf „gesellschaftliche Formen und Praxen der Herstellung von Männlichkeit"[19] in Prozessen der Sozialisation und auf das weite Feld der Musikausübung zu lenken. Diese Prozesse der Herstellung von Männlichkeit werden damit auch als musik- und soziokulturelle „Disziplinierungs-, Normierungs- und Formierungsprozesse"[20] betrachtet. Es ist demnach zu fragen, was in den Bereichen der Musik(re-)produktion als männlich definiert werden kann und in welchen Strukturen diese Geschlechtercodes machtvoll wirken, indem sie etwa Ein- und Ausschlüsse produzieren. Dies kann etwa in der Betrachtung männlicher Harfenisten geschehen, die im allgemeinen Musikdiskurs eine heutzutage ungewöhnliche Repräsentation von Männlichkeit unterstreichen[21]. Zum ersten sind verhältnismäßig

---

18 Vgl. dazu ebd.
19 Ebd., S. 356.
20 Ebd.
21 Vgl. hierzu z.B. Berichte und Interviews mit dem Harfenisten Xavier de Maistre; Schär, Florian, „Xavier de Maistre im Interview" in: *Classicpoint – Das Schweizer Klassikportal*, hg. von Konzertchor Zürcher Unterland, http://www.classicpoint.ch/de/interviews/115-xavier-de-maistre (eingesehen am 31.8.2015).

wenige Harfenisten bekannt und deshalb im alltäglich wahrgenommenen Bild von Orchestermusiker_innen kaum präsent. Dies bereits macht den Harfenisten zur Ausnahmeerscheinung. Zum zweiten fällt hier die starke Deutung des sogenannten weiblichen Geschlechtscharakters des Instruments Harfe schwer ins Gewicht, wenngleich diese Konnotation eigentlich einen ideologischen Restposten des 19. Jahrhunderts darstellt[22]. Bereits ein solch schlichtes Beispiel mag diejenigen gesellschaftlichen Ausschlüsse und damit die Forschungsbedarfe illustrieren, die hinsichtlich der Herstellungsprozesse von Männlichkeit(en) existieren.

Neben derlei Formen des Ausschlusses sind die Betrachtungen der augenscheinlich männlich dominierten Musikstile, wie etwa der Punkmusik, ebenso aufschlussreich[23]. Eine solche, hier nur beispielhafte Analyse kann dabei neben Aspekten der musikalischen Struktur und einer Auswertung der Songtexte, auch die modischen Codes, das gelebte Image und die (Konsum-)Haltung[24] einbeziehen. Diese zu untersuchenden Kategorien beziehen sich damit auf Formen sogenannter subkultureller Musikpraktiken, wobei insbesondere das Genre Punk auch für eine musikwissenschaftliche Männlichkeitsforschung nutzbar ist. Hier lässt sich fragen, ob und wie Musik als Ausdruck von männlich konnotierter Wut inszeniert und in welchem unmittelbaren Zusammenhang wiederum diese Aggressivität als Darstellung von Männlichkeit und gar Abgrenzung zur Weiblichkeit verstanden werden kann. Denn, so behauptete Moritz Reichelt, Sänger der Band „Der Plan":

> Gender-phänomenologisch war Punk ein Aufbegehren männlicher Jugendlicher gegen das weibliche Element, das die Subkultur der siebziger Jahre mehr und mehr dominiert hatte; ein Ausbruch zorniger junger Männer gegen die repressive neue Mütterlichkeit der WG-Gesellschaft und gegen das Hippietum. In der Epoche der sich auflösenden Formen gab es wieder Sehnsucht nach scharfen Konturen.[25]

In dieser Hinsicht lässt sich festhalten, dass Punkmusik durchaus mit grenzüberschreitenden und wütenden Parolen provozieren will. Sie ist als Musik zorniger, an gesellschaftlicher Umwälzung interessierter, junger Männer zu verstehen, sofern man sich auf jene Perspektive beschränkt, die lediglich die zerstörerischen Potentiale in den Blick nimmt. Dies kann sowohl die prototypisch zerrissene Kleidung mitsamt Nietenarmbändern umfassen, als auch den rücksichtslosen Pogo-Tanzstil oder aber die mit Slang und four-letter-words durchsetzten Texte, die voller Spott und beißender Kritik sind:

---

22 Vgl. z.B. Hoffmann, Freia, *Instrument und Körper*, Frankfurt a.M. 1991, S. 131 ff.
23 Ertragreich kann in diesem Forschungsfeld auch die Untersuchung von hegemonialer Männlichkeit sein, die unter Einbeziehung weiterer Strukturkategorien hierarchische Verhältnisse zwischen Männern analysiert. Vgl. hierzu: Connell, Raewyn [Robert] *Der gemachte Mann: Konstruktion und Krise von Männlichkeit*, Opladen 1999.
24 Vgl. Müller-Bachmann, Eckhardt, *Jugendkulturen revisited: musik- und stilbezogene Vergemeinschaftungsformen (Post-)Adoleszenter im Modernisierungskontext*, Münster 2002.
25 Reichelt, Moritz, *Der Plan. Glanz und Elend der Neuen Deutschen Welle*, Kassel 1993, S. 145.

SCHLAGLICHTER – KONTEXTE GESCHLECHTERFORSCHENDER MUSIKWISSENSCHAFTEN

> Drum hört ihr Menschenfreunde, ich piss euch ins Gesicht
> Und setz mich dann zuhause hin, und schreib euch ein Gedicht
> Ich schreib von Saufen und Gewalt, Sex und Anarchie
> Die schöne Welt, die ich schon hab, die kriegt ihr von mir nie[26]

Bereits dieser kurze Ausschnitt aus dem Songtext „Ich bin ein Punk" der Funpunk-Band *Terrorgruppe* verrät die gesellschaftskritische Positionierung einer Musikpraxis, die sich eben nicht nur auf die Musikausübung beschränkt, sondern darüber hinaus auf ein mehr oder weniger klar umrissenes Lebenskonzept verweist. So wird bei genauerem Hinsehen deutlich, dass der destruktive Kleidungsstil nicht nur in erster Linie als Provokation gegenüber der Bürgerlichkeit seitens zorniger junger Männer zu verstehen ist. Vielmehr wird damit gleichsam kritisiert, dass die Inszenierung des Körperlichen in einer kapitalistisch organisierten Welt immer auf seine starke Physis und (gesunde) Verwertbarkeit abzielt. Das Punkerimage dagegen kultiviert symbolisch mit einer engen, löchrigen Kleidung und modischen Attributen wie Hundehalsbändern und Nieten die Schwäche und Beherrschbarkeit des Körpers. Die Mode unterstreicht damit seine Nicht-Verwertbarkeit im Sinne des Lohnerwerbs und auch die nicht Nicht-Beachtung seiner physischen Attraktivität für eventuelle Partner_innen. Mitunter kommen auch das Tragen von Netzstrumpfhosen, Röcken und lackierten Fingernägeln hinzu. Dies trägt zu einer völlig neuen Repräsentation von Männlichkeit bei, da Körper – und zwar männliche wie weibliche! – nicht länger per se als sexualisierte Waren und Objekte in Augenschein genommen werden können und sollen.

Auch die auf Punkkonzerten durchaus aggressiv gelebte Tanzform Pogo, die ein wildes Auf- und Abhüpfen, Rempeln und Schubsen beinhaltet, erinnert an brutale, auf körperlicher Basis ausgetragene Kämpfe[27]. Neben einer auf alltagspraktischer Erfahrung beruhenden Interpretation, die diesen Tanzstil schlicht als „Mackertum" und männliches Revierverhalten auslegt, kann eine weitere Perspektive eingenommen werden. Dabei steht die Ent-Hierarchisierung im Vordergrund, die jederzeit zwischen Band und Publikum, aber auch vor allem zwischen unterschiedlichen sozialen Klassen[28] und insbesondere den Geschlechtern angestrebt wird. Der klassische Paartanz mit Rollenzuweisung wird hier vollends abgelehnt, sodass geschlechtsunabhängig und weitgehend frei von heterosexueller Normierung und sozialer Disziplinierung getanzt werden kann. Jeder Tänzer erobert sich damit individuellen Raum auf der Tanzfläche, abhängig von seinen Ausdrucksfähigkeiten und -wünschen. Der Tanz ist damit auf das Wesentliche, energiegeladene Körperlichkeit, reduziert und so fern von gesellschaftlich oktroyierter Uniformität.

Darüber hinaus kann für eine Analyse eine Beobachtung der Formen männlicher Musikausübung aufschlussreich sein. So steht auch hier das Prinzip der Hierarchielosigkeit im

---

26 Terrorgruppe, „Ich bin ein Punk", in: *Musik für Arschlöcher*, 1995.
27 Vgl. dazu: Grimm, Stephanie, *Die Repräsentation von Männlichkeit im Punk und Rap*, Tübingen 1998.
28 Man denke hier auch an die Ursprünge der Punkbewegung in Großbritannien, die sich überhaupt erst aufgrund der manifesten Klassenhierarchien entwickelten.

Vordergrund, da jede_r Musiker_in einer Band und dem Publikum gegenüber als gleichwertig anerkannt sein soll. Aus diesem Grund wird keines der Mitglieder als Leader der Band inszeniert oder als musikalischer Initiator und Motor in den Fokus gerückt. Das Konstrukt der Gesamtband besteht nicht vor der Kulisse eines musikalischen Anführers inklusive Starkult, sondern vielmehr auf dem gemeinsamen Nenner des Lebenskonzepts Punk vor dem Hintergrund der Do-it-Yourself-Lebensphilosophie. Wer also Interesse an Musik und Musikausübung hat, soll diese auch selbst machen[29]. Somit entsteht zumindest in theoretischem Sinne die Chance auf einen machtfreien Raum, innerhalb dessen alle musikalischen Interessen gleichwertig Geltung erlangen. Ergänzt wird diese Ent-Hierarchisierung im Rahmen der Musikausübung durchaus auch durch die Attitüde der spielerischen und interpretatorischen Unzulänglichkeiten. Jeder Musiker „spielt" einfach das Instrument, welches ihn persönlich interessiert. Vorherige Erfahrung ist dabei ohne Relevanz, wesentlich wichtiger ist die offensichtliche Grenzziehung gegenüber professionellen, kommerziell erfolgreichen und extrem stark inszenierten Musikerpersönlichkeiten, wie etwa David Bowie oder Freddie Mercury. Die Abgrenzung vollzieht sich dabei bis hin zur Haltung der Instrumente: Bei der Gitarre bspw. wird darauf geachtet, dass sie nicht wie bei musikalischen Größen des Glamrock oder ähnlicher Musikrichtungen, auf Hüft- und damit Schritthöhe gespielt wird, sondern weiter oben vor dem Körper gehalten wird. Der ausführende Gitarrist vermeidet damit den Fokus auf seine Sexualität und eine Performance als Sexsymbol innerhalb der Band oder gegenüber den Fans.

Beide Konzepte, die der Hierarchielosigkeit und die Absage an die sexuelle Überladung einzelner Interpreten, sind darauf angelegt zu verhindern, dass es zur Formierung eines Musikgenies und Bandleaders kommt, dessen erste Aufgabe die vordergründige Zurschaustellung seiner Männlichkeit ist.

Diese und weitere Beobachtungen und Überlegungen schließen nicht aus, dass Punkmusik trotz allem eine Musik zorniger junger Männer ist: Sie ist aggressiv, kokettiert gar mit Gewalt und dem destruktiven Charakter ihrer Inszenierung in Musik und Auftreten. Zudem setzen sich viele der Bands ausschließlich aus männlichen Mitgliedern zusammen, ebenso das Publikum. Doch in Hinblick auf eine musikwissenschaftlich ausgerichtete Männlichkeitsforschung lässt sich auch feststellen, dass das Konzept und die Inszenierung von Männlichkeit(en) im Punk (und anderen Musikgenre) brüchig und divers angelegt ist und sich nicht auf die bis dato geltende heterosexuelle Norm von Heldentum, Pathos, körperlicher Stärke und Athletik gründet. Gerade die undurchsichtige Vielschichtigkeit in der Inszenierung und eine permanente Absage an Uniformismus und Regelhaftigkeit machen ihn für weitere Forschungen interessant. Zudem verweist dies darauf, dass Punk als „erste Subkultur [verstanden werden kann], welche die Geschlechterfrage zumindest über Bord zu werfen versuchte"[30]. Darüber hinaus zeigt sich, dass die bisherige Verortung der Punkmusik als diejenige zorniger junger Männer nicht manifest gilt und weiterhin gelten muss.

---

29 Dabei gilt gleichermaßen für die Herstellung von Musikaufnahmen, Fanzines, Kleidung etc.: do it yourself!
30 Büsser, Martin, *If the kids are united. Von Punk zu Hardcore und zurück*, Mainz 1995, S. 34.

SCHLAGLICHTER – KONTEXTE GESCHLECHTERFORSCHENDER MUSIKWISSENSCHAFTEN

Die vielen und vielfältigen Kontexte, Formen und Praktiken der Herstellung von Männlichkeit(en) im Bereich der Musikausübung, sowohl im Bereich der Popular- als auch der Kunstmusik, verschieben sich die Forschungsperspektiven hin zu Fragen der Sozialisation und der Performanz, in denen sich Geschlecht innerhalb gesellschaftlicher Rahmungen verorten lässt. Eine grundlegende Analyse der Männlichkeitsbilder in allen Facetten des musikalischen Handelns macht ihre Formierungsprozesse sichtbar.[31] Für die feministische Musikwissenschaft galt und gilt es deshalb, durch Verinnerlichung interdisziplinär Perspektiven die Repräsentationen von Männlichkeit(en) als Ergebnisse gesellschaftlicher Herstellungsprozesse zu betrachten.

Prozesse: Geschlechterverhältnisse und Musik

Die Auseinandersetzungen mit den beiden bisher beschriebenen Forschungskontexten sind weder linear noch in einem abschließenden Sinne zu verstehen. Vielmehr fungieren sie als neue Ausgangspunkte für weiterführende Fragen. Dieser erweiterten Perspektive nach wird Geschlecht in der Folge als Strukturkategorie begriffen, die machtvollen Prozessen des Handelns unterliegt und diese wiederum bedingt. So muss sich in der Folge auch nach den Geschlechter*verhältnissen* erkundigt werden. D.h., es ist notwendig, sich mit dem „*relationale[n]*, sich wechselseitig bestimmende[n] Verhältnis zwischen Männern und Frauen unter je spezifischen gesellschaftlichen Bedingungen"[32] auseinander zu setzen. Mit anderen Worten steht gerade die gesellschaftliche Organisation der Geschlechterverhältnisse im Fokus, die als grundlegend für die auf dem Geschlecht beruhenden Zuweisungen von Rollen, Eigenschaften, Aufgabenbereichen und Orten oder Räumen angesehen wird[33]. Deshalb ist weiterhin zu erforschen, welche Zuweisungen dieser Art es in der Musik gab und gibt. Daraus folgen Fragen, die sich nicht auf *die* Männlichkeit oder *die* Weiblichkeit innerhalb einer dichotomen Matrix beziehen, sondern auf ihre jeweiligen Pluralitäten in der Inszenierung und ihre Wechselbeziehung.

Eine Möglichkeit, diesen Fragen nachzugehen, liegt in methodischen Zugängen, die sich aus der qualitativen Sozialforschung hervorgehen, wie bspw. Diskursanalysen. Hierbei können u.a. textbasierte Quellen, wie Zeitschriften etc, in Hinblick auf die Wissensproduktion rund um Musiker und Musikerinnen untersucht werden. D.h., dass hier nicht mehr die Annäherungen an einzelne Musiker_innen über biografische Forschungen angestrebt wird, sondern vielmehr die Sondierung gesellschaftstheoretischer Kontexte im Bereich Musik.

---

31 Vgl. hierzu: Gerards, Marion, Loeser, Martin und Losleben, Katrin (Hg.), *Musik und Männlichkeiten in Deutschland seit 1950. Interdisziplinäre Perspektiven*, München 2013.

32 Vgl. dazu auch Wucherpfennig und Fleischmann, Feministische Geographien, hier S. 355 (Herv. i.O.).

33 In diesem Sinne können auch die beiden vorausgehend beispielhaft erläuterten Forschungszweige nicht separiert voneinander betrachtet, sondern nur ergänzend zueinander und mit einem Konzept gesellschaftlicher Strukturen verstanden werden.

Welches Bild etwa ergibt sich daraus in Bezug auf Komponisten und Komponistinnen heutiger Zeit? Eine empirische Analyse[34] der *Neuen Zeitschrift für Musik (NZfM)* ergibt ein recht klares Ergebnis. Der männliche Musiker und Komponist wird im Rahmen dieser Zeitschrift als androzentrische Norm präsentiert. So dominiert in der *Neuen Zeitschrift für Musik* gegenwärtig die Darstellung des zeitgenössischen Komponisten als wagemutigen, inspirierten „Tonschöpfers":

> Auf diese Philosophie angesprochen, postuliert er [...] die Vorstellung, dass der Schöpfer [der Musik] sich selbst ‚neu erfindet': die Routine des Komponisten-Handwerks ablegt, sich von jeglichem Akademismus loslöst. [...] Die von ihm praktizierte Vorgehensweise nennt er ‚phänomenorientiertes Entwickeln': Ein Phänomen wird ‚wahrgenommen, und auf dieses wird reagiert. Dadurch entsteht ein neues Phänomen, auf das wieder reagiert wird. [...] Von dem Künstler fallen die Entscheidungen auf die Phänomene und von den Phänomenen auf den Künstler. Sie schreiben sich ineinander.'[35]

Im hier analysierten Diskurs wird damit die Idealfigur des kreativen Erschaffers konstruiert. Das Komponieren erscheint in einem pseudo-religiösen Zusammenhang, indem es als schöpferischer Akt oder aber Schöpfung bezeichnet wird. Der Komponist seinerseits wird bei dieser Deutung zum Tonschöpfer, der neue, innovative Musik zu erschaffen weiß. Dieses Erschaffen von Musik wird als eine extreme, weltumfassende Erfahrung gedeutet, deren überdimensionale Kräfteverhältnisse der Komponist bändigen muss. Eigene Persönlichkeit und mythische, unerklärliche Inspiration greifen dabei ineinander. Gleichzeitig deutet dies auf eine Nuance des Neuerfindens der eigenen Person hin. Denn durch das „Ineinanderschreiben" würde ein Entwicklungsprozess stattfinden. Ein solcher Akt des Inspirierten, vom Übernatürlichen geprägten, wird im Diskurs dabei immer als über das Handwerkliche, das die Musiker qua Ausbildung eingeübt hätten, Hinausgehende dargestellt. Erst durch einen Schöpfungsakt in diesem Sinne wird der Komponist zum „richtigen" oder „echten" Komponisten. Dabei legen sowohl die emphatischen Schilderungen selbst, als auch die Wortbedeutungen des „Erschaffens" und des „Tonschöpfers" die religiöse Perspektive auf einen gottgleichen Schöpfungsakt nahe.

Ein weiteres Deutungsmuster, das Komponisten durch den Diskurs der *NZfM* eingeschrieben wird, ist ihre immens hohe Produktivität. Sie wird als eine der Voraussetzungen artikuliert, um ein etablierter Komponist der Musikszene zu werden und betont gleichzeitig die Konkurrenzfähigkeit gegenüber anderen Komponisten. Produktivität ist hier durchweg positiv konnotiert; dabei geht es in erster Linie um vielfältiges und zahlreiches Komponieren in kurzer Zeit. Oftmals spricht Bewunderung aus den Sätzen der Autor_innen, die meist stilistisch nicht sonderlich elegant von der „erstaunlichen Produktivität" der Komponieren-

---

34 Vgl. dazu Treydte, Elisabeth, *Schreiben über Komponist_innen. Eine geschlechterforschende Rekonstruktion des Diskurses in der „Neuen Zeitschrift für Musik"*, unveröffentl. Magisterarbeit Goethe-Universität Frankfurt a.M. 2014.

35 Tchiba, Martin, „Losgelöst. Der Komponist Peter Köszeghy", in: *NZfM* (2014), Nr. 1, S. 60–63, hier S. 61.

den berichten. Eine besonders hohe Anzahl an Kompositionen scheint demnach besonders erstrebenswert zu sein und wird ein ums andere Mal hervorgehoben:

> 501 Werke mit einer Gesamtspielzeit von 55 Stunden, 59 Minuten und einer Sekunde (Stand: 20. Mai 2013): Frank Holger Rothkamms Output hält ein weitflächiges Klangimperium bereit[36]

Die bloße Zahl der Stücke verweist dabei auf einen Wettbewerb im Geheimen: wem gelingt es zuerst in möglichst kurzer Zeit möglichst viel zu komponieren? Komponisten, die die Liste der meisten Kompositionen anführen, beweisen somit eine vorrangige, einmalige Position unter ihresgleichen. Die Werkanzahl weist auf vermeintliche, außergewöhnliche Kreativität und Leistungsfähigkeit hin. Je höher also diese Zahl, so deutet der Diskurs, desto höher die musikalische Energie und Potenz.

Diese und weitere Deutungsmuster[37] wie etwa das Komponieren als Antwort auf Krise und Ausgrenzung oder aber die Schilderung des Erfolgs als territoriale Eroberungen (s.o.: „Klangimperium") bilden die narrative Struktur des Diskurses. Sie beschreibt die Figur des Komponisten zum einen als von einer Aura des Religiösen und Mythischen umgeben. Ihm gelingt es, aus dem Nichts oder aber einem inspirierenden Moment heraus die nötige Kreativität zu ziehen um ein neues Stück zu komponieren. Außerdem nimmt der Komponist eine Funktion im gesellschaftspolitischen Kosmos ein und fungiert als charakterlich-moralische Instanz. Leiden, das eigene sowie auch das anderer, begreift er als notwendig für seine Musik. Zum einen ist es eine Quelle für Ideen und zum anderen kann die Komposition als eben jene politische Botschaft gedeutet werden, die gesellschaftlich vermeintlich von ihr erwartet wird. Das Aussenden solcher Botschaften durch die Musik verleiht dem Komponisten eine neue gesellschaftliche Relevanz.

Auffällig bei der Analyse des Diskurses innerhalb der *NZfM* ist in erster Linie, dass Zuschreibungen und Repräsentation von Geschlecht zu keinem Zeitpunkt offen, sondern immer nur implizit verhandelt werden. Es besteht augenscheinlich keine Notwendigkeit, die Performanz der Geschlechtsidentität des Komponisten zu diskutieren, weil sie im Rahmen eines anerkannten Wissens rund um die Repräsentation von Männlichkeit reproduziert wird. Die Schnittstelle zwischen Männlichkeit und dem Akt des Komponierens wird in diesem Diskurs demnach als Norm definiert.

Die Darstellung von Komponistinnen in derselben Zeitschrift dagegen fokussiert weiblich konnotierte Eigenschaften und setzt sie stets *ex negativo* in Beziehung zu ihren komponierenden Kollegen. So verhandelt der Diskurs zwar auch hier das Deutungsmuster der Produktivität, füllt es aber mit gänzlich anderen Zuschreibungen:

---

36 Hübner, Klaus „‚Ob ich Künstler bin, weiß ich noch gar nicht'. Über den Komponisten Frank Holger Rothkamm und seine Entwicklung zum ‚Medium für andere Wesen'", in: *NZfM* (2013), Nr. 4, S. 64–67, hier S. 65.
37 Vgl. Treydte, Schreiben über Komponist_innen, 2014.

> Bei der Betrachtung ihres umfangreichen Œuvres für Klavier muss man unterscheiden zwischen den pianistisch anspruchsvollen Arbeiten und denen, die vorwiegend für den Klavierunterricht geschrieben sind.[38]

Die Differenzierung und damit Aufteilung der Arbeiten in anspruchsvolle und pädagogische Stücke sei notwendig, man müsse zwischen beidem unterscheiden. Warum dies aber nötig sein soll, bleibt offen. Auch eine weitere Unterscheidung wird angedeutet, wenn die Autorin in den einleitenden Sätzen des Porträts von Barbara Heller deren Sinfonietta von 1998 als eine ihrer „ersten ‚gültigen' Kompositionen"[39] bezeichnet. So gäbe es also „gültige" und demnach auch ungültige, „anspruchsvolle" und pädagogische Arbeiten der Komponistin. Streicht man die ungültigen und pädagogischen Werke aus der Zählung der Quantität, würde sich der bloße Umfang vermutlich um einiges reduzieren, legt die Autorin hier nahe. Die positive Konnotation von Produktivität wird in dieser Deutung unterlaufen, da sie nur noch mit Einschränkungen gültig ist. Der neue Maßstab für die Quantität bezieht bei den Komponistinnen auch Fragen der Qualität mit ein. „Anspruchsvolle" und „gültige" Kompositionen würden akzeptiert, alle weiteren blieben bei einer Zählung außen vor.

In der Folge wird Produktivität nicht als Indiz für die Kreativität der Frauen konstruiert. Vielmehr werden hier weiblich konnotierte Eigenschaften besonders betont: so werden Umschreibungen gewählt, welche die Perspektive auf das schmale, kurze, wenig umfangreiche oder schlanke Werk lenken und damit Merkmale illustrieren, die auch für weibliche Körper oftmals als Norm erachtet werden. Zum anderen wird auf Kompositionen hingewiesen, die bspw. für den Klavierunterricht gedacht sind, also pädagogischen Ansprüchen genügen sollen. An dieser Stelle wird die Aufmerksamkeit weg von einer möglichen künstlerischen Selbstverwirklichung hin zur Rolle der Lehrerin oder Fürsorgerin gelenkt. Eine solch soziale Funktion in Verbindung mit der idealistischen Ansicht auf den komponierenden Frauenkörper[40] repräsentiert innerhalb dieses Diskursstranges Weiblichkeit.

Neben diesen Deutungsmustern der abgewerteten Produktivität und dem Komponieren als Akt der Fürsorge wird die Komponistin im Diskurs der Zeitschrift als gescheiterter Komponist inszeniert:

> Es gibt Momente in Mari Vihmands Oper Armastuse valem […], in denen sehnender Belcanto üppig orchestriert aufschwelgt – fast wie bei Puccini. Dann wieder psalmodieren zwei Liebende in schwebenden Tonrepetitionen – fast wie bei Debussy. Wer will, kann Einflüsse vorchristlicher estnischer Volksliedkultur heraushören, die heute als «Runen-Blues» auch im Pop-Bereich weiterlebt. In anderen Augenblicken blitzt, ganz leise im Solo-Akkordeon angedeutet, Tango-Magie auf – fast wie bei Piazzolla.

---

38 Stegat, Anne, „Vom Wechselspiel der Charaktere. Die Komponistin Barbara Heller", in: *NZfM* (2011), Nr. 5, S. 62–65, hier S. 62.
39 Ebd.
40 Vgl. dazu Treydte, Schreiben über Komponist_innen, 2014.

Das Werk der Komponistin wird hier also mit nahezu der gesamten historischen Breite der musikalischen Charakteristika früherer Komponisten verglichen. Diese Analogien funktionieren allerdings ausschließlich über das Scheitern: der sehnende Belcanto sei *fast* wie bei Puccini etc. Es gelingt demnach zu keinem Zeitpunkt, mindestens die gleiche Qualität zu erreichen, geschweige denn die Stile zu etwas Neuem zu verbinden oder aber mit eigenem, innovativem Stil darüber hinaus zu gehen. Der Versuch, etwas individuell Eigenes und Neuartiges zu erschaffen, misslingt. Der Diskurs lässt die Komponistin am Vergleich mit den Werken der Komponisten scheitern, da er ihr mangelnde musikalische Qualität und eklektisches Vorgehen zuschreibt. Man spricht ihr damit die Befähigung ab, im direkten Vergleich mit dem Komponisten zu bestehen. So kann sie nie den gleichwertigen Status des Komponisten erreichen. Die hier mitgelieferte Begründung dafür liegt in ihrer Weiblichkeit (s.o.). Gemessen an diesen Kriterien der Phänomenstruktur des männlichen Komponisten, ist sie in erster Linie Frau und erst danach auch Komponistin.

Stellt man diese beiden sozialen Typiken gegenüber, so zeigt sich aus geschlechterforschender Perspektive ein deutliches Machtverhältnis in der Porträtierung heutiger Zeit: Während den Komponistinnen das Komponieren als ein „seröses Vergnügen"[41] zugesprochen wird, wird der männliche Tonschöpfer gleichsam zum Mythos verklärt. An diesem Mythos wird das Schaffen der Komponistinnen immer wieder aufs Neue vermessen – und scheitert. Die androzentrische Norm, die dieser Diskurs im Rahmen der Zeitschrift ausruft, führt stets zu einer Inszenierung der Komponistin ex negativo.

Diese und weitere Analysen[42] sind Beispiele für die Relevanz, Geschlechterverhältnisse im Bereich Musik zu untersuchen. Sie verdeutlichen, dass die Geschlechter sich relational zueinander verhalten und beleuchten, wie sich die Zuschreibungen auch in Bezug auf die Wissensvermittlung wechselseitig beeinflussen. Musiker und Musikerinnen können nicht getrennt voneinander betrachtet werden, sondern müssen für eine emanzipative Musikgeschichtsschreibung in gesellschaftstheoretischen Kontexten betrachtet werden.

Pluralität: Musik und Gesellschaft

Warum nun diese Bestandsaufnahme? Eine Retrospektive auf die Meta-Ebenen und Kontexte des musikwissenschaftlichen Forschens kann neue Perspektiven für die weitere musik-

---

41 Beimel, Thomas, „Life is a luminous halo. Die belgische Komponistin Jacqueline Fontyn", in: *NZfM* 2000, Nr. 6, S. 58–59, hier S. 58.
42 Diese Analyseergebnisse sind keine Eigenheiten der „ernsten Musik", oder aber spezifisch für die ausgewählte Zeitschrift, wie auch die explorativen Inhaltsanalyse Pop – Journalismus – Gender von Christina Lessiak zeigt. Die Autorin resümiert darin nach der Analyse der dargestellten Geschlechterverhältnisse in Popmusikzeitschriften, dass „Geschlechterdifferenzen und -differenzierungen im Diskurs um Pop-Musik noch immer sichtbar und wirksam werden". Lessiak, Christina, *Pop – Journalismus – Gender. Eine inhaltsanalytische Untersuchung von Popmusikzeitschriften*, Masterarbeit Karl-Franzens Universität Graz 2014, S. 103.

wissenschaftliche Genderforschung, wie die von MUGI, eröffnen. Bereits heute verfügt MUGI über die positiven Eigenschaften einer methodischen Bandbreite. So arbeitet es gleichermaßen auf biografischer Ebene im lexikalischen Teil, als auch phänomengebunden in den breit gestreuten Multimedia-Seiten. Außerdem sind sämtliche Seiten sprachlich[43] penibel aufgebaut, sodass hinsichtlich der Zuschreibungen in der Wissensproduktion die Diskurse rund um Musikerinnen neu verortet werden können. Zukünftig werden weitere Aspekte diese Forschung bereichern, z.B. indem der Einfluss der männlichen Musiker auf das kulturelle Zusammen-Wirken unter geschlechterforschender Perspektive seinen Weg auf die Plattform findet. MUGI widmet sich den Erkenntnissen und Überlegungen der Männlichkeitsforschung und untersucht, inwiefern Musiker Praktiken der Musikausübung generieren oder aber Formierungs- und Disziplinierungsprozessen unterworfen sind und inwiefern sie als Teilhaber des kulturellen Handelns verstanden werden müssen. Bereits heute ergänzen Lexikonartikel über Musiker, Förderer und Lehrer unter expliziter Gender-Perspektive die bisherigen Publikationen auf MUGI[44]. Die „Männer"- und „Frauenseiten" stehen dabei gleichberechtigt nebeneinander und bewusst nicht nach Geschlechtern getrennt: im Fokus steht die Diversität des kulturellen Handelns und ihre Bezugnahme auf (wandelbare) relationale, gesellschaftliche Ordnungen und ihre Machtverhältnisse.

Darüber hinaus werden Darstellungen von Musiker_innen aus dem Bereich der populären Musik den Blick auf die Diversität von Musik verstärken[45]. Erste multimediale Präsentationen sind in diesem Zusammenhang bereits im Rahmen des Projektes „Musik und Gender – Vermittlungsprojekte an weiterführenden Schulen"[46] entstanden. Zudem werden nach und nach die Weichen für die notwendige Erweiterung des Schlagwortkatalogs (Musikgenres, Labels, Bands etc.) und die Einbettung lexikalischer Personen- und Sachartikel gestellt.

All diese gerade erst in Angriff genommen Pläne zur Erweiterung der Plattform verweisen in der Summe auf die Stärke eines dynamischen Projektes wie MUGI: es gibt keinen Schlusspunkt. Dieses Projekt ist auf einem steten Weg der Weiterschreibung von Musikgeschichte(n). Es wird nicht zu einem abschließenden Endpunkt geführt, sondern laufend ergänzt und erweitert. Darauf weist auch die bestehende Rubrik *Forschungsbedarf* hin, die jedem Artikel auf MUGI zu eigen ist und explizit auf Forschungslücken aufmerksam macht und diese Lücken somit als elementaren Bestandteil von Wissensproduktion deklariert. Denn wenngleich diverse Informationen zu Musiker_innen und ihrem jeweiligen Handeln zu-

---

43 Vgl. dazu auch den Artikel „Gender, Sprache, Wertungsfragen" von Janina Klassen in diesem Band.
44 Vgl. z.B. die folgenden Artikel von Bick, Martina, Artikel „Moritz Hauptmann", http://mugi.hfmt-hamburg.de/Artikel/Moritz_Hauptmann (eingesehen am 31.8.2015), Artikel „Julius Rietz", http://mugi.hfmt-hamburg.de/Artikel/Julius_Rietz (eingesehen am 31.8.2015) oder Artikel „Eduard Hanslick", http://mugi.hfmt-hamburg.de/Artikel/Eduard_Hanslick (eingesehen am 31.8.2015), in: *Musikvermittlung und Genderforschung: Lexikon und multimediale Präsentationen*, hg. von Beatrix Borchard, Hochschule für Musik und Theater Hamburg, 2003 ff.
45 Ein Nachwuchsforum an der Hochschule für Musik und Theater Hamburg zum Thema „Musikvermittlung und Genderforschung in der Popularmusik" ist derzeit in Vorbereitung.
46 Vgl. hierzu im vorliegenden Band: Borchard, Beatrix; Knauer, Bettina, „Musik und Gender – Vermittlungsprojekte an weiterführenden Schulen. Grundlagen, Fragestellungen, Beispiele."

sammen getragen werden, ist die Forschung zu ihnen trotzdem nie abgeschlossen. MUGI verzichtet damit auf ein positivistisch[47] geprägtes Verständnis des wissenschaftlichen Arbeitens und richtet keinen absoluten Wahrheits- oder Fortschrittsanspruch auf eine rein gegenstandsbezogene Frage. Vielmehr stehen die heterogenen Möglichkeiten und Bedingungen von Musikproduktion, -ausübung und -forschung im Rahmen machtvoller gesellschaftlicher Gegebenheiten im Vordergrund. Nicht zuletzt auf Basis der bisherigen Forschungsparadigmen, Wissenskontexte und einer methodischen Vielfalt kann sich auch die Reflexionsrichtung der Musikforschung hin zu einer kritischen Musikwissenschaft der Geschlechter und des kulturellen Handelns ausdifferenzieren. MUGI zeigt darüber hinaus, dass auch „[w]issenschaftliche Erkenntnis [...], als eine soziale und kulturelle Aktivität, als eine Praxis innerhalb einer gesellschaftlichen Ordnung zu verstehen"[48] ist.

Literatur

[Archiv Frau und Musik], *Die Geschichte des Archiv Frau und Musik*, http://www.archiv-frau-musik.de/cms/uber-das-archiv/geschichte (eingesehen am 21.7.2015).

Blankenburg, Elke Mascha „Vergessene Komponistinnen", in: *Emma* (1977), Nr. 11, 44–46.

Beimel, Thomas, „Life is a luminous halo. Die belgische Komponistin Jacqueline Fontyn", in: *NZfM* (2000), Nr. 6, S. 58–59.

Bick, Martina, Artikel „Moritz Hauptmann", http://mugi.hfmt-hamburg.de/Artikel/Moritz_Hauptmann (eingesehen am 31.8.2015), Artikel „Julius_Rietz", http://mugi.hfmt-hamburg.de/Artikel/Julius_Rietz (eingesehen am 31.8.2015) und Artikel „Eduard Hanslick", http://mugi.hfmt-hamburg.de/Artikel/Eduard_Hanslick (eingesehen am 31.8.2015), in: *Musikvermittlung und Genderforschung: Lexikon und multimediale Präsentationen*, hg. von Beatrix Borchard, Hochschule für Musik und Theater Hamburg, 2003ff.

Büsser, Martin, *If the kids are united. Von Punk zu Hardcore und zurück*, Mainz 1995, S. 34.

Citron, Marcia, *Gender and the Musical Canon*, Urbana und Chicago 2000.

Conell, Raewyn [Robert], *Der gemachte Mann. Konstruktion und Krise von Männlichkeit*, Opladen 1999.

Ernst, Siegrid, Heller, Barbara, Matthei, Renate u.a., „Zum Tod von Elke Mascha Blankenburg – ein Nachruf", in: *Viva Voce* (2013), Nr. 96, S.7–10.

Frankenbach, Bettina, Artikel „Leni Alexander", in: *Musikvermittlung und Genderforschung: Lexikon und multimediale Präsentationen*, hg. von Beatrix Borchard, Hochschule für Musik und Theater Hamburg, 2003 ff., http://mugi.hfmt-hamburg.de/Artikel/Leni_Alexander (eingesehen am 28.8.2015).

Gerards, Marion, Loeser, Martin und Losleben, Katrin (Hg), *Musik und Männlichkeiten in Deutschland seit 1950. Interdisziplinäre Perspektiven*, München 2013.

Grimm, Stephanie, *Die Repräsentation von Männlichkeit im Punk und Rap*, Tübingen 1998.

Haselmann, Lena, Artikel „Siegrid Ernst", in: *Musikvermittlung und Genderforschung: Lexikon*

---

47 Vgl. hierzu Horkheimer, Max, *Traditionelle und kritische Theorie*. 6. Aufl., Frankfurt a.M., 2005.
48 Singer, Geteilte Wahrheit, S. 268.

und multimediale Präsentationen, hg. von Beatrix Borchard, Hochschule für Musik und Theater Hamburg, 2003ff, http://mugi.hfmt-hamburg.de/Artikel/Siegrid_Ernst (eingesehen am 31.8.2015).

Hoffmann, Freia, *Instrument und Körper,* Frankfurt a.M. 1991, S. 131 ff.

Horkheimer, Max, *Traditionelle und kritische Theorie.* 6. Aufl., Frankfurt a.M., 2005.

Hübner, Klaus „‚Ob ich Künstler bin, weiß ich noch gar nicht'. Über den Komponisten Frank Holger Rothkamm und seine Entwicklung zum ‚Medium für andere Wesen'", in: *NZfM* (2013), Nr. 4, S. 64–67.

Johannsen, Margret, Artikel „Felicitas Kukuck", in: *Musikvermittlung und Genderforschung: Lexikon und multimediale Präsentationen,* hg. von Beatrix Borchard, Hochschule für Musik und Theater Hamburg, 2003 ff., http://mugi.hfmt-hamburg.de/Artikel/Felicitas_ Kukuck (eingesehen am 28.8.2015).

Lessiak, Christina, *Pop – Journalismus – Gender. Eine inhaltsanalytische Untersuchung von Popmusikzeitschriften,* Masterarbeit Karl-Franzens Universität Graz 2014.

Müller-Bachmann, Eckhardt, *Jugendkulturen revisited: musik- und stilbezogene Vergemeinschaftungsformen (Post-)Adoleszenter im Modernisierungskontext,* Münster 2002.

Nevermann-Körting, Uta, Artikel „Grazyna Bacewicz", in: *Musikvermittlung und Genderforschung: Lexikon und multimediale Präsentationen,* hg. von Beatrix Borchard, Hochschule für Musik und Theater Hamburg, 2003 ff., http://mugi.hfmt-hamburg.de/artikel/Grazyna_Bacewicz (eingesehen am 28.8.2015).

Reichelt, Moritz, *Der Plan. Glanz und Elend der Neuen Deutschen Welle,* Kassel 1993, S. 145.

Schär, Florian, „Xavier de Maistre im Interview" in: *Classicpoint – Das Schweizer Klassikportal,* hg. von Konzertchor Zürcher Unterland, http://www.classicpoint.ch/de/interviews/115-xavier-de-maistre (eingesehen am 31.8.2015).

Singer, Mona, *Geteilte Wahrheit. Feministische Epistemologie, Wissenssoziologie und Cultural Studies,* Wien 2005.

Stegat, Anne, „Vom Wechselspiel der Charaktere. Die Komponistin Barbara Heller", in: *NZfM* (2011), Nr. 5, S. 62–65.

Tchiba, Martin, „Losgelöst. Der Komponist Peter Köszeghy", in: *NZfM* (2014), Nr.1, S. 60-63.

Terrorgruppe, „Ich bin ein Punk", in: *Musik für Arschlöcher,* 1995.

Treydte, Elisabeth, *Schreiben über Komponist_innen. Eine geschlechterforschende Rekonstruktion des Diskurses in der „Neuen Zeitschrift für Musik",* unveröffentl. Magisterarbeit Goethe-Universität Frankfurt a.M., 2014.

Wucherpfennig, Claudia, Fleischmann, Katharina, „Feministische Geographien", in: *ACME: An International E-Journal for Critical Geographies,* 7, (2008), Nr. 3, S. 350–376, http://acme-journal.org/index.php/acme/article/view/811 (eingesehen am 21.7.2015).

Martina Bick

Wie wird der Mann ein Mann?
Über die Entwicklung von „Männerartikeln" im Rahmen der Forschungsplattform MUGI

Frauenforschung – Genderforschung – Männerforschung

Genderforschung verstand sich – entsprechend der feministischen Theorie – in ihren Anfängen in erster Linie als Frauenforschung, weil nur die Frau als „Geschlechtswesen" angesehen wurde, solange der Mann als „Norm" galt. Da zudem die Frauen in der Musikgeschichtsschreibung fast vollständig fehlten, bestanden die ersten Arbeitsschritte für die Forschungsplattform MUGI vor allem darin, die musikalisch tätigen Frauen der vergangenen Jahrhunderte wieder sicht- und hörbar zu machen. Erst danach begann das Nachdenken darüber, wie auch männliche Musiker genderkritisch dargestellt werden können, wobei an die Fragestellungen und Erkenntnisse der seit den späten achtziger Jahren in den angloamerikanischen Ländern begonnenen „Männlichkeits-" oder „Männerforschung" angeknüpft werden konnte. Diese versteht sich selbst als Reaktion auf den Feminismus und in Relation zur Frauenforschung und betrachtet und thematisiert Männer erstmalig als kulturell wie historisch geprägte Geschlechtswesen. Ihre Wurzeln liegen wie die der Gender Studies in der Psychoanalyse, der Anti-Kriegsbewegung, der Schwulenbewegung, den ersten Männergruppen etc. Männerforschung hat sich seitdem zu einem „komplexen multidisziplinären Wissenschaftsgebiet" entwickelt[1], und die Konstruiertheit, Fragilität und Relationalität beider bzw. aller Geschlechter ist inzwischen in vielen Disziplinen eine etablierte Perspektive.

Während der Feminismus das Patriachat als frontale Männermacht gegen Frauen darstellte, differenziert die Männerforschung die „Binnenbeziehungen von Männern", um subtilere Hierarchisierungen und Unterdrückungsformen zu erkennen. Jenseits von soziologischen Rollenbildern, die sich als zu unflexibel erwiesen, ist heute das von Raewyn [Robert] Connell entwickelte „Konzept hegemonialer Männlichkeit"[2] vorherrschend. Connell analysiert Machtverhältnisse nicht nur zwischen den Geschlechtern, sondern auch die sozialen Interaktionen zwischen Männern gleicher oder unterschiedlicher Hierarchien. So entsteht eine Geschichte von Männlichkeit als „mehrfach relationale Geschlechtergeschichte"[3], die

---

1 Böhnisch, Lothar, „Männerforschung: Entwicklung, Themen, Stand der Diskussion", in: *Aus Politik und Zeitgeschichte* 40 (2012), S. 24–30, hier S. 24.
2 Connell, Raewyn [Robert], *Der gemachte Mann*, Opladen 1999.
3 Martschukat, Jürgen und Stieglitz, Olaf, „Mannigfaltigkeit: Perspektiven einer historischen Männlichkeitsforschung", in: *Werkstatt Geschichte* 29 (2001), S. 4–7, hier S. 6.

keine fest zuzuordnenden Charaktereigenschaften für Männer und Frauen bereithält, sondern variable Attribute, die beschreiben, wer in einer Gesellschaft wie handelt und welchen Zugriff auf die Ressourcen hat. Identitätskonzepte wie „Vaterschaft" (Interaktion zwischen Männern und Frauen und verschiedenen Generationen innerhalb von Familie), homosoziale Zusammenhänge (Sozialität außerhalb von Familie wie Männerbünde – Interaktion zwischen Männern) und männliche Sexualitäten (Rolle von hetero- und homosexuellen Interaktionen für die Identitätskonstruktion) bieten erste Kristallisationspunkte.

Hegemoniale Männlichkeit

Welche Rolle der Leitbegriff der Männerforschung „hegemoniale Männlichkeit" für eine Musikgeschichte unter Gendergesichtspunkten spielen kann, sollte sich im Laufe der Untersuchungen zeigen, wenn man danach fragt, inwieweit Musiker in verschiedenen Zeiten die Kriterien der jeweiligen Hegemonialität erfüllten, sie mit prägten oder – im Gegenteil – sie konterkarierten und die Möglichkeit für Gegenentwürfe herstellten. Umgekehrt bietet Musikgeschichte für die Erforschung der Konzepte männlicher Hegemonialität reichhaltiges Material, ebenso wie für die Frage nach dem Einfluss sexueller Orientierungen und geschlechtlicher Identität auf das kulturelle Handeln.
Im MUGI-Lexikon waren die „Männer" von Anfang an immer enthalten, auch wenn vorerst nur das Wirken von Frauen in verschiedenen kulturellen Feldern beschrieben und deren Namen in eine alphabetische Ordnung gebracht wurden. Dies schloss die Männer so wenig aus wie die erforschten Frauen dies taten – eher war das Gegenteil der Fall: fast alle behandelten Musikerinnen lassen sich um berühmte Musiker herum gruppieren (manchmal auch umgekehrt!), und nicht selten haben sie selbst daran mitgewirkt, die Männer in den Mittelpunkt und sich selbst an den Rand zu rücken. Alle waren und sind auf vielfältige Weise mit ihren musikalischen Zeitgenossen vernetzt oder verbunden: als Lehrer_innen und Schüler_innen, Kolleg_innen, Vorfahren, Väter, Mütter, Töchter oder Söhne, Gatt_innen und Geliebte, Vorbilder, Objekte von Förderung auf ideeller oder materieller Ebene, als Lebensinhalt von Frauen und Männern, als Witwen und Witwer, Nachlassverwalter_innen, Briefpartner_innen, Kritiker_innen oder Zensor_innen. Nur wie lassen sich diese Verhältnisse in einer lexikalischen Anordnung sichtbar machen?

Vernetzung durch Stichwortsuche

Als technische Möglichkeit bietet sich die Stichwortsuche z.B. nach „Schülerkreisen" an, um ein entsprechendes Netzwerk aufzuzeigen. Als Beispiele seien Carl Czerny genannt und seine Schülerinnen Anna Caroline de Belleville, Katharina Cibbini und Josephine Eder; oder Robert Hausmann mit Lucy Campbell, Ida Dorrenboom, Margarethe Quidde, Marie Rodemann-Nielsen, Bertha Schadewaldt und Eugenie Stoltz-Premyslav; ähnliche Netzwerke ergeben sich für Adolf Henselt, Ferdinand Hiller, Paul Hindemith, Alexander Zemlinsky u.s.f.

Vielfältigere Geflechte entstehen, wenn man die Artikel über Frauen zusammenführt, die in engem Kontakt mit bekannten Komponisten standen. Am Beispiel Ludwig van Beethoven wären dies die Artikel über die Freundinnen und Förderinnen Beethovens wie die Pianistinnen Katharina Cibbini, Dorothea von Ertmann, Nanette von Schaden, die Widmungsempfängerinnen Antonie Brentano und Bettina von Arnim, die Sängerinnen Anna Milder-Hauptmann, Elisabeth Röckel oder die Klavierbauerin Nanette Streicher, die als enge Vertraute von Beethoven galt. Es entsteht ein ‚Gruppenbild mit zahlreichen Damen', das andere Produktionsbedingungen des Mannes Beethoven sichtbar macht als das populäre des einsamen Genies. Auch um Wolfgang Amadeus Mozart lässt sich ein solches Geflecht von weiblichen Beziehungen bilden, indem man z.B. die Artikel über Marianne Kirchgessner, Aloisia Lange, Marianne Martines, Maria Anna Mozart, Constanze Mozart, Babette Ployer, Nancy Storace, Regina Strinasacchi u.v.a.m. zusammenstellt.

„Männerartikel"

In einer Datenbank lassen sich durch Verlinkung und Verschlagwortung solche Relationen technisch einfach sichtbar machen. Um diese Beziehungen auch kommentieren und weitere Fragestellungen einbeziehen zu können, entwickelten wir darüber hinaus eine Eingabemaske für lexikalische Artikel über Männer/Musiker, die so genannte „Männermaske" (s. den einführenden Beitrag von Beatrix Borchard, Musik(vermittlung) und Gender(forschung) im Internet – ein erstes Resümee). Hiermit kann die Biografie eines Musikers, dessen Werk, Wirken sowie Rezeption differenziert unter Gendergesichtspunkten dargestellt werden: hat ein Musiker oder Musikschriftsteller/-wissenschaftler/-theoretiker/-pädagoge sich ausdrücklich zu Geschlechterfragen oder Genderthemen geäußert? Wie werden Männlichkeit und Weiblichkeit in den Vokal- oder Bühnenwerken eines Komponisten oder Interpreten repräsentiert? Wie werden Begehren und Geschlecht, Sexualität, Subjektivität und Körper in seinen Werken dargestellt? Welche Beziehungen haben eine Männerkarriere positiv oder negativ beeinflusst – Beziehungen zu Männern oder Frauen, hetero- oder homosexuelle Beziehungen privater, verwandtschaftlicher oder beruflicher Art? Welche Rolle spielte die sexuelle Orientierung oder Identität eines Mannes für seine Beziehungen und sein Schaffen? Gerade hierfür ist eine Internetdatenbank von Vorteil, die als work in progress jederzeit erweiterbar ist, um solche Personenkreise laufend zu ergänzen.

Seit Anfang 2014 die ersten „Männerartikel" fertig gestellt und online geschaltet wurden, zeichnet sich zunehmend die Vielfältigkeit der Männerbilder und -themen ab:

a) Es gibt den hegemonialen Mann des 19. und 20. Jahrhunderts, der sich den herrschenden Werten und Prinzipien von Objektivität und Wissenschaftlichkeit verpflichtet hat und wünscht, dass nur seine „Musik im Zentrum steht, meine Person spielt keine Rolle" (Paul Hindemith, Artikel in Arbeit). Oder wie der Musikschriftsteller Guido Adler, der das

Fundament für eine „objektive" Musikgeschichtsschreibung als Werkgeschichte legte und damit für lange Zeit alle anderen Betrachtungsweisen marginalisierte (sich jedoch für das Recht auf ein Hochschulstudium für Frauen einsetzte).

b) Es gibt den kulturpolitisch handelnden hegemonialen Mann, dessen Frauenbilder in Oper und Lied jedoch vielschichtig oder sogar emanzipatorisch sind (Richard Wagner, Richard Strauss).

c) Es gibt unter Musikern und Musikschriftstellern offene Misogynie in Taten und Worten (Eduard Hanslick, Moritz Hauptmann, Richard Wagner).

d) Es gibt Männer, die Frauenemanzipation forderten und förderten (Franz Brendel, Franz Liszt, Anton Reicha) und Gegenentwürfe zu den herrschenden Geschlechterverhältnissen ermöglichten.

e) Es gibt Männer mit in ihrer Zeit ausgegrenzter sexueller Orientierung (Aribert Reimann, Hans Werner Henze, vermutlich Franz Schubert). Die Fragen nach der Bedeutung von männlicher Homosexualität, die vielfach diskutiert und oft abgewehrt wurden: „Warum müssen wir das wissen?" – „Was geht uns das an?" – „Was nützt es uns?" – „Was hat das mit Musik zu tun?" kann man jedoch erst beantworten, wenn man den Zusammenhang von sexueller Ordnung und Kultur für eine Epoche untersucht und die Quellen neu studiert hat. Die Frage nach der sexuellen Orientierung von vornherein abzuwehren, scheint eher der Abwehr des Inhalts geschuldet, als Ergebnis diskreter Sachlichkeit. Über Johann Sebastian Bachs Ehen und seine zahlreichen Kinder weiß man bestens Bescheid. Niemand findet es überflüssig, zu wissen, dass Friedemann und Carl Philipp Emmanuel Söhne von Johann Sebastian Bach waren. Aber auch für die bürgerliche Ehe und Familie gilt eine bestimmte sexuelle Orientierung als Voraussetzung, über die man damit ganz unbefangen spricht.

f) Es gibt Männer, die sich als Frauen fühlten und zu Frauen wurden und damit die Fragen nach einer weiblichen oder männlichen Natur, nach einer weiblichen oder männlichen Kunst und Kompositionsweise neu aufwarfen (wie z.B. Kerstin [Karl] Thieme, in Arbeit).

g) Es gibt Männer, die unter Gendergesichtspunkten vor allem als Partner, Gatten, Schüler von Musikerinnen interessant sind (wie z.B. Julius Rietz).

h) Es gibt Männer, deren Karrieren nicht erfolgreich verliefen, die keine Vorbilder wurden und – wie die meisten Frauen – keine Aufnahme in die herrschende oder die erinnerte Kultur fanden (wie z.B. Joachim Raff).

Schon die bis jetzt veröffentlichten „Männerartikel" im Rahmen von MUGI zeigen in vielfältigen Aspekten die Unterschiede im Verlauf männlicher und weiblicher Existenzen als Musiker_innen auf und machen deutlich, welche Rolle – jenseits von Qualitätskriterien – die Kategorien Geschlecht, Ethnie, Klasse und Körper spielten. Wie genau diese Kategorien wirken und eingesetzt werden, welche diskriminierend sind, welche sich fördernd nutzen lassen und wie sich diese Interaktionen im Laufe der Zeit und Kulturen wandeln, darüber kann eine biografische Forschung unter Genderaspekten Aufschluss geben. Sie stellt damit einen wichtigen Beitrag dar für die Kenntnis der Bedingungen künstlerischer Arbeit aller Akteure in einem Kulturbetrieb.

Literatur

Böhnisch, Lothar, „Männerforschung: Entwicklung, Themen, Stand der Diskussion", in: *Aus Politik und Zeitgeschichte* 40 (2012), S. 24–30.
Connell, Raewyn [Robert], *Der gemachte Mann*, Opladen 1999.
Martschukat, Jürgen/Stieglitz, Olaf, „Mannigfaltigkeit: Perspektiven einer historischen Männlichkeitsforschung", in: *Werkstatt Geschichte* 29, Hamburg 2001, S. 4–7.

Christiane Wiesenfeldt

Repertoire-Konstanten und -Wandel von Komponistinnen des späten 18. und 19. Jahrhunderts

Geht man davon aus, dass „komponierenden Frauen" – das der Gender-Forschung zufolge terminologische Pejorativ[1] zum „Komponisten" – nicht dieselben Möglichkeiten zur Ausbildung, künstlerischen Entfaltung, verlegerischen Distribution und Genie-Inszenierung gegeben wurden wie ihren männlichen Kollegen, so stellt sich angesichts steigender Komponistinnen-Zahlen im späten 18. und 19. Jahrhundert beinahe zwangsläufig die Frage nach ihrer Vorstellung von Repertoire. Unterlagen jene, die sich trotz aller soziokulturellen Widrigkeiten oder – seltener – unter exponierten Förderbedingungen dazu entschlossen, die Laufbahn einer Komponistin einzuschlagen, denselben Mechanismen von Gattungsprinzipien, Generationenverträgen und Lokaltraditionen wie die komponierenden Männer? Galten Beethovens Sinfonien auch ihnen als „Maßstab", als problematisches, erdrückendes Erbe, das es dennoch jakobinisch zu stemmen galt? Passten sie ihre Klaviermusik um 1800 ebenso den wachsenden Volumina der englischen Klaviertechnik an? Wurde die „Krise der Klaviersonate" auch ihnen zum Ansporn? Waren sie beteiligt an der von Robert Schumann bezeichneten „Liederflut" der 1830er und -40er Jahre? Reagierten sie auf die musikästhetischen Debatten um absolute und Programm-Musik der zweiten Jahrhunderthälfte, und wie verhält sich diesbezüglich ihr komponiertes Repertoire für das Konzert und die Bühne? Nahmen sie aktiv teil an den Bewegungen, die im letzten Drittel des 19. Jahrhunderts dem Cäcilianismus und damit einer „neuen" Kirchenmusik den Weg ebnen wollten? Die Liste der Fragen ließe sich beliebig verändern, ohne indes die inhärenten Gegenfragen auszublenden. Denn wäre es nicht ebenso denkbar, dass die in der Debatte um Komponistinnen stets eingeführte Benachteiligungs-Problematik eine Orientierung an diesen musikhistorischen Leitfragen per se ausschloss? Kann man unter anderen Bedingungen dieselben Ziele verfolgen? Oder prägen sich hier eigenständige Mechanismen einer „hidden history" aus?

Ohne diese Fragen umfassend beantworten zu können, kann mithilfe der bei MUGI verzeichneten Komponistinnen, die zwischen 1740 und 1860 geboren wurden und deren Wirkungsfeld vom späten 18. Jahrhundert bis in die 1920er Jahre hinein zu beobachten ist, eine repräsentative Auswertung geschehen.[2] Immer eingedenk individueller biographischer Bedingungen soll es weniger um pure Mengenraster und Rankings oder gar Heroinnen-Geschichtsschreibung als um die Frage gehen, welche Schwerpunkte sich im Repertoire allgemein und sodann in den verschiedenen Jahrzehnten ausprägten, inwiefern hier Wandel

---

1 Kreutziger-Herr, Annette und Unseld, Melanie (Hg.), *Lexikon Musik & Gender*, Stuttgart 2010, S. 91.
2 Für Unterstützung bei der Auswertung der zahlreichen Daten danke ich Kirstin Pönnighaus sehr herzlich.

und Konstanten zu beobachten sind, und ob und wie diese mit den groben musikhistorischen Leitfragen des 19. Jahrhunderts kongruent sind. Zu erhoffen ist trotz aller methodisch notwendigen Einschränkungen dadurch nicht nur die Konturierung eines bislang eher nebligen Bildes von „der" komponierenden Frau unabhängig von Einzelschicksalen, sondern auch die Überwindung gängiger Vorstellungen, Frauen hätten primär für Heim und Herd – also den Salon und Eigengebrauch – geschaffen, und damit, modern gesprochen, eine komponierende „Parallelgesellschaft" mit eigenem musikalischem Soziolekt etabliert.

* * *

Für die statistische Auswertung der MUGI-Verzeichnisse sind zunächst einige Vorentscheidungen zu treffen, um signifikante Aussagen zu erhalten. Aus der Wertung genommen werden jene Komponistinnen, über die a) zum jetzigen Zeitpunkt keinerlei Informationen und Werkverzeichnisse in MUGI vorliegen, die sich also der Auswertung schlicht entziehen, die b) aus welchen biographischen Gründen auch immer weniger als zehn Kompositionen hinterließen, somit also statistisch unter der Signifikanzgrenze liegen, und die schließlich c) nur (wenige) Werke in einer einzigen Gattung verfasst haben. So fallen von den 89 Komponistinnen (Stand: November 2012) mit Geburtsdatum zwischen 1740 und 1860 folgende 26 Namen aus der Auswertung heraus:

Zur Kategorie a) gehören Regina Strinasacchi (1761–1839), Maria Pawlowna (1786–1859), Caroline Unger (1803–1877), Emma von Staudach (1834–1862), Ella Adaïewsky (1846–1926), Annette Essipoff (1851–1914), Alice Dessauer (ca. 1860er–1950), Clara Hoppe (1857–?) und Mary Wurm (1860–1938). Zu diesen neun Künstlerinnen fehlen bislang in der MUGI-Datenbank jegliche Informationen über Umfang und Ausrichtung ihrer Werkverzeichnisse, von Emma von Staudach sind nur zwei Klavierwerke sowie „Hinweise auf weitere Kompositionen" bekannt.

Zu den Kategorien b) und c), die oftmals ineinandergreifen, da die weniger als zehn überlieferten Kompositionen häufig aus nur einer Gattung stammen, gehören – erneut in chronologischer Reihenfolge – Herzogin Anna Amalia von Sachsen-Weimar-Eisenach (1739–1807) mit sieben Kompositionen, Genovieffa Ravissa (1745–1807) mit neun Sonaten für Tasteninstrumente, Caroline von Brandenstein (1751/54/55–1805/16) mit einer Klaviersonate, Catharina Bauer (1785–1808) mit 36 Variationen für Klavier, Bettina von Arnim (1785–1859) mit neun Liedern, Marie Bigot (1786–1820) mit drei Klavierstücken und einer Klaviersonate, Louise Damcke (ca. 1827–1897) mit neun kleinen Klavierstücken, Friederike Birnbaum (1831– nach 1884) mit 20 Liedern, die oben erwähnte Emma von Staudach, Sophie Pflughaupt (1834–1867) mit einer Mazurka, Josephine Amann-Weinlich (1840–1887) mit neun Kompositionen, Auguste Auspitz-Kolár (1843–1878) mit vier Klavierstücken und einigen nicht nachgewiesenen Liedern, Sophie Menter (1846–1918) mit acht Klavierstücken und einer Konzertweise, Nadeshda Nikolajewna Rimskaja-Korsakowa (1848–1919) mit vier Klavierwerken, Laura Rappoldi-Kahrer (1853–1925) mit drei Klavierstücken, Martha Remmert (1854–1941) mit vier Klavierstücken, Marianne Scharwenka-

Stresow (1856–1918) mit fünf Stücken für Violine und Klavier, Agnes Tschetschulin (1859–1942) mit drei Kammermusik- und zwei Klavierstücken und Berthe Marx (1859–1925) mit sieben Klavierbearbeitungen und zwei weiteren ungesicherten Klavierwerken.

Die verbleibenden 63 Namen bieten ein vielseitiges Spektrum jener Komponistinnen, die nach jetzigem Kenntnisstand auf der Basis der MUGI-Ergebnisse mehr als zehn Werke hinterließen und in mehreren, mindestens aber zwei Gattungen Werke schufen. Auf dieser Datenbasis fußen die folgenden Auswertungen, die abschließend zu diskutieren sind (vgl. Tabelle 1).

Die ersten Erhebungen gelten ausgewählten Akzenten des Umfangs und des Facettenreichtums der Werkverzeichnisse[3]: Unterteilt in sieben Genre-Gruppen von der Kammermusik und Tastenmusik über Vokalwerke (Chor und Solo-Gesang) hin zu Orchester- und Bühnenwerken sowie Kirchenmusik (vgl. Tabelle 1) lassen sich klare Verhältnisse ablesen, manche überraschend, andere weniger. Nur sieben, also etwa elf Prozent der Komponistinnen arbeiteten in allen sieben Genres, zu denen sie mindestens ein Werk beisteuerten: Pauline Viardot (1821–1910), Marie de Grandval (1828–1907), Elfrida Andrée (1841–1929), Luise Adolpha Le Beau (1850–1927), Cécile Chaminade (1857–1944), Mathilde Kralik von Meyrswalden (1857–1944) und Ethel Smyth (1858–1944). Zwar lässt sich dieser Universalismus auch bei den männlichen Kollegen kaum allerorten beobachten – man denke etwa an den Opern-losen Johannes Brahms –, doch liegt sein Anteil bei den komponierenden Frauen besonders niedrig. Über die Gründe kann man nur spekulieren, sie mögen indes kaum überall in allgemeingültigen Bedingungen als eher in individuellen Interessenlagen und Verhältnissen wurzeln.

Während die Werke für Solo-Gesang (mit über 3.000 Nummern) in den Verzeichnissen deutlich mehr als die Hälfte der Werkgesamtzahl (über 5.800) einnehmen – was ihrer Kleinteiligkeit und entsprechenden Sammlungsdisposition ebenso geschuldet ist wie dem häufigen Berufsfeld der Sängerin bzw. Gesangspädagogin[4] –, gefolgt von der Tastenmusik mit über 1.850 Werken, treten Bühnenwerke und Kirchenmusik ebenso erwartungsgemäß zurück. Nur 16 der 63 komponierenden Frauen hinterließen Kirchenmusik (aber immerhin über 70 verschiedene Werke, von Messen bis hin zu geistlichen Liedern), während aber doch 21 Frauen, also ein Drittel der untersuchten Gruppe, mindestens ein Bühnenwerk schufen

---

3 Gezählt wurden nachstehend als Minimalwert immer die mindestens als gesichert geltenden Werke. Nicht spezifizierte Zyklen und Sammelwerke („Liedersammlung" etc.) sind als Einheit, also „1" gewertet worden, da eine Differenzierung mittels der MUGI-Datenbank nicht möglich ist.

4 Wie bei der Sängerin Josephine Lang (1815–1880), die mit 360 komponierten Gesangswerken die Liste anführt, oder auch der kurz darauf folgenden Sängerin Mathilde Kralik von Meyrswalden (1857–1944) mit 225 Gesangsstücken. Vgl. Krebs, Sharon, „Lang, Josephine" und Kralik von Meyrswalden, Rochus, „Kralik von Meyrswalden, Mathilde", in: *Musikvermittlung und Genderforschung: Musikerinnen-Lexikon und multimediale Präsentationen*, hg. von Beatrix Borchard, Hochschule für Musik und Theater Hamburg, 2003 ff., http://mugi.hfmt-hamburg.de/artikel/ Josephine_Lang (eingesehen am 30.11.2012) sowie http://mugi.hfmt-hamburg.de/artikel/ Mathilde_Kralik_von_Meyrswalden (eingesehen am 30.11.2012).

Tabelle 1

Nr. (chron.)	Name	Geburts- datum	Sterbe- datum	Kammer- musik	Tasten- musik	Chor- werke	Solo- Gesang	Orchester- werke	Bühnen- werke	Kirchen- musik	Summe
	höchster Wert in einem Genre		0 = kein Werk				fett Werkgruppe mit den meisten Werken der Komponistin				
1	Martines, Marianne	04.05. 1744	13.12. 1812	0	3	**13**	6	5	0	16	43
2	Sirmen, Maddalena	09.12. 1745	18.05. 1818	**19**	0	0	0	6	0	0	25
3	Lebrun, Franziska	24.03. 1756 (Taufe)	14.05. 1791	**12**	3	0	0	0	0	0	15
4	Auernhammer, Josepha	25.09. 1758	31.01. 1820	2	**70**	0	6	0	0	0	78
5	Paradis, Maria Theresia	15.05. 1759	01.02. 1824	2	7	4	**16**	0	3	0	32
6	Brandes, Minna	21.05. 1765	13.06. 1788	3	1	0	**8**	1	0	0	13
7	Danzi, Margarethe	1768	16.06. 1800	3	**8**	0	0	0	0	0	11
8	Duchambge, Pauline	07.10. 1776 (Taufe)	23.04. 1858	1	21	0	**200**	0	1	0	223
9	Reichardt, Louise	11.04. 1779	17.11. 1826	0	0	0	**82**	0	0	7	89
10	Cibbini, Katharina	20.02. 1785 (Taufe)	12.08. 1858	1	**50**	0	0	0	0	0	51

Repertoire-Konstanten und -Wandel von Komponistinnen

Nr. (chron.)	Name	Geburts- datum	Sterbe- datum	Kammer- musik	Tasten- musik	Chor- werke	Solo- Gesang	Orchester- werke	Bühnen- werke	Kirchen- musik	Summe
11	Szymanowska, Maria Agata	14.12. 1789	25.07. 1831	0	100	0	100	0	0	0	200
12	Liebmann, Helene	16.12. 1795	1835	7	9	0	19	0	0	0	35
13	Zumsteeg, Emilie	09.12. 1796	01.08. 1857	0	7	13	48	0	0	0	68
14	Drieberg, Louise von	04.01. 1801	08.02. 1843	0	0	1	24	0	0	0	25
15	Farrenc, Louise	31.05. 1804	15.09. 1875	13	118	3	8	7	0	0	149
16	Hensel, Fanny	14.11. 1805	14.05. 1847	7	138	50	272	1	0	0	468
17	Aspri, Orsola	1807	30.09. 1884	0	1	2	0	1	6	0	10
18	Belleville, Anna Caroline de	24.06. 1808	22.07. 1880	0	122	0	1	0	0	0	123
19	Schmezer, Elise	1810	1856	0	1	0	39	0	1	0	41
20	Kinkel, Johanna	08.07. 1810	15.11. 1858	0	0	10	81	0	11	0	102
21	Mayer, Emilie	14.05. 1812	10.04. 1883	42	17	11	9	16	1	0	96
22	Dietz, Cathinka	1813	06.12. 1901	0	12	2	0	0	0	0	14

Nr. (chron.)	Name	Geburts-datum	Sterbe-datum	Kammer-musik	Tasten-musik	Chor-werke	Solo-Gesang	Orchester-werke	Bühnen-werke	Kirchen-musik	Summe
	höchster Wert in einem Genre		o = kein Werk				**fett** Werkgruppe mit den meisten Werken der Komponistin				
23	Lang, Josephine	14.03.1815	02.12.1880	9	79	9	**360**	0	0	3	460
24	Baudissin, Sophie von	27.07.1818	09.12.1894	0	**38**	0	15	0	0	0	53
25	Dahl, Emma	06.04.1819	13.12.1896	0	2	0	**37**	0	2	0	41
26	Schumann, Clara	13.09.1819	20.05.1896	5	**63**	3	30	4	0	0	105
27	Macirone, Clara Angela	20.01.1821	19.08.1914	1	6	**47**	47	0	0	1	102
28	Viardot, Pauline	18.07.1821	18.05.1910	5	11	6	**217**	1	10	1	251
29	Heinke, Ottilie	1823	nach 1893	3	**74**	0	5	0	0	0	82
30	Bernouilly, Agnes	1825	nach 1893	0	**5**	1	4	0	0	0	10
31	Gossler, Clara von	1827	19.12.1864	0	6	0	**13**	0	0	0	19
32	Bohrer, Sophie	12.01.1828	07.02.1899	0	2	0	**9**	0	0	0	11
33	Grandval, Marie de	21.01.1828	15.01.1907	35	23	8	**60**	10	10	12	158
34	Bauer, Charlotte	vermutl. 1820er	?	0	17	0	**26**	0	0	0	43

Repertoire-Konstanten und -Wandel von Komponistinnen

Nr. (chron.)	Name	Geburts-datum	Sterbe-datum	Kammer-musik	Tasten-musik	Chor-werke	Solo-Gesang	Orchester-werke	Bühnen-werke	Kirchen-musik	Summe
35	König, Marie	08.01.1831	16.08.1850	0	17	0	20	0	0	0	37
36	Becker, Ida	1832	15.05.1897	1	1	47	0	0	0	0	49
37	Sporleder, Charlotte	08.11.1836	09.01.1915	1	10	0	5	0	0	0	16
38	Wickerhauser, Natalie	ca. 1830er	nach 1887	0	23	0	2	0	0	0	25
39	Bachmann, Elise	vermutl. 1830er	?	0	12	0	2	0	1	0	15
40	Pfeilschifter, Julie von	15.04.1840	19.05.1918	0	1	0	23	0	3	0	27
41	Bronsart, Ingeborg von	24.08.1840	17.06.1913	5	14	0	75	2	4	0	100
42	Baum, Katharina	um 1840	01.08.1876	0	0	1	21	0	1	0	23
43	Felsenthal, Amalie	1841	vermutl. nach 1895	0	8	0	35	0	0	0	43
44	Andrée, Elfrida	19.02.1841	11.01.1929	14	81	29	85	20	1	4	234
45	Bovet, Hermine	03.01.1842	?	0	3	0	6	0	1	0	10
46	Haaß, Katharina	29.02.1844	1916	4	24	3	10	0	3	0	44

Nr. (chron.)	Name	Geburts- datum	Sterbe- datum	Kammer- musik	Tasten- musik	Chor- werke	Solo- Gesang	Orchester- werke	Bühnen- werke	Kirchen- musik	Summe
	höchster Wert in einem Genre			0 = kein Werk			fett Werkgruppe mit den meisten Werken der Komponistin				
47	Herzogenberg, Elisabeth von	13.04.1847	07.01.1892	0	8	0	**25**	0	0	0	33
48	Erdmannsdörfer-Fichtner, Pauline von	28.06.1847	24.09.1916	2	4	0	**36**	0	0	0	42
49	Backer Grøndahl, Agathe	01.12.1847	04.06.1907	0	131	22	**224**	2	0	0	379
50	Le Beau, Luise Adolpha	25.04.1850	17.07.1927	28	38	16	**56**	5	1	2	146
51	Harrison, Annie	1851	12.02.1944	0	7	1	**35**	1	2	0	46
52	Lawrence, Emily M.	1854	nach 20.04.1894	1	7	10	**21**	0	0	1	40
53	Borton, Alice	ca. 1855	nach 1926	1	5	3	**75**	1	0	4	89
54	Escherich, Kitty von	25.11.1855	04.10.1916	9	11	8	**22**	7	0	14	71
55	Janotha, Nathalie	08.06.1856	09.06.1932	0	**20**	1	1	0	0	2	24
56	Chaminade, Cécile	08.08.1857	13.04.1944	28	**301**	19	172	12	1	2	535
57	Schirmacher, Dora	01.09.1857	nach 1914	0	**15**	0	2	0	0	0	17

REPERTOIRE-KONSTANTEN UND -WANDEL VON KOMPONISTINNEN

Nr. (chron.)	Name	Geburts- datum	Sterbe- datum	Kammer- musik	Tasten- musik	Chor- werke	Solo- Gesang	Orchester- werke	Bühnen- werke	Kirchen- musik	Summe
58	Kralik von Meyrs- walden, Mathilde	03.12. 1857	08.03. 1944	4	24	47	223	3	3	4	308
59	Mundella, Emma	1858	20.02. 1896	1	12	6	20	0	0	0	39
60	Smyth, Ethel	23.04. 1858	09.05. 1944	13	22	15	24	3	6	1	84
61	Aulin, Valborg	09.01. 1860	13.03. 1928	3	19	9	19	1	0	1	52
62	Hundt, Aline	?	01.08. 1872	1	6	1	4	2	0	0	14
63	Hertz, Hedwig	(19. Jh.)	(19. Jh.)	0	14	0	45	0	0	0	59
Summe				286	1852	421	3030	111	72	75	5847

(insgesamt ebenfalls knapp über 70 Stücke), darunter mit Johanna Kinkel (1810–1858) eine mit elf Werken besonders produktive und vielseitige Komponistin.[5]

Das darf besonders dann erstaunen, wenn demgegenüber das Verhältnis von 22 Frauen, die Orchestermusik komponierten, in etwa identisch ist. Die übrigen zwei Drittel komponierten kein einziges Orchesterstück, und die Gesamtanzahl von gerade einmal 18 explizit als „Sinfonie" bezeichneten Werken im ausgewerteten Rahmen[6] – wovon auf Emilie Mayer (1812–1883) allein acht Werke entfallen – nimmt sich gegenüber den zahlreichen Klaviermusiken und Liedern wahrlich schmal aus, erst recht im Vergleich mit den deutlich auf die Orchestermusik konzentrierten Oeuvres der jeweils zeitgenössischen Komponisten mit durchschnittlich mindestens vier Sinfonien pro Kopf (in der zweiten Jahrhunderthälfte sodann deutlich zur magischen „Neunzahl" ansteigend). Bei den insgesamt nur 30 verzeichneten Konzerten (darunter auch orchestrierte Solo-Lieder), die ebenfalls unter die Orchesterwerke fallen, sieht das Verhältnis kaum anders aus. Zwar ist ein breites Spektrum an Formen und Varianten zu beobachten[7], doch ist hier erneut – bis auf eine Ausnahme des Werkkatalogs der Geigerin Maddalena Sirmen (1745–1818) mit allein sechs Violinkonzerten – festzuhalten, dass sich die meisten Komponistinnen – wie bei der Sinfonie oder der Ouvertüre – nur ein einziges Mal der Gattung Konzert zuwandten.[8] Die intensive Konzentration auf die „großen" Gattungen sowie das beharrende Abarbeiten an deren genrespezifischen Herausforderungen scheint demnach eine Sache nur weniger Frauen gewesen zu sein.

---

5 Johanna Kinkels Werkkatalog umfasst dabei ein breites Spektrum, nämlich 1 Oper in zwei Akten mit einem Vorspiel, 1 Komische Operette nebst Intermezzo, 1 Singspiel in drei Akten, 3 weitere Singspiele, 1 Liederspiel in drei Aufzügen, 1 Liederspiel in einem Aufzug, 1 Komische Kantate, 1 Verrückte Komödie, 1 Lokalposse sowie weitere nicht gezählte Gelegenheitsstücke. Vgl. Ayaydin, Melanie, Artikel „Kinkel, Johanna", in: *Musikvermittlung und Genderforschung: Musikerinnen-Lexikon und multimediale Präsentationen*, hg. von Beatrix Borchard, Hochschule für Musik und Theater Hamburg, 2003 ff., http://mugi.hfmt-hamburg.de/artikel/Johanna_Kinkel (eingesehen am 30.11.2012).

6 Dies sind im Wortlaut der hier zugrunde liegenden Artikel die folgenden: 1 Sinfonie, 1 Sinfonia a piena Orchestra, 3 Symphonien, 8 Sinfonien, 1 Symphonie, 1 Symphonie, 2 Sinfonien, 1 Sinfonie für großes Orchester; zusammen 18 Sinfonien.

7 Im Einzelnen, extrahiert aus den MUGI-Artikeln aus der o.s. Tabelle: 4 Concerti für Cembalo, 6 Violinkonzerte, 1 Duetto (Sopran und Orchester), 2 Grandes Variations für Klavier und Orchester, 1 Konzert für Klavier und Orchester, 1 Konzert für Klavier und Orchester, 1 Konzert für Oboe und Orchester, 1 Concertino für Violine und Orchester, 1 Pièces für Klarinette und Orchester, 1 Fantasie für Violine und Orchester, 1 Klavierkonzert, 1 Melodram für Orchester und Rezitator, 1 Stück für Streichorchester und Harfe, 1 Andante für Klavier und Orchester, 1 Andante und Rondo für Klavier und Orchester, 1 Fantasie für Klavier mit Orchesterbegleitung (auch als Arrangement für zwei Klaviere), 1 Konzert für Klavier mit Orchesterbegleitung, 2 Klavierkonzerte, 1 Violinkonzert sowie 1 Konzert für Violine, Horn und Orchester; zusammen 30 Konzerte.

8 Bei den bislang bekannten Ouvertüren sieht die Aufstellung folgendermaßen aus: 2 Ouvertüren, 1 Ouvertüre, 7 Ouvertüren (Emilie Mayer), 1 Ouvertüre für Orchester, 2 Ouvertüren, 1 Konzertouvertüre, 1 Konzertouvertüre für großes Orchester, 1 Ouvertüre zu einem Trauerspiel, 2 Festouvertüren und 1 Ouvertüre; zusammen 19 Ouvertüren.

Umgekehrt ist der Facettenreichtum der nicht-sinfonischen und nicht-konzertanten Orchesterstücke freier oder kleinerer Formen auffällig: Die zusammen 44 Orchesterstücke umspannen sinfonische Einzelsätze ebenso wie Märsche, Suitensätze, Pastoralen, Polkas, Walzer, Serenaden und Sinfonische Dichtungen.[9] Sie spiegeln damit den breiten qualitativen Horizont sinfonischen Komponierens ebenso wider wie die zeitgenössischen Strömungen der Charakterbild- und Nationalmotiv-Kompositionen, wenn auch – erneut – in deutlich geringer Quantität im Vergleich zu den Werkkatalogen ihrer männlichen Kollegen.

Auf dem Gebiet der Musik für Tasteninstrumente, der wie oben erwähnt zweitgrößte Bereich mit über 1.850 Werken (vgl. Tabelle), kehrt sich dieses Verhältnis indes geradezu um. Neben nur fünf Komponistinnen, die hier keine Werke vorlegten,[10] komponierten deutlich mehr als die Hälfte (34 Namen) zehn oder mehr Werke für ein Tasteninstrument. Dies liegt zwar noch unter den zwei Dritteln (40 Namen), die mehr als zehn Stücke für Sologesang hinterließen, ist aber eingedenk des Werkformats (Umfang, Einzelwerkrahmen) klar höher zu bewerten. Zudem ist in der Tastenmusik das Spektrum deutlich breiter: Während die Sologesänge überwiegend Lieder, (wenige) Arien und pädagogische Stücke einschließen, bietet die Musik für Tasteninstrumente so ziemlich alles an zeitgenössischer motivischer Varianz auf: Impromptus, Fantasien, Toccaten, Capricen, Duos, Walzer, Märsche, Mazurken, Charakterstücke, Suiten, Cantilenen, Romanzen, Balladen, Folkloristisches etc. Hinzu kommen neben vielen Bearbeitungen alter und neuerer Meister zahlreiche pädagogische Alben für Klavier, wie das „Album zur Unterstützung und Förderung junger, talentvoller Componistinnen" von Josephine Amann-Weinlich (1840–1887)[11], die zahlreichen Klavieretüden von Louise Farrenc (1804–1875) oder auch die „6 Klavierstücke für die Kinderwelt" der erwähnten Emilie Mayer. Und dazu zählen ebenfalls die zahlreichen Orgelwerke von Elfrida Andrée, darunter auch zwei bemerkenswerte Orgelsinfonien.

Dass sich unter den über 1.850 Klavierwerken lediglich 31 Klaviersonaten befinden – dazu wären noch die sechs verschollenen Werke von Margarethe Danzi (1768–1800) zu zählen – scheint demselben Phänomen der Verlagerung auf die azyklischen, kleineren und charakterlich akzentuierten Gebiete der jeweiligen Genres anzugehören, das die Orchesterwerke kennzeichnete. Zwar sticht auch hier erneut eine Protagonistin, die Beethoven-Zeitgenossin und Pianistin Helene Liebmann (1795–1835), mit gleich acht Werken (vier Sonaten und

---

9 Im Einzelnen, im MUGI-Wortlaut: 1 Scherzo für Orchester, 1 Valse romantique (Orchesterfassung), 1 Marche militaire, 1 Marsch für großes Orchester, 1 Esquisse symphonique, 1 Ronde de Nuit, 1 Gavotte, 1 Divertissement, 1 Sérenade, 1 Presto, 1 Orchestersuite, 1 Sinfoniesatz, 1 Andante, 1 Adagio, 2 Scherzi, 1 Polonaise, 1 Marsch, 1 Menuett, 1 Pastorale, 2 weitere Stücke für Orchester, 1 Andante für Streichorchester, 1 weiteres Stück für Streichorchester, 1 Scherzo, 1 Walzer für Orchester, 1 Sinfonische Dichtung für Orchester, 1 Orchesterstück, 1 Gavotte zur Suite für großes Orchester, 1 Präludium zur Suite, 1 Scherzo, 3 Suites d'orchestre, 9 Stücke für Orchester und 1 Serenade für Orchester; zusammen 44 Stücke.
10 Die bereits erwähnte Geigerin Maddalena Sirmen, die Sängerin Katharina Baum (ca. 1840–1876), die Sängerin Louise von Drieberg (1801–1843), die erwähnte Pädagogin Johanna Kinkel (1810–1858) und die Sängerin Louise Reichardt (1779–1826).
11 Die ansonsten unter der Zehn-Werke-Marke liegt und damit unbeachtet bleiben muss.

vier Großen Sonaten) deutlich heraus und nimmt Teil an der bedeutenden Phase der klaviertechnisch aufgerüsteten Sonatenkomposition um 1800. Doch scheint auch dies wiederum ein Einzelfall zu sein, wurzelnd – wie bei Maddalena Sirmen mit der Geige – in der eigenen Instrumentenpräferenz und einer darauf abgestimmten Schaffensstrategie: Neben den erwähnten Klaviersonaten hinterließ Helene Liebmann lediglich sieben *klavier*kammermusikalische Werke und eine Liedersammlung, aber keine Orchesterwerke, keine Bühnenwerke, keine Chorwerke und keine Kirchenmusik. Eine hohe instrumentale Spezialisierung zieht offenbar einen eher auf interpretatorische Bedürfnisse und persönliche Vermarktung ausgerichteten Werkkatalog als Komponistin nach sich (nicht anders, als man dies von den Zeitgenossen Niccolò Paganini oder Bernhard Romberg sagen kann).

Sehr überraschend ist dagegen die deutliche Vorrangstellung der Chorwerke vor den Kammermusikwerken. Das Bild der primär für den Salon und dessen Rahmenbedingungen komponierenden Frau scheint hier gebrochen durch die Realität der vielmehr am vielgestaltigen öffentlichen Chorwesen und seinen Facetten interessierten Vokalkomponistin. Die über 420 verzeichneten Chorwerke enthalten jene mit Orchester und A cappella sowie geistliche und weltliche Stücke. Unter ihnen befinden sich Kantaten, Motetten und Oratorien, Männer- und Frauenchöre, groß besetzte Stücke wie die „Symphonie Dramatique für Soli, Chor und Orchester" von Cécile Chaminade (1857–1944), Festgesänge und Hymnen, aber auch Heiteres, Selbstironisches wie den „Chor der strickenden Damen" von Johanna Kinkel. Psalmvertonungen und Anthems vervollständigen die großformatigen Werke, die kaum oder nur partiell für kleinere Gelegenheiten gedacht gewesen, sondern Teil einer musikalisch-aktiven Öffentlichkeit, des Vereinswesens und der im Gesang verbundenen Musikfeste waren. Erneut lässt sich hier mit nur sechs Oratorien[12] eine an der Bedeutung der Gattung im 19. Jahrhundert eher gering zu messende Zahl an Beiträgen nennen.

Die Kammermusik mit dagegen „nur" ca. 280 Werken (vgl. erneut die Tabelle) zeigt im Einzelnen, wie differenziert hier die Zahlen auszuwerten sind: So haben fast die Hälfte der Protagonistinnen (= 29 Namen) überhaupt kein Kammermusikwerk hinterlassen, und nur neun Frauen komponierten mehr als zehn Werke, also eine signifikant zu nennende Anzahl. Neun weitere Komponistinnen schufen nur ein einziges Kammermusikwerk und orientierten sich im Wesentlichen zu anderen Besetzungen hin. Wenige komponierten hier entsprechend das Gros der überlieferten Musik: Auf die genannten neun Komponistinnen mit mehr als zehn Werken entfallen 204 Werke, demnach deutlich mehr als zwei Drittel des Bestandes.

---

12 Zwei Oratorien von Mathilde Kralik von Meyrswalden (vgl. Anm. 4), zwei von Marianne Martines, vgl. Unseld, Melanie, Artikel „Martines, Marianne", in: *Musikvermittlung und Genderforschung: Musikerinnen-Lexikon und multimediale Präsentationen*, hg. von Beatrix Borchard, Hochschule für Musik und Theater Hamburg, 2003 ff., http://mugi.hfmthamburg.de/artikel/Marianne_Martines (eingesehen am 30.11.2012), sowie zwei von Cathinka Dietz, vgl. Frey, Heike, Artikel „Dietz, Cathinka", in: *Musikvermittlung und Genderforschung: Musikerinnen-Lexikon und multimediale Präsentationen*, hg. von Beatrix Borchard, Hochschule für Musik und Theater Hamburg, 2003 ff., http://mugi.hfmt-hamburg.de/artikel/Cathinka_von_Dietz (eingesehen am 0.11.2012). Biblische Szenen und weitere Genrevarianten zum Oratorium wurden nicht eigens recherchiert, ihre Gesamtzahl hält sich allerdings ebenfalls deutlich im Rahmen.

Hier scheinen sich Spezialisierungen und Rekurse auf immer dieselben Gattungen deutlich häufiger auszuprägen als in den anderen Genres: War bei den Sinfonien, Konzerten oder Klaviersonaten nur bei sehr wenigen Komponistinnen, und dort aus spezifischen Gründen, eine deutliche Konzentration im selben Genre zu beobachten gewesen, so kehrt sich dieses Verhältnis bei der Kammermusik um: Eine Mehrfachberücksichtigung derselben Besetzung ist hier nicht die Ausnahme, sondern die Regel. Das gilt für die 27 Streichquartette (in Gruppen von 2 - 2 - 1 - 1 - 9 - 2 - 6 - 4 komponiert: Nur zwei von acht Komponistinnen schufen nur ein Werk dieser Gattung). Und das gilt für die weitaus zahlreicheren Duosonaten und Klaviertrios, die ebenfalls selten allein, sondern in Gruppen oder zumindest mit einem Schwesterwerk auftreten. Ungeachtet der trotz allem vergleichsweise geringen Anzahl an kammermusikalisch komponierenden Frauen zeigen sich hier ganz offen Wunsch und Bedürfnis, nicht nur ein vielseitiges Oeuvre jeder Couleur und Kombinatorik vorzulegen, sondern sich auch vertiefend, erneut und reflektierend mit einzelnen Gattungen, Klangkombinationen und formalen Problemstellungen auseinanderzusetzen, unabhängig vom eigenen Instrument oder Wirkungskreis.

* * *

Neben dem Gesamtbild der Daten sind in einem zweiten Schritt nun die Bewegungen innerhalb der Gattungen und Zeiten auf der Basis der eingangs gestellten Fragen darzulegen. Dies kann freilich, wie auch die obige Auswertung, nur mit einem gewissen Abstraktionsgrad einhergehen, der – um die angestrebten basalen Informationen zu generieren – von individuellen Bedingungen und Schicksalen absehen und sich auf übergreifende Konzepte konzentrieren muss. Zurückstehen müssen daher auch Differenzierungen in den einzelnen Werkkatalogen, also Fragen nach dem Entstehungszeitraum einzelner Gattungsbeiträge, wenn auch die fraglos interessante Perspektive auf Früh- und Spätwerke, also „junge" und „reife" Reaktionen auf Gegebenes und die eigene Entwicklung hier Erhellendes beizutragen hätte. Dies muss allerdings nachfolgenden Studien vorbehalten bleiben, die sich von dem einen oder anderen hier skizzierten Trend inspiriert fühlen, genauer nachzusehen. Und dies setzte zudem zukünftig eine durchweg vereinheitlichte chronologische Werkkatalog-Gestalt bei MUGI voraus, die solch einer Auswertung zugrunde liegen müsste.

Versteht man die Sologesangswerke als quantitatives Zentrum der Erfassung, so lässt sich bei chronologischer Sortierung und Gruppierung der Komponistinnen (vgl. Tabelle 2 als Reduktion von Tabelle 1) rasch feststellen, dass innerhalb der hier ca. 120 erfassten Kompositionsjahre keine signifikanten Zu- oder Abnahmen zu konstatieren sind. Die 63 Namen, unterteilt in die chronologischen Komponistinnen-Nummern 1–21 (=21), 22–42 (=21) und 43–63 (=21), weisen 919, 971 und 1.140 Solo-Gesangswerke auf. Die etwas höhere dritte Zahl unterliegt weniger Mechanismen eines „Liederaufschwungs", der sich zahlenmäßig weit deutlicher niederzuschlagen hätte, als vielmehr dem Umstand, dass sich im letzten Jahrhundertdrittel die Quellenlagen und Dokumentationen der Werkverzeichnisse deutlich stabilisiert haben und sich – und das in allen Gattungen – schlicht in einer besseren Über-

Tabelle 2

	Kammer-musik		Tasten-musik		Chor-werke		Solo-Gesang		Orchester-werke		Bühnen-werke		Kirchen-musik	
	Werke	Frauen	Werke	Frauen	Werke	Frauen	Werke	Frauen	Werke	Frauen	Werke	Frauen	Werke	Frauen
Nr. 1–21 (geb. 1740–1812)	112	12	676	17	107	9	919	16	37	7	23	6	23	2
Nr. 22–42 (geb. 1813–1840)	65	9	416	20	124	9	971	19	17	4	31	7	17	4
Nr. 43–63 (geb. 1841 ff.)	109	13	760	21	190	15	1140	21	57	11	18	8	35	10

lieferungs-Situation befinden. Starke Abweichungen lassen sich in den einzelnen Dekaden nicht ausmachen, und sollte die von Robert Schumann konstatierte „Liederflut" der 1830er und -40er Jahre das weibliche Komponieren erfasst oder beeinflusst haben, so ist dies den Statistiken in dieser Form nicht anzusehen. Aufgrund einer stabilen Überlieferungslage nicht gedruckter Lieder für das private Musizieren ist in dieser Gattung allerdings ohnehin nur schwer eine allgemeingültige Aussage zu treffen.

In den anderen sechs Werkgruppen sind indes stärkere Schwankungen zu verzeichnen. Das betrifft einerseits einen deutlichen Einbruch in der Tastenmusik-Komposition bei den Komponistinnen 22 bis 42, also im mittleren Drittel mit nur 416 Werken. Die zwischen 1813 und 1840 Geborenen, die hier erfasst sind und von ca. der Mitte bis zum Jahrhundertende aktiv waren, scheinen weniger intensiv der Tastenmusik verbunden gewesen zu sein als die Generationen zuvor, in der 17 Frauen für den Zeitraum 1800 bis ca. Jahrhundertmitte 676 Werke hinterließen. In der Gruppe der nach 1841 geborenen 21 Komponistinnen, die vom letzten Jahrhundertdrittel bis in die 1920er Jahre hinein wirksam waren, widmete sodann *jede* mindestens ein Werk (zusammen 760) diesem Genre. Da in Anbetracht der zunehmenden verlegerischen Distribution von Klaviermusik ab der Jahrhundertmitte die 676 Werke der frühen Gruppe stärker zu gewichten sind als die 760 der späten Gruppe, wird deutlich, dass die Trendwenden der Klaviermusik mit ihren Höhepunkten im ersten und letzten Jahrhundertdrittel sich auch hier signifikant niedergeschlagen haben. Wie dies im Einzelnen zu gewichten ist, muss hier freilich offen bleiben.

Eine ähnlich signifikante Steigerung lässt sich am Beispiel der Kirchenmusik aufzeigen. Eingedenk der ungleich produktiven Marianne Martines, die als eine der zwei komponierenden Frauen der frühen Gruppe allein 16 der 23 Werke vorlegte, steht die Entwicklung zu vier Frauen und 17 Werken in der mittleren und sodann zehn Frauen und 35 Werken in der späten Gruppe durchaus repräsentativ für ein gesteigertes Interesse an Kirchenmusik vom letzten Jahrhundertdrittel bis in die 1920er Jahre hinein, ein Phänomen, das ohne den zeitgleich aktiven Cäcilianismus einerseits und die geöffneten Räume für Kirchenmusik in säkularisierten Groß- und Vereinsveranstaltungen andererseits kaum hinreichend zu erklären wäre. Auch hier, wie in der Tastenmusik, scheinen weniger genderbezogene Aspekte für einen Umschwung verantwortlich zu zeichnen als vielmehr generelle musikhistorische Phänomene, an denen eine Teilhabe offenbar erstrebenswert erschien.

Ähnlich, wenn auch nicht derart signifikant wie im Falle der Kirchenmusik, stellen sich die Verhältnisse bei den Orchesterwerken dar: In der späten Gruppe der nach 1841 geborenen entschlossen sich immerhin elf Frauen zur Komposition eines Orchesterwerkes, und mit 57 Werken sind erneut deutlich mehr geschaffen worden als zuvor (mit 37 bzw. 17 Werken in den Gruppen 1 und 2). Dies könnte mit einer wachsenden Akzeptanz der von Frauen komponierten Orchestermusik in Konzertsälen zu tun haben, mag aber ebenso gut eine Reaktion auf die oben erwähnte Ausdifferenzierung orchestermusikalischer Besetzungsmuster und Idiome sein, die es – abseits vorbelasteter Sinfonie-Komposition – eher erlaubten, experimentell und zugleich individuell am wachsenden Kanon groß besetzter Konzertmusiken teilzuhaben. Letztere Vermutung sieht sich in den Zahlen der Chormusik bestätigt: Auch hier dürften die immerhin 15 komponierenden Frauen der dritten Gruppe gegenüber den Dekaden zuvor auf eine breite und strukturell ausdifferenzierte Nachfrage nach Vokalensemblemusik reagiert haben. Die Anzahl der komponierten Werke von der ersten bis zur dritten Gruppe hat sich dabei beinahe verdoppelt (von 107 zu 190 Kompositionen).

Während die Bühnenmusiken statistisch relativ konstant bleiben und nur eine leichte Zu- und wieder Abnahme verzeichnen, deren Gründe nicht ersichtlich sind, zeigt sich ausgerechnet bei der oben so traditionell anmutenden, weil sich wiederholt in denselben Gattungsmustern bewegenden Kammermusik ein leichter, aber erkennbarer Rückgang. Eingedenk der für die späte Gruppe stets zu berücksichtigenden Optimierung der Verlagssituation und Überlieferung, die ein Vielfaches an Werken und weitaus mehr komponierende Frauen erwarten ließe als zuvor, ist aufgrund der hier gleichbleibenden Zahlen über Jahrzehnte hinweg tatsächlich das Gegenteil der Fall. Mögen sich manche der ehedem kammermusikalisch ambitionierten Komponistinnen im letzten zeitlichen Untersuchungsabschnitt um 1900 hin zu Chor-, Orchester- oder Kirchenmusik und damit weg von der Kammermusik entwickelt haben, so erklärt dies noch nicht den Rückgang in einem genuin privaten, dem Salon zugehörigen Genre, ausgerechnet bei Komponistinnen, die man gemeinhin doch dort vermuten möchte. Erneut wäre hier für ein Gesamtbild zu votieren, nach dem die in der Kammermusik zu dieser Zeit doch recht erstarrte Form- und Strukturkonstante, die auch altersgleiche Komponisten wie Nikolai Rimski-Korsakow (*1844), Arthur Sullivan (*1842) oder Hugo Wolf (*1860) eher in andere musikalische Gebiete vordringen ließ, manchen schlichtweg weniger interessant erschien als die experimentell eher offenen Konzepte in der großbesetzten Orchester- oder Vokalmusik. Freilich wurde die Kammermusik um 1900 – man denke an die Werke Max Regers – ebenfalls ein Hort für insbesondere die harmonische Avantgarde, doch wurden jene, die nach wie vor umfänglich in den traditionellen Formen und Klangsprachen komponierten, eher als rückständig begriffen, wie die zeitgenössischen, oft auch ideologischen Urteile über Robert Fuchs (*1847) oder Charles Villiers Stanford (*1852) zeigen. Die Orientierung komponierender Frauen weg vom Kerngeschäft kammermusikalischen Komponierens – in der ersten Gruppe mit 12 Frauen und 112 Werken bis zur Jahrhundertmitte immerhin noch reichlich vertreten – hin zu freieren Formen und Strukturen folgt demnach im Wesentlichen der obigen Beobachtung zu den einzelnen Gattungsgewichtungen, nämlich, dass weniger das nachhaltig-grüblerische, ringende Insistieren in einzelnen, tradierten Gattungen als vielmehr das Experimentieren und Teilhaben am Neuen und Offenen die Komponistinnen inspiriert zu haben scheint. Dies, gepaart mit einer offensichtlichen und über die Jahrzehnte konstanten Vorliebe für Solo-Gesang, der häuslicher Geselligkeit ebenso wie öffentlichem Konzertieren oder der Berufswahl der Pädagogin verpflichtet ist, macht das Wesen der hier statistisch abstrahierten Repertoire-Verteilung aus. Dass Konstanz in einzelnen Gattungen neugieriger Erprobung in anderen Formen nicht im Wege stehen muss, versteht sich von selbst, zeigt aber zugleich, dass sich das weibliche Komponieren keineswegs in genderspezifischen Nachteilsdebatten und biographischen Bedingungen erschöpft, sondern teilhat am gesamten musikhistorischen Prozess der Ausdifferenzierung und Spezialisierung von Künstlertum im 19. Jahrhundert.

Quellen- und Literaturverzeichnis

Ayaydin, Melanie, Artikel „Kinkel, Johanna", in: *Musikvermittlung und Genderforschung: Musikerinnen-Lexikon und multimediale Präsentationen*, hg. von Beatrix Borchard, Hochschule für Musik und Theater Hamburg, 2003 ff., http://mugi.hfmt-hamburg.de/artikel/Johanna_Kinkel (eingesehen am 30.11.2012).

Frey, Heike, Artikel „Dietz, Cathinka", in: *Musikvermittlung und Genderforschung: Musikerinnen-Lexikon und multimediale Präsentationen*, hg. von Beatrix Borchard, Hochschule für Musik und Theater Hamburg, 2003 ff., http://mugi.hfmthamburg.de/artikel/Cathinka_von_Dietz, (eingesehen am 30.11.2012).

Kralik von Meyrswalden, Rochus, Artikel „Kralik von Meyrswalden, Mathilde", in: *Musikvermittlung und Genderforschung: Musikerinnen-Lexikon und multimediale Präsentationen*, hg. von Beatrix Borchard, Hochschule für Musik und Theater Hamburg, 2003 ff., http://mugi.hfmt-hamburg.de/artikel/Mathilde_Kralik_von_Meyrswalden (eingesehen am 30.11.2012).

Krebs, Sharon, Artikel „Lang, Josephine", in: *Musikvermittlung und Genderforschung: Musikerinnen-Lexikon und multimediale Präsentationen*, hg. von Beatrix Borchard, Hochschule für Musik und Theater Hamburg, 2003 ff., http://mugi.hfmt-hamburg.de/artikel/Josephine_Lang (eingesehen am 30.11.2012).

Kreutziger-Herr, Annette und Unseld, Melanie (Hg.): *Lexikon Musik & Gender*, Stuttgart 2010.

Unseld, Melanie, Artikel „Martines, Marianne", in: *Musikvermittlung und Genderforschung: Musikerinnen-Lexikon und multimediale Präsentationen*, hg. von Beatrix Borchard, Hochschule für Musik und Theater Hamburg, 2003 ff., http://mugi.hfmt-hamburg.de/artikel/Marianne_Martines (eingesehen am 30.11.2012).

Cornelia Bartsch

Werk und Werkverzeichnis im digitalen Medium als „translatio memoriae" – zur Notwendigkeit von Kritik

> *As nu de Haas in vullen Loopen ünnen am Acker anköm, röp em den Swinegel sien Fro entgegen „ick bün all hier." De Haas stutzd un verwunderde sick nich wenig: he menede nich anders als et wöor de Swinegel sülvst, de em dat toröp, denn bekanntlich süht den Swinegel sien Fro jüst so uut wie ehr Mann.*[1]

Werkverzeichnisse von Komponistinnen zu erstellen bedeutet, in mehrfacher Hinsicht mit Paradoxa umzugehen: Verortet man die Anfänge des akademischen Fachs Musikwissenschaft für den deutschsprachigen Raum historisch in der Zeit zwischen Nikolaus Forkels Privatvorlesungen über Musik in Göttingen (ab 1772) und den Professuren für Musik von Heinrich Carl Breidenstein in Bonn (1826) bzw. Adolf Bernhard Marx in Berlin (1830),[2] so umreißen sie kultur- und sozialgeschichtlich die Zeitspanne der Ausprägung und Etablierung mehrerer miteinander verzahnter geschlechter- und musikhistorisch bedeutsamer Narrative. Zu diesen gehören die bipolare und von der Kongruenz von Körper und Seele ausgehende bürgerliche Geschlechterordnung, die im 18. Jahrhundert entstehende Vorstellung, Musik sei Ausdruck des menschlichen Selbst, die „Emanzipation" der Instrumentalmusik, die im frühen 19. Jahrhundert im deutschen Sprachraum als Sprache des Transzendentalen zur höchsten Form der Musik wurde, die Ausdifferenzierung der musikalischen Schaffensbereiche in ‚schöpferisch' und ‚nachschaffend' sowie – mit all diesen Diskursen verknüpft – schließlich die Entstehung des romantischen Geniebegriffs. Das Zusammenwirken dieser geschlechter- und musikhistorischen Narrative führte dazu, dass ‚die Komponistin', wie Rebecca Grotjahn gezeigt hat, am Ende des 19. Jahrhunderts zur contradictio in adjecto geworden war.[3] Weiblichkeit und musikalisches Schaffen schlossen einander aus. Um 1900 – also gerade in der Zeit, als Frauen wie Augusta Holmès (1847–1903), Ethel Smyth (1858–1944) oder Lili Boulanger (1893–1918) sich mit professionellem Selbstverständnis zu etablieren versuchten, – bewies

---

[1] „Als nun der Hase in vollem Lauf unten am Acker ankam, rief die Frau des Igels ihm zu: ‚Ich bin schon da!' Der Hase stutzte und wunderte sich nicht schlecht. Er meinte nichts anderes, als dass der Igel selbst es wäre, der ihm dies zurief, denn bekanntlich sieht die Frau des Igels genauso aus, wie ihr Mann." „Hase und Igel", *Kinder- und Hausmärchen*, hg. von Wilhelm und Jakob Grimm, (5. Auflage) Göttingen 1843, S. 465-469, hier S. 468. Übersetzung der Autorin.
[2] Cadenbach, Rainer; Jaschinski, Andreas; Loesch, Heinz von; Mielke-Gerdes, Dorothea, Artikel „Musikwissenschaft", in: *MGG Sachteil* Bd. 6, Sp. 1789–1834, hier Sp. 1802.
[3] Grotjahn, Rebecca, „Das Komponistinnenparadox. Ethel Smyth und der musikalische Geschlechterdiskurs um 1900", in: *Felsensprengerin, Brückenbauerin, Wegbereiterin: die Komponistin Ethel Smyth*, hg. von Cornelia Bartsch, Rebecca Grotjahn und Melanie Unseld, München 2010, S. 39–54.

eine Komponistin vor dem Hintergrund von Schriften wie etwa Otto Weiningers *Geschlecht und Charakter* (1903) nur, dass sie keine Frau im eigentlichen Sinne war.

Weiningers unter Wiener Intellektuellen viel gelesene Schrift bildet zwar einerseits einen „Sammelplatz und Höhepunkt der gesamten frauenfeindlichen Tradition des Abendlandes", wie Jacques Le Rider gezeigt hat, verraten seine misogynen Ausfälle indes zugleich eine „Krise des Männlichen" mit all seinen Mythen:[4] vom Genie, das Weininger als „Ausdruck höherer Männlichkeit" wertet,[5] bis zur abgegrenzten Identität des bürgerlich-männlichen Subjekts. Hieraus resultiert das zweite Paradox, das gewissermaßen auf einer Zeitverschiebung beruht. Als die ersten Frauen sich als professionelle Künstlerinnen definierten, waren die mit dem Künstlerbild und dem künstlerischen Werk im Gefolge der europäischen Aufklärung verknüpften Kategorien wie z. B. Identität, Originalität, Abgeschlossenheit, – also gerade jene, die dem ‚Weiblichen' abgesprochen worden waren –, in jeder Beziehung brüchig geworden. Während die Frauen im Gefolge der europäischen Frauenbewegungen ihrerseits eine Stärkung der Identität erfahren hatten, wurden die alten Identitätskonzepte in der zeitgenössischen Kunst radikal in Frage gestellt. In der Musik stand zudem die Idee eines linearen Fortschritts der Kompositionsgeschichte auf dem Prüfstand, wie dessen Beschwörung durch Vertreter der sich als modernes akademisches Fach etablierenden Musikwissenschaft und die Suche nach ‚Verjüngung' der europäischen Musik durch exotische Beigaben gleichermaßen zeigen.[6] Zugleich wurden – vermittelt durch Artefakte und künstlerische Darbietungen aus den Kolonien, die bei Weltausstellungen oder kolonialen Spektakeln in die Zentren des Kolonialismus gelangten – zunehmend auch europäische Wahrnehmungsweisen an sich hinterfragt.[7] Die Kunst von Frauen wurde, wie sich etwa am Beispiel von Ethel Smyth

---

4 Le Rider, Jacques, *Das Ende der Illusion. Die Wiener Moderne und die Krisen der Identität*, Wien 1990, S. 124.

5 Weininger, Otto, *Geschlecht und Charakter. Eine prinzipielle Untersuchung*, (Wien 1903) Reprint München 1980, S. 141.

6 Die Idee eines linearen Fortschritts war Vertretern der historischen und der frühen vergleichenden Musikwissenschaft im deutschsprachigen Raum gemeinsam. Sie wurde vielfach mit einer biologischen Metaphorik versehen und um 1900 mit Ursprungstheorien der Musik verknüpft. So konstatiert Guido Adler 1880: „Die Entwicklung der Tonkunst ist organisch. In stetiger Aufeinanderfolge reiht sich ein Entwicklungsmoment an das andere an, um den Organismus zur Vollendung zu bringen." Guido Adler, „Die historischen Grundclassen der christlich-abendländischen Musik bis 1600 in: *Allgemeine Musikalische Zeitung*, 15 (1880), 44-47, Sp. 689–693, 705–709, 721–726, 737–740, hier Sp. 689. Die Fortschrittsidee (und die Sorge vor dem Verfall) durchzieht, verbunden mit Nationalismen, diverse Schriften Hugo Riemanns (vgl. z. B. Ders., *Geschichte der Musik seit Beethoven 1800–1900* und Ders., *Geschichte der Musiktheorie vom IX–XIX Jahrhundert*). Aber auch Carl Stumpf beschwört (im Unterschied zu Riemann unter Einbeziehung der Musik fremder Völker) die Idee eines linearen Fortschritts der Musik, dessen Krone die europäische Musik sei (vgl. Carl Stumpf, *Die Anfänge der Musik*, Leipzig 1911, insbes. S. 59–60). Zur Idee, die europäische Musik könne sich durch fremde Einflüsse verjüngen vgl. insbesondere Capellen, Georg, „Exotische Rhythmik, Melodik und Tonalität als Wegweiser einer neuen Kunstentwicklung", in: *Die Musik* 6 (1906/1907), 3, S. 216–227.

7 Hierfür waren die musikethnologischen und wahrnehmungspsychologischen Untersuchungen Erich Moritz von Hornbostels zentral. Die Infragestellung der europäischen Wahrnehmungsweisen

zeigen lässt, dabei oftmals mit an exotischer Kunst orientierten Kompositionsweisen gleichgesetzt, während die Urheberin versuchte, sich in die europäische Tradition einzuschreiben.[8]

Auch das dritte Paradox beruht auf einer durch die Kategorie Geschlecht vermittelten Ungleichzeitigkeit: Die musikwissenschaftliche Frauenforschung setzte ein, als die für die Tradierung von Kunst seit dem späten 18. Jahrhundert grundlegende Einheit von Autorschaft und Werk längst als historische Konstruktion diskutiert wurde. Bereits 1968 hatte Roland Barthes den *Tod des Autors*[9] proklamiert und Michel Foucault zu seiner berühmten Replik veranlasst, in der er unter dem Beckettschen Motto „Wen kümmert's, wer spricht?" Autorschaft als Funktion analysierte, die in einem Kontinuum von Texten die Lektüren reguliert.[10] Vor dem Hintergrund dieses Diskurses musste bereits der Einsatz feministischer Literaturwissenschaftlerinnen für die Rekonstruktion des Lebens und Wirkens vergessener Schriftstellerinnen seltsam anachronistisch anmuten.

Aber nicht nur in den Kultur- und Literaturwissenschaften, auch in der deutschen Musikwissenschaft, die sich – nicht zuletzt infolge der Abkehr von musikpädagogischen und musiksoziologischen Ideologien des Nationalsozialismus – nach 1945 ganz bewusst am Kunstwerk orientierte, war der Werkbegriff (und mit ihm der Begriff der Autorschaft) keineswegs selbstverständlich oder gar statisch. Dies gilt gerade für Carl Dahlhaus, dessen *Grundlagen der Musikgeschichte* aus feministischer Perspektive – eben auf Grund seiner Orientierung am Kunstwerk – gerne als ‚Anti-Text' zitiert werden.[11] Wenn Dahlhaus dort konstatiert, dass sich kaum bestimmen lasse, wo „der geschichtliche Charakter" des Werks überhaupt anzutreffen sei, ob „in der Intention des Komponisten [...]; in der musikalischen Struktur [...] oder im Bewußtsein des Publikums der Entstehungszeit, für das ein Werk zum ‚Ereignis' wurde",[12] so bewegt er sich mit dem letzten Teil dieser Argumentation durchaus in der Nähe von Prämissen auch der musikwissenschaftlichen Geschlechterforschung. Denn „zum Ereignis" wird eine Musik nur im Zusammenspiel kultureller und historischer Faktoren und im Wesentlichen durch die Aufführung. Der Werkbegriff, der sich hier abzeichnet, berücksich-

---

führt mithin an den Anfang der modernen akademischen Musikwissenschaft in Deutschland. Eine literaturwissenschaftliche und kulturtheoretische Auseinandersetzung mit Hornbostels Forschungen findet sich in Werkmeister, Sven, *Kulturen jenseits der Schrift. Zur Figur des Primitiven in Ethnologie, Kulturtheorie und Literatur um 1900*, München 2010.

8 Vgl. Julius Korngolds Kritik über Ethel Smyths Streichquartett in e-moll im „Feuilleton Musik", *Neue Freie Presse Wien*, 13.12.1913, S. 1–4, hier S. 3, sowie hierzu meinen Aufsatz Bartsch, Cornelia, „(Anti)Primitivismus? – Ethel Smyths große Fuge (1913)", in: *Musiktheorie* 29 (2014), 4, S. 317 ff.

9 Barthes, Roland, „La mort de l'auteur", in: Ders., *Le bruissement de la langue. Essais critiques IV*, Paris 1984, S. 63–69, zuerst erschienen 1968 in der Zeitschrift *Manteia*. Deutsch: Barthes, Roland, „Der Tod des Autors", in: Ders., *Das Rauschen der Sprache. Kritische Essays IV* (Aus dem Französischen von Dieter Hörnig), Frankfurt a.M. 2012, S. 57–63.

10 Foucault, Michel, „Was ist ein Autor?", in: Ders., *Schriften zur Literatur* (aus dem Französischen von Karin Hofer und Anneliese Botond), Frankfurt a.M. 1988, S. 7–31. (Französische Erstausgabe: Foucault, Michel, „Qu'est-ce que c'est l'auteur?" in: *Bulletin de la Société française de Philosophie*, Juli–September 1969).

11 Dahlhaus, Carl, *Grundlagen der Musikgeschichte*, Köln 1977.

12 Dahlhaus, „Was ist eine musikgeschichtliche Tatsache?", in: Ebd: S. 57–73, hier S. 58–59.

tigt also neben kultur- und sozialgeschichtlichen Aspekten auch solche des Performativen – ein Feld, das für die musikwissenschaftlichen (ebenso wie die allgemeinen) Gender Studies zentral ist. Dahlhaus weist damit sogar auf neuere Auseinandersetzungen mit dem Werkbegriff voraus. So umreißt José A. Bowen in seiner Grundlegung der Performance Studies ein ähnliches Spannungsfeld, wenn er für einen gleichsam flüssigen Werkbegriff plädiert, der die Veränderlichkeit des Werks durch die Rezeption von Zuhörenden und Ausführenden mitreflektiert.[13] Wie sich zeigt, folgt hieraus eine Durchkreuzung der traditionellen disziplinären Grenzen des Fachs, denn das Feld, in dem von Werken gesprochen werden kann, beschränkt sich dann nicht mehr auf den Bereich der „Western music" – um in der anglophonen Terminologie zu bleiben –, für die Bowen festhält, sie sei „clearly more ‚work-centred' than many other musics," sondern schließt Musiken ein, die traditionell Gegenstand von ‚Ethnomusikologen und anderen' sind, „who study more oral ‚event-centred' musical cultures". Diese Forschenden, so Bowen, haben weniger Probleme, ihre Begrifflichkeiten zu klären: „For them, music is something that sounds."[14] Gegen solche bewusste ‚Disziplinlosigkeit' nimmt sich die hierzulande bis in die jüngere Zeit weitgehend in der historischen Forschung operierende musikwissenschaftliche Genderforschung wiederum recht antiquiert aus,[15] – während unterdessen im Bereich der populären Musik und mittlerweile auch in der Popularmusikforschung auf der Basis solcher ‚flüssigen Werkbegriffe' ein neuer Meisterwerkdiskurs entsteht, der denjenigen der historischen Musikforschung fortschreibt.[16] Aber

---

13 Bowen, José A., *Finding the Music in Musicology. Performance History and Musical Works*, hg. von Nicholas Cook und Mark Everist, Rethinking Music, Oxford, New York 1999, 424–451.
14 Bowen, *Finding the Music*, alle vorausgehenden Zitate S. 424.
15 Die weitgehend eurozentrische Perspektive der einschlägigen deutschsprachigen Reihen sowie Lexika und Kompendien ist teilweise bereits an den Reihentiteln, ansonsten an Inhaltsverzeichnissen und Einzeltiteln ablesbar (vgl.: *Europäische Komponistinnen*, hg. von Annette Kreutziger-Herr und Melanie Unseld, 2005 ff., *Musik – Kultur – Gender*, hg. von Annette Kreutziger-Herr, Wien 2006 ff., *Jahrbuch Musik und Gender*, hg. von der Fachgruppe Frauen und Gender Studien der Gesellschaft für Musikforschung und dem Forschungszentrum Musik und Gender Hannover, Hildesheim 2008 ff., *Musik und Gender. Grundlagen, Methoden, Perspektiven*, hg. von Rebecca Grotjahn und Sabine Vogt, Laaber: Laaber-Verlag 2010 (= *Kompendien Musik*, 5), *Lexikon Musik und Gender*, hg. von Annette Kreutziger-Herr und Melanie Unseld, Kassel Stuttgart 2010). Auch die lexikalischen Artikel von MUGI spiegeln bisher einen deutlichen Fokus auf den Bereich der historischen Musikforschung sowie eine Topographie, die Deutschland, Frankreich und Italien ins Zentrum eines musikhistoriographischen Narrativs „Europa" stellt.
   In der anglophonen Forschung wurden die disziplinären Wissens-Ordnungen unter Berücksichtigung der Kategorien Gender, Ethnizität und Klasse seit den 1990er Jahren hinterfragt, vgl. hierzu *Disziplining Music. Musicology and its Canons*, hg. von Katherine Bergeron, Kathrine und Philipp Bohlmann, Chicago und London 1992.
16 Zu den (der europäischen Musikgeschichte des 19. Jahrhunderts überaus ähnlichen) Mechanismen des Ausschlusses von Musikerinnen aus der Geschichte der Rock- und Popmusik vgl. z.B. Kruse, Holly, „Abandoning the Absolute: Transcendence and Gender in Popular Music Discourse", in: *Pop Music and the Press*, hg. von Steve Jones (Sound matters), Philadelphia 2002, S. 134–155, sowie insbesondere im Hinblick auf die Wechselwirkungen zwischen Popmusikjournalismus und Popmusikhistoriographie Johnson-Grau, Brenda, „Sweet Nothings: Presentation of Women in Pop

auch die wissenschaftlichen Editionen – mithin die Nachfolgeinstitutionen der einstigen Denkmäler- und frühen Werkausgaben der philologisch ausgerichteten älteren Musikwissenschaft, die im Anschluss an die oben genannten Lehrstühle zunächst entstand – scheinen schon da zu sein, wo die musikwissenschaftlichen Gender Studies bezogen auf die Organisation der „Wissensspeicher der Musik" hinwollen. Sie haben nicht nur den Werkbegriff in den letzten Jahrzehnten grundlegend reflektiert,[17] sondern kooperieren auch mit dem derzeit wachsenden Bereich der Digital Humanities. Ohne Genderreflexion erproben und entwickeln sie längst jene vernetzten und gleichsam flüssigen Publikationsformen,[18] welche die Gender Studies – auch mit einem Projekt wie MUGI – als besonders ‚genderaffin' für sich reklamieren.

In Anbetracht der Tatsache, dass Anton Webern zu Lebzeiten weniger publizierte als Ethel Smyth und dass auch von Schuberts Liedern verschiedene Autographe existieren, von denen keines autorisiert – also bewusst zur Publikation vorbereitet – wurde, ist zudem die Frage berechtigt, was denn eigentlich das genderspezifische an einer wissenschaftlich-kritischen Gesamtausgabe (und dem Werkverzeichnis als ihrer Voraussetzung) der Werke einer Komponistin wäre – abgesehen davon, dass keine solche Ausgabe existiert.[19]

Die Geschichte der musikwissenschaftlichen Genderforschung und ihrer ‚traditionellen Herkunftsdisziplin' erscheint mithin wie die Geschichte vom Hasen und dem Igel: Wo der Hase mit seinen langen Beinen (bzw. seiner feministischen Kritik) hinwill, lacht ihm schon immer der Igel entgegen – bzw. seine Frau, die von ihrem männlichen Pendant gar nicht zu unterscheiden ist. Um nicht das Schicksal des Hasen von Buxtehude zu erleiden, wird es nötig sein, die hier beschriebenen Paradoxa (d.i. den Wettlauf selbst) als inhärenten Bestand-

---

Journalism", in: *Pop Music and the Press*, hg. von Steve Jones (Sound matters), Philadelphia 2002, S. 202–218. Im Blick auf die Diskursstrategien vgl. z.B. auch den Titel der Serie „Wolfgang Doebbeling stellt vor: 25 vergessene und verkannte Meisterwerke" in: *Rolling Stone Magazin* vom 26.9.2014, http://www.rollingstone.de/wolfgang-doebeling-25-vergessene-verkannte-meisterwerke-371799/, eingesehen am 30.8.2015.

17 Vgl. hierzu z.B. das Statement von Christoph Wolff, der auch in der editorischen Praxis von einem flüssigen Werkbegriff ausgeht: „Das musikalische Kunstwerk […] unterliegt zwangsläufig dem Wandel. Daraus ergibt sich noch kein Widerspruch zum herkömmlichen klassischen Werkbegriff. Problematisch wird dieser Werkbegriff jedoch, wenn er sich mit der Vorstellung eines authentischen, gültigen, verbindlichen und vor allem singulären Urtextes verbindet." Wolff, Christoph, „Zwischen klassischem Werkbegriff und überlieferter Werkgestalt. Der musikalische Text als Vermittler", in: *Musik als Text*, hg. von Hermann Danuser und Tobias Plebuch, Bd. 1, Kassel 1998, S. 263–265, hier S. 263. Vgl. auch Schmidt, Christian Martin, Artikel „Editionstechnik", in: MGG Sachteil Bd. 2, Sp. 1656–1680, insbes. 1658–1659.

18 Vgl. hierzu z.B. http://www.edirom.de/, insbesondere die Informationen unter dem Link „Das Forschungsprojekt": http://www.edirom.de/das-forschungsprojekt/ (eingesehen am 20.8.2015) sowie http://anton-webern.ch/index.php?id=17 (eingesehen am 20.8.2015).

19 Die an der Universität Oldenburg entstandene Edition der Werke Louise Farrencs ist eine Teilausgabe. Vgl. hierzu *Louise Farrenc: Thematisch-bibliographisches Werkverzeichnis*, Wilhelmshaven: Florian Noetzel Verlag 2005 (= *Kritische Ausgabe der Orchester- und Kammermusik sowie ausgewählter Klavierwerke Louise Farrencs* hg. von Freia Hoffmann in Zusammenarbeit mit Christin Heitmann und Katharina Herwig, 15 Bde., Wilhelmshaven, 1998–2005), Bd. 4.

teil von „Technologien der Macht" im Sinne Michel Foucaults zu analysieren: als Ausdruck und Effekt eines Komplexes diskursiver Techniken und disziplinarischer Prozeduren, die sich in die Ordnungen und Corpora des Wissens wie in die lebendigen Körper und Subjekte einschreiben und von diesen aufrecht erhalten werden. Für die Musik ist hier insbesondere der Konnex zwischen der Subjektivierung des musikalischen Ausdrucks und der Entstehung des „imaginären Museums" der Musik zu nennen, die ihre Wurzeln gleichermaßen in der europäischen Aufklärung haben.[20] Zu fragen ist dabei nicht allein nach den Ausschlüssen aus den Wissensordnungen und Subjektformationen, sondern vor allem auch nach den Einschlüssen. Denn wie sich zeigen wird, fungieren Figuren des Weiblichen in Überschneidung mit solchen des Wilden und auch des Kindlichen in diesen Prozessen als ‚Grenzfiguren'. Sie befinden sich nicht vornehmlich im Außenbereich des „imaginären Museums", sondern sind substanziell mit den Konzepten verbunden, die dieses erst ermöglichen:[21] mit der Vorstellung von musikalischer Autorschaft wie mit der Idee des Genialen, mit den Konzepten des musikalischen Ausdrucks ebenso wie mit der Funktion der Schrift als Vermittlungs- und Speichermedium.

Aber was folgt daraus für die Erstellung von Werkverzeichnissen in einer Internetplattform wie MUGI? Soll die Gartenkunst des Tiefurter Parks als Bestandteil von Corona Schröters Gesamtkunstwerk aus Selbstinszenierung, Natur und einer vermeintlich ‚natürlichen' Musik in ihr Werkverzeichnis aufgenommen werden? Sollen Nadia Boulangers Schüler_innen in einer Werkliste aufgezeichnet werden, als Zeichen dafür, dass ein Werk eben auch eine andere Gestalt haben kann als die einer Reihe von Kompositionen?[22] Oder wie lässt sich das ‚Werk' einer Sängerin oder eines Sängers in Gestalt der Arien, die nur für ihre oder seine Stimme oder für eine von ihr oder ihm entwickelte Gesangstechnik geschrieben wurde, anders auflisten als unter dem Stichwort ‚Repertoire'?[23] Wie ist die Mitautorschaft Faustina Bordonis an Arien Johann Adolf Hasses oder Georg Friedrich Händels lexikalisch darstellbar?

In der Tat scheint das digitale Medium auf Grund seiner Offenheit, seiner Möglichkeit, verschiedene Perspektiven gleichberechtigt zu Wort kommen zu lassen und verschiedenen

---

[20] Goehr, Lydia, *The Imaginary Museum of Musical Works*, Oxford, New York 1992. Goehr setzt die Ursprünge des „imaginären Museums der musikalischen Werke" ebenfalls in der Zeit „um 1800" an. Carl Dahlhaus verwendet den Begriff dagegen 1980 mit dem Fokus auf das 19. Jahrhundert. Vgl. ders., „Musikkritik als Geschichtsphilosophie", in: *Die Musik des 19. Jahrhunderts* [1980] (= Carl Dahlhaus, Gesammelte Schriften 5, hg. von Hermann Danuser), Laaber 2003, S. 240–247, hier S. 242

[21] Zur Grenzfigur und ihrer Bedeutung für die Normenbildung: Purtschert, Patricia, *Grenzfiguren. Kultur, Geschlecht und Subjekt bei Hegel und Nietzsche*, Frankfurt a.M., New York 2006, insbes. S. 23.

[22] Unseld, Melanie, Artikel „Nadia Boulanger", in: *Musikvermittlung und Genderforschung: Musikerinnen-Lexikon und multimediale Präsentationen, hg. von Beatrix Borchard*, Hochschule für Musik und Theater Hamburg, 2003 ff., http://mugi.hfmt-hamburg.de/artikel/Nadia_Boulanger (eingesehen am 15.7.2015). Der Artikel verfährt so nicht.

[23] Vgl. z.B.: Woyke, Saskia, Artikel „Faustina Bordoni", in: *Musikvermittlung und Genderforschung: Lexikon und multimediale Präsentationen*, hg. von Beatrix Borchard, Hochschule für Musik und Theater Hamburg, 2003 ff. http://mugi.hfmt-hamburg.de/artikel/Faustina_Bordoni (eingesehen am 15.7.2015).

Wahrnehmungsweisen Raum zu geben, gegenüber dem Buch im Vorteil zu sein, wenn es darum geht, aus dem Kanon einer Kultur Verdrängtes in die Erinnerung zurückzuholen und vor allem einer breiten Aneignung zu erschließen. Dennoch weisen die skizzierten Paradoxa auf die Komplexität des Problems gerade auch im Hinblick auf die Geschlechtereinschreibungen in den Medienwandel selbst hin. Auf diese Fragen und Probleme wird am Ende – nach einer Analyse vornehmlich der Prozeduren, in denen sich der Konnex von Autorschaft und Werk zum Kern der Tradierung von Musik entwickelt – zurückzukommen sein.

Grenzfiguren musikalischer Autorschaft[24]

Es lohnt sich zunächst, einen kurzen Blick auf die Anfänge der Diskurse zu werfen, an deren Ende das „Komponistinnenparadox" stand: die Herausbildung der bürgerlichen Geschlechtscharaktere und die Diskussionen über Musik als Ausdruck des Inneren im späten 18. Jahrhundert.[25] Denn es war keineswegs ausgemacht, dass Männlichkeit eine besonders gute Voraussetzung für eine auf solchen Ideen beruhende Musikästhetik war. Im Gegenteil: Wie Matthew Head gezeigt hat, schienen Frauen im letzten Drittel des 18. Jahrhunderts für eine kurze Zeit sogar deutlich geeigneter, die ästhetischen Prämissen der Empfindsamkeit zu erfüllen.[26] Corona Schröter (1751–1802), Charlotte Wilhelmine (Minna) Brandes (1765–1788) und Sophie Westenholz (1758–1838) dienen in seiner Studie als Fallbeispiele einer „archeology of authorship":[27] als Verkörperungen der neuen Ideen einer ‚Kunst des Ungesuchten' sowie als bewusste Inszenierungen der Verbindung von Genie und ‚Natürlichkeit'. Diese Zuschreibungen bildeten den Boden für die Formung musikalischer Autorschaft im Sinne des 19. Jahrhunderts – als Konnex zwischen einer unmittelbar sprechenden (absoluten) Musik und ihrem (genialen) Schöpfer. Geschlechter- und Musikgeschichte greifen

---

24 Einige Gedanken und einzelne Passagen aus diesem sowie dem folgenden Abschnitt finden sich in anderem Kontext und mit anderem Fokus ähnlich auch im Aufsatz der Autorin „Reflexionen über Musikkritik und Gender" in: *Musikkritik. Historische Zugänge und systematische Perspektiven*, hg. von Simon Obert und Fritz Trümpi (Anklänge 2015), Wien 2015, S. 59–89.
25 Die Geschichte und der Wandel des musikalischen Ausdrucks sind erstaunlicher Weise fast als Desiderat zu bezeichnen. Ein Überblick findet sich bei Kapp, Reinhard, „Zur Geschichte des musikalischen Ausdrucks", in: *Beiträge zur Interpretationsästhetik und Hermeneutik-Diskussion*, hg. von Claus Bockmaier, Laaber 2009, zum Wandel des Ausdrucksbegriffs im 18. und frühen 19. Jahrhundert insbes., S. 143–179. Für den ästhetischen Wandel im 18. Jahrhundert ist trotz seiner nationalistischen Einfärbung und unpräzisen Zitation nach wie vor grundlegend: Eggebrecht, Hans-Heinrich, „Das Ausdrucksprinzip im Sturm und Drang", in: *Deutsche Vierteljahrsschrift für Literaturwissenschaft und Geistesgeschichte* 29 (1955), S. 323–349.
26 Head, Matthew, *Sovereign Feminine. Music and Gender in Eighteenth-Century Germany*, Berkeley 2013.
27 Head, *Sovereign Feminine*, S. 22. Sophie Westenholz markiert bereits das Ende der kurzen Phase, in der die Identifizierung von Weiblichkeit mit natürlicher Authentizität Frauen einen schöpferischen Freiraum auch als Komponistinnen verschaffte. Vgl. Head, Sovereign Feminine, S. 158.

dabei ineinander: Die neue Vorstellung vom Geschlechtergegensatz – im Unterschied zum zuvor gültigen „One-Sex-Model", demzufolge das weibliche Geschlecht als unvollkommenere Version des männlichen galt,[28] – ermöglichte erst die Idee einer vollkommenen Weiblichkeit, der im Gegensatz zum männlichen Geschlecht erstens eine größere Empfänglichkeit für äußere Reize und zweitens besondere Authentizität und Natürlichkeit zugeschrieben wurde. Die Argumentation verlief dabei durchaus quer zu den Klischees, die sich im 19. Jahrhundert entwickelten. So verknüpfte der zeitgenössisch führende deutsche Arzt Jacob Fidelis Ackermann (1765–1815) die größere nervliche Empfindsamkeit der Frauen auch mit ihrer besonderen Befähigung zur Wissenschaft. Da das „weibliche Hirn, verglichen mit dem ganzen übrigen Körper schwerer sey, als das männliche" und da beim weiblichen Geschlecht die „Nervenanfänge dünner" seien, befand Ackermann, sei es auch „kein Wunder", wenn Frauen „zu wissenschaftlichen Unternehmungen tauglicher sind als die Männer; deren größten Theile ohnstreitig körperliche Arbeiten zum Loose geworden."[29] Die den Frauen mit ‚harten' physiologischen Argumenten zugeschriebene größere Empfindsamkeit kam der im späten 18. Jahrhundert entstehenden Idee entgegen, Musik sei „Ausdruck der Seele". Zugleich erwies sich ihr weitgehender Ausschluss aus Bildungsinstitutionen wie Lateinschulen und Universitäten plötzlich als Vorteil, da sie als ‚unverbildet' – und folglich als prädestiniert für die Abkehr von älteren ästhetischen Idealen wie insbesondere der Rhetorik galten.[30] Frauen wurden mithin zu einer Chiffre für das musikalisch Moderne – auch wenn dies nicht einhellig positiv bewertet wurde. Insbesondere Nikolaus Forkel sah darin ein Zeichen des Verfalls, – wobei seine Geschlechtermetaphorik *ex negativo* auch die These von der Affinität zwischen Moderne und Weiblichkeit bestätigt:

> Die erste Hälfte unsers gegenwärtigen Jahrhunderts hindurch, war die Tonkunst unstreitig in allen Betracht in ihrer schönsten und männlichsten Reife. Ernst, Würde, Größe und Erhabenheit des innern Charakters, – Ordnung und Richtigkeit des grammatischen und rhetorischen Baues, – äußerer glänzender, aber wahrer und passender Vortrag sind Merkmale ihrer wahren Vollkommenheit, und insgesammt lassen sich diese vortreflichen Eigenschaften der Tonkunst jener glücklichen Zeiten nicht absprechen. Aber, eben dieser glückliche Zeitpunkt ihrer Vollkommenheit, war er nicht zugleich ein Vorbote ihrer Abnahme? Geriethen nicht die Künstler, aus Furcht für bloße Nachahmer gehalten zu werden, bald auf neue und unbetretene Wege? […] [N]iemals ist wohl mehr von Größe,

---

28 Laqueur, Thomas W., *Making Sex. Body and Gender from the Greks to Freud*, Cambridge, Mass. 1990.
29 Jacob Fidelis Ackermann: *Über die körperliche Verschiedenheit des Mannes vom Weibe außer den Geschlechtstheilen. Übersetzt nebst einer Vorrede und einigen Bemerkungen von Joseph Wenzel*, Koblenz 1788, erstes Zitat S. 142, weitere Zitate S. 148–149. Auch zitiert bei Head, S. 248.
30 Vgl. hierzu die Parallelen in der Literaturgeschichte, wo der Frauenbrief zum Vorbild für die ‚natürliche' Schreibweise wurde. Exemplarisch hierfür insbesondere Christian Fürchtegott Gellert, *Briefe, nebst einer praktischen Abhandlung von dem guten Geschmacke in Briefen*, Leipzig 1751, weitere Beispiele sowie Aufsätze hierzu in *Die Frau im Dialog. Studien zur Theorie des Briefes*, hg., von Lieselotte Steinbrügge und Anita Runge, Stuttgart 1991.

vom Erhabenen, vom Schönen, vom Ausdruck eines männlichen und starken Gefühls deklamirt worden als jetzt, und wenn hatten wir wohl weniger Ausdruck des Großen, des Erhabenen, des wahren Schönen, und des männlich-starken Gefühls?[31]

Doch ist es, wie Heads Studie zeigt, auch der postumen Kanonisierung Forkels als erstem Bach-Biographen und Verfasser der ersten deutschen Musikgeschichte geschuldet, dass mit den zeitgenössischen Gegenstimmen gegen diese Verfallsthese auch die Bedeutung von Theorien idealer Weiblichkeit für die Ausbildung der Ästhetik der absoluten Musik in Vergessenheit gerieten.[32] Dass hiermit zugleich auch die Komponistinnen, die um 1800 für eine kurze Zeit ohne negative Bezugnahmen auf ihr Geschlecht agieren konnten,[33] aus der Historiographie verschwanden, ist mithin auch das Ergebnis einer rückwärtigen, auf Johann Sebastian Bach hin zugespitzten und national gefärbten musikhistorischen Konstruktion. Der in Forkels Vorrede bereits ausgeprägte und durch das ‚lange 19. Jahrhundert' fortgeschriebene Konnex von Ernsthaftigkeit, Tiefe, Wahrhaftigkeit und deutschem musikalischen Nationalcharakter einschließlich seiner Konnotation als ‚männlich' war indes Hauptangriffspunkt zeitgenössischer Kritik. Vor dem Hintergrund dieser Kritik lesen sich Forkels Argumentationsfiguren geradezu als Abwehrmaßnahme gegen den Vormarsch von Frauen auf dem Gebiet der Musik. Wie Head insbesondere am Beispiel von Johann Friedrich Reichardts als Parodie auf die Almanache Forkels verfasste Almanach-Reihe von 1782 bis 1784 zeigt,[34] wurde eben dieser argumentative Konnex in Wort und Bild lächerlich gemacht.[35] Allerdings wird in Reichardts ‚Antwort' auf Forkel auch das Problem deutlich, das der Verbindung von idealer Weiblichkeit und neuer Musikästhetik im Hinblick auf Tradierung und Historiographie inhärent war. Immer wieder betont Reichardt als besonderen Vorzug der Instrumentalistinnen und Sängerinnen die Einheit zwischen ihrem Seelenzustand und ihrer Musik. Von der Karlsruher Sopranistin Francisca Wöggel berichtet er: „Singt sehr gut, und mit Ausdruck und Portamento, besonders die Trauerarien, die ihrem Herzen am besten zu entsprechen

---

31 Forkel, Johann Nikolaus, *Musikalisch-kritische Bibliothek*, Bd. 1, Gotha 1778, S. V-VII, auch zitiert bei Head, Sovereign Feminine, S. 10–12.

32 Head, Sovereign Feminine, S. 11.

33 Head stellt auf der Basis seiner Quellen, darunter die Tagebücher und Musikgeschichten Charles Burneys (Burney, Charles, *The Present State of Music in France and Italy, or The Journal of a Tour through those Contries, Undertaken to Collect Materials for a General History of Music* / Deutsch: *Carl Burney's der Musik Doctors Tagebuch einer musikalischen Reise durch Frankreich und Italien, aus dem Englischen übesetzt von E. D. Ebeling 1772* sowie *Carl Burney's der Musik Doctors Tagebuch einer musikalischen Reise durch Flandern die Niederlande und am Rhein bis Wien*, Hamburg 1773; sowie Burney, Charles, *History of Music*, 2 Bde., London 1773 und Ders., *A General History of Music: From the Earliest Ages to the Present Period to which Is Prefixed, a Dissertation on the Music of the Ancient*, 4 Bde., London 1776–1789) eine im Rückblick zwar überraschende, zeitgenössisch auf Grund der Nähe der Komposition zum Klavierspiel jedoch naheliegende, ‚explosionsartige' Zunahme publizierender Komponistinnen heraus. Head, Sovereign Feminine, S. 21.

34 Head, Sovereign Feminine, S. 12–17.

35 Vgl. hierzu insbes. das Frontispiz von Johann Friedrich Reichardts Almanach auf das Jahr 1782, abgebildet bei Head, Sovereign Feminine, S. 14 und kommentiert ebd., S. 13–15.

scheinen."³⁶ Den Gesang der Würzburger Sängerin Stephani beschreibt er als „leises Geflüstter des liebenden Herzens. So singen die Huldgöttinnen, wenn sie den Armor in Rosenflechten einwiegen", um mit den Worten zu schließen: „Und so würden Engel singen, wären Menschenohren geweiht genug für Engelchöre."³⁷ Die Unvereinbarkeit von Musik als Ausdruck innerster Seelenzustände und ihrer Entäußerung im Rahmen einer noch so privaten Aufführung zieht sich wie ein Topos durch seine Beschreibungen. Ideale Musik ist Reichardts Ausführungen zufolge für Außenstehende unhörbar. Sie kann nur erklingen, wenn die Spielenden oder Singenden sich alleine wähnen. Sie müssen bei zufällig sich ergebenden Gelegenheiten belauscht werden, was Reichardt immer wieder als besonderes Glück beschreibt. Dies gilt unabhängig vom Geschlecht für alle Musizierenden, die seinem ästhetischen Ideal am nächsten kommen: Christian Friedrich Daniel Schubart (1739–1791), „sich selbst überlassen, im stillen Maiabend am Clavichord zu belauschen: Wonne war's für jeden, der's konnte."³⁸ Reichardts Charakterisierung der Mozart-Schülerin Rose Cannabich (1764–1839) erfolgt aus der Schlüsselloch-Perspektive, als müsse er sich für die Indiskretion, sie bei ihrem Spiel der Frühlingsstücke von Stärkel ‚belauscht' zu haben, entschuldigen: „Wenn die Grazie sich mit der spielenden Muse vereiniget, […] widerstehe, wer widerstehen will, ich kanns nicht. Möchte ich sie, ganz dem Herzen fühlbar noch einmal herauf rufen können, die seligen Augenblicke, wo ich das Mädgen am Clavier belauschte."³⁹ Die Metapher von der Vereinigung der Grazie mit der spielenden Muse liest sich rückblickend zunächst als anzügliche Anspielung auf Cannabichs oft gerühmte Schönheit im Verbund mit dem Topos der Frau als Muse. Im zeitgenössischen Kontext ist sie indes eher als lebendige Allegorie der Verknüpfung des ästhetischen Ideals der Naturnachahmung mit den neuen Idealen der Weiblichkeit zu lesen. In Anbetracht der Nähe des Ideals ‚kunstloser Erfindung' mit dem Spiel von Musik und der allgemein noch flüssigen Übergänge von Musikausübung und Komposition macht Reichardts Metapher sogar deutlich, wie selbstverständlich auch das Komponieren in den Bereich der Frauen rückte.⁴⁰ Auch wenn sich das Bild einer solchen Kunst ohne „Autors-Künste",⁴¹ wie das Beispiel des Briefromans zeigt, für die Frauen am Ende als „trojanisches Pferd" erweisen sollte,⁴² bleibt zunächst festzuhalten, wie eng es mit frühen

---

36 Reichardt, Johann Friedrich, *Musikalischer Almanach auf das Jahr 1782*, Alethinopel [Leipzig] ca. 1782, S. 67.
37 Reichardt, Musikalischer Almanach, S. 47.
38 Reichardt, Musikalischer Almanach, S. 49.
39 Reichardt, Johann Friedrich, *Musikalischer und Künstler-Almanach auf das Jahr 1783*, Alethinopel [Leipzig], ca. 1783, S. 27.
40 Carl Philipp Emanuel Bachs berühmter *Versuch einer Anleitung* ist bekanntlich nicht nur eine Klavierschule, sondern zugleich eine Anleitung zur Improvisation und zur Komposition einer freien Fantasie.
41 La Roche, Sophie v., *Geschichte des Fräuleins von Sternheim. Von einer Freundin derselben aus Original-Papieren und andern zuverlässigen Quellen gezogen*, hg. von Christian Martin Wieland, Leipzig 1771, Erster Teil, S. XVI.
42 Bovenschen, Silvia, *Die imaginierte Weiblichkeit. Exemplarische Untersuchungen zu kulturgeschichtlichen und literarischen Präsentationsformen des Weiblichen*, Frankfurt a.M. 1979, S. 200.

Theorien des Genialen verknüpft war. Head verweist diesbezüglich unter anderem auf die *Conjectures on Original Composition* (1759) des englischen Dichters Edward Young (1683–1765), die bereits ein Jahr nach ihrem Erscheinen ins Deutsche übersetzt und von Autoren wie Johann Gottfried Herder, Johann Georg Sulzer und Johann Wolfgang von Goethe rezipiert wurden. Young entwirft darin eine Theorie des „vegetable genius", in der er Originalität – als Kennzeichen des Genies – mit dem spontanen Wachstum der Natur gleichsetzt – im Gegensatz zur mechanischen Herstellung, die der Imitation entspreche: „An *Original* may be said to be of a *vegetable* nature; it rises spontaneously from the vital root of genius; it *grows*, it is not *made*: *Imitations* are often a sort of *manufacture* wrought up by those *mechanics*, *art*, and *labour*, out of pre-existent materials not their own."[43] Der Genius selbst wird dabei mit dem fruchtbaren Boden (soil) gleichgesetzt, – als „Mutterboden" oder „Mutter Erde" eine zentrale Metapher des Weiblichen, nicht nur im Deutschen. Vor diesem Hintergrund konnte Corona Schröter (1751–1802) ihr für den Tiefurter Park geschriebenes Singspiel *Die Fischerin* bewusst und unter Einbeziehung ihrer eigenen Person[44] als Gesamtkunstwerk aus Natur, Kultur und Musik inszenieren – und für diese Inszenierung die Vorstellungen des Genialen ebenso wie die Idee moderner idealer Autorschaft für sich in Anspruch nehmen. Heads Begriff der „archeology of authorship" verweist treffend darauf, dass das Schaffen Schröters und auf andere Art auch das von Brandes und Westenholz im Blick auf das entstehende Konzept musikalischer Autorschaft – als wechselseitiger Konnex zwischen einer unmittelbar sprechenden Musik und ihrem Schöpfer – in einen vorgeschichtlichen Raum verschoben wird, und zwar im doppelten Sinn: Sowohl die schöpferisch beteiligten Frauen als auch die vergeschlechtlichten Diskurse am Beginn der absoluten Musik bleiben als Bestandteile der Geschichte der absoluten Musik historiographisch unberücksichtigt. Als ‚Schwellenfiguren' („threshold-figures") markieren Frauen damit den Übergang in das noch unbekannte Gebiet der absoluten Musik, für die die Entdeckung des inneren Ausdrucks unabdingbar war; und Musikästhetik und Musikhistoriographie bedienen mithin einen kulturgeschichtlichen Topos der westlichen Zivilisationen seit der Entdeckung der „Neuen Welt".[45] Die Wirksamkeit dieser Verschiebung für die Ein- und Ausschlüsse in bzw. aus dem Korpus des musikwissenschaftlichen Wissens wird insbesondere im Zusammenhang mit den medialen Aspekten des Prozesses deutlich, in dem Musik zur Ausdruckskunst und zugleich das musikalische Genie gleichsam zur Voraussetzung für die Distribution von Musik wird. Denn die Schrift gewinnt, wie sich zeigen wird, die Qualität als Vermittlungs- und Speichermedium von Musik unter anderem durch die Verschiebung von Figuren des Weiblichen in einen Raum des Imaginären. Insofern die Enthistorisierung sowohl von „Natur" und „Natürlichkeit" (mithin auch des ‚natürlichen Ausdrucks', der um 1800 zunächst den

---

43 Young, Edward, *Conjectures on Original Composition* (1759), hg. v. Edith J. Morley, London 1918, S. 7, erster Satz nach anderer Quelle auch zitiert bei Head, Sovereign Femine, S. 154.
44 Schröter trat in der Rolle der weiblichen Hauptfigur, selbst Ideal zeitgenössischer Weiblichkeit, auf.
45 McClintock, Anne, *Imperial Leather, Race, Gender and Sexuality in Colonial Contest*, New York 1995, insbes. S. 24–25, Zitat S. 24.

Frauen zugewiesen wird) die Idee eines allgemeinen und universellen Fortschritts in der Musik erst inauguriert, handelt es sich bei diesem zugleich um einen „anachronistischen Raum".[46] In dieser Verschiebung der Frauen in den Raum des Imaginären zeigen sich mithin um 1800 bereits Spuren jener Machtmechanismen, die die Kulturtheoretikerin und Literaturwissenschaftlerin Ann McClintock als charakteristisch für die imperialistischen Gesellschaften des späten 19. Jahrhunderts analysiert hat.[47] Auf die Musikgeschichte zugespitzt erweist sich die Verschiebung der Frauen in einen „anachronistischen Raum" als Voraussetzung für den als Filiation männlicher Meisterwerke gedachten Fortschritt der europäischen Musik.

Ausdrucksschriften/Körperschriften:
Von der Fantasiermaschine zum Kinematographen

Zu den Paradoxien des Paradigmenwechsels um 1800 gehört es, dass ausgerechnet im Verlauf des Prozesses, in dem der Musik infolge des neuen Ideals der Authentizität der Charakter des Improvisierten und damit eine (fiktive) ‚Mündlichkeit' eigen wird, die Schrift eine zuvor unbekannte Bedeutung als Vermittlungsmedium von Musik bekommt. Roland Barthes konstatiert für die Wende zum 19. Jahrhundert sogar einen Übergang zu einer gänzlich veränderten musikalischen Praxis, die ihre eigene „Geschichte, ihre Soziologie, ihre Ästhetik und ihre Erotik" besitze.[48] An die Stelle des Spiels als musikalische Praxis („la musique que l'on joue") trete, so Barthes, die Praxis des Hörens („la musique que l'on écoute").[49] Diese aber sei mit Beethoven zum Lesen geworden, nicht im Sinne eines inneren Hörens, vielmehr müsse man sich angesichts dieser Musik „in die Aktivität eines *Performators* versetzen [...], der umstellen, gruppieren, kombinieren, verketten, mit einem Wort [...]: strukturieren

---

46 McClintock, Imperial Leather, insbes. S. 40–42, Zitat S. 40.
47 McClintock entfaltet ihren Begriff des „anachronistischen Raums" („anachronistic space", S. 40–42) als Gegenbegriff zur „panoptischen Zeit" („panoptical time", ebd. S. 36–39). Letzteres bezeichnet die (im späten 19. Jahrhundert in ‚Stammbäumen der Menschheit' wie auch in Weltausstellungen und kolonialen Spektakeln visualisierte) Idee einer universellen Entwicklung der Menschheit, verbunden mit der Vorstellung, fremde Kulturen zeigten ein früheres Stadium der europäischen Entwicklung, welche die höchste Entwicklungsstufe repräsentiere. McClintock, Imperial Leather, S. 39–42. Ansätze solcher Vorstellungen zeigen sich bereits in den musikästhetisch relevanten Schriften Herders, wenn dort – basierend auf Reisebeschreibungen insbesondere aus Amerika – den „Wilden" eine Ausdruckshaftigkeit der Sprache zugeschrieben wird, die sich in den kultivierten europäischen Sprachen verloren habe. Vgl. unten.
48 „Il y a deux musiques (du moinsje l'ai toujours pensé): celle que l'on écoute, celle que l'on joue. Ces deux musiques sont deux arts entièrement différents, dont chacun possède en propre son histoire, sa sociologie, son esthétique, son érotique", Barthes, Roland, „Musica Practica", in: Ders., *L'obvie et l'obtus. Essais critiques III*, Paris 1992, S. 231–235, hier S. 231. Der Text erschien zuerst 1970 in der Zeitschrift *L'Arc*. Deutsch Ders., „Musica Practica", in: Ders., *Der entgegenkommende und der stumpfe Sinn. Kritische Essays III* (aus dem Französischen von Dieter Hornig), Frankfurt a.M. 1993, S. 264–268, hier S. 264.
49 Ebd.

kann".⁵⁰ Dieses Lesen, zu dem Beethovens Musik herausfordere, entspricht Barthes' Konzept vom „Schreiben-Lesen" („écriture-lecture") sowie vom „Schreiben des Körpers",⁵¹ denn, so fährt er fort:

> Genauso wie die Lektüre des modernen Textes […] nicht darin besteht, diesen Text zu rezipieren, zu kennen oder nachzuempfinden, sondern ihn von neuem zu schreiben, seine Schreibweise mit einer neuen Inschrift zu durchziehen, genauso heißt Beethoven lesen, in seine Musik *eingreifen*, sie in eine unbekannte *Praxis* hinüberziehen […].⁵²

In diesem Sinne wird Beethoven für Barthes zum Zukunftsmusiker, und der Ort dieser Zukunftsmusik

> ist nicht der Konzertsaal, sondern die Bühne [la scène], auf der die Musiker in einem oft hinreißenden Wechselspiel von einer Schallquelle zur anderen wechseln: Wir sind es, die spielen, wenn auch wieder nur über Stellvertreter; aber man kann sich vorstellen, daß – später? – das Konzert ausschließlich eine Werkstatt sei […] und das ganze musikalische Tun in einer *restlosen* Praxis aufginge.⁵³

Fast luzide benennt Barthes hier verschiedene mediale Aspekte des musikhistorischen Paradigmenwechsels, der sich mit der Musik Beethovens bereits vollzogen hat: Die neue Rezeptionsweise von Musik durch Lesen, die erst mit der Taschenpartitur – entstanden im Zusammenhang mit der Kammermusik der Wiener Klassik, insbesondere mit dem Streichquartett – möglich wurde; ein Hören, das die Erfindung der Hörenden und ihre eigene Ein*bild*ungskraft herausfordert, das sich also mit dem Sehen, mit Bildern, verbindet;

---

50 Barthes, Musica Practica (deutsch), S. 268 (Hervorhebung i. O.). „[I]l faut se mettre à l'égard de cette musique dans l'état, ou mieux dans l'activité, d'un *performateur*, qui sait déplacer, grouper, combiner, agencer, en un mot […]: structurer". Barthes, Musica Practica. (frz.), S. 234.
51 Das Konzept der écriture/lecture entwickelt Barthes zunächst vor allem in den Texten *S/Z* (Paris 1970, deutsch Frankfurt a.M. 1976) und *Die Lust am Text* (*Le plaisir du texte*, Paris 1973, deutsch Frankfurt am Main 1974). Zum ‚Schreiben des Körpers' und zum Schreiben-Lesen, vgl. auch Roland Barthes „Von der Wissenschaft zur Literatur", in Barthes, Roland, *Das Rauschen der Sprache. Kritische Essays IV*, S. 9–43. Ders., „De la science à la littérature", in: Barthes, Roland, *Essais critiques IV*, S. 11–48. Zum ‚Schreiben des Körpers' vgl. z.B. ebd., S. 40: „La lecture, ce serait le geste du corps qui d'un même mouvement pose et pervertit son ordre". („Die Lektüre wäre die Geste des Körpers […], der im selben Zug seine Ordnung setzt und pervertiert", Barthes, Das Rauschen der Sprache. Kritische Essays IV, S. 36).
52 Barthes, Musica Practica (deutsch), S. 268 (Hervorhebungen i. O.). „De même que la lecture du texte moderne […] ne consiste pas à recevoir, à connaître ou à ressentir ce texte, mais à l'écrire de nouveau, à traverser son écriture d'une nouvelle inscription, de même, lire ce Beethoven, c'est *opérer* sa musique l'attirer […] dans une *praxis* inconnue.", Barthes, Musica Practica (frz.), S. 234.
53 Barthes, Musica Practica (deutsch), S. 268 (Hervorhebungen i. O.). „[L]e lieu moderne de cette musique n'est pas la salle, mais la scène où les musiciens transmigrent, dans un jeu souvent éblouissant, d'une source sonore à une autre: c'est nous qui jouons, il est vrai encore par procuration; mais on peut imaginer que – plus tard? – le concert soit exclusivement un atelier, […] où tout le faire musical serait absorbé dans une praxis *sans reste*." Barthes, Musica Practica (frz.), S. 235 (Hervorhebungen i. O.).

eine Musik, die daher auf der Bühne stattfindet und die schon deshalb auch szenisch oder gestisch ist, und schließlich der Hinweis darauf, dass mit dem einen Medienwechsel – vom musizierenden Körper zur Schrift – schon der nächste sich andeutet, wenn alle Anwesenden gleichsam als ‚lebendige Schallquellen' fungieren.

Betrachtet man den Medienwechsel um 1800 genauer, so ist zunächst festzustellen, dass der neuen Funktion der Notenschrift als Vermittlungsmedium ihre gründliche Infragestellung vorausgeht – wie es die neuen ästhetischen Prämissen ja auch nahelegen. Der Diskurs über die Grenzen der Notenschrift zur Aufzeichnung von aus dem Moment heraus erfundener Musik wurde indes nicht im Zusammenhang mit der ‚kunstlosen Kunst' Corona Schröters oder Minna Brandes geführt. Er bezog sich vielmehr auf eine andere Art des 'Spiels aus der Seele', das eher Kontinuiäten zu älteren ästhetischen Idealen herstellte: „Die Fantasien von großen Meistern, besonders die, welche aus einer gewissen Fülle der Empfindung und in dem Feuer der Begeisterung gespielt werden, sind oft, wie die ersten Entwürfe der Zeichner, Werke von ausnehmender Kraft und Schönheit, die bey einer gelassenen Gemüthslage nicht so könnten verfertigt werden"; so schreibt Johann Georg Sulzer zu Beginn der 1770er Jahre in seiner *Allgemeinen Theorie der Schönen Künste*, um fortzufahren:

> Es wäre demnach eine wichtige Sache, wenn man ein Mittel hätte, die Fantasien großer Meister aufzuschreiben. Dieses Mittel ist auch wirklich erfunden, und darf nur bekanntgemacht werden, und von geschikten Männern die letzte Bearbeitung zur Vollkommenheit bekommen.[54]

Paradigmatisch für den fließenden Übergang zwischen Instrumentalspiel und Komposition hätte die freie Fantasie durchaus im potenziellen musikalischen Betätigungsfeld der Frauen gelegen, die in der zweiten Hälfte des 18. Jahrhunderts komponierten. Es stellt sich also die Frage, warum Frauen in dieser Gattung, soweit bekannt, keinerlei Erwähnung finden oder auch tatsächlich nicht in Erscheinung traten, – zumal sie Schülerinnen großer Ex-Tempore-Spieler waren: Sara Levy und ihre Schwestern etwa waren Schülerinnen Wilhelm Friedemann Bachs; und geht man weiter in der Geschichte der Fantasie zurück, so stößt man auf Sybilla von Württemberg, die letzte Schülerin Johann Jacob Frobergers, und ihre Aussage, dieser habe seine freien Klavierkompositionen nicht anders als durch das direkte Vorbild im engsten Schüler_innenkreis weitergeben wollen, da andere „doch nit wisten mit umbzugehen sondern selbige mehr verderben", denn es wisse, „wer die sachen nit vom ihme hern Froberger sel. gelernt, unmüglich mit rechter discretion zu schlagen, wie er sie geschlagen hat".[55] Wie hier schon deutlich wird, reichte die Geschichte der Fantasie weit in die Zeit vor dem ästhetischen Paradigmenwechsel des 18. Jahrhunderts zurück und ist eher als Geschichte der Kon-

---

54 Sulzer, Johann G., Artikel „Fantasiren, Fantasie", in: *Allgemeine Theorie der schönen Künste*. Zwei Bände, Leipzig 1771–1774, Bd. 2, 1, S. 368-369, Zitat S. 368.
55 Brief Sibylla von Württembergs vom 23.10.1667, in: K. Seidler, *Untersuchungen über Biographie und Klavierstil Johann Jacob Frobergers*, Königsberg 1930, S. 44, zitiert nach Schleuning, Peter, „Die Fantasiermaschine. Ein Beitrag zur Geschichte der Stilwende um 1750", in: *Archiv für Musikwissenschaft* 27 (1970), Nr. 3, S. 192–213, hier S. 193.

tinuität denn des Bruchs oder Neuanfangs zu lesen. Gerade die Fantasien Carl Philipp Emanuel Bachs sind höchst interessante Beispiele dafür, wie das „Spiel aus der Seele" und seine Fiktion der Authentizität bis in die Hochblüte der musikalischen Rhetorik zurückgebunden wird.[56] Der mit dieser Kontinuität verknüpfte ‚Meister-Diskurs', der auch aus Sulzers Artikel zur Fantasie spricht, ließ sich – anders als die zunächst im Rahmen der neuen literarischen Poetik entwickelte Idee des ‚vegetable genius' – kaum mit der Vorstellung von ‚natürlicher' und ‚unverbildeter' Weiblichkeit in Verbindung bringen. Die Verschiebung der Akteurinnen dieser neuen Ästhetik in einen „anachronistischen Raum" trug indes, wie sich zeigt, wesentlich dazu bei, dass die mit der Vorstellung eines authentischen musikalischen Ausdrucks in Zweifel gezogene Schrift schließlich zum Vermittlungsmedium für eine nur noch männlich denkbare musikalische Autorschaft sowie zum Speichermedium einer als linearer Fortschritt gedachten Kompositionsgeschichte werden konnte.

Zunächst entstand mit den Zweifeln an der Notenschrift als geeignetes Aufzeichnungsmedium für eine von Normen freie Musik der Wunsch nach einer alternativen und unmittelbareren Aufzeichnungsmethode,[57] die, wie aus Sulzers Artikel zur Fantasie hervorgeht, bereits entworfen war: „In den Transactionen der Königl. Gesellschaft der Wissenschaften in London", so fährt er fort, „befindet sich in der 483 Nummer, die 1747 herausgekommen, ein kurzer Aufsatz, in dem ein englischer Geistlicher, namens Creed, den Entwurf zu einer Maschine angiebt, welche ein Tonstück, indem es gespielt wird, in Noten setzt."[58] Unabhängig voneinander hatten bereits vor der Mitte des 18. Jahrhunderts, 1747 der nicht näher zu identifizierende englische Geistliche „namens Creed" und 1752 ein Deutscher – „[e]in in der Mechanik und überhaupt in der Mathematik wohl erfahrener Mann und Mitglied der Berliner Akademie der Wissenschaften, Herr J[ohann] F[riedrich] Unger, Bürgermeister zu Einbeck im Hannöverschen"[59] – , der Royal Academy in London bzw. der Akademie der Wissenschaften in Berlin Pläne zu einer Fantasier- bzw. Notenschreibemaschine vorgelegt, die mittels einer am Cembalo angebrachten Apparatur das Spiel des Tastenspielers unmittelbar im Vollzug auf einer Papierrolle aufzeichnete.[60] In beiden Fällen ging es den

---

56 Vgl. hierzu exemplarisch die (in der Fassung mit Violine) „Carl Philip Emanuel Bachs Empfindungen" überschriebene fis-Moll-Fantasie (H 300) sowie dazu die kontroversen Analysen z.B. von Diether de la Motte (de La Motte, Diether, „Spezialanalyse", in: Ders., *Musikalische Analyse*, Textteil, Kassel, Basel u. a. 1968, S. 95–105 und Heinrich Poos (Poos, Heinrich, „Nexus vero est poeticus: Zur fis-moll Fantasie Carl Philipp Emanuel Bachs", in: *Studien zur Instrumentalmusik. Lothar Hoffmann-Erbrecht zum 60. Geburtstag*, hg. von Anke Bingmann, Klaus Hortschansky und Winfried Kirsch, Tutzing 1988, S. 189-220.
57 Schleuning, „Die Fantasiermaschine", S. 192.
58 Sulzer, Artikel Fantasiren, Fantasie, S. 368.
59 *Fortsetzung der Nachricht von der Musik in Rußland*, in: *Musicalische Nachrichten und Anmerkungen auf das Jahr 1770*, hg. von Johann Adam Hiller, Fünfundzwanzigstes Stück, S. 191–196, Zitat S. 196, auch zitiert bei Schleuning, „Die Fantasiermaschine", S. 198.
60 Eine zusammenfassende Beschreibung der Funktionsweisen beider Maschinen findet sich bei Schleuning, „Die Fantasiermaschine", S. 195–197 bzw. 199. Auch Charles Burney berichtet ausführlich von der Erfindung, die offenbar von vielen zeitgenössischen Musikern in England und Deutschland wahrgenommen und diskutiert wurde. Vgl. Burney, Tagebuch, S. 426–429.

Erfindern der Maschine um die Konservierung des freien Spiels. Creeds Entwurf verfolgte darüber hinaus das Ziel, die herkömmliche Notenschrift durch eine neue Präzisionsschrift zu ersetzen, war also auch auf Reproduktion ausgerichtet.[61] Dagegen war Unger der Ansicht, dass eine anschließende Übertragung der Linienschrift in die Notenschrift unabdingbar sei.[62] Sein Entwurf war eher als Komponierhilfe gedacht, die es ermöglichen sollte, die aus dem Moment gefundenen Ideen ohne die Unterbrechungen und Verfälschungen, die der Griff zum Bleistift beim Komponieren am Klavier zwangsläufig mit sich brachte, festzuhalten.[63] Schleuning wertet Ungers diesbezügliche Ausführungen als Ausdruck seiner Überlegenheit gegenüber Creed, „da sie von voller Bewußtheit über das Wesentliche in der Bestimmung der Maschine zeugen und ihren Stellenwert innerhalb der Musikgeschichte genau bezeichnen."[64] Unter einem anderen Aspekt ist Creeds Utopie von einer Präzisionsschrift der Musik indes vorausweisend. Insofern sie auf einen Mangel der herkömmlichen Notenschrift in Bezug auf Aspekte des Ausdrucks abhebt, wie insbesondere Angaben zum Tempo, die sich nur durch Vortragsanweisungen, nicht aber mittels der Notenschrift selbst festhalten lassen und folglich in hohem Maße interpretationsbedürftig seien – lässt sich in Creeds Utopie bereits Erich Moritz von Hornbostels Kritik an der europäischen Notenschrift vorausahnen, die ebenfalls auf den Komplex der durch diese nicht fixierbaren Ausdruckswerte abhob.[65] Diese Kongruenz wird durch die zeitgenössische Bezeichnung der Maschine als "Melograph" latent bestätigt.[66] Auch von Hornbostel stellte die Ausdrucksnuancen der Melodie im Moment der Ausführung, ihre inneren Bewegungsspannungen, als Merkmal heraus, das sich mittels der herkömmlichen europäischen Notenschrift nicht fixieren lasse

---

61 „A Demonstration of the Possibility of making a Machine that shall write Extempore Voluntaries, or other Pieces of Music, as fast as any Master shall be able to play them upon an Organ, Harpsichord, &c. and that in a Character more natural and intelligible, and more expressive of all the Varieties those Instruments are capable of exhibiting, than the Character now in Use, in: *Philosophical Transactions, giving some Account of the Present Undertakings, Studies, and Labours, of the Ingenious, in many Considerable Parts of the World, For the Year 1747* XLIV (1748), Nr. 483.

62 Unger, Johann F., *Entwurf einer Maschine wodurch alles was auf dem Clavier gespielt wird, sich von selber in Noten setzt. Jahr 1752. an die Konigl. Akademie der Wissenschaften zu Berlin eingesandt, nebst dem mit dem Herrn Direktor Euler darüber geführten Briefwechsel […]*, Braunschweig 1774, S. 17.

63 Unger, Entwurf, S. 4f. zit. bei Schleuning, „Die Fantasiermaschine", S. 200.

64 Schleuning, „Die Fantasiermaschine", S. 201.

65 Vgl. hierzu Hornbostel, Erich M. v., „Die Probleme der vergleichenden Musikwissenschaft", in: *Tonart und Ethos. Aufsätze zur Musikethnologie und Musikpsychologie*, hg. von Christian Kaden und Erich Stockmann, Leipzig 1986, S. 40–58, sowie Hornbostel, Erich M. v., „Melodie und Skala", in: *Tonart und Ethos. Aufsätze zur Musikethnologie und Musikpsychologie*, hg. von Christian Kaden und Erich Stockmann, Leipzig 1986, S. 59–75. Insofern Hornbostels Argumentation für den Phonographen als Aufzeichnungsmedium, wie Sven Werkmeister gezeigt hat, nicht als „Phonozentrismus" zu interpretieren ist, da sie nicht auf die Unmittelbarkeit des Klangs abhob, sondern auf Ausdrucksnuancen von Melodie und Tempo (Werkmeister, Sven, *Kulturen jenseits der Schrift. Zur Figur des Primitiven in Ethnologie, Kulturtheorie und Literatur um 1900*, München, Paderborn 2010, S. 51 ff.), geht Creeds Utopie in eine ähnliche Richtung.

66 Vgl. hierzu die Anmerkung des Herausgebers zu Creed in: Burney, Tagebuch, S. 506.

und rühmte die Phonographie als dieser gegenüber überlegen, weil sie unter anderem eine präzise Aufzeichnung von ausdrucksbedingten Tonhöhenabweichungen ermögliche. Als ideale ‚Aufzeichnungsmaschine' für die der Melodik eigenen und nur in der Ausführung erfahrbaren Bewegungsspannungen erscheint in seinem Aufsatz „Melodischer Tanz" indes eigentlich der Körper selbst: So mache der sich an den Spannungsverläufen der Melodie orientierende Ausdruckstanz Isadora Duncans auch für die europäische Musik essentielle Ausdrucksqualitäten der Melodie sichtbar, die durch die stärker Konventionen verhaftete Harmonik und Rhythmik verborgen blieben und mittels der europäischen Notenschrift nicht abbildbar seien.[67] Der Weg vom Hören zum Sehen, vom Edison-Phonographen zum Kinematographen als Aufzeichnungsmedium musikalischer Bewegung, ist bei der Wahrnehmung von Mängeln der Notenschrift in Bezug auf den Ausdruck also nicht weit. Auch im 18. Jahrhundert wird dieser Konnex bereits hergestellt, und zwar nicht nur in den schon erwähnten, berühmten Beschreibungen von Carl Philipp Emanuel Bachs Gestik und Mimik beim Ex-Tempore-Spiel. Aus der Mimesis von Stimme und Geste leitet Rousseau in seinem berühmten *Essai sur l'origine des langues* für die Musik den Vorrang der Melodie vor der Harmonik ab. Erst die Nachahmung dieser beiden Mitteilungsmodi, die er am Ursprung der Sprache ansiedelt, befähige auch die Musik zu sprechen. Diese Möglichkeit der Mimesis besitze allein die Melodie. Zwar könne die Harmonie die Nachahmung unterstützen, indem sie „durch die Anpassung der Aufeinanderfolge der Töne nach den Gesetzen der Modulation" und Präzisierung der Intonation dem Ohr eine Maßgabe über die „Richtigkeit" bereitstelle, indem sie der Melodie durch solche Konventionalisierungen „Fesseln anlegt", mindere sie jedoch deren Ausdrucksfähigkeit.[68] Ähnlich argumentiert auch Johann Gottfried Herder u. a. in der *Kalligone* und in seiner „Abhandlung vom Ursprung der Sprachen" mit der Einheit von Ton und Gebärde, die fähig seien, die aus dem Inneren des Menschen hervorgehenden Empfindungen auf Artgenossen zu übertragen, indem sie den Körper der Anderen sympathetisch in Mitschwingung versetzten. Die ursprüngliche Einheit von Tanz, Gebärde und Musik, die aus deren Zusammenwirkung bei der sympathetischen Mitteilung resultiere und bei den „alten Völkern" selbstverständlich war, sei heute noch bei den ‚wilden

---

67 Hornbostel, Erich M. v., „Melodischer Tanz. Eine musikpsychologische Studie", in: *Tonart und Ethos. Aufsätze zur Musikethnologie und Musikpsychologie*, hg. von Christian Kaden und Erich Stockmann, Leipzig 1986, S. 76–85.

68 Rousseau, Jean-Jacques, „Essay über den Ursprung der Sprachen, worin auch über Melodie und musikalische Nachahmung gesprochen wird", in: Ders., *Musik und Sprache. Ausgewählte Schriften* (aus dem Französischen von Dorothea Gülke), hg. von Peter und Dorothea Gülke, Wilhelmshaven 1984, S. 99–168, hier S. 144. „L'harmonie y peut concourir en certains systèmes en liant la succession des sons par quelques lois de modulation, en rendant les intonations plus justes, en portant à l'oreille un témoignage assuré de cette justesse, en rapprochant et fixant à des intervalles consonnants et liés des inflexions inappréciables. Mais en donnant aussi des entraves à la mélodie elle lui ôte l'énergie et expression", Rousseau, Jean-Jacques, „Essai sur l'origine des langues où il est parlé de la mélodie et de l'imitation musicale", in: Ders., *Écrits sur la musique*, hg. von Brenno Boccadoro, Alain Cernuschi, Amalia Collisani und Charles Porset, Genève, Paris 2012. (*Œuvres complètes*. Sous la direction de Raymond Trousson et Frédéric Eigeldinger XII), S. 369–533, hier S. 497.

Völkern' zu beobachten: „Daher der *Tanz*. [...] Daher auch die mit Musik verbundene *Gebärdung*. Stark bewegt kann der Naturmensch sich ihrer kaum enthalten; er drückt aus, was er höret, durch Züge des Gesichts, durch Schwingungen der Hand, durch Stellung und Beugung."[69] Die Empfänglichsten dafür in der europäischen Zivilisation sind jene, die nicht durch den „Letternverstand" verbildet seien:

> Diese Töne, diese Gebehrden, jene einfachen Gänge der Melodie, [...]. Bei Kindern, und dem Volk der Sinne, bei Weibern, bei Leuten von zartem Gefühl, bei Kranken, Einsamen, Betrübten würken sie tausendmal mehr, als die Wahrheit selbst würken würde, wenn ihre leise, feine Stimme vom Himmel tönte.[70]

Herders Schriftkritik, die eigentlich eine Kulturkritik ist und sich auf die Entfremdung der Zivilisation von ihren Ursprüngen bezieht, findet sich ähnlich bereits bei Rousseau: „Die Schrift, die eigentlich die Sprache festhalten müßte, ist genau diejenige, die sie verändert." Durch Konventionalisierung ersetze sie „Ausdruck durch Genauigkeit." Folglich sei es „nicht möglich, daß eine geschriebene Sprache auf lange Zeit die Lebendigkeit derjenigen Sprache bewahrt, die nur gesprochen wird."[71] Wenn Rousseau die den Klang aufzeichnende europäische Alphabetschrift in seinem *Essai* als Merkmal der am weitesten entwickelten Zivilisation wertet,[72] wird darin mithin eine weitere Paradoxie sichtbar, denn der vermeintlich am weitesten entwickelten Sprache wird in ihrer verschriftlichten Form die Stimme als ihr eigener Ursprung implementiert. Wie sich bereits bei Herder andeutet, sind es wiederum Figuren des Wilden und des Weiblichen, die die Wahrheit der Stimme am Grunde der Schrift verkörpern.

Schriften des Imaginären: Von klingenden Gärten und Fabelwesen

Eine Fundgrube für Figuren des Weiblichen sowie des Fremden und Exotischen am Grunde der Schrift sind die Schriften frühromantischer Dichter, in denen gleichsam die Ästhetik der absoluten Musik gemeinsam mit der Idee des romantischen Genies entworfen wird. Insbesondere bei E.T.A. Hoffmann findet sich – in Gestalt von Gartenmetaphern und Naturschriften, aus denen die wahre Musik (wie die wahre Sprache) gleichsam abzulesen ist – zusammen

---

69 Herder, Johann Gottfried, *Kalligone*. [Leipzig 1800], in: Ders., *Schriften zu Literatur und Philosophie 1792–1800*, hg. von Hans Dietrich Irmscher (= Johann Gottfrieder Herder Werke 8 / Bibliothek deutscher Klassiker 154), Frankfurt a.M. 1998, S. 641–964, S. 814.

70 Herder, Johann G., „Abhandlung über den Ursprung der Sprache", in: Ders., *Frühe Schriften. 1764–1772*, hg. von Ulrich Gaier (= Johann Gottfried Herder, Werke 1/ Bibliothek deutscher Klassiker 1), Frankfurt a.M. 1985, S. 695–810, hier S. 707.

71 Rousseau, Essay, S. 113.

72 „Diese drei Arten der Niederschrift spiegeln genau genug die drei verschiedenen Entwicklungsstadien wider, die man bei der Nationenbildung der Menschen annehmen kann. Das Aufmalen der Gegenstände gehört zu den wilden Völkern, die Zeichen für Wörter und Sätze den Barbaren und das Alphabet den gebildeten Völkern." Rousseau, Essay, S. 109.

mit den Figuren des Weiblichen auch die Idee des „vegetable genius" aus dem 18. Jahrhundert wieder. So verwandeln sich die verschlungenen orientalischen Schriftzeichen, die der Student Anselmus in E.T.A. Hoffmanns Märchen *Der goldene Topf* beim Archivarius Lindhorst kopieren muss, um das Geheimnis seiner fantastischen Vorstellungen zu ergründen (und seiner Liebe näher zu kommen), in die ‚Naturschrift' des klingenden Gartens, in dem er seine Kopistentätigkeit verrichtet:

> Anselmus wunderte sich nicht wenig über die seltsam verschlungenen Zeichen, und bei dem Anblick der vielen Pünktchen, Striche und leichten Züge und Schnörkel, die bald Pflanzen, bald Moose, bald Tiergestalten darzustellen schienen, wollte ihm beinahe der Mut sinken Alles so genau nachmalen zu können.[73]

In dem Moment, indem es ihm gelingt, die sonderbaren Zeichen „wie aus dem Innersten heraus" zu entschlüsseln, ertönt ein geordneter Klang: ein „starker Dreiklang heller Krystallglocken", und seine Geliebte Serpentina erscheint in ihrer Schlangengestalt – gleichsam selbst wie ein verschlungenes Natur-/Schriftzeichen.[74] Während es in Hoffmanns Novelle *Der goldene Topf* um die Schrift als Spur des Klangs geht, die es jenseits der toten Lettern zu entziffern gilt, mithin um das ‚rechte' Lesen und Schreiben, steht in seinen Beethoven-Rezensionen[75] das ‚rechte' Hören im Vordergrund. Dieses erweist sich – etwa in seiner berühmten Beschreibung von Beethovens Klaviertrios op. 70 – ebenfalls als Lesen einer Naturschrift, das der Bewegung des Körpers auf einer fiktiven Karte gleichkommt. Hier bilden die Trios ein Gartenlabyrinth, in das sich der Erzähler, verführt durch die Stimmen der Instrumente verirrt:

> so daß ich noch jetzt wie einer, der in den mit allerlei seltenen Bäumen, Gewächsen und wunderbaren Blumen umflochtenen Irrgängen eines fantastischen Parks wandelt und immer tiefer und tiefer hineingerät, nicht aus den wundervollen Wendungen und Verschlingungen deiner Trios herauszukommen vermag; die holden Sirenen-Stimmen deiner in bunter Mannigfaltigkeit prangenden Sätze locken mich immer tiefer und tiefer hinein.[76]

Mit den Sirenenstimmen verbirgt sich auch in diesem Labyrinth eine phantasmagorische – und der Serpentina unmittelbar verwandte – weibliche Gestalt, die gleichzeitig Klang und Schrift ist und den lesend Hörenden bzw. hörend Lesenden und (mit dem Körper) Schrei-

---

73 Hoffmann, Ernst Theodor Amadeus, „Der goldene Topf", in: Ders., *Fantasiestücke in Callot's Manier. Werke 1814* hg. von Hartmut Steinecke unter Mitarbeit von Gerhard Allroggen und Wulf Segebrecht, Frankfurt a.M. 1993 (= E.T.A. Hoffmann, *Sämtliche Werke* 2,1 / Bibliothek deutscher Klassiker 98), S. 229–321, S. 286.
74 Hoffmann, Der goldene Topf, S. 287.
75 E. T. A. Hoffmann, Recension. Sinfonie […] par Louis de Beethoven. […] Oeuvre 67. No. 5, in: *Allgemeine Musikalische Zeitung* 12 (1810), 40, Sp. 630–642 und 41, Sp. 652–659 und ders., Recension. Deux Trios pour Pianoforte, Violon et Violoncelle […] Oeuvre 70 […] No. 1, […] No 2, in: *Allgemeine Musikalische Zeitung* 15 (1813), 9, Sp. 141–154. Eine Kompilation der beiden Rezensionen wurde in die *Kreisleriana* aufgenommen: Hoffmann, Ernst Theodor Amadeus, Beethovens Instrumental-Musik, in: Ders., Fantasiestücke, S. 52–61.
76 Hoffmann, Beethovens Instrumental-Musik, S. 57–58

benden ins Innere ihrer verschlungenen Linien lockt. In der in Johannes Kreislers Lehrbrief eingefügten *Chrysostomos*-Erzählung, steht das Lesen einer Naturschrift am Beginn wahrer musikalischer Autorschaft. Dabei wird dem Gegensatz von ‚natürlichem Wachsen' zur Mechanik des bloß Gelernten in Youngs Theorie des „vegetable genius" explizit ein Geschlechtergegensatz eingeschrieben. So geht die musikalische Initiation des Ich-Erzählers von Schrift auf einem Stein und einem dem Kind verbotenen „Wald voll Ton und Gesang" aus, der an des Vaters Garten grenzt:

> So oft das Pförtchen in der Gartenmauer nicht verschlossen war, schlüpfte ich hinaus zu meinem lieben Stein, an dessen Moosen und Kräutern, die die seltsamsten Figuren bildeten, ich mich nicht sattsehen konnte. Oft glaubte ich die Zeichen zu verstehen und es war mir, als sähe ich allerlei abenteuerliche Geschichten, wie sie die Mutter mir erzählt hatte, darauf abgebildet mit Erklärungen dazu.[77]

Der musikalische Unterricht durch den Vater kann das schier unerfüllbare Begehren nach der wahrhaft ausdrucksvollen Musik nicht stillen, von dem ihn auch alle späteren technischen Studien nur weiter entfernen. Erst die Wiederbegegnung mit der ‚Naturschrift' auf dem Stein heilt den gestandenen Musiker von seiner Überheblichkeit gegenüber dem Kind, das er war, und schließt ihm mit dem Reich des Inneren, in dem die Melodien der Naturschrift „längst in meiner Brust geruht" hatten und „nun wach und lebendig" wurden[78], das Reich der Musik auf. Die imaginäre Weiblichkeit am Grund der Naturschrift tritt hier in doppelter Gestalt auf. Zum einen ist es die (verschwundene) Mutter, deren ins Innere des Kindes gepflanzte Geschichten der Stein wiedererzählt und zum anderen ein fremdes Burgfräulein, das – wie wir in der Erzählung erfahren – zusammen mit einem fremden Junker an dem Stein gesungen hatte. Die zertrümmerte Laute unter dem Stein und die seltsamen rötlich gefärbten Moose, von denen die Musik des Steins ausgeht, bilden die einzige Spur ihres plötzlichen Verschwindens. Indem der Ich-Erzähler diese Schrift zu lesen versteht, ersteht die verschwundene Frau als Musik wieder auf: „Ich sah den Stein – seine roten Adern gingen auf wie dunkle Nelken, deren Düfte sichtbarlich in hellen, tönenden Strahlen emporfuhren. In den langen, anschwellenden Tönen der Nachtigall verdichteten sich die Stahlen zur Gestalt eines wundervollen Weibes, aber die Gestalt war wieder himmlische Musik."[79] In dieser Geschichte verbinden sich mit dem klingenden Garten und dem Tod zwei Topoi der „archeology of authorship". Beide verweisen auf die Paradoxie der Schrift – in Rousseaus *Essai* immer nur der tote Körper des Klangs –, die durch die in den Raum des Imaginären verschobene Weiblichkeit vermittelt wird.

Für die Ich-Erzähler und potenziellen Original-Autoren in Hoffmanns Erzählungen sind die weiblichen Fantasiegestalten im Inneren der Schrift Figuren auf der Schwelle zu einer neuen Musikästhetik, die vom eigenen Inneren spricht. Sie erweisen sich mithin als Ausgeburten einer langen europäischen Tradition, die unbekannte Länder und Orte mit weiblichen

---

77 Hoffmann, Ernst Theodor Amadeus, „Johannes Kreislers Lehrbrief", in: Ders., Fantasiestücke, S. 447–455, die Chrystostomos-Erzählung ebd., S. 448–453, hier S. 450.
78 Hoffmann, Johannes Kreislers Lehrbrief, S. 452.
79 Hoffmann, Johannes Kreislers Lehrbrief, S. 452-453.

Namen oder Fantasiegestalten markiert – und also die Suche nach dem Unbekannten und die Entdeckung und Eroberung des Fremden mit Metaphern von Sexualität und Begehren überschreibt.[80] Zusammen mit den Geschichten der Komponistinnen der Empfindsamkeit gelesen sind die Hoffmannschen Fantasiegestalten mithin partiell auch das Ergebnis einer Verschiebung der Mitarbeit der Frauen an der neuen Ästhetik in einen „anachronistischen Raum" des Imaginären, wo sie schließlich in Überschneidung mit Figuren des Fremden und des Wilden zu Grenzfiguren des nur noch männlich, europäisch und weiß gedachten musikalischen Genies wurden. Als Schwellenfiguren fungierten die fantastischen Gestalten des Weiblichen indes auch für das Hören, das sich, wie Mark Evan Bonds im Zusammenhang mit Beethovens Sinfonik gezeigt hat, mit der Emanzipation der Instrumentalmusik grundlegend veränderte. Mit dem Appell an die Einbildungskraft der Rezipierenden in den Schriften Gotthold Ephraim Lessings, Immanuel Kants, Johann Gottlieb Fichtes und anderen verschob sich der Fokus des Hörens – weg von der Aufmerksamkeit auf eine der Musik durch ihre Funktion inhärenten Essenz hin zu einer Aktivität, die diese Essenz aus dem eigenen Inneren heraus erst erschuf: „the listener was obliged to take an active role in constructing that essence through the application of the powers of imagination."[81] Wie umstritten das Neuland war, das mit dieser Art des Hörens betreten wurde, ließe sich an vielerlei Quellen nachweisen – von den Legitimationsdiskursen über die reine Instrumentalmusik bis zu privaten Familienfehden etwa im Hause Abraham und Lea Mendelssohns. Und in dieser Perspektive wird die Nähe der Fantasiegestalten in den ‚Höranleitungen' E.T.A. Hoffmanns zu den Seejungfrauen und ebenfalls vielfach weiblichen Fabeltieren und Monstern deutlich, die in den Seekarten der europäischen Eroberer die weißen Flecken des Unbekannten bezeichneten.[82] Sie markieren die Leerstellen einer neuen Ästhetik. Von diesen aus wird das Hören rekonfiguriert, und zwar durch die Aktivierung der eigenen inneren Bilder, mithin durch eine Verbindung zum Unbewussten, das – ebenso wie die „wortlose Musik" im 19. Jahrhundert – ein noch unbekanntes Land war.[83] Durchaus treffend ist daher auch Richard Wagners Bezeichnung der Instrumentalmusik Beethovens mit einer kolonialen Metapher als „Irrtum des Columbus": Wie dieser habe Beethoven auf dem falschen Weg eine neue Welt entdeckt – die Welt des Ausdrucks, mit der er die Musik zu sich selbst gebracht habe.[84] In Goethes Materialien zur Geschichte der Farbenlehre wird die Markierung von Lücken mit Bildmetaphern des Wilden, die Gepflogenheit jener „früheren Geographen, welche die Karte von Afrika verfertigten, […] dahin, wo Berge, Flüsse, Städte fehlten, allenfalls einen Elefan-

---

80 McClintock, Imperial Leather, S. 24 ff.
81 Bonds, Mark E., *Music as thought. Listening to the symphony in the age of Beethoven*, Princeton, N.J. 2006, S. 12.
82 McClintock, Imperial Leather, S. 24.
83 Zur Bezeichnung des Unbewussten mit kolonialen Metaphern vgl. die Anthologie von Lütkehaus, Ludger, *Dieses wahre innere Afrika. Texte zur Entdeckung des Unbewussten vor Freud*, Frankfurt a.M. 1989.
84 Wagner, Richard, „Oper und Drama" [Leipzig 1852], in: Ders., *Dichtungen und Schriften* (Jubiläumsausgabe in zehn Bänden), hg. von Dieter Borchmeier, Bd. 7, Frankfurt a.M. 1983, Zitat S. 72.

ten, Löwen oder sonst ein Ungeheuer der Wüste zu zeichnen",[85] auch zum Sinnbild wissenschaftlicher Erkenntnis, bei dem sich im beständigen Übergang vom Wissen zum Nicht-Wissen das Verständnis der Welt neu ordnet. Als Lücken im Text markieren die Fantasiegestalten, wie Gabriele Brandstetter anmerkt, auch einen „blinden Fleck", der die „‚Königsperspektive' im Theater der Welt […], den absolut auktorialen Blick von oben aus einem gleichsam archimedischen Punkt jenseits von Karte und Territorium" unterläuft.[86] Denn die Lücke in der Karte verzeichnet „zugleich und doch latent die Instanz, die kartographiert", und mithin sowohl einen Riss in der auktorialen Darstellungsweise der Karte als auch eine „Lücke *in* der Figur". Dieser „Riss" wird – so Brandstetter weiter – durch das Lesen der Karte aufgelöst: durch einen „kognitiven und poetischen Akt der Konstruktion von Welt", der zugleich auch den Blick auf die Karte, in einem raumzeitlichen Prozess des Übergangs vom Lesen und Schreiben, von Sehen zur Bewegung beständig re-konfiguriert.[87] Im Rekurs auf Walter Benjamins *Passagen-Werk* und das dort praktizierte Prinzip der „literarischen Montage" hat Beatrix Borchard das „Lücken schreiben" vor dem Hintergrund der Dekonstruktion des Auktorialen als Verfahren der wissenschaftlichen Biographie vorgeschlagen,[88] als „Gegenmodell zu einer narrativen Heroengeschichtsdarstellung", mittels dessen auch dem alten Dilemma des Verhältnisses von Kunst und Leben und seiner Deutung in einer Musiker_innenbiographie beizukommen sei. Denn es erlaube, „das Wesentliche im Leben eines Menschen, einer Musikerin, nämlich Musik, als nicht darstellbare Leerstelle zu markieren." Der „Zusammenhang zwischen ‚biographischer Konstellation und künstlerischem Handeln" sei dann „nicht mehr das, was immer schon verstanden ist", sondern ein „Deutungsprozeß, der dem Lesen und Hören und Selbermusizieren aufgegeben bleibt".[89] Auch die multimedialen Seiten von MUGI basieren auf diesem Prinzip der Montage. Sie laden die Nutzer_innen dazu ein, sich selbst in die Seiten hineinzulesen und -zuschreiben, sich eigene Wege durch die Seiten zu suchen und diesen mäandernd zu folgen. Sie schreiben mit Bildern, Texten, Tönen. An die Stelle von „Werken" treten „Fundstücke" der Musikgeschichte, die sich beim Lesen, Scrollen, Klicken von Ebene zu Ebene im Kopf vernetzen können. – Allerdings lehren die alten Seekarten ebenso wie Hoffmanns Erzählungen, die sich das Prinzip des „Schreibens mit Bildern" gleichermaßen zunutze machen, sowie darüber hinaus auch gerade Benjamins Großstadtpassagen, in denen Frauen – Kindermädchen, Gouvernanten, Dienstmägde, Prostituierte – den bürgerlichen Knaben in das Labyrinth der Metropole und ihrer Arbeiter- und Subkulturen einführen (und dieses ‚Neuland' wiederum

---

85 Goethe, Johann Wolfgang von: *Materialien zur Geschichte der Farbenlehre*. in: Ders., *Werke*. Hamburger Ausgabe in 14 Bänden, Bd. 14, hg. von Erich Trunz, München 1998, S. 7–269, hier S. 46–47.
86 Brandstetter, Gabriele, „Figur und Inversion". Kartographie als Dispositiv von Bewegung", in: *De figura. Rhetorik, Bewegung, Gestalt*, hg. von Gabriele Brandstetter und Sibylle Peters, München 2002, S. 247–264, hier S. 254-255.
87 Brandstetter, „Figur und Inversion", S. 258-259, Zitat S. 259
88 Borchard, Beatrix, „Mit Schere und Klebstoff. Montage als biographisches Verfahren", in: *Musik und Biographie. Festschrift für Rainer Cadenbach*, Würzburg 2004, S. 30–45, hier S. 40–41.
89 Borchard, „Mit Schere und Klebstoff". S. 45.

mit Metaphern des Begehrens überschreiben),[90] dass der Bruch mit der Perspektive der Eroberer damit nicht vollzogen ist.[91] Nicht von ungefähr öffnet sich Roland Barthes' Bühne einer restlosen musikalischen Praxis nach dem „Tod des Autors" am Ende für Beethoven, – wie auch das Stück *4.33* nur spiel- und hörbar ist, weil es durch den Namen John Cage autorisiert wird.

Fazit: „Wen kümmert's, wer gesprochen hat"?

Mit dieser bitteren Replik auf deren Motto („Wen kümmert's, wer spricht hat jemand gesagt, wen kümmert's, wer spricht.") schließt Barbara Hahn ihre Kritik an Foucaults Rede über die Funktion Autor.[92] Foucault, so der Kern ihrer Kritik, vernachlässige den Geschlechtergegensatz, der den verschiedenen Schreibweisen – dem literarischen und dem wissenschaftlichen Schreiben, die er im Verlauf seiner Rede mehrmals „die Plätze tauschen und in ‚Umkehrungen' eintreten" lässt – implementiert wurde.[93] Weiblichkeit markiere indes die Linie, entlang der zunächst das literarische Schreiben aus der Wissenschaft, und dann Schreibweisen, die nicht an einen Autor zurückgebunden werden können, aus der Literatur ausgrenzt wurden. Während dies im ersteren Fall den Ausschluss von Frauen aus der Wissenschaft bedeutete, so verweise sie im zweiten Fall auf eine Arbeitsteilung zwischen den Geschlechtern. „Wen kümmert's, wer spricht?"– diese Frage kann sich nur erlauben, wer einen Namen hat – wie Samuel Beckett, von dem das Motto, das Foucaults Rede leitmotivartig durchzieht, stammt, nicht aber jemand, der seine Briefe an den Autor zurückadressiert, wie etwa Rahel Varnhagen oder Ester Gad,[94] oder jemand, der diese Briefe in die Wissensspeicher der Literatur zurückholen will. Mit seinen am Beispiel der Werkausgabe Nietzsches durchgespielten

---

90 „Da will ich mir die zurückrufen, die mich in die Stadt eingeführt haben. […] und die ersten sind wohl – für ein wohlgebornes Bürgerkind, wie ich eines war, die Kinderfräulein gewesen." Walter Benjamin: „Berliner Chronik", in: Walter Benjamin, *Gesammelte Schriften,* Band 6, hg. von Rolf Tiedemann, Hermann Schweppenhäuser, Theodor W. Adorno und Gershom Scholem, Frankfurt a.M. 1991, S. 465–519, hier S. 465. Zur Analyse des ‚Flaneurs' und seiner Faszination für Photographie und Kinematographie im Hinblick auf die Bedeutung der von den arbeitenden Frauen verkörperten „anachronistischen Räume" der Stadt vgl. McClintock, Imperial Leather, insbes. Kapitel 2 „Massa and Maids. Power and Desire in imperial Metropolis", S. 75–131, zu Benjamin S. 82 (Zitat in englischer Übersetzung ebd.).
91 Hierauf verweist Brandstetter mit der empörten und verständnislosen Reaktion der Maori auf Bruce Chatwins Buch *The Songlines* – einen ‚westlichen' Versuch, Orientierungsweisen der Maori durch Gesang in einem Roman wiederzubeleben. Brandstetter, S. 259–262.
92 Hahn, Barbara, „Brief und Werk. Zur Konstitution von Autorschaft um 1800", in: *Autorschaft. Genus und Genie in der Zeit um 1800*, hg. von Ina Schabert und Barbara Schaff, Berlin 1994 (= Geschlechterdifferenz & Literatur 1), S. 145–156, hier S. 156, Zitat in der Klammer ebd., S. 145.
93 Hahn, Brief und Werk, S. 146.
94 Rahel Varnhagen und Esther Gad sind die beiden Beispiele Barbara Hahns für Schreibweisen, welche die dem Schreiben implementierte Geschlechterdifferenz unterlaufen. Hahn, Brief und Werk, S. 147-155.

Fragen demonstriere Foucault ungewollt, aber treffend, dass der Verbindung von Autorschaft und Werk ein Geschlecht eingeschrieben ist. Während hier ein „Hinweis auf ein Rendez-Vous oder eine Adresse oder eine Wäschereirechnung" in einem Notizbuch voller Aphorismen die Frage „Werk oder nicht Werk?" aufwirft,[95] sind von Fanny Hensel unter Umständen gerade Kompositionen mit ‚Werkcharakter' verschwunden, weil das Verschenken von Musik im Rahmen einer privaten Öffentlichkeit von Stammbüchern und Albumblättern eine Art der Publikation darstellte, die die Musik zwar in Umlauf brachte, aber damit aus dem Kreis der berühmten Familie entfernte, die seit dem 20. Jahrhundert die Papiere aller Familienmitglieder zu sammeln begann.[96] Die Grübelei über den Werkcharakter von Wäschereirechnungen dürfte den Editoren und Editorinnen einer (fiktiven,) durch den Namen einer Komponistin begrenzten Gesamtausgabe erspart bleiben. Zumeist fehlen bereits die Nachfahren, die etwaige Notizbücher der Aufbewahrung für wert befunden hätten.

MUGI begegnet diesem Dilemma in seinem lexikalischen Teil mit Namen diverser Personen – zunächst Frauen, aber inzwischen auch Männer –, deren musikhistorische Relevanz nicht hierarchisiert wird, weder durch die Tätigkeiten (Komponieren, Interpretieren, Lehren, Sammeln, u.a.m.) noch durch die Wirkungsorte (Bühne oder Wohnzimmer) oder durch ihre Bekanntheit:[97] allesamt zunächst wie zufällig ‚gelesene' Fundstücke – ob aus Musikgeschichten oder alten Lexika, aus Zeitungsnotizen, von Postkarten oder anderen Quellen. Die Werkverzeichnisse betreffend wird dabei einerseits ‚traditionell' vorgegangen: Verzeichnet werden Kompositionen (und zum Beispiel bei Ethel Smyth nicht auch die gedruckten Bücher).[98] Andererseits bildet die Existenz eines ‚Werks' (im Sinne einer Reihe von Kompositionen) nicht die Voraussetzung für die Erstellung eines Werkverzeichnisses: Ein Werk kann bei MUGI aus einem einzigen Stück bestehen oder auch aus der Markierung einer Lücke als solche.[99] Hinzu

---

95   Foucault, Was ist ein Autor?, S. 13, dazu Hahn, Brief und Werk, S. 146.
96   Vgl. die von mir konzipierte multimediale Präsentation, die auch einen Versuch darstellt, Tradierungsweisen jenseits der üblichen Distributionsformen von Musik abzubilden. Bartsch, Cornelia, „Fanny Hensel – Korrespondenzen in Musik": http:// mugi.hfmt-hamburg.de/Multimedia/Fanny_Hensel_-_Korrespondenzen_in_Musik, in: *Musikvermittlung und Genderforschung: Lexikon und multimediale Präsentationen*, hg. von Beatrix Borchard, Hochschule für Musik und Theater Hamburg, 2003ff (eingesehen am 15.7.2015).
97   So wurde bspw. der Artikel über Erna Schulz früher publiziert als der über Clara Schumann, vgl. Wenzel, Silke, Artikel „Erna Schulz" in: *Musikvermittlung und Genderforschung: Lexikon und multimediale Präsentationen*, hg. von Beatrix Borchard, Hochschule für Musik und Theater Hamburg, 2003 ff. http://mugi.hfmt-hamburg.de/artikel/Erna_Schulz (eingesehen am 24.9.2015) und Klassen, Janina, Artikel „Clara Schumann", in: *Musikvermittlung und Genderforschung: Lexikon und multimediale Präsentationen*, hg. von Beatrix Borchard, Hochschule für Musik und Theater Hamburg, 2003 ff. (eingesehen am 24.9.2015) .
98   Unseld, Melanie, Artikel „Ethel Smyth", in: *Musikvermittlung und Genderforschung: Lexikon und multimediale Präsentationen*, hg. von Beatrix Borchard, Hochschule für Musik und Theater Hamburg, 2003 ff., http://MUGI.hfmt-hamburg.de/artikel/Ethel_Smyth, (eingesehen am 24.9.2015).
99   Vgl. z. B. die Kategorie „Werkverzeichnis" in den Artikeln Wenzel, Silke, „Clara Blauhuth", in: *Musikvermittlung und Genderforschung: Lexikon und multimediale Präsentationen*, hg. von Beatrix

kommen multimediale Präsentationen, die das Prinzip der Montage ins digitale Zeitalter übersetzen (im Sinne Benjamins, dessen neue Schreibweisen an die Erfahrung der neuen Medien seiner Zeit anknüpften). Allerdings lehren Benjamin, Barthes und Foucault – indem sie sich keinerlei Gedanken über das Geschlecht ihrer Flaneure, ihrer Hörenden oder Schreibenden machen – Vorsicht vor zu großen Utopien. Multimedia schützt nicht vor Heroenbiographik – die auch im Kopf der Lesenden stattfindet. Unter Umständen verschleiert sie sie sogar, indem sie ihr den Schein des Interaktiven verleiht, obwohl sie die Lesewege am Ende mehr steuert als ein Buch, in dem man (unabhängig von vorherbestimmten Verlinkungen) blättern kann. Wie frühere Medienwechsel – ob von der gesprochenen Sprache zur Schrift oder von der Handschrift zum Buchdruck – lässt sich auch der Wechsel ins digitale Medium und zur Multimedialität zunächst vor allem als „translatio memoriae" beschreiben – als Übertragung der Erinnerungsstücke an einen anderen Ort, aber nicht als kategorialer Wandel der Erinnerungskultur.

Obwohl dieser Ort, die Website, – anders als die Blätter zwischen zwei Buchdeckeln – unbegrenzt erscheint, werden die Spuren der zwischen den Buchseiten traditioneller Musikhistoriographie verschwundenen Menschen und ihrer ‚Werke' auch im neuen Medium nicht von selbst gegen die Technologien der Macht lesbar. Hierfür bleibt es unabdingbar, die Narrative zu dekonstruieren, mittels deren Erinnerungswürdiges von Erinnerungsunwürdigem getrennt wird. Dazu gehört gerade auch die Reflexion der Materialitäten und Medialitäten, denen bei der Kartographierung des Wissens jeweils der Vorzug gegeben wird, der Riss in der Figur des Auktorialen, das Prinzip der Montage, bürgt nicht für den Bruch mit der Perspektive der Eroberer, dieser gelingt allenfalls durch stete Kritik – zum Beispiel an den Prozessen, die Fortschritte konstruieren, indem sie andere essenzialisieren. Und Kritik ist ohne eine Analyse von Begrifflichkeiten, von historischen wie aktuellen Prozessen, von Gattungshierarchien entlang der Kategorien Gender, Ethnizität und Klasse und ohne das Gewahrsein über die immer wieder neu produzierten Ein- und Ausschlüsse entlang dieser Kategorien nicht zu leisten. Anders und in aller Kürze gesagt: Ohne die Umsetzung des von Anfang an geplanten lexikalischen Sachteils, der das biographische Lexikon und die multimedialen Präsentationen entsprechend ergänzt, wird es nicht gelingen, der List des Igels und seiner Mimikry zu entkommen.

Literatur

Ackermann, Jacob Fidelis, *Über die körperliche Verschiedenheit des Mannes vom Weibe*, Koblenz 1788.
Adler, Guido, „Die historischen Grundclassen der christlich-abendländischen Musik bis 1600" in: *Allgemeine Musikalische Zeitung* 15(1880), 44-47, Sp. 689–693, 705–709, 721–726, 737–740.

Borchard, Hochschule für Musik und Theater Hamburg, 2003 ff. http:// mugi.hfmt-hamburg.de/ artikel/Clara_Blauhuth (eingesehen am 24.9.2015) und dies., Artikel „Mary Krebs", ebd., (eingesehen am 24.9.2015).

„A Demonstration of the Possibility of making a Machine that shall write Extempore Voluntaries, or other Pieces of Music, as fast as any Master shall be able to play them upon the Organ, Harpsichord, etc. and that in a Character more natural and intelligible, and more expressive of all the Varieties those Instruments are capable of exhibiting, than the Character now in Use", in: *Philosophical Transactions, giving some Account of the Present Undertakings, Studies, and Labours, of the Ingenious, in many Considerable Parts of the World, For the Year 1747* XLIV (1748), Nr. 483, S. 445–450.

Barthes, Roland, „Musica Practica", in: *L'obvie et l'obtus. Essais critiques III*, Paris 1992, S. 231–235. Deutsch: Barthes, Roland, „Musica Practica", in: *Der entgegenkommende und der stumpfe Sinn. Kritische Essays III* (aus dem Französischen von Dieter Hörnig), Frankfurt a.M. 1993, S. 264–268.

Barthes, Roland, „La mort de l'auteur", in: Ders., *Le bruissement de la langue. Essais citiques IV*, S. 63–69 (zuerst erschienen 1968 in der Zeitschrift *Manteia*). Deutsch: Barthes, Roland, „Der Tod des Autors", in: Ders., *Das Rauschen der Sprache. Kritische Essays IV* (aus dem Französischen von Dieter Hörnig), Frankfurt a.M. 2012, S. 57–63.

Bartsch, Cornelia, „(Anti)Primitivismus? – Ethel Smyths große Fuge (1913)", in: *Musiktheorie* 29 (2014), 4, S. 317-332.

Bartsch, Cornelia, „Fanny Hensel – Korrespondenzen in Musik", http:// mugi.hfmt-hamburg.de/Multimedia/Fanny_Hensel_-_Korrespondenzen_in_Musik, in: *Musikvermittlung und Genderforschung: Lexikon und multimediale Präsentationen*, hg. von Beatrix Borchard, Hochschule für Musik und Theater Hamburg, 2003 ff. (eingesehen am 15.7.2015).

Bartsch, Cornelia, „Reflexionen über Musikkritik und Gender" in: *Musikkritik. Historische Zugänge und systematische Perspektiven*, hg. von Simon Obert und Fritz Trümpi (Anklänge 2015), Wien 2015, S. 59–89.

Benjamin, Walter, „Berliner Chronik". in: Walter Benjamin, *Gesammelte Schriften*. Band 6, hg. von Rolf Tiedemann, Hermann Schweppenhäuser, Theodor W. Adorno und Gershom Scholem, Frankfurt a.M. 2006, S. 465–519.

Bonds, Mark E., *Music as thought. Listening to the symphony in the age of Beethoven*, Princeton, N.J. 2006

Borchard, Beatrix, „Mit Schere und Klebstoff – Montage als biographisches Verfahren", in: *Musik und Biographie. Festschrift Rainer Cadenbach*, hg. von Cordula Heymann-Wentzel und Johannes Laas, Berlin 2004, S. 30-45; Nachdruck in: *Musik mit Methode. Neue kulturwissenschaftliche Perspektiven*, hg. von Corinna Herr und Monika Woitas, Essen 2006, S. 47-62. Teilabdruck in: *Musik und Gender. Ein Reader*, hg. von Florian Heesch und Katrin Losleben, Wien [ua.] 2012, S. 159-178. Eine frühere Version des Textes erschien unter dem Titel „Lücken schreiben" in dem von Hans Erich Bödeker herausgegebenen Band *Biographie schreiben*, Göttingen 2003, S. 213–241. Erneut, bearbeitet, in: Beatrix Borchard, *Clara Schumann – ihr Leben. Eine biographische Montage*. Hildesheim 2015.

Bovenschen, Silvia, *Die imaginierte Weiblichkeit. Exemplarische Untersuchungen zu kulturgeschichtlichen und literarischen Präsentationsformen des Weiblichen*, Frankfurt a.M. 1979.

Bowen, José A., *Finding the Music in Musicology. Performance history and musical works*, hg. von Nicholas Cook und Mark Everist, Rethinking Music, Oxford, New York 1999, 424–451.

Brandstetter, Gabriele, „Figur und Inversion. Kartographie als Dispositiv von Bewegung", in: *De figura. Rhetorik, Bewegung, Gestalt*, hg. von Gabriele Brandstetter und Sibylle Peters, München 2002, S. 247–264.

Burney, Charles, *Tagebuch einer musikalischen Reise durch Frankreich und Italien, durch Flandern, die Niederlande und am Rhein bis Wien, durch Böhmen, Sachsen, Brandenburg, Hamburg und Holland 1770–1772*, (aus dem Englischen übersetzt von C. D. Ebeling) hg. von Eberhardt Klemm, Wilhelmshaven [u.a.], 1980.

Capellen, Georg, „Exotische Rhythmik, Melodik und Tonalität als Wegweiser einer neuen Kunstentwicklung", in: *Die Musik* 6 (1906/1907), 3, S. 216–227.

Dahlhaus, Carl, *Grundlagen der Musikgeschichte*, Köln 1977.

Dahlhaus, Carl, „Musikkritik als Geschichtsphilosophie", in: Ders., *Die Musik des 19. Jahrhunderts* [1980] (= Carl Dahlhaus, *Gesammelte Schriften* 5, hg. von Hermann Danuser), Laaber 2003, S. 240–247.

De la Motte, Diether, „Spezialanalyse", in: Ders., *Musikalische Analyse, Textteil*, Kassel, Basel, Paris 1968, S. 95–105.

Eggebrecht, Hans-Heinrich, „Das Ausdrucksprinzip im Sturm und Drang", in: *Deutsche Vierteljahrsschrift für Literaturwissenschaft und Geistesgeschichte* 29, 1955, S. 323–349.

Fetthauer, Sophie, Artikel „Minna Brandes" in: *Musikvermittlung und Genderforschung: Lexikon und multimediale Präsentationen*, hg. von Beatrix Borchard, Hochschule für Musik und Theater Hamburg, 2003 ff. http://mugi.hfmt-hamburg.de/artikel/ Minna_Brandes, zuletzt eingesehen am 30.8.2015.

Forkel, Johann N., *Musikalisch-kritische Bibliothek*, 3 Bände, Gotha 1778-1779.

Foucault, Michel, „Was ist ein Autor?" in: Ders., *Schriften zur Literatur* (aus dem Französischen von Karin Hofer und Anneliese Botond), Frankfurt a.M. 1988, S. 7–31. (Französische Erstausgabe: Foucault, Michel, „Qu'est-ce que c'est l'auteur?" in: *Bulletin de la Société française de Philosophie*, Juli–September 1969).

Gellert, Christian Fürchtegott, *Briefe, nebst einer praktischen Abhandlung von dem guten Geschmacke in Briefen*, Leipzig 1751.

Goehr, Lydia, *The Imaginary Museum of Musical Works*, Oxford, New York 1992.

Goethe, Johann Wolfgang von: *Materialien zur Geschichte der Farbenlehre*, in: Ders., *Werke*. Hamburger Ausgabe in 14 Bänden, hg. von Erich Trunz, Bd. 14, München 1998, S. 7–269.

Grotjahn, Rebecca, „Das Komponistinnenparadox. Ethel Smyth und der musikalische Geschlechterdiskurs um 1900", in: *Felsensprengerin, Brückenbauerin, Wegbereiterin: die Komponistin Ethel Smyth*, hg. von Cornelia Bartsch, München 2010, S. 39–54.

Grotjahn, Rebecca, „Musik und Gender. Eine Einführung", in: *Musik und Gender. Grundlagen, Methoden, Perspektiven*, hg. von Rebecca Grotjahn und Sabine Vogt, Laaber 2010 (= *Kompendien Musik* 5), S. 18–42.

Hahn, Barbara, „Brief und Werk. Zur Konstitution von Autorschaft um 1800", in: *Autorschaft. Genus und Genie in der Zeit um 1800*, hg. von Ina Schabert und Barbara Schaff, Berlin 1994 (= *Geschlechterdifferenz & Literatur*), S. 145–156.

Head, Matthew, *Sovereign Feminine. Music and Gender in Eighteenth-Century Germany*, Berkeley 2013.

Herder, Johann G., „Abhandlung über den Ursprung der Sprache", in: Ders., *Frühe Schriften. 1764–1772*, hg. von Martin Bollacher (= Johann Gottfried Herder, *Werke* 1, Bibliothek deutscher Klassiker 1), Frankfurt a.M. 1985, S. 695–810.

Herder, Johann Gottfried, „Kalligone". [Leipzig 1800], in: Ders., *Schriften zu Literatur und Philosophie 1792–1800*, hg. von Hans Dietrich Irmscher (= Johann Gottfrieder Herder, *Werke* 8 / Bibliothek deutscher Klassiker 154), Frankfurt a.M. 1998, S. 641–964.

Hoffmann, Ernst Theodor Amadeus, „Beethovens Instrumental-Musik" [*Kreisleriana* 4], in: Ders., *Fantasiestücke in Callot's Manier. Werke 1814*, hg. von Hartmut Steinecke unter Mitarbeit von Gerhard Allroggen und Wulf Segebrecht (= E.T.A. Hoffmann, *Sämtliche Werke* 2,1 / Bibliothek deutscher Klassiker 98), S. 52–61

Hoffmann, Ernst Theodor Amadeus, „Der goldene Topf", in: Ders., *Fantasiestücke in Callot's Manier. Werke 1814*, hg. von Hartmut Steinecke unter Mitarbeit von Gerhard Allroggen und Wulf Segebrecht (= E.T.A. Hoffmann, *Sämtliche Werke* 2,1 / Bibliothek deutscher Klassiker 98), S. 229–321.

Hoffmann, Ernst Theodor Amadeus, „Johannes Kreislers Lehrbrief" [*Kreisleriana* 12], in: Ders., *Fantasiestücke in Callot's Manier. Werke 1814*, hg. von Hartmut Steinecke unter Mitarbeit von Gerhard Allroggen und Wulf Segebrecht (= E.T.A. Hoffmann, *Sämtliche Werke* 2,1 / Bibliothek deutscher Klassiker 98), S. 447–455.

Hornbostel, Erich M. v., „Die Probleme der vergleichenden Musikwissenschaft", in: *Tonart und Ethos. Aufsätze zur Musikethnologie und Musikpsychologie*, hg. von Christian Kaden und Erich Stockmann, Leipzig 1986, S. 40–58.

Hornbostel, Erich M. v., „Melodie und Skala", in: *Tonart und Ethos. Aufsätze zur Musikethnologie und Musikpsychologie*, hg. von Christian Kaden und Erich Stockmann, Leipzig 1986, S. 59–75.

Hornbostel, Erich M. v., „Melodischer Tanz. Eine musikpsychologische Studie", in: *Tonart und Ethos. Aufsätze zur Musikethnologie und Musikpsychologie*, hg. von Christian Kaden und Erich Stockmann, Leipzig 1986, S. 76–85.

Kapp, Reinhard, „Zur Geschichte des musikalischen Ausdrucks", in: *Beiträge zur Interpretationsästhetik und Hermeneutik-Diskussion*, hg. von Bockmaier, Claus, Laaber 2009, S. 143–179.

Klassen, Janina, Artikel „Clara Schumann", in: *Musikvermittlung und Genderforschung: Lexikon und multimediale Präsentationen*, hg. von Beatrix Borchard, Hochschule für Musik und Theater Hamburg, 2003 ff. (eingesehen am 24.9.2015).

La Roche, Sophie v., *Geschichte des Fräuleins von Sternheim. Von einer Freundin derselben aus Original-Papieren und andern zuverlässigen Quellen gezogen*, hg. von Christian Martin Wieland, Leipzig 1771.

Laqueur, Thomas W., *Making Sex. Body and Gender from the Greeks to Freud*, Cambridge, Mass. 1990.

Le Rider, Jacques, *Das Ende der Illusion. Die Wiener Moderne und die Krisen der Identität*, Wien 1990.

Lütkehaus, Ludger, *Dieses wahre innere Afrika. Texte zur Entdeckung des Unbewussten vor Freud*, Frankfurt a.M. 1989.

McClintock, Ann, *Imperial Leather, Race, Gender and Sexuality in Colonial Contest*, New York 1995.

Poos, Heinrich, „Nexus vero est poeticus: Zur fis-moll Fantasie Carl Philipp Emanuel Bachs", in: *Studien zur Instrumentalmusik. Lothar Hoffmann-Erbrecht zum 60. Geburtstag*, hg. von Anke Bingmann, Klaus Hortschansky und Winfried Kirsch, Tutzing 1988, S. 189–220.

Purtschert, Patricia, *Grenzfiguren. Kultur, Geschlecht und Subjekt bei Hegel und Nietzsche*, Frankfurt a.M., New York 2006.

Reichardt, Johann Friedrich, *Musikalischer Almanach auf das Jahr 1782*, Alethinopel [Leipzig] ca. 1782.

Reichardt, Johann Friedrich, *Musikalischer und Künstler-Almanach auf das Jahr 1783*, Alethinopel [Leipzig], ca. 1783.

Rousseau, Jean-Jacques, „Essai sur l'origine des langues où il est parlé de la mélodie et de l'imitation musicale", in: Ders., *Écrits sur la musique*, hg. von Brenno Boccadoro, Alain Cernuschi, Amalia

Collisani und Charles Porset, Genève, Paris 2012. (*Œuvres complètes.* Sous la direction de Raymond Trousson et Frédéric Eigeldinger XII), S. 369–533. [Deutsch: Rousseau, Jean-Jacques, „Essay über den Ursprung der Sprachen, worin auch über Melodie und musikalische Nachahmung gesprochen wird", in: Jean Jacques Rousseau, *Musik und Sprache. Ausgewählte Schriften* (Aus dem Französischen von Dorothea Gülke), hg. von Peter Gülke, Wilhelmshaven 1984 (=*Taschenbücher zur Musikwissenschaft*), S. 99–168].

Schleuning, Peter, „Die Fantasiermaschine. Ein Beitrag zur Geschichte der Stilwende um 1750", in: *Archiv für Musikwissenschaft* 27 (1970), Nr. 3, S. 192–213.

Steinbrügge, Lieselotte; Runge Anita (Hg.), *Die Frau im Dialog. Studien zur Theorie des Briefes*, Stuttgart 1991.

Stumpf, Carl, *Die Anfänge der Musik*, Leipzig 1911.

Sulzer, Johann Georg, *Allgemeine Theorie der schönen Künste.* Zwei Bände, Leipzig 1771–1774.

Unger, Johann Friedrich, *Entwurf einer Maschine wodurch alles was auf dem Clavier gespielt wird, sich von selber in Noten setzt. Jahr 1752. an die Konigl. Akademie der Wissenschaften zu Berlin eingesandt, nebst dem mit dem Herrn Direktor Euler darüber geführten Briefwechsel […]*, Braunschweig 1774.

Unseld, Melanie, Artikel „Ethel Smyth", in: *Musikvermittlung und Genderforschung: Lexikon und multimediale Präsentationen*, hg. von Beatrix Borchard, Hochschule für Musik und Theater Hamburg, 2003 ff., http://mugi.hfmt-hamburg.de/artikel/Ethel_Smyth, (eingesehen am 24.9.2015).

Unseld, Melanie, Artikel „Nadia Boulanger", in: *Musikvermittlung und Genderforschung: Musikerinnen-Lexikon und multimediale Präsentationen*, hg. von Beatrix Borchard, Hochschule für Musik und Theater Hamburg, 2003 ff., http:// mugi.hfmt-hamburg.de/artikel/Nadia_Boulanger (eingesehen am 15.7.2015).

Wagner, Richard, „Oper und Drama" [Leipzig 1852], in: Richard Wagner, *Dichtungen und Schriften* (Jubiläumsausgabe in zehn Bänden), hg. von Dieter Borchmeier, Bd. 7, Frankfurt a.M. 1983.

Weininger, Otto, *Geschlecht und Charakter. Eine prinzipielle Untersuchung*, Wien 1905, Reprint München 1980.

Wenzel, Silke, Artikel „Clara Blauhuth", in: *Musikvermittlung und Genderforschung: Lexikon und multimediale Präsentationen*, hg. von Beatrix Borchard, Hochschule für Musik und Theater Hamburg, 2003 ff. http://mugi.hfmt-hamburg.de/artikel/Clara_Blauhuth (eingesehen am 24.9.2015)

Wenzel, Silke, Artikel „Mary Krebs", in: *Musikvermittlung und Genderforschung: Lexikon und multimediale Präsentationen*, hg. von Beatrix Borchard, Hochschule für Musik und Theater Hamburg, 2003 ff. http://mugi.hfmt-hamburg.de/Artikel/Mary_Krebs (eingesehen am 24.9.2015).

Werkmeister, Sven, *Kulturen jenseits der Schrift. Zur Figur des Primitiven in Ethnologie, Kulturtheorie und Literatur um 1900*, München, Paderborn 2010.

Wolff, Christoph, „Zwischen klassischem Werkbegriff und überlieferter Werkgestalt. Der musikalische Text als Vermittler", in *Musik als Text*, hg. von Hermann Danuser und Tobias Plebuch, Bd. 1, Kassel 1998, S. 263–265.

Woyke, Saskia, Artikel „Faustina Bordoni", in: *Musikvermittlung und Genderforschung: Lexikon und multimediale Präsentationen*, hg. von Beatrix Borchard, Hochschule für Musik und Theater Hamburg, 2003 ff. http://mugi.hfmt-hamburg.de/artikel/Faustina_ Bordoni (eingesehen am 15.7.2015).

Young, Edward, *Conjectures on Original Composition* (1759), hg. v. Edith J. Morley, London 1918.

III

Nicole K. Strohmann

Gender und Raum:
Orte kompositorischen Wirkens von Frauen im Frankreich des 19. Jahrhunderts

Prolegomena

Die abgebildete Fotografie (S. 150) zeigt die französische Komponistin Augusta Holmès (1847–1903) in ihrem Pariser Arbeits-/Musikzimmer in der Rue Juliette Lamber Nr. 40.[1] Im Zentrum des Bildes steht die Komponistin an ihrem Konzertflügel, den Blick auf die auf dem Notenpult platzierte Partitur gerichtet. Zahlreiche Dekorationsgegenstände, Gemälde, Stoffe und Siegestrophäen von Kompositionswettbewerben schmücken den repräsentativen, mit Stuck und Lüster verzierten Raum, während ein Porträtbild Richard Wagners neben einem Metronom auf dem Flügel positioniert ist. In diesem Raum, so ist leicht zu imaginieren, wurde ganz offensichtlich komponiert, musiziert, geschrieben, gelesen, rezitiert, unterrichtet, kommuniziert, wurden Noten korrigiert, u.v.a.m. Ein Raum, in dem sich unterschiedliche Tätigkeiten abspielten, der je nach Anlass verschiedene Menschen zusammenführte und der privat und öffentlich zugleich war, wobei die Grenzen freilich fließend waren. Privat, da er sich in ihrem Pariser Appartement befand und sie selbstverständlich frei darüber verfügen konnte, welchen musikbezogenen Tätigkeiten sie hier nachging und wer wann Zutritt zu diesem Raum hatte. Einer anonymen, zahlenden Öffentlichkeit preisgegeben wurde der Raum spätestens mit dem Abdruck des obigen Fotos im *Strand Musical Magazine.* Dort illustrierte die Abbildung die Publikation eines Interviews, welches der englische Journalist Jean Bernac mit Holmès geführt hatte. Gleichzeitig gewannen die Leser_innen der Musikzeitschrift, darunter auch solche, die keinen Zugang zu den Privaträumen der Komponistin hatten, damit einen Eindruck von ihrem Musikzimmer.

Räume – dies lässt sich an diesem Beispiel bereits sehen – sind stets Ergebnisse von den in ihnen ausgeführten Interaktionen. Sie variieren demnach je nach Anlass und konstituieren sich durch die Menschen und ihre Aktionen jeweils neu. Die Entstehung von Raum ist ein stetiger Prozess. Martina Löw, deren Raumtheorie den folgenden Ausführungen zugrunde liegt, brachte die Konstitution von Raum auf folgende Kurzformel:

---

[1] Augusta Holmès stehend an ihrem Flügel, abgedruckt in: *L'Illustré soleil du Dimanche* (o.D.) mit Bildunterschrift: „Mme Augusta Holmès auteur de la ‚Montagne Noire'", Bibliothèque nationale de France, Collection René Dazy. Vgl. hierzu auch den Grundriss der Wohnungen vom 1.3.1882, F-PAP 1696 W und C 228 VO 11.

Abb. 1: Die Komponistin Augusta Holmès in ihrem Arbeitszimmer

> Die Konstitution von Räumen geschieht durch (strukturierte) (An)Ordnungen von sozialen Gütern und Menschen an Orten. Räume werden im Handeln geschaffen, indem Objekte und Menschen synthetisiert und relational angeordnet werden. Dabei findet der Handlungsvollzug in vorarrangierten Räumen statt und geschieht im alltäglichen Handeln im Rückgriff auf institutionalisierte (An)Ordnungen und räumliche Strukturen.[2]

Wenn Löw von „sozialen Gütern" spricht, so versteht sie darunter sowohl „materielle Güter" wie beispielsweise die in der obigen Raumbeschreibung erwähnten Möbelstücke und Gegenstände, die Augusta Holmès' Musikzimmer bestücken, als auch „symbolische Güter" wie etwa Werte, Vorschriften oder Lieder, die in einem Raum erklingen.[3] Löws Raumtheorie basiert auf der Prämisse, dass Räume sozial hergestellt werden, ohne auf die Materialität zu verzichten. D. h., die soziokulturelle Dimension (also etwa gesellschaftliche Strukturen)

---

2 Löw, Martina, *Raumsoziologie*, Frankfurt a.M. 2001, S. 204.
3 Vgl. Löw, Raumsoziologie, S. 153.

bildet sich im physisch-materiellen Raum ab, sie sind ihm eingeschrieben. Symbolische Güter verweisen zudem auf zwei wesentliche Parameter, die bei der Konstitution von Räumen ebenfalls eine zentrale Rolle spielen: zum einen die Kategorie der Identität der Komponistin (Eigen- und Fremdwahrnehmung) und zum anderen die Kategorie Macht. Wenn sich Räume im Handeln konstituieren, so sind den Handelnden dabei stets bestimmte Grenzen gesetzt, respektive Freiheiten geboten, in anderen Worten: Räume zeichnen sich durch Inklusion und Exklusion aus. Bezogen auf das obige Beispiel ließe sich formulieren, dass Augusta Holmès die Disposition ihres Flügels in ihrem Musikzimmer (also die „(An)Ordnung" der „materiellen Güter") ebenso selbst bestimmen kann wie die an jenem Ort geltenden Werte, Regeln oder Vorschriften. Ob die Komponistin in jenem Raum komponiert, unterrichtet oder Freunde empfängt, ihr allein obliegt die Entscheidung, welche Handelnden zu welchem Zeitpunkt mit welchen Aktionen diesen Raum konstituieren. Dies ist bei sogenannten „Privaträumen" gewiss nicht verwunderlich, doch wie konstituieren sich Musik-Räume in Relation zu Komponistinnen in Paris, denen eine öffentliche und damit a priori komplexere Sphäre zugrunde liegt? Jene Korrelation von Gender und Raum möchte der vorliegende Aufsatz analysieren und der Frage nachgehen, in welchen Räumen sich komponierende Frauen im Paris des 19. Jahrhunderts bewegten. Welche Selbstpositionierungsstrategien nutzten die Frauen, und im Umkehrschluss: welche Räume wurden ihnen von ‚der Gesellschaft' zugewiesen? Hinsichtlich einer (weiblichen) Teilhabe an der professionellen Kompositionstätigkeit ist nach der Identität der Komponistin, aber auch nach den Entscheidungsträgern (den Mächtigen), die den Komponistinnen des *Fin de siècle* Räume öffneten oder sie ausschlossen, zu fragen. Ferner ist neben dem Aufspüren von Freiheiten und Grenzen zu diskutieren, welchen Einfluss der Raum auf Faktoren wie Aufführung, Rezeption der Werke, Repertoirebildung, Tradierung bzw. Eingang der Werke in die Musikgeschichtsschreibung hatte und demgegenüber: welche Auswirkungen die Aufführung von ‚Frauenkompositionen' auf die Räume hatte. Am Beispiel der eingangs erwähnten französischen Komponistin Augusta Holmès soll erörtert werden, wie sich Räume konstituierten, wenn dort Werke von Komponistinnen aufgeführt wurden. Welche Handlungsspielräume in „eigenen" und „fremden" Räumen hatte Holmès und welche Möglichkeiten der Raum- und Grenzüberschreitungen nutzte sie?[4]

---

4 Wegweisende musik- und kulturwissenschaftliche Forschungen zum Thema Stadt (2006), Kloster (2008) und Hof (2010) als Orte kulturellen Handelns von Frauen in der Frühen Neuzeit entstanden im Rahmen des Projektes „Orte der Musik" unter der Leitung von Susanne Rode-Breymann an der Hochschule für Musik, Theater und Medien Hannover. Ihr verdanke ich wesentliche Impulse, raumtheoretische Konzepte für musikwissenschaftliche Forschungen fruchtbar zu machen. Vgl. Rode-Breymann, Susanne (Hg.), *Orte der Musik. Kulturelles Handelns von Frauen in der Stadt*, Köln, Weimar, Wien 2007; dies. (Hg.), *Musikort Kloster. Kulturelles Handeln von Frauen in der Frühen Neuzeit*, Köln, Weimar, Wien 2009; und dies. und Tumat, Antje (Hg.), *Der Hof. Ort kulturellen Handelns von Frauen in der Frühen Neuzeit*, Köln, Weimar, Wien 2013. Vgl. auch Rode-Breymann, Susanne, Orte und Räume kulturellen Handelns von Frauen, in: *History/Herstory. Alternative Musikgeschichten*, hg. von Annette Kreutziger-Herr und Katrin Losleben, Köln/Weimar/Wien 2009, S. 186–197. Wichtige Anregungen lieferten auch die Vorträge des Symposiums

Nicole K. Strohmann

Wenn sich also Geschlechterverhältnisse im Raum materialisieren – wovon hier ausgegangen wird –, so eignet sich der Ansatz der feministischen Raumwissenschaften besonders, da mit ihm dichotomisierende und hierarchisierende Strukturen hinsichtlich des Geschlechterverhältnisses kritisch analysiert werden können: Dies gilt besonders für die dichotome Konstruktion von Öffentlichkeit versus Privatheit des Raumes, welche noch in den 1960er Jahren den Stadtsoziologen und -soziologinnen als konstitutives Element von städtischem Leben, ja von Urbanität galt.⁵ Statt des unterdessen vielfach kritisierten Raum-Modells, welches die Verortung der Geschlechter in den Sphären der Öffentlichkeit und Privatheit vornahm, ist vielmehr davon auszugehen, dass Städte über eine Vielzahl von transitorischen Räumen verfügen. Zu vermuten ist daher, dass Augusta Holmès als Komponistin im Paris des 19. Jahrhunderts an der Konstitution von sogenannten „Zwischenräumen" mitwirkte, die retrospektiv betrachtet für die agierende und nachfolgende Komponistinnengeneration als „Orte der Emanzipation" gelten dürfen.

In der Untersuchung jener Zwischenräume, wie sie im Folgenden paradigmatisch am Beispiel des Salons, der Salles Pleyel, Herz und Érard, der Konzertsäle Cirque Napoléon, Éden-Théâtre und Théâtre du Châtelet sowie letztlich des Opernhauses Palais Garnier vorgenommen werden soll, sind interessante Erkenntnisse bezüglich der geschlechterspezifischen Nutzung respektive Aneignung von Räumen zu erwarten, da sie eben aufgrund ihrer hybriden Eigenschaft nicht a priori dem öffentlichen Raum des Mannes oder der privaten Sphäre der Frau zuzuordnen sind.

„FrauenMusikRäume – Orte von Frauen in der urbanen Musikkultur", hier insbesondere Borchard, Beatrix, „Öffentliches Quartettspiel als geschlechtsspezifische ‚Raumgestaltung'"?, in: *Musik – Stadt. Traditionen und Perspektiven urbaner Musikkulturen*, Bd. 3: Musik in Leipzig, Wien und anderen Städten im 19. und 20. Jahrhundert: Verlage – Konservatorien – Salons – Vereine – Konzerte, hg. von Stefan Keym und Katrin Stöck, Leipzig 2011, S. 385–399, und Rode-Breymann, Susanne, „‚Frauen und Jungfrauen dieses Ortes, in geistlichen deutschen Liedern dermaßen geübt' – Räume musikalischen Alltags in frühneuzeitlichen Städten", in: ebd., S. 375–384. Als praktisches Beispiel hinsichtlich des Methodentransfers waren mir Gespräche mit und Publikationen von Tanja Mölders sehr hilfreich. Sie wendet Martina Löws Raumtheorie auf ihr Forschungsgebiet der Umweltwissenschaften an. Vgl. Mölders, Tanja, Behrendt, Maria und Biesecker, Adelheid et. al., *Blockierter Wandel? Denk- und Handlungsräume für eine nachhaltige Regionalentwicklung*, München 2006; Mölders, Tanja und Thiem, Anja, *NaturKulturRäume – Beziehungen zwischen materiell-physischen und soziokulturellen Räumen. Eine dialogische Annäherung aus umwelt- und kulturwissenschaftlicher Perspektive*, unveröff. Manuskript, Lüneburg 2005. Wesentliche Anregungen zur vorliegenden Fragestellung erhielt ich zudem von Hubrath, Margarete (Hg.), *Geschlechter-Räume. Konstruktion von ‚gender' in Geschichte, Literatur und Alltag*, Köln/Weimar/Wien 2011.

5 Dörhöfer, Kerstin, „‚Halböffentlicher Raum' – eine Metapher zur Auflösung (nicht nur) räumlicher Polarität", in: *Stadt – Raum – Geschlecht. Beiträge zur Erforschung urbaner Lebensräume im 19. und 20. Jahrhundert*, hg. von Monika Imboden, Franziska Meister und Daniel Kurz, Zürich 2000, S. 101–118, hier S. 101.

Salon und gesellige Abende

„Oh! ces soirées de Versailles! Quel lumineux souvenir elles m'ont laissé, ces orgies de jeunesse, d'art, de musique et de poésie!"[6] An jene „soirées de Versailles" erinnert sich Camille Saint-Saëns 1889 anlässlich einer Rezension, die er im Anschluss an die Aufführung der Kantate *Ode triomphale en l'honneur du Centenaire de 1789* von Augusta Holmès für *Le Rappel* schreibt. Augusta Holmès war der Mittelpunkt jener Salonabende, die in den 1850er und -60er Jahren im Hause ihrer Eltern in der Rue de l'Orangerie in Versailles stattfanden und die ein beliebter Treffpunkt von Musiker_innen, Literat_innen und bildenden Künstler_innen waren: „La maison de la rue de l'Orangerie, où trônait l'enfant prodige, attirait un cénacle de gens de lettres et d'artistes".[7] Neben Camille Saint-Saëns gehörten Georges Clairin, Henri Regnault, Armand Renaud, Dr. Henri Cazalis (= Jean Lahor), Dr. Pavy, Gustave Lambert, Blanchard, Escalier und Louis de Livron zu den Habitués.[8] Die meisten von ihnen wohnten in Paris, wo sie vermutlich bei den Concerts Populaires, die Augusta Holmès regelmäßig besuchte, Bekanntschaft mit der Versailler Musikerin geschlossen hatten. Dass die Pariser „enthousiastes"[9], wie Jean-Louis Croze sie nennt, dennoch regelmäßig die Zugfahrt nach Versailles auf sich nahmen, spricht für das starke Interesse an jenen séances, denen offenbar eine ganz besondere Atmosphäre inhärent gewesen war. Die, im Rahmen seines Nekrologs für Holmès formulierten, Erinnerungen von Croze an eine Zusammenkunft, bei der Auszüge aus Charles Gounods Oper *Roméo et Juliette* gesungen respektive gespielt wurden und bei denen Augusta Holmès die Rolle der Juliette übernahm, legen davon Zeugnis ab:

> Jamais Juliette plus enivrante, jamais plus capable d'inspirer l'amour, nulle plus délicieuse en avouant le sien. Au dernier accord, la cantatrice, épuisée, à bout de souffle et d'émotion, s'évanouit dans les bras de son père. Gounod, alarmé, s'excuse auprès de sa belle amie, bientôt revenue à elle. Le soir tombait. Le compositeur de *Roméo* s'en va. Ceux qui restent se rappellent, en une conversation enfiévrée, les passages de l'œuvre entendue. Saint-Saëns, à son tour, se met au piano: sous ses doigts s'échappent une rêverie de Bach, une paraphrase de Beethoven. Mais voici qu'à travers les vitraux de l'atelier, où pas une lampe n'avait été allumée, une large rayon de lune pénètre. Augusta Holmès s'avance dans la clarté et, dénouant d'un geste brusque ses beaux cheveux roux, qui l'enveloppent toute comme d'un manteau d'or pâle, elle chante, le bras levé, le front haut. A cette apparition, un seul cri d'admiration et d'extase! Le morceau fini, les mains se tendent vers la Muse, des larmes sont dans tous les yeux.[10]

Es konstituierte sich also an jenem Ort ein Raum für musikalischen und literarischen Austausch, zu dessen Einzigartigkeit neben den geladenen Gästen die Gastgeberin selbst beitrug.

---

6 Camille Saint-Saëns hier wiedergegeben von Croze, Jean-Louis, „Augusta Holmès", in: *La Revue hebdomadaire – Romans, Histoire, Voyages* 12 (21.2.1903) 12, S. 305–317, hier S. 310.
7 Pichard du Page, René, *Une musicienne versaillaise – Augusta Holmès*, Paris 1920, S. 13.
8 Croze, Augusta Holmès, S. 311.
9 Croze, Augusta Holmès, S. 312.
10 Croze, Augusta Holmès, S. 313.

Da es sich um ein privates Haus – später, als Holmès in Paris wohnte, um ihr privates Appartement – handelte, war sie, im Unterschied zu anderen Konzertsituationen, vollkommen autark zu entscheiden, wer Zugang zu ihren geselligen Abenden hatte. Das heißt zugleich, dass Parameter wie In- und Exklusion als gesellschaftliche Handlungspraxis raumbildend wirkten, denn im Gegensatz zu den Konzerten, wie sie etwa im Théâtre du Châtelet zu hören waren[11], konstituierte sich der Salon durch einen exklusiven Kreis von Habitués[12]. Fragen wir nach weiteren Handlungsmöglichkeiten respektive nach Freiheiten und Grenzen von Komponistinnen, so kann für den Salon konstatiert werden, dass dieser Raum wohl wie kein anderer hinsichtlich der Aufführungsmöglichkeit eigener Werke und/oder hinsichtlich dem eigenen Musizieren der Gastgeberin eine nahezu grenzenlose Freiheit gewährt. Gerade für Komponistinnen bietet sich im musikalischen Salon ein Raum zur Präsentation ihrer Werke, da im Vergleich zu Konzertsälen und Opernhäusern keine von außen bzw. von Fremdpersonen veranlassten Zugangsbegrenzungen existieren. Zugangs- und Handlungsmöglichkeiten regulierten sich größtenteils auf Basis persönlicher Beziehungen. Zugleich ist es der (Aufführungs-)Ort, der ihnen gemäß der bürgerlichen Ideologie von der Gesellschaft am ehesten zugesprochen wird: Ohne das in der Literatur bereits vielfach kritisch diskutierte Denkmodell – die Gesellschaft des 19. Jahrhunderts teile sich in eine dem Mann zugesprochene ‚öffentliche' und eine der Frau zugesprochene ‚private' Sphäre – hier erneut darzulegen, sei doch vermerkt, dass der Salon zu dem häuslichen und daher der Frau zugehörigen Bereich gedacht wurde, in dem die Frau gemäß den bürgerlichen Idealen dem wachsenden Anspruch auf Kultur und Bildung nachkommen konnte und ihre Fähigkeiten im Klavierspiel oder Gesang präsentieren konnte. In Frankreich gehörten zur fundierten Musikausbildung für Frauen aus ‚gutem Hause' nicht nur Instrumentalunterricht, sondern auch Kenntnisse in Komposition, wenngleich diese nicht in erster Linie dazu dienten, eine professionelle Komponistinnen- oder Musikerinnenlaufbahn einzuschlagen.[13] Einher geht diese kulturelle Praxis mit der Orientierung an kleineren Gattungen. Lieder und kammermusikalische Stücke eigneten sich hinsichtlich ihrer Besetzung in besonderem Maße zur Aufführung im Salon und waren zugleich jene Gattungen, deren Komposition Frauen im Allgemeinen zugetraut wurde, während das Verfassen von größer dimensionierten Werken gewöhnlich ausschließlich Männern vorbehalten war. Dementsprechend fanden sich für kammermusikalische Stücke relativ leicht Verleger_innen, die diese wiederum aufgrund des steigenden Bedarfs

---

11 Gleichwohl sei angemerkt, dass sich diese Konzerte auch nur durch eine scheinbare Demokratisierung auszeichneten – hier regulierte die Möglichkeit des Kaufes einer Eintrittskarte oder eines Abonnements den Zugang zum musikalischen Vergnügen.

12 Auguste de Villiers de L'Isle-Adam erinnert sich beispielsweise: „J'ai bien souvent eu l'occasion d'entendre, à Paris, Mlle Holmès exécuter elle-même ses ouvrages, devant un petit nombre d'amis et d'admirateurs au nombres desquels je suis heureux de m'être toujours compté." Villiers de L'Isle-Adam, Auguste de, *Chez les Passants. Fantaisies, Pamphlets et Souvenirs*, Paris, 1890, S. 71.

13 Vgl. hierzu Strohmann, Nicole K., „Zur Professionalisierung weiblichen Komponierens im Frankreich des ausgehenden 19. Jahrhunderts: Die Dichterkomponistin Augusta Holmès", in: *Musik und Gender. Grundlagen – Methoden – Perspektiven*, hg. von Rebecca Grotjahn und Sabine Vogt, Laaber 2010 (= Kompendien Musik 5), S. 126–141, hier insbesondere S. 126–129.

nach „Hausmusik" gerne in Druck nahmen. Größer angelegte Werke von Frauen wie Symphonien, Solokonzerte oder Opern nahmen die Verleger in der Regel nur ungern in Druck, da sie befürchteten, dafür keine Käufer_innen zu finden.

Erinnerungen oder Memoiren von Zeitgenossen berichten häufig enthusiastisch von Holmès' Interpretation eigener Werke, die bei den Zuhörer_innen wohl einen bleibenden Eindruck hinterließen. So notiert der Schriftsteller André Theuriet:

> Après qu'on eut pris le café et fumé au jardin, on rentra au salon et la jeune fille se mit au piano sans se faire prier. – En effet, on ne nous avait pas trop vanté son talent. Pendant plus de deux heures, elle nous charma avec son étrange voix de contralto, tantôt sourde et presque rauque, tantôt extraordinairement vibrante. Ses mélodies avaient une couleur éclatante, un rythme bizarre, quelquefois caressant et berceur comme un murmure d'eau courante, d'autres fois saccadé et emporté comme une galopade de chevaux sauvages. Elle les chantait d'un air inspiré, la tête haute, les narines palpitantes, avec une fougue capricieuse pareille à celle qu'apportent les Tsiganes à l'exécution de leurs *tsardàs*. Je me rappelle surtout un morceau qu'elle nommait le *Chant du Chamelier* [...] Quand elle attaquait ce refrain aux notes graves et chaudes, il nous semblait être transporté en plein Orient. [...] Nous avions la sensation du désert illimité et brûlant, où de vigoureux profils de palmiers se découpent sur un ciel aux rougeurs d'incendie, tandis qu'auprès des chameaux agenouillés la voix du chamelier s'envole dans le silence du soir, [...] Nous battions des mains, nous ne nous possédions plus.[14]

Und René Pichard du Page berichtet:

> Augusta Holmès chantant et accompagnant elle-même au piano ses propres œuvres, paroles et musique entièrement d'elle – créatrice et interprète à la fois, et s'enivrant, et se donnant, et se transfigurant, c'était un torrent de charme, un éblouissement sonore, un envoûtement susceptible d'ôter leur sang-froid aux critiques et de les illusionner même en une certaine mesure – j'imagine que c'est ce qui dut plus d'une fois se produire – sur la valeur intrinsèque d'une œuvre que nous ne pouvons plus, aujourd'hui que cette belle voix n'est plus là pour la soutenir, admirer sans quelques réserves.[15]

Dass sie sich bei ihrem Gesangsvortrag selbst am Klavier begleitete, wie hier von Pichard du Page dargelegt ist, trifft übrigens recht häufig auf die Präsentationen im Salon zu, nicht jedoch auf ‚öffentliche' Konzerte. Die überlieferten Konzertprogramme weisen Holmès nur selten als Klavierbegleiterin aus. Wenn sie als Pianistin auftrat, so nahezu ausschließlich als Interpretin ihrer eigenen Werke. Der Grund dürfte darin liegen, dass sie sich trotz ihrer sängerischen und pianistischen Fähigkeiten in erster Linie als Komponistin verstand und nicht als Interpretin. Diente das Musizieren und Texte-Rezitieren dem angenehmen Zeitvertreib, so ermöglichte die intime Atmosphäre, die jenem Salon-Raum – möglicherweise gestärkt durch den vertrauten Kreis an Zuhörer_innen – inhärent war, der Komponistin und ihren Kolleg_innen, die Meinung geschätzter Berufskamerad_innen und Freund_innen einzuholen. Dieses Vor-

---

14 Theuriet, André, *Le Journal de Tristan. Impressions et Souvenirs*, Paris 1883, S. 83–84.
15 Pichard du Page, Une musicienne versaillaise, S. 14.

sondieren war üblich, man präsentierte die neuesten Stücke oder Auszüge aus diesen auch, um die Reaktion des zukünftigen Publikums einschätzen zu können. Die folgende Passage skizziert die Voraufführung von Camille Saint-Saëns' *Samson et Dalila* 1868 in Versailles:

> Doué d'une voix étendue, sonore, c'est lui [Henri Regnault] qui, le premier, chanta le rôle de *Samson*. Cette création d'un ouvrage, chef-d'œuvre si tard apprécié, a laissé d'inoubliables souvenirs aux personnes là présentes. Holmès personnifiait Dalila. Plastique organe, c'était la perfection même. Son partenaire – il avait laissé pousser ses cheveux pour représenter mieux le héros hébreu! – se surpassa également. Romain Bussine tenait la partie du grand prêtre. Le compositeur accompagnait au piano ses fulgurants interprètes. Ces „orgies" se renouvelaient fréquemment. [...] Les heures passaient vite en ces fêtes. Le dernier train était raté souvent. [...].[16]

Den Zeilen ist zu entnehmen, dass Holmès offenbar sämtliche Voraussetzungen besaß, um erfolgreich einen Salon zu führen; zugleich war sie ein gern gesehener Gast in anderen Salons. Folgt man Martina Löw in ihrer Definition der Prämissen, die für die Konstituierung eines Raumes erforderlich seien, so lassen sich diese durchaus für den Holmès'schen Salon konstatieren. Löw determiniert:

> Die Möglichkeiten, Räume zu konstituieren, sind abhängig von den in einer Handlungssituation vorgefundenen symbolischen und materiellen Faktoren, vom Habitus der Handelnden, von den strukturell organisierten Ein- und Ausschlüssen sowie von den körperlichen Möglichkeiten.[17]

Sowohl in Versailles (eine herrschaftliche Villa mit Bibliothek ihres literatur- und schauspielbegeisterten Vaters[18]) als auch in Paris (ein repräsentatives Appartement im Künstlerviertel) waren die materiellen Güter gegeben, die sie und ihre Gäste für die Konstitution eines Salon-Raumes entsprechend anordnen konnten: Zu imaginieren ist etwa, dass für einen geselligen Abend die Bestuhlung entsprechend zurecht geschoben wurde, womöglich um das obligatorische Klavier, hier den Érard-Flügel, herum postiert und entsprechendes Notenmaterial bereit gelegt wurde usw. „Verstanden werden können diese materiellen Güter jedoch nur, wenn die symbolischen Eigenschaften der sozialen Güter entziffert werden."[19] Daher besteht eine weitere Voraussetzung darin, dass die angehende Komponistin in einem literarisch-künstlerisch geprägten Milieu mit all den dort vermittelten Werten und Normen aufwuchs und eine dem intellektuellen Bürgertum entsprechend fundierte Allgemeinbildung sowie eine auf eigenen Wunsch veranlasste musikalische Ausbildung erhielt. Neben Klavier- und Gesangsunterricht wurde sie in Tonsatz, Kontrapunkt und Fuge sowie Instrumentation u.a. von Henri Lambert, Hyacinthe Klosé und Guillot de Sainbris in Versailles unterrichtet.

---

16 Croze, Augusta Holmès, S. 312.
17 Löw, Raumsoziologie, S. 272.
18 „Dans un salon d'un goût très sévère, en effet, décoré de tableaux, d'armes, d'arbustes, de statues et d'anciens livres, était assise, devant un vaste piano, une svelte jeune fille." Villiers de L'Isle-Adam, Chez les Passants, S. 65.
19 Löw, Raumsoziologie, S. 153.

Zwar blieb ihr als Nichtfranzösin ein Studium am renommierten Pariser Conservatoire versagt, doch gehörte sie ab 1875 als Privatschülerin César Francks und als einzige Frau zu dessen engstem Kreis, der sogenannten „bande à Franck". Ihre Zeitgenoss_innen beschreiben sie als überaus attraktiv. René Pichard du Page schildert ihr Aussehen im Alter von 18 Jahren wie folgt: „Grande et forte, majestueuse et calme, avec des cheveux d'or fin qui lui tombaient en nappe sur le dos et ses yeux vert d'iris qui nous rappelaient la mer d'Irland, elle était moins femme que déesse".[20] Sie inspirierte den Maler Henri Regnault zu einem Gemälde über das Sujet: „Thétis apportant à Achille, pour venger la mort de Patrocle, les armes divines forgées par Vulcain", mit dem der Künstler 1866 den *Prix de Rome* gewann.[21] Darüber hinaus pflegte Holmès ein großes Netzwerk[22] an befreundeten Künstler_innen, Literat_innen, Verleger_innen und Politiker_innen. All diese sozialen Güter, also die Prägung durch das intellektuelle Bürgertum, die fundierte musikalische Ausbildung ebenso wie die positiv konnotierte Attraktivität der Komponistin, sind die wesentlichen Voraussetzungen für die Konstituierung des Raumes ‚Salon'.

Salon Pleyel, Salle Érard und Salle Herz

Lieferten bei den Salonabenden überwiegend persönliche Erinnerungen, Tagebücher oder Memoiren von Zeitgenoss_innen die notwendigen Informationen für ein mehr oder weniger klar gezeichnetes Bild eines (musikalischen) Salons, so sind für die in diesem Unterkapitel analysierten Aufführungsräume vor allem die Quellengruppe der Programmzettel und Konzertankündigungen sowie Konzertberichte in der Presse relevant. Sie verweisen beharrlich auf vor allem drei Orte – auf den Salon Pleyel, die Salle Érard und die Salle Herz –, an denen Stücke von Augusta Holmès und anderen Komponistinnen aufgeführt wurden. Dabei war für Paris charakteristisch, dass die Stadt im 19. Jahrhundert im Unterschied zu anderen europäischen Musikmetropolen wie London oder Wien zunächst mit Ausnahme der Salle du Conservatoire praktisch keine genuin für den Konzertbetrieb errichteten Säle besaß. Den Klavierbaufirmen ist es zu verdanken, dass eine Art Konzertsaalkultur entstand: Sie stellten eigens Räume zur Verfügung, zunächst mit dem Ziel, ihre Instrumente zu präsentieren. Bekannt waren jene Salles Pleyel, Érard und Herz, die im Laufe des 19. Jahrhunderts aufgrund der zunehmenden Nachfrage an Konzertmöglichkeiten mehrfach umgebaut oder erweitert wurden. Zum Teil erwarben die Firmen auch neue, größere Immobilien an anderer Stelle. Auch wenn hier und da die Tradition der persönlichen Einladungen weitergepflegt

---

20 Pichard du Page, Une musicienne versaillaise, S. 10.
21 Ebd., S. 11.
22 Fauré betont in einem Interview, wie wichtig der Salon für die Karriere zukünftiger Komponisten sei und räumt ein, dass er selbst sehr froh gewesen sei, in den Salons, die er frequentierte, auf Gleichgesinnte gestoßen zu sein. Vgl. *L'Excelsior*, 12.6.1922, hier zit. nach Ross, James, „Music in French Salons", in: *French Music since Berlioz*, hg. von Richard Langham Smith und Caroline Potter, Aldershot/Burlington 2006, S. 91–115, hier S. 103–104.

wurde, so waren die Salles Pleyel, Herz und Érard prinzipiell öffentliche Räume, zu denen das Pariser Publikum Zugang hatte. Die Konzertformen waren facettenreich: Von privaten, die häufig ebenfalls *Salon* genannt wurden, um den Anschein von Intimität zu wahren, bis hin zu „öffentlichen" Veranstaltungen, die gegen Eintritt besucht werden konnten.

Für die Komponistin Augusta Holmès gab es – so zeigt die Auswertung der überlieferten Programmzettel – primär zwei Möglichkeiten, ihre Werke in einem der drei Säle aufzuführen: Zum einen durch Interpret_innen, die ein Benefiz- oder Solokonzert („concerts à bénéfice") organisierten und dafür einen der Säle mieteten, und zum anderen im Rahmen von musikalischen Veranstaltungen, die von einer der Musikgesellschaften wie etwa der *Société nationale de musique*, der Gesellschaft *Musique de Chambre* oder der *Société des compositeurs*[23] durchgeführt wurden. Für ausübende Musiker_innen, seien es Sänger_innen oder Instrumentalist_innen, bedeutete ein selbst veranstaltetes Benefizkonzert nicht nur die Chance, ihr Renommee unter Beweis zu stellen, sondern zugleich auch ein Honorar einzunehmen. Auf dieses waren die meisten Interpret_innen aufgrund des enormen Konkurrenzdrucks angewiesen, selbst wenn sie an einem der Theater oder in einem Orchester angestellt waren. Denn an Musikerinnen und Musikern fehlte es der Seine-Metropole nicht. Im Gegenteil: Wer im 19. Jahrhunderts als Interpret_in reüssieren wollte und nicht ohnehin bereits in Paris lebte, der machte zumindest dort Halt, um sich dem Publikum und der Presse zu präsentieren.[24] Solche Konzerte – häufig als „concerts à bénéfice" organisiert – fanden in der Salle Pleyel statt. Hier stellten die Interpret_innen ein buntes Programm an Vokal- und Instrumentalwerken zusammen, für dessen Darbietung er/sie auch Kolleginnen und Kollegen engagierte. Für Komponist_innen war es nun von Vorteil, wenn sie über zahlreiche Kontakte in der Musikszene verfügten. Dies erhöhte freilich die Chance, dass Interpret_innen die jeweiligen Werke auf ihre eigenen Programme setzten. Die überlieferten Dokumente und Korrespondenzen legen nahe, dass Augusta Holmès einen überaus großen Freundes- und Bekanntenkreis gehabt haben muss. So organisierte zum Beispiel der Sänger André Gresse (1868–1937) am Montag, dem 13. April 1891 in der Salle Érard ein Konzert, bei dem 25 Stücke (zu 16 Nummern zusammengefasst) von 22 verschiedenen Komponist_innen auf-

---

23 Die *Société des compositeurs* (Direktoren: Daniel-François-Esprit Auber, Ambroise Thomas, Henri Reber, Auguste-Emmanuel Vaucorbeil, Edmond Membrée, Camille Saint-Saëns und Victorin Joncières) war wie die *Société nationale de musique* eng mit dem Hause Pleyel verbunden: Sie hatte ihren Sitz im Maison Pleyel, Wolff et Cie, während die Direktoren der Klavierbaufirma dem Komponistenverband jährlich 500 Fr. für einen Concours spendeten. Die Konzertprogramme der *Société* berücksichtigten neben Alter Musik, explizit auch Werke junger, noch nicht arrivierter Komponisten sowie Stücke der Komponistinnen Clémence de Grandval, Marie Renaud-Maury, Marie Jaëll, Augusta Holmès, Carlotta Ferrari, Cécile Chaminade. Vgl. de Fourcaud, L./Pougin, Arthur/Pradel, Léon, *La Salle Pleyel*, Paris 1893, S. 96–97.

24 Auch wenn das Mäzenatentum in Frankreich in Einzelfällen noch bis weit ins 19. Jahrhundert gepflegt wurde, so erlebte gerade jene Zeit einen Aufschwung an Musiker_innen und Interpret_innen, die nicht mehr im Dienste eines Mäzens/einer Mäzenin komponierten, sondern nunmehr selbst für ihr Auskommen sorgen mussten.

geführt wurden, darunter *Les Griffes d'or* von Holmès. Das 1889 bei Léon Grus verlegte und Mme Édouard Colonne gewidmete Stück wurde von der Sängerin Marie-Consuelo Domenech interpretiert – einer Sängerin, die der Bassist um Mitwirkung bei diesem Konzert gebeten hatte. André Gresse war der Sohn des ebenfalls an der Opéra angestellten Léon Gresse, der zwei Jahre später die Rolle des Père Sava in Holmès' Drame lyrique *La Montagne noire* (1895) singen würde. André Gresse gab im Jahr 1900 sein Debut an der Opéra und wirkte dort die nächsten 20 Jahre. Parallel schrieb André Gresse auch Rezensionen für *Le Journal* und *L'Europe artiste*. In beiden Zeitungen erschienen im Januar 1900 Aufführungskritiken zur Symphonischen Dichtung *Andromède* von Augusta Holmès. Die Klavierbegleitung bei diesem Konzert übernahm Alphonse Catherine (1868-1927), Komponist und Dirigent, seit 1904 auch Chef de chant und seit 1914 Chef d'orchestre an der Opéra. Catherine dirigierte 1899 ein Konzert in Royan, bei dem er u.a. *La Nuit* von Holmès aufführte.[25] Als Pianist begleitete er unzählige Konzerte mit Vokalstücken von Holmès, deren Programmzettel er sammelte.[26] Bereits dieses eine Konzert zeigt, wie verwoben die Kontakte der beteiligten Personen waren, so dass ein gut ausgebautes Netzwerk hier als einer der Hauptparameter gelten darf, der raumkonstituierend wirkt. Insbesondere diejenigen Sänger_innen, Musiker_innen oder Dirigenten, die z.B. an einem der Theater beschäftigt waren, hatten ungleich mehr Chancen, wiederum an anderen Konzerten teilzunehmen, sie fungierten als Multiplikatoren für die Komponist_innen. So haben sich unter den Programmzetteln von Catherine u.a. auch folgende erhalten: Ein Programmzettel zu einem Konzert, welches das Ehepaar Buonsollazzi am 18. März 1893 in der Salle Érard organisierte und bei dem der Sänger Paul Seguy *Fleur de neige*, eine Chanson populaire (1887) von Augusta Holmès, interpretierte. Ebenso im Salle Érard veranstaltete der Komponist César Casella am 25. Mai 1893 ein Konzert, bei dem neben eigenen Kompositionen das Lied *Mélodie* von Augusta Holmès aufgeführt wurde, und am 13. Februar 1896 organisierte Jules Berny ebendort ein Konzert, bei dem *Chant de Kitharède* von Holmès auf dem Programm stand. Im Salon Pleyel, Wolff et Cie (22, Rue Rochechouart) organisierte Berthe Berlin am 4. Mai 1898 ein Konzert, bei dem Holmès' Lied *Gars d'Irlande* von Mlle Armande Bourgeois dargeboten wurde. Bei den hier exemplarisch genannten Konzerten kamen überwiegend Vokalstücke, meist Lieder zur Aufführung. Zahlreiche weitere Aufführungen Holmès'scher Stücke vor allem im Maison Pleyel, Wolff et Cie sind durch überlieferte Programmzettel belegt, bemerkenswert scheint jedoch, dass Holmès stets als Komponistin, jedoch nie als Organisatorin dieser Konzerte in Erscheinung trat.[27]

Neben Interpret_innen, Dirigenten und Komponist_innen, also Einzelpersonen, veranstalteten auch Musikgesellschaften wie die *Société nationale de musique* Konzerte in den Sälen,

---

25 *La Nuit* von Augusta Holmès, Konzertprogramm, *Concert sous la direction de M. A. [Alphonse] Catherine*, Casino de Royan, Royan 12.9.1899, Paris, BnF Bp. 162.
26 *Album de photographies, programmes et coupures de presse rassemblé par Alphonse Catherine* [Texte manuscrit], Paris, BnF Bp. 162.
27 Vgl. Konzertprogramme *La Musique de chambre*, Paris, BnF 4° Vm 365. Andere Konzerte hat Augusta Holmès sehr wohl organisiert, wie ihrer Korrespondenz zu entnehmen ist.

wobei sie den größten Teil ihrer Musikveranstaltungen im Salle Pleyel[28] und lediglich die Konzerte mit Orchester in der Salle Érard aufführten.[29] Die *Société nationale* hatte sich bei ihrer Gründung[30] im Februar 1871 zum Ziel gesetzt, vermehrt jungen französischen Komponisten Aufführungsmöglichkeiten zu offerieren. Mit dem Protegieren von französischer Musik setzte sie sich von anderen Konzertgesellschaften ab, die überwiegend deutsche Musik auf ihre Programme nahmen. Infolge des verlorenen Deutsch-Französischen Krieges 1870/71 begann die Société, sich unter dem Motto *Ars gallica* auf eine französische Nationalmusik zurückzubesinnen. Das erklärte Ziel der *Société nationale de musique* war gemäß Romain Rolland „la production et la vulgarisation de toutes les œuvres musicales sérieuses, éditées ou non, des compositeurs français".[31] Dass die Mitgliedschaft allein französischen Staatsbürger_innen vorbehalten war[32], hinderte die Gesellschaft nicht, Werke von Augusta Holmès, die erst im Frühjahr 1879 naturalisiert wurde, aufs Programm zu setzen.[33] So waren im Rahmen dieser Konzerte etwa am 2. Dezember 1872[34] die drei Vokalwerke *In Exitu Israel* („psaume pour soliste, chœur, violoncelle et orgue"), *La Sirène* („Invocation pour voix et piano") sowie ein „Duo vocal" in der Salle Pleyel und drei Jahre später, am 15. Mai 1875, die Ouvertüre zur Oper *Astarté*, ein „Poème musical en deux tableaux" (1871), in der Salle Henri Herz zu hören. Nur drei Wochen nach ihrer Naturalisation kam am 20. April 1879

---

28 Die Klavierbaufirma Pleyel stellte der *Société nationale de musique* nicht nur kostenfrei ihren Saal zur Verfügung, sondern sie ließ ihr zudem regelmäßig eine Subvention zukommen. Vgl. Chimènes, Myriam, *Mécènes et musiciens. Du salon au concert à Paris sous la IIIe République*, Paris 2004, S. 518.

29 Vgl. Duchesneau, Michel, Art. „Société nationale de musique", in: *Dictionnaire de la musique en France au XIXe siècle*, hg. von Joël-Marie Fauquet, Paris: 2003, S. 1163–1165, hier S. 1163.

30 Zu den Gründungsmitgliedern am 25. Februar 1871 gehörten ferner César Franck (1822–1890), der ab 1886 die Leitung übernahm, Théodore Dubois (1837–1924), Ernest Guiraud (1837–1892), Jules Garcin (1830–1896), Jules Massenet (1842–1912), Gabriel Fauré (1845–1924), Alexis Castillon (1838–1873), Henri Duparc (1848–1933) und Paul Taffanel (1844–1908). Bussine als Präsident, Saint-Saëns als Vizepräsident, Castillon als Sekretär und Garcin als Untersekretär bildeten das erste Kuratorium. Später traten Édouard Lalo (1823–1892), Ernest Chausson (1855–1899) und Vincent d'Indy (1851–1931), der nach Francks Tod die *Société nationale* leitete, der Gesellschaft bei.

31 Rolland, Romain, „Les institutions musicales nouvelles. La Société nationale", in: ders., *Musiciens d'aujourd'hui*, Paris o.J., S. 231. Zur *„Société nationale de musique* vgl. u.a. Duchesneau, Michel, *L'Avant-garde musicale et ses sociétés à Paris de 1871 à 1939*, Liège 1997.

32 Vgl. Jones, Timothy, „Nineteenth-Century Orchestral and Chamber Music", in: *French Music since Berlioz*, hg. von Richard Langham Smith und Caroline Potter, Aldershot/Burlington 2006, S. 53–89, hier S. 55.

33 Augusta Holmès musste lange Jahre für die Anerkennung ihrer französischen Staatsbürgerschaft kämpfen. Vgl. dazu insbesondere Kap. 6.2 „Nationale Identität", in: Strohmann, Nicole K., *Gattung, Geschlecht und Gesellschaft im Frankreich des ausgehenden 19. Jahrhunderts. Studien zur Dichterkomponistin Augusta Holmès* (= Musikwissenschaftliche Publikationen 36), Hildesheim/Zürich/New York 2012, S. 349–372. Interessant darüber hinaus ist, dass das Ministerium vier Gutachten über das kompositorische Schaffen bei Charles Gounod, Camille Saint-Saëns, César Franck und Emile Perrin anforderte.

34 Das Konzert erwähnt auch Florence Launay, allerdings datiert sie es auf den 7. Dezember 1872 (s. Launay, Florence, *Les Compositrices en France au XIXe siècle*, Paris 2006, S. 454).

das Prélude zur einaktigen Oper *Héro et Léandre* in der Salle Érard zur Aufführung. Auf den Konzertprogrammen der *Société nationale* dominierten Werke aus der Feder von Komponisten. Stücke von Komponistinnen kamen seltener zur Aufführung, waren aber durchaus vertreten: In den Jahren zwischen 1871 und 1914 enthielten 406 Konzerte der *Société nationale de musique* Stücke unterschiedlicher Gattungen aus der Feder von Frauen, wobei Werke der Komponistinnen Clémence de Grandval, Cécile Chaminade und Marie Jaëll am häufigsten vorkamen. Kammermusikalische Werke unterschiedlicher Besetzungen dominierten die Konzertprogramme; wurden Vokalwerke aufgeführt, so waren es kaum Stücke für (Solo-)Gesang und Klavier, sondern meist Vokalwerke mit Orchesterbegleitung. Die Konzertprogramme der *Société nationale de musique* wurden vom Vorstand zusammengestellt. Im Gegensatz zu den oben erwähnten Benefizkonzerten, die letztlich nach Belieben von einer einzelnen Person zusammengestellt wurden und bei denen gewiss nicht selten Freundschaftsdienste den einen oder anderen Künstler/Komponisten auf das Programm brachten, war der Zugang zu den Konzertprogrammen durch das mehrköpfige Auswahlkomitee schwieriger. Insofern war mit der Auswahl ein gewisses Renommee verbunden, welches nicht nur die Konzertbesucher_innen, sondern auch die Zeitungsleser_innen mitverfolgen konnten, da die Konzerte u.a. im *Ménestrel* angekündigt und besprochen wurden. Die dadurch hergestellte Öffentlichkeit der Konzerte war insofern wichtig, als sie dazu beitrug, die Komponistinnen und ihre Werke sichtbar zu machen. Sie traten in einen Raum ein, der öffentlich war und traditionellerweise Männern zugesprochen wurde, jedoch aufgrund der dort aufgeführten Werke ‚kleinerer' Gattung wiederum auch für Frauen zugänglich war. Da der Großteil des Publikums sich aus Mitgliedern der *Société nationale* rekrutierte[35] – sie erhielten jeweils zwei Freikarten –, bedeutete dies zugleich, dass dieses Publikum sich überwiegend aus Kennern und musikbegeisterten Personen zusammensetzte, die nicht selten selbst Konzerte organisierten. Zumindest konnten sie vermittelnd tätig werden. Insofern war die Sichtbarkeit der Komponistinnen in jenen Räumen von besonderer Bedeutung, – nicht nur – um weitere Aufführungen zu erlangen.

Unabhängig von der *Société nationale*, die in der Salle Pleyel gewissermaßen Hausrecht hatte[36], war der Saal so beliebt[37], dass er zum Teil sogar zweimal am gleichen Tag gemietet wurde: So etwa am Montag, den 2. April 1894, an dem um 16.00 Uhr Mme Saillard-Dietz

---

35 Für die während der Saison 1893–94 in der Salle Érard stattfindenden Orchesterkonzerte der *Société nationale* kalkulierte Vincent d'Indy, dass von 494 Plätzen nur 80 für das zahlende Publikum übrig bleiben würden, nachdem die Gesellschaftsmitglieder und die Presse (sie bekam etwa 20) Tickets erhalten hatten. Vgl. d'Indy an Pierre de Bréville (29.10.1893), *Lettres autographes*, vol. 55/1 Nr. 52, S. 130. Hier zit. nach Ross, Music in French Salons, S. 94.
36 Pierre de Bréville notierte: „l'histoire de la Société nationale est intimement liée à celle de la salle Pleyel où elle n'a cessé d'être généreusement accueillie." Lettre de Bréville à Gustave Lyon, 21.3.[1931], Collection particulière, hier zit. nach Chimènes, Mécènes et musiciens, S. 518.
37 Die Salle Pleyel war hinsichtlich der Zuschaueranzahl sehr variabel und fasste bis zu 700 Personen. Schnapper, Laure, Art. „salle de concert", in: *Dictionnaire de la musique en France au XIXe siècle*, hg. von Joël-Marie Fauquet, Paris 2003, S. 1113–1114, hier S. 1114.

und abends um 20.30 Uhr S. Magnus ein Konzert gab.[38] Obwohl gegen Ende des Jahrhunderts feste Sitzplätze eingerichtet wurden, die dem Raum eine größere öffentliche Atmosphäre verliehen, behielt der Directeur der Klavierbaufirma Pleyel den Brauch bei, auch Gäste direkt einzuladen.[39] Das Renommee der Räumlichkeiten ging auf die Tatsache zurück, dass hier die bekanntesten Künstler_innen des 19. Jahrhunderts auftraten, darunter Johann Nepomuk Hummel, Ferdinand Hiller, Ignaz Moscheles, Clara Schumann sowie Camille Saint-Saëns, César Franck, Charles Valentin Alkan, Anton Grigorjewitsch Rubinstein und Joseph Joachim. Selbst dort aufzutreten, nährte zweifelsfrei die Hoffnung, von der Strahlkraft der bereits arrivierten Künstler_innen zu profitieren. Insofern konnten Komponisten und Komponistinnen, deren Werke hier aufgeführt wurden, hinsichtlich der Rezeption und weiteren Verbreitung ihrer Werke zuversichtlich sein.

Charakteristisch für die Konstitution des Raums für die Benefizkonzerte ist die Zusammenstellung von Handelnden, die sich untereinander kannten. Die Konstitution des Raumes geschieht über die Auswahl und Platzierung der Menschen. Im Gegensatz zur *Société nationale* erfolgt diese Anordnung der Menschen und sozialen Güter durch eine Einzelperson. Wie im zuvor beschriebenen Raum ‚Salon' verfügt eine Einzelperson darüber, welche Handelnde bei der Konstituierung des Raumes mitwirken dürfen. Zudem weisen die Räume, die bei den Benefizkonzerten hergestellt werden, eine große Variabilität auf, denn jeder Raum unterscheidet sich ob seiner Zusammensetzung der handelnden Personen und ihrem Habitus – sowohl hinsichtlich Musiker_innen, Komponist_innen und Publikum sowie den sozialen Gütern wie etwa den aufgeführten Stücken. Eine gewisse Routine ist allenfalls in der kontinuierlichen Veranstaltung von Benefizkonzerten zu sehen, während die Konzerte der *Société nationale* über konstante Parameter wie etwa das Auswahlkomitee oder das Publikum verfügen, welche sich als wiederkehrende strukturelle Dimensionen im Raum niederschlagen. Jene raumkonstituierenden Strukturen scheinen umso bedeutungsvoller, je mehr Handelnde am Prozess des Raumbildens beteiligt sind. Sie werden daher für die im Folgekapitel analysierten Räume ein substanzieller Bestandteil sein.

Cirque Napoléon, Éden-Théâtre und Théâtre du Châtelet

> Les personnes qui fréquentaient les Concerts populaires fondés par Pasdeloup, vers 1860, admiraient une jeune fille d'une beauté saisissante, qui ne manquait pas d'assister à ces réunions musicales. [...] Les œuvres de cette artiste, qui ont été exécutées jusqu'à ce jour, ont toujours reçu le meilleur accueil du public et elle a su, chose rare, être appréciée dans les camps les plus opposés. Aux Concerts populaires, les *Argonautes* trouvèrent un écho sympathique parmi les artistes. Cette audition date du 24 avril 1881. [...] Plus tard,

---

38 Vgl. Programmzettel *La Musique de Chambre. Annee 1894. Séances musicales données dans les salons de la Maison Pleyel, Wolff et Cie*, Paris: Salon Pleyel, Wolff et Cie o.D., S. 96 und 97, Paris, BnF 4° Vm 365.

39 Schnapper, Art. salle de concert, S. 1114.

> *Irlande*, ce poème symphonique, que lui avait inspiré le deuil d'un peuple, duquel elle tirait son origine, joué d'abord chez Pasdeloup, était vivement applaudi aux Concerts du Châtelet. Au Concerts officiel du Trocadéro, donné le 6 juin 1889 par l'Association artistique du Châtelet, sous la direction de Colonne, le fragment du *Ludus pro Patria* (*la Nuit et l'Amour*) sut réunir tous les suffrages. *Ludus pro Patria*, ode-symphonie pour orchestre et chœur, avait été inspirée à l'auteur par le tableau de Puvis de Chavannes, portant le même titre et exécutée pour la première fois au Conservatoire, le 4 mars 1888, avec le concours de Mounet-Sully. [...] *Ludus pro Patria* eut au Conservatoire un succès que les nouveaux venus ne sont pas habitués à remporter. Le chœur n° 3 fut bissé d'acclamation. Le talent d'Augusta Holmès est absolument viril; [...].[40]

In der Tat reiste Augusta Holmès bereits in sehr jungen Jahren, damals noch in Begleitung ihres Vaters, von Versailles[41] nach Paris, um die sonntäglichen *Concerts populaires de Musique Classique* im Cirque Napoléon (seit 1870 Cirque national und ab 1873 Cirque d'Hiver[42]) unter der Leitung von Jules Pasdeloup zu hören. Hier knüpfte sie erste wichtige Kontakte zur Musikszene und erhielt – so ist anzunehmen – entscheidende Impulse für ihr eigenes kompositorisches Schaffen. Die Konzertreihe[43] unter Pasdeloup existierte von 1861 bis 1884 und lebte von 1886 bis 1887 noch einmal kurz auf. Es dauerte nicht lange, da wurden zwei weitere Konzertreihen gegründet: 1873 die von Édouard Colonne ins Leben gerufene *Association Artistique des Concerts Colonne*, die im Théâtre du Châtelet ihre Konzerte veranstaltete und die Colonne bis zu seinem Tod 1910 leitete, sowie die von 1881 bis 1897 in der Salle de l'Éden-Théâtre[44] stattfindenden *Concerts Lamoureux*. Alle drei Konzertreihen fanden in der von Oktober bis März währenden Saison am Sonntagnachmittag statt und genossen einen erstklassigen Ruf. Gemeinsam mit anderen musikalischen Veranstaltungen, etwa in den Salles Pleyel, Herz oder Érard und den zahllosen Salonveranstaltungen, gab es zu jener Zeit in Paris ein regelrechtes Überangebot.[45] Dessen ungeachtet waren diese zahlreichen, im Laufe des 19. Jahrhunderts stark angestiegenen Veranstaltungen nicht gleichbedeutend mit

---

40 Imbert, Hugues, *Nouveaux Profils de Musiciens*, Paris 1892, S. 137, 140–141.
41 Augusta Holmès lebte bis zum Tod ihres Vaters in Versailles. 1870 zog sie nach Paris. Dort bewohnte sie zunächst die rue Galilée (1870–1874), dann die 11, rue Mansard (1874–1885) und zuletzt ein Appartement für 1.600 Francs jährliche Miete in der rue Juliette Lamber Nr. 40 (1885–1903). Vgl. Rapport des Commissaire de Police, M. Leproust vom 16.11.1900, F-P Archives de la Préfecture de Police.
42 Vgl. Bernard, Élisabeth, Art. „Concerts populaires de musique classique", in: *Dictionnaire de la musique en France au XIXe siècle*, hg. von Joël-Marie Fauquet, Paris 2003, S. 305–306, hier S. 306.
43 Pasdeloup, Jules, Concert Populaire de Musique Classique. Fondée en 1861, Bekanntgabe der Subskription für Concert Populaire (Ausgabe von Gesellschaftsanteilen), Druck, s.d. [vor 16.4.1883], Paris, Bibliothèque historique de la Ville de Paris 117320/5 Programmes de concerts Populaires.
44 Das von 1883 bis 1894 bespielte Éden-Théâtre befand sich in der Nähe der Opéra Garnier in der Rue Boudreau, Nr. 7.
45 So amüsierte sich Claude Debussy über die sonntäglichen Konzerte: „Il y a à Paris six concerts dominicaux qui, de ce fait, s'autorisent à jouer le même jour. C'est on ne peut plus logique mais bien impraticable pour ceux qui ne possèdent qu'une paire d'oreilles pour les écouter et une paire de jambes pour y aller." Debussy, Claude, *Monsieur Croche et autres écrites*, hg. von François Lesure, Paris 1987, S. 87–88.

erweiterten Aufführungsmöglichkeiten für Komponistinnen. Dennoch gelang es Augusta Holmès, mit den Aufführungen ihrer Vokal- und Orchesterwerke unter Leitung von Pasdeloup, Colonne und Lamoureux ein breites Publikum zu erreichen: Pasdeloup führte in seinen *Concerts Populaires* im Cirque d'Hiver mehrfach *Les Argonautes*, ein „Drame lyrique en quatre parties" von Augusta Holmès auf. Programmzettel[46] haben sich zu folgenden Daten erhalten: 24. April 1881, 5. Mai 1881, 26. Februar 1882. Ferner dirigierte Pasdeloup die Uraufführung der „Légende symphonie" *Irlande* am 26. März 1882. Eine weitere Aufführung folgte am 26. November 1882. In seinem 177. *Concert Populaire*, am 9. Dezember 1883, führte Pasdeloup auch *Pologne*, eine „Poème symphonie", von Holmès zum ersten Mal auf. Zuvor erfolgte in der Salle du Cirque unter der Leitung von Gustave Lelong bereits eine Aufführung am 11. November 1883. Die zweite reguläre Aufführung, wieder unter Pasdeloups Leitung, fand am 16. Dezember 1883 statt. Fünf Jahre später nahm Pasdeloup am 27. März 1887 im sechsten und letzten Konzert seiner Konzertreihe *Pologne* erneut ins Programm.

Lamoureux knüpfte an den Erfolg von *Irlande* in den *Concerts Populaires* an und setzte die symphonische Dichtung in seinem 7. Konzert (Série A) der *Concerts Lamoureux* am 20. Dezember 1885 in der Salle de l'Éden-Théâtre aufs Programm. Direkt im nächsten Jahr folgten am 5. Dezember 1886 und am 12. Dezember 1886 gleich zwei Wiederholungen. Laut Élisabeth Bernard fanden weitere *Irlande*-Aufführungen am 27. November 1887 und am 22. Dezember 1901 statt.

Am 14. Januar 1877 dirigierte Édouard Colonne in seinen *Concerts du Châtelet* die Uraufführung von *Andante Pastoral. Fragment d'une symphonie* von Augusta Holmès sowie am Freitagabend des 30. März 1888 *Ludus pro patria* („ode symphonie"). Mounet-Sully[47] übernahm die Rolle des Rezitators. Die symphonische Dichtung *Irlande* war eines der erfolgreichsten und meist aufgeführten Orchesterwerke der Komponistin Holmès. Dieses nahm Colonne am 11. November 1888, am 18. November 1888[48] und am 24. Februar 1889[49] sowie zwei Jahre später am 2. Februar 1890 und zu Beginn der nächsten Saison am 2. November 1890 aufs Programm. Am 22. März 1896 erfolgte eine weitere Wiederaufführung von *Irlande*. Im Jahr des *Centenaire* erklangen am 17. und 31. März 1889 *Une Vision de Sainte-Thérèse* für Sopran und Orchester von Holmès mit der Sängerin Marguerite Martini in den *Concerts Colonne*.[50] Darüber hinaus dirigierte er am 8. März 1891 im 19. *Concert du*

---

46 Wenn nicht anders angegeben sind alle im weiteren Verlauf genannten Konzertdaten den überlieferten Programmzetteln der folgenden Sammlungen entnommen: Paris, Bibliothèque historique de la Ville de Paris 117320/5 Programmes de concerts Populaires, Paris, BnF 4° B 391 und Ro 3480(1) und (2), Programmes concerts Lamoureux, Programmes concerts Colonne und Fonds Montpensier – Holmès (Augusta). Vgl. auch die chronologische Auflistung der Konzertprogramme mit Werken von Augusta Holmès bei Strohmann, Studien zur Dichterkomponistin Augusta Holmès, S. 470–483.

47 Künstlername des Schauspielers Jean-Sully Mounet (1841–1916).

48 Vgl. Bernard, Élisabeth, *Le concert symphonique à Paris entre 1861 et 1914. Pasdeloup, Colonne, Lamoureux*, Bd. 3, Diss. Univ. Paris I-Sorbonne 1976, Eintrag Nummer 353.

49 Vgl. Bernard, Le concert symphonique à Paris entre 1861 et 1914, Eintrag Nummer 366.

50 Vgl. *Le Monde Musical. Exposition de 1900*, Numéro Spécial, 15.10.1900, S. 34.

Châtelet die Uraufführung von Holmès' *Au pays bleu*. Dieses Stück führte Colonne auch am 21. Februar 1892 und am 6. März 1892 auf. Zu Beginn der neuen Saison leitete er am 25. Oktober 1891 die Aufführung von *La Nuit et l'Amour*, welches er auch zwei Jahre später, am 25. Februar 1893, wieder aufs Programm setzte.[51] Am 14. Januar 1900 erklang unter seiner Leitung die Uraufführung von *Andromède*.

Wie anhand dieser aufgeführten Werke zu sehen ist, favorisierte Holmès durchaus größer dimensionierte Werke: reine Orchesterwerke oder auch Vokalwerke mit Orchesterbegleitung. Zudem zeigte sie eine besondere Vorliebe für blechbläserdominierte Besetzungen. Beides – womöglich noch in Kombination – entsprach keineswegs der kulturellen Praxis des Komponierens von Frauen im 19. Jahrhundert, so dass Journalisten sich nicht selten veranlasst fühlten, dies zu kommentieren:

> […] telle est Mlle Augusta Holmès, l'une des physionomies les plus curieuses de ce temps et l'un des musiciens les plus remarquables de l'heure présente. Je dis expressément „l'un des musiciens" parce que le talent très vigoureux, parfois très puissant de Mlle Holmès tranche d'une façon tout exceptionnelle avec les qualités que les femmes apportent d'ordinaire dans l'exercice de la composition musicale. Non seulement le tempérament artistique et l'instruction technique de Mlle Holmès nous la montrent absolument supérieure, sous ce double rapport, à ses émules même les plus distinguées, mais la nature de son inspiration, le tour solide et précis de ses idées, la vigueur et la souplesse de sa main sont tels que nul ne croirait, en entendant ses œuvres sans en connaître l'auteur qu'elles ont été enfantées par un cerveau féminin.[52]

Die Vorgehensweise der Kritiker, das Geschlecht der Komponistin immer wieder mit ihrem musikalischen Œuvre in Verbindung zu setzen und dies ‚öffentlich' (da in der Presse) zu diskutieren, zeigt nicht nur die Irritation, die sie bei ihren Zeitgenoss_innen auslöste, sondern es zeigt vor allem, dass jene Räume – symphonische Werke mit ausladender Instrumentation, wie sie für spätromantische Kompositionen ihrer männlichen Kollegen selbstverständlich en vogue waren – für Frauen nicht gedacht wurden. Selbst ihr Freund und Kollege Camille Saint-Saëns der sich generell in seinen Schriften und explizit in seinem Buch *Harmonie et Mélodie* anerkennend und lobend über das kompositorische Schaffen Augusta Holmès' äußert, kommt nicht umhin, die Passage zur Instrumentierung jenes Chorwerkes im Duktus eines karikiert-überzogenen Schreibstils zu charakterisieren:

> […] Dans la musique, les cuivres éclatent comme des boîtes d'artifice; les tonalités se heurtent, les modulations s'entrechoquent avec un bruit de tempête; les voix, affolées, perdent toute notion de leurs registres naturels et se précipitent des tons les plus aigus aux tons les plus graves, au risque de se briser: tous les timbres de l'orchestre, soumis à une sorte de culture intensive, donnent le maximum des effets possibles et les violons, au mépris de toute justesse, lancent des fusées devant lesquelles le piano même reculerait; la grosse caisse,

---

51 Vgl. Bernard, Le concert symphonique à Paris entre 1861 et 1914, Eintrag Nummer 424 und 489.
52 Pougin, Arthur, „Ode triomphale en l'honneur du centenaire de 1789. Poème et musique de Mlle Augusta Holmès exécutée au Palais de l'Industrie, le 11 septembre 1889", in: *Le Ménestrel*, 15.9.1889, S. 290–292, hier S. 290.

> les cymbales, la harpe dansent une ronde folle, et l'ophicléide lui-même se met de la partie. […] En résumé, tous mes compliments à l'auteur des Argonautes. Mais, par Hécate, par le cœur et le sang des victimes, de grâce, une autre fois, un peu moins de trompettes![53]

Gattung und Besetzung rückten ihre Kompositionen in ein männlich dominiertes Kompositionsfeld. Damit schaffte sie sich zunächst die formale Voraussetzung, überhaupt in jenen Konzertreihen gespielt zu werden, wobei Pasdeloup seinem Konzerttraum einen pädagogischen Impetus verlieh: Er beabsichtigte, dass die Zuhörer_innen sowohl Haydn, Beethoven, Mozart, Weber und Mendelssohn, aber auch Händel, Gluck, Cherubini, Schubert sowie Werke der jüngeren französischen Komponistengeneration kennenlernen sollten. Letztere motivierte er mit der Aufforderung: „Faites des symphonies, comme Beethoven, je les jouerai!"[54] Colonne adaptierte diese Idee für seine Konzertreihe: Er favorisierte die Komponisten Beethoven, Schubert, Schumann, Mendelssohn und Brahms, wandte sich jedoch ebenfalls an die „jeune école française" (Bizet, Debussy, Chabrier, Franck, Gounod, Massenet und Saint-Saëns), deren Werke er bevorzugt aufführte.[55] Colonne rühmte sich damit, als erster Berlioz in sein Programm genommen zu haben, und Pasdeloup riskierte Kopf und Kragen, als er in den 1860er Jahren Wagner aufführte.[56] Das heißt, Holmès' Werke waren eingebettet in ein Kontinuum von Repertoirestücken und Werken ihrer Kollegen. Als Komponistin in jenem öffentlichen Raum aufgeführt zu werden, war grenzüberschreitend und außergewöhnlich, zumal der Studie Élisabeth Bernards zufolge sich nur neun Frauen unter den insgesamt 411 Komponisten befanden. Diese waren: Lili Boulanger, Nadia Boulanger, Clémence de Grandval, Augusta Holmès, Mel-Bonis[57], Henriette Renié, Georges Ritas[58], Rita Strohl und Pauline Viardot.[59]

Doch wie gelang ihr nun die Aufnahme ihrer Werke in jene Reihen und wie sind die im Vergleich zu anderen Komponistinnen ihrer Zeit – etwa Grandval und Chaminade – zahlreichen Aufführungen der Komponistin zu erklären? Holmès suchte sich in ihrem Arbeitsumfeld Unterstützung. Dies zeigt etwa ein Antrag auf finanzielle Förderung zur Aufführung von *Les Argonautes*, den mehrere Kollegen durch ihre Unterschrift unterstützten und damit gleichzeitig der Komponistin ihr Vertrauen aussprachen sowie für die Qualität der Holmès'schen Komposition bürgten. Komponisten, die um ihren eigenen Ruf fürchteten, hätten dieses Papier gewiss nicht signiert. Zweifelsfrei pflegte Holmès kollegiale und freundschaftliche Beziehungen zu den Dirigenten und Musiker_innen ihrer Zeit: Hinsichtlich Colonnes

---

53 Saint-Saëns, Camille, *Harmonie et Mélodie*, 3. Aufl., Paris 1885, S. 225–239, hier S. 228–229 und S. 239.
54 Pasdeloup, zit. nach Saint-Saëns, Harmonie et Mélodie, S. 209.
55 Bernard, Élisabeth und Fauquet, Joël-Marie, Art. „Association artistique des concerts du Châtelet (Colonne)", in: *Dictionnaire de la musique en France au XIXᵉ siècle*, hg. von Joël-Marie Fauquet, Paris 2003, S. 65.
56 Vgl. Fauser, Annegret, *Der Orchestergesang in Frankreich zwischen 1870 und 1920*, Laaber 1994 (= Freiburger Beiträge zur Musikwissenschaft 2), S. 144.
57 Pseudonym von Marie-Hélène Bonis.
58 Pseudonym von Marguerite Haas.
59 Bernard, Élisabeth, *Le concert symphonique à Paris entre 1861 et 1914*, Bd. 3, S. 155.

Konzertreihe ist interessant anzumerken, dass diese auf eine Initiative des Verlegers Georges Hartmann zurückgeht. Er hatte die Idee, ein Orchester zu gründen, um die Werke der Komponist_innen, die er verlegte[60], zu denen auch Holmès gehörte, aufzuführen.[61] Diese Idee mag ganz aus der Not heraus geboren gewesen sein: Bei ihm in der Rue Daunou, Nr. 20[62] versammelte sich die junge Komponistengeneration, darunter Bizet, Saint-Saëns, Lalo, Franck, Guiraud, Godard, Reyer und Augusta Holmès. In Ermangelung an Aufführungsmöglichkeiten (insbesondere für Orchesterwerke französischer Komponist_innen) ist anzunehmen, dass die Konzertgesellschaft ihre Werke nun besonders protegierte. Gleichzeitig sieht man hieran die Korrelation zwischen verlegter Partitur und Aufführung, die insbesondere für Orchesterwerke in großer Besetzung gilt. Liegt das Stimmenmaterial als Druck vor, ist eine Aufführung einfacher zu erwirken. Für die Aufführung von Stücken in kammermusikalischer Besetzung reicht dagegen ein einfacher Stimmensatz (zur Not das Autograph des bzw. der Komponist_innen) aus.

Kontakte waren wichtig, wenngleich nicht die einzigen Faktoren, die den Konzertsaal als Raum konstituierten. Im Folgenden sollen die sozialen Güter, welche die jeweiligen Aufführungsräume bestimmen, näher betrachtet werden: Während die „concerts populaires" von Pasdeloup sich, wie der Name bereits andeutet, dezidiert an ein breites Publikum richteten und in einem Zirkusgebäude mit 5.000 Plätzen dargeboten wurden, waren die Konzerte von Colonne und Lamoureux in Theatern zu hören und eher von Liebhabern und Kennern frequentiert. Dies schlug sich auch in den Eintrittspreisen nieder: Pasdeloup setzte eigens die Eintrittspreise herab, damit auch weniger vermögende Musikinteressierte seine Konzerte besuchen konnten. Die Musikaufführungen von Colonne waren tendenziell teurer als die seiner Kollegen Pasdeloup und Lamoureux. Alle drei Konzertreihen wurden in den einschlägigen Tages- und Musikzeitungen angekündigt und besprochen. Die Rezensionen fielen in der Regel ausführlicher aus als diejenigen der Konzerte in den Salles Pleyel und Érard. Das heißt, die hier aufgeführten Werke wurden nicht nur einem größeren Publikum bekannt, sondern darüber hinaus auch einer breiten Leserschicht. Dies erhöhte den Bekanntheitsgrad der Komponistin Holmès in der Bevölkerung[63], deren Werke 20 Jahre lang konstant in den

---

60 Siehe dazu Hartmann, Georges, *Catalogue des Publications Musicales*, Paris 1887, F-Pn catalogues d'éditeurs G. Hartmann.
61 Hartmann gründete daher 1873 die *Concerts nationaux* und setzte Colonne als musikalischen Leiter ein. Sein Unternehmen war indes bereits nach kurzer Zeit nicht mehr konkurrenzfähig, und nur eine Unterstützung von Mme Érard in Höhe von 6.000 Francs ermöglichte die Fortführung der Konzerte. Hiernach wandelte Colonne das Orchester in eine *Société* um, die fortan unter dem Namen *Association artistique des concerts Colonne* firmierte.
62 Devriès-Lesure, Anik, Art. „Hartmann, Jean/Hartmann, Romain-Jean-François, dit Georges", in: *Dictionnaire de la musique en France au XIXe siècle*, hg. von Joël-Marie Fauquet, Paris 2003, S. 580.
63 Einer Umfrage der Zeitschrift *Les Annales* (1902) zufolge wurde Augusta Holmès mit 3.996 Stimmen zur bekanntesten Musikerin Frankreichs gewählt. Nach der Malerin Madeleine Lemaire und der Schauspielerin Sarah Bernardt gelangte sie auf den dritten Platz der Gesamtplazierung. Roster, Danielle, *Die großen Komponistinnen – Lebensberichte*, Frankfurt a.M./Leipzig 1998, S. 239.

Konzertsälen von Paris zu hören waren. Mit Édouard Colonne arbeitete sie besonders eng zusammen. Er war zweifelsohne der Dirigent, der nicht nur quantitativ die meisten Holmès-Aufführungen verzeichnen konnte, sondern auch die größte Vielfalt an Holmès-Kompositionen im Repertoire aufwies. Daher seien anhand seiner Konzertreihe weitere raumkonstitutive Parameter erörtert: Um die Fortführung seiner Konzertreihe zu gewährleisten – nicht wenige Konzertgesellschaften mussten aufgrund finanzieller Engpässe nach nur kurzer Dauer ihren Betrieb wieder einstellen –, stellte Colonne beim Ministre de l'Instruction publique et des Beaux-Art regelmäßig Anträge auf Subventionen.[64] Am Ende einer jeden Saison musste der Dirigent Rechenschaft über die zur Aufführung gelangten Werke ablegen, welche wieder den Anspruch auf Subvention in der nächsten Saison legitimierte. In seinem Bericht „Premieres auditions de la saison 1890-1891 der Association artistique du Châtelet. Œuvres données aux 15 premiers concerts, du 19 8bre 1890 au 1er Février 1891" unterschied Colonne zwischen zwei Werkgruppen: erstens „Dix œuvres déjà entendues à Paris, mais jouées pour la 1ere fois aux Concerts du Châtelet" und zweitens „Seize œuvres n'ayant jamais été exécutées à Paris et la plupart absolument inédites: [...]" Darunter befindet sich neben „Calliboé. Suite d'orchestre" von Cécile Chaminade auch „Ce que l'on entendit dans la nuit de Noël" von Augusta Holmès. Er summierte für seinen Bericht: „Il a eu conséquence été donné dans les 15 premiers concerts de la saison 26 premières auditions."[65] Im Rahmen der staatlichen Subvention war Colonne verpflichtet, sich an ein strenges Reglement zu halten, welches etwa – wie oben dargelegt –, eine bestimmte Anzahl von aufzuführenden Novitäten vorsah. Ferner musste jegliche Änderung beim Ministerium angefragt werden, wie etwa die Einbindung eines Gastdirigenten oder aber die Erlaubnis, bei Sonderkonzerten den Preis der Eintrittskarten[66] erhöhen zu dürfen. Das Reglement „Arrêté" des Ministre de l'Instruction publique et des Beaux-Art vom 20. November 1897 begünstigte erstens Werke französischer Komponisten und zweitens Novitäten, die in der Reihe zum ersten Mal erklangen. Dies waren die Rahmenbedingungen, unter denen die Konzerte stattfanden, und mit Martina Löw gesprochen, handelt es sich bei dem „Arrêté" um die Regeln und Vorschriften, also die symbolischen Güter, die jenen Raum konstituieren. Demnach galten für Holmès wie für zeitgenössische französische Komponisten und Komponistinnen generell sehr gute Prämissen für Aufführungen ihrer Werke im Rahmen der *Concerts Colonne*. Noch dazu verarbeitete sie aktuelle Sujets: ihre patriotischen Werke wie *Irlande*, *Pologne* oder *Ludus pro*

---

64 Vgl. hierzu ausführlicher Strohmann, Nicole K., „Musik und nationale Identität: Augusta Holmès' politische Kompositionen als Spiegel individueller wie kollektiver Identitätsfindung während der ‚Troisième République'", in: *Überschreitungen – Transgressions. Mélanges en l'honneur de Hermann Hofer*, hg. von Thilo Karger, Wanda Klee und Christa Riehn, Marburg 2011, S. 197–225.
65 Paris, Archives Nationales F21 4626 Grand Concerts (22), Hervorhebung im Original.
66 Die Preise waren für alle Plätze im Saal genau festgelegt (Vgl. Preise für das Konzert unter der Leitung von Colonne, Sonntag, 6.11.1904 (= 2h 1/4), Quatrième Concert de l'Abonnement) mit Beethovens 2. Symphonie, *Deux Danses* von Debussy und *Manfred* von Schumann – Preise: Loges, Baignoires, Gauteuils d'orchestre (1re categorie): 12 fr., Chaises d'orchestre: 10 fr., 1re Galerie et Fauteuils d'orchestre (2e catégorie): 8 fr., 1er Amphitheatre: 6 fr., Parterre: 5 fr., 2e Amphitheatre 2 fr., 3e Amphitheatre 1 fr.

Patria galten als zeitgemäß und wurden insbesondere nach dem verlorenen Deutsch-Französischen Krieg besonders gern gehört.

Nicht zuletzt sei erwähnt, dass es sich – anders als bei vielen Salonkonzerten oder auch Konzerten in den erwähnten Salles Pleyel, Érard und Herz – bei den Konzertreihen stets um ein zahlendes Publikum handelte. Dieser Umstand verpflichtete den Dirigenten, Werke auszusuchen, die einerseits dem Publikumsgeschmack entgegen kamen und andererseits die Erwartungen der Hörer_innen an Qualität und Niveau der Künstler_innen respektive der Kompositionen befriedigten. Das heißt, Colonne entschied zwar als Dirigent primär eigenständig über die Konzertstücke, war dabei jedoch an die dargelegten Prämissen – die Vorgaben des Ministeriums und den Publikumsgeschmack – gebunden. Denkbar ist ferner, dass er sich in gewisser Weise verpflichtet sah, Kompositionen der Ehrenmitglieder der *Association artistique* aufzuführen. Diese „Membres honoraires" finanzierten schließlich mit einem Jahresbeitrag von 25 Francs[67] die Konzertreihe. Unter ihnen waren neben einigen Bankiers (Pereire, Rothschild, d'Eichtal) eine große Zahl an Komponist_innen und Musiker_innen zu verzeichnen. Holmès gehörte spätestens seit 1877 zu den Ehrenmitgliedern[68], ebenso Clémence de Grandval, Marie Jaëll und Pauline Viardot. Das Renommee der *Concerts Colonne* ermisst sich auch daran, dass Artikel 5 des „Arrrêté" des Ministre de l'Instruction publique et des Beaux-Art vom 20. November 1897 die Aufführung des *grand premier prix de Rome* vorsah: „L'Exécution de l'ouvrage du grand premier prix de Rome de l'année, sera donné dans le courant de la saison."[69] In der Anordnung der sozialen Güter war Colonne somit eingeschränkter als etwa die Veranstalter der zuvor beschriebenen Benefizkonzerte. Jene Strukturen sind dem Théâtre Châtelet als materiell-physischem Ort ebenso eingeschrieben wie der *Cirque d'Hiver* Ausdruck der von Pasdeloup platzierten sozialen Güter ist. – Letzterer wählte bewusst kein Theater, sondern einen Zirkus als Aufführungsort und etablierte niedrige Eintrittspreise, um eine möglichst breite Zuhörerschaft zu erreichen. Und wenn Pasdeloup, Lamoureux und insbesondere Colonne als Dirigenten mit Holmès als Komponistin Räume konstituierten, in denen die Aufführung von Werken aus der Feder von Komponistinnen möglich war, so agierten sie gleichermaßen grenzüberschreitend. Sie nutzten das Veränderungspotential, welches der prozesshaften Konstitution von Räumen inhärent ist und inszenierten neue institutionelle Arrangements. Sie schufen auf diese Weise neue (Zwischen)Räume.

Das Opernhaus Palais Garnier

Eine Aufführung an der prestigeträchtigen Opéra zu erlangen, war für alle Komponisten eine Herausforderung. Für Komponistinnen des 19. Jahrhunderts war es ungleich schwie-

---

67 Bernard und Fauquet, Art. Association artistique des concerts du Châtelet (Colonne), S. 65.
68 Eine Liste der Ehrenmitglieder findet sich unter Paris, BnF Programmes concerts Colonne.
69 Paris, Archives Nationales F21 4626 Concerts Lamoureux (28).

riger, wenn nicht nahezu aussichtslos. Augusta Holmès war eine der wenigen Komponistinnen ihrer Zeit, der es nach längeren Versuchen gelang, ein Werk im 1875 neu eröffneten Palais Garnier zu platzieren: Am 8. Februar 1895 leitete Paul Taffanel die Uraufführung von *La Montagne noire*, einem „Drame lyrique en quatre actes et cinq tableaux". Dies war eine Ausnahme in der Geschichte des Opernhauses: „Gerade einmal fünf Bühnenwerke von Komponistinnen gelangten seit 1694 an jenem traditionsreichen Ort zur Aufführung: *Céphale et Procris* (UA 15. März 1694) von Elisabeth Jacquet de la Guerre, das Ballett in vier Akten mit Prolog *Les Génies* (UA 18. Oktober 1736) der Sängerin Mlle Duval, das Ballett in einem Akt *Tibulle et Délie* ou *Les Saturnales* (UA 15. März 1784) von Henriette Villard de Beaumesnil, *Praxitèle ou la Ceinture* (UA 26. Juli 1800) von Jeanne-Hippolyte Devismes, deren Ehemann eine Zeit lang Direktor der Pariser Opéra war, und *La Esmeralda* (UA 14. November 1836) von Louise Bertin."[70]

Die symbolischen Güter – Werte, Normen, Regeln – scheinen bei dieser Raumkonstitution eine besonders ausgeprägte Rolle zu spielen, nicht zuletzt, da die Grand Opéra in der zweiten Hälfte des 19. Jahrhunderts in der Hierarchie der Aufführungsstätten weiterhin an erster Stelle stand. Der ganze Ausbildungsweg eines jungen Komponisten, etwa am Pariser Conservatoire, war darauf ausgerichtet, als Opernkomponist zu reüssieren. Der Stellenwert, den die Gattung Oper einnahm, spiegelt sich auch in der Höhe der staatlichen Subventionen: Im Jahre 1895 erhielten die Operndirektoren Eugène Bertrand und Pedro Gailhard für ihre kostspieligen Produktionen insgesamt 900.000 Francs.[71] Entsprechend hoch waren die Erfolgserwartungen an die Operndirektoren. Es galt, die Kapazitäten des Hauses vollends auszuschöpfen: Der mit 2.300 Plätzen versehene Saal war in der Regel zu etwa 75 % ausgelastet, obgleich der Eintrittskartenpreis mit 19 Francs für eine Loge und 2,50 Francs für Parterre-Sitze im Vergleich zur Opéra Populaire (zwischen 5 und 0,75 Francs) höher lag. Das zuvorderst aristokratische und bürgerliche Publikum demokratisierte sich langsam, und nie war die Oper so beliebt wie um die Jahrhundertwende.[72] In einem *Journal de l'Opéra* wurden minutiös alle abendlichen Einnahmen verzeichnet. Wie erfolgreich ein Werk war, d.h. wie viele Aufführungen ein Stück erzielen konnte, wurde immerzu in der Presse publiziert.[73] Es galt also, den Ruf als erstklassige Aufführungsstätte zu bewahren. Somit ging auch das Direktorenduo Eugène Bertrand und Pedro Gailhard kein Risiko ein und setzte hinsichtlich der Programmgestaltung auf Bewährtes: Das Programm sah überwiegend Repertoirestücke etwa von Gounod, Meyerbeer u.a. vor. Nur wenige Wochen vor der Uraufführ-

---

70 Strohmann, Studien zur Dichterkomponistin Augusta Holmès, S. 32.
71 Vgl. „Bilan des pièces jouées à l'Opéra, du 1er janvier au 31 décembre 1895", in: *Le Ménestrel*, 12.1.1896, S. 14.
72 Schätzungen gehen davon aus, dass jährlich mehr als eine Million französische und ausländische Zuschauer_innen die verschiedenen Theater der Stadt frequentierten. Vgl. Prod'homme, Jacques-Gabriel, *L'Opéra (1669–1925). Description du nouvel Opéra: historique, salles occupées par l'Opéra depuis son origine, dénominations officielles, directions, répertoire, principaux artistes, bibliographie*, Paris 1925, Reprint Genf 1989.
73 Vgl. hierzu etwa die Aufführungsstatistik Bilan des pièces jouées à l'Opéra, du 1er au 31 décembre 1895, S. 14, F-Pn Pér 67.

rung von *La Montagne noire*, am 14. Dezember 1894 wurde die 1000. Aufführung der Oper *Faust* von Gounod gegeben.[74] Gounod war indes mit dieser hohen Anzahl an Aufführungen eine Ausnahme, andere zeitgenössische Komponisten wie Camille Saint-Saëns und Vincent d'Indy klagten über die Schwierigkeit[75], ihre Opern am Opernhaus präsentieren zu können, und fühlten sich infolge dessen gedrängt, in andere Gattungen auszuweichen und beispielsweise „musique à programme" zu schreiben.[76] Welches Werk wiederaufgeführt wurde oder welche Oper uraufgeführt wurde, entschied primär die Operndirektion. Gleichwohl unterlag sie, wie die zuvor beschriebenen Praktiken der Konzertgesellschaften, verschiedenen Einflüssen, so etwa dem Urteil der Zensurbehörde.

Bei allen Hürden, die auch Komponisten hinsichtlich der Annahme bzw. Verweigerung ihrer Opern überwinden mussten, lässt sich mit Blick auf die kulturelle Praktik des Opernbetriebs feststellen, dass trotz aller gegenwärtiger Emanzipationsbewegungen in der *Troisième République* Frauen als Komponistinnen an der Oper kaum denkbar waren, während sie als Sängerinnen und Tänzerinnen seit jeher (zumindest in Frankreich) engagiert waren und große Erfolge feiern konnten. Dies zeigt etwa die disparate Aufnahme von Holmès' Oper bei Publikum und Presse. Die positive Reaktion des Publikums hält der aus Paris berichtende englische Journalist Charles Holman-Black wie folgt fest:

> The enthusiasm at the first representation was genuine, spontaneous, and in no way controlled by the *claque*. Returning later to hear again the work, I found it improved upon a re-hearing. The applause was just as spontaneous, and even more general, and there never was a doubt of its success with the public […].[77]

---

74 Wolff, Stéphane, *L'Opéra au Palais Garnier (1875-1962). Les Œuvres, les Interprètes*, Paris 1962, Reprint 1983, S. 556.
75 Manche Komponisten wie Édouard Lalo (*Le Roi d'Ys*) oder Emmanuel Chabrier haben verhältnismäßig lange auf eine Aufführung ihrer Werke warten müssen. César Francks *Hulda* wurde sogar erst posthum aufgeführt. Vgl. Bauer, Henry, „Premières Représentations", in: *L'Echo de Paris*, 10.2.1895, S. 2.
76 „Si je fais de la musique à *programme*, c'est uniquement parce que le drame musical tel que je le sens (et tel que vous le comprenez aussi, je crois), est banni de nos scènes françaises et, que voulez-vous? lorsqu'on se sent un tempérament scénique et que l'on a aucun aboutissement pour s'essayer au théâtre, il faut bien écrire de la musique symphonico-dramatique, *scilicet* de la musique à programme. Voilà mon excuse et, comme je crois que nous sommes un peu en communauté d'idées, j'espère qu'elle m'absoudra auprès de vous de l'accusation de musique descriptive." Vallas, Léon, *Vincent d'Indy*, Bd. 1, Paris 1946, S. 236; Vgl. auch Ehrhardt, Damien, Art. „musique à programme", in: *Dictionnaire de la musique en France au XIXe siècle*, hg. von Joël-Marie Fauquet, Paris 2003, S. 834–935, hier S. 834.
77 Holman-Black, Charles, „La Montagne Noire – opera by Augusta Holmès", in: *The London Musical Courier*, 11 (5.4.1901) 14 und 11 (12.4.1901) 15, S. 170 (zwei Nummern erschienen hier gemeinsam in einer Ausgabe, Hervorhebung im Original). Der von Holman-Black verfasste Artikel zur Oper *La Montagne noire* stellt keine Uraufführungskritik dar, sondern erschien im Rahmen einer Gesamtwürdigung der Komponistin Augusta Holmès. Die Ausgabe vom 5.4.1901 ist der Komponistin gewidmet. Ein ebenfalls von Holman-Black verfasster ausführlicher Artikel stellt das kompositorische Schaffen von Holmès vor, ausgeschmückt mit biographischen Ergänzungen. Auf der Titelseite der Zeitung ist eine mit „M.H." [= Marie Huet] signierte Porträtzeichnung der Komponistin abgedruckt, S. 167–169.

Auch Rezensionen im *Figaro*, in *The Musical Times* und einigen anderen Blättern bestätigen den Publikumserfolg. *Le Gaulois* vom 13. Februar 1895 schreibt, dass das Premierenpublikum *La Montagne noire* wohlwollend aufgenommen habe und nach mehreren „Rappels" (Vorhängen) der Abend mit einer regelrechten Ovation für die Interpret_innen geendet habe.[78] Die günstige Aufnahme beim Publikum hielt sich über die ersten Aufführungen hinaus, so dass der *Figaro* im März berichtete: „La salle était comble et très enthousiaste; cette sorte d'appel au peuple a eu les meilleurs résultats pour l'œuvre de Mlle Augusta Holmès."[79] Dabei handelte es sich um eine zusätzlich aufs Programm gesetzte und eintrittsfreie Aufführung von *La Montagne noire*. Während *La Montagne noire* augenscheinlich Publikumserfolge feierte, fielen die Presse-Rezensionen durchaus heterogen aus. Kritiker bemängelten die Eintönigkeit des Librettos oder nannten andere pauschale Kritikpunkte, die man so auch den zeittypischen Opern eines Massenet oder Gounod hätte zur Last legen können. Inwiefern diese ein versteckter Ausdruck eines Antifeminismus darstellen, kann in den meisten Fällen nicht endgültig geklärt werden. Dies ist indes zu vermuten, da einige Journalisten den in ihren Augen nur mäßigen Erfolg der Oper auf die Zugehörigkeit Augusta Holmès' zum weiblichen Geschlecht zurückführten. Arthur Pougin beispielsweise erklärte seinen Leser_innen:

> Comme musicienne elle paraît avoir désiré, elle, femme, un drame sombre, farouche, poignant, dans lequel elle pût faire montre surtout de vigueur, de puissance et de virilité.[80]

Victorin Joncières – selbst Komponist – spricht den Frauen in seiner Kritik gar jegliche schöpferische Kraft ab[81] und bestätigt damit die im 19. Jahrhundert weitverbreitete pejorative Haltung, gemäß derer der kreative Akt und damit das Erschaffen von Kunstwerken von Natur aus nur Männern zugehörig sei – während Frauen auf den reproduktiven Part reduziert wurden. Holman-Black, der sowohl der Premiere als auch einer späteren Aufführung beiwohnte, zeigte sich entrüstet über die ungünstige Aufnahme von *La Montagne noire* seitens der Presse und deutet diese mit einer bewusst inszenierten Intrige:

> [...] but Mlle Holmès had to struggle against a *cabale*, instituted by a well-known critic here; in fact, the success with the public seemed to incense the critics. One of them who is on the best known daily in Paris, a journal that probably has the largest circulation abroad of any newspaper, when remonstrated with for his adverse article on ‚La Montagne Noire', acknowledged to the person with whom he was conversing that he really admired the opera and the composer as well; but, he added, ‚frankly we do not wish to see the doors of our theatres and operas open to women-authors.'[82]

---

78 Anon., „Courrier des Spectacles", in: *Le Gaulois*, 13.2.1895, S. 4.
79 Anon., „Courrier des Théâtres", in: *Le Figaro*, 18.3.1895, S. 3.
80 Pougin, Arthur, „La Montagne-Noire", in: *Le Ménestrel*, 10.2.1895, S. 43.
81 Vgl. Joncières, Victorin „Théâtre de l'Opéra: la Montagne noire, drame lyrique musical en quatre actes, poème et musique de Mlle Augusta Holmès", in: *Feuilleton de „La Liberté"*, 10.2.1895, o.S. [= F-Po Dossier d'œuvre].
82 Holman-Black, La Montagne Noire – opera by Augusta Holmès, S. 170.

Gender und Raum

Wenngleich das hier wiedergegebene Bekenntnis eines „well-known critic" einer der „best known daily in Paris" nicht als schriftlicher Beleg nachweisbar ist[83], da es offenbar Bestandteil einer verbalen Kommunikation war, so verweist es deutlich auf die gesellschaftlichen Strukturen.

Welche Handlungsmöglichkeiten der Raum- und Grenzüberschreitungen nutzte nun Augusta Holmès, um ihre Oper *La Montagne noire* am Palais Garnier aufzuführen? Die wichtigste Voraussetzung für Holmès' Eintritt in jenen für Frauen praktisch verschlossenen Raum ist wohl in ihrer unnachgiebigen Willenskraft zu sehen. Nur aufgrund ihrer ehrgeizigen Ziele und ihrer ästhetischen Ideale, von denen sie zeitlebens nicht abrückte, sind die vergleichsweise zahlreichen Werke jener Gattung entstanden. Dabei war ihr die Schwierigkeit bewusst. Noch am 8. Februar 1900 bekannte sie mit Bezug auf einen Pressekritiker gegenüber ihrem Freund Saint-Saëns: „Il faut lutter jusqu'à la mort"[84], und im Gespräch mit dem englischen Journalisten Bernac erläuterte sie den ohnehin prekären Weg einer künstlerischen Karriere, der sich für Frauen angesichts der gegenwärtigen gesellschaftlichen Strukturen ungleich diffiziler darstelle:

> For I have had to struggle both as a composer and a woman. Do not believe, whatever may be said, that the artistic career is more accessible to my sex. This is a grave error. The steps are infinitely more difficult, and the good fellowship, which helps so many artists, is in a way shut out from a woman who has the good – or the ill – luck to be born a musician! Ill, if the composer is obliged to live by her music, for how rarely can she live by it. She, who would be able, if circumstances were not unduly hard, to devote all her time the Muse, is obliged to give lessons, to bother about fees, and, harried and tired out with this occupation, from which she can seldom withdraw herself, is further expected to produce a *work*! What a profession! I have never known a woman and but one man who could lead these two lives simultaneously, and he was my dear and illustrious master, César Franck.[85]

Holmès benennt hier die karriereförderlichen Männerbünde und verweist somit auch implizit auf die Ehrenbruderschaft, die besonders verdienstvolle Komponisten mit dem Titel eines „Chevalier de la Légion d'honneur" ehrten.[86] Gleichwohl unterschied sie sich mit ihrer Insistenz von den meisten ihrer Zeitgenossinnen, die teils aus mangelndem Selbstbewusstsein, teils aufgrund der relativen Aussichtslosigkeit, jemals die eigene Oper aufgeführt zu sehen, auf das Komponieren in jener Gattung gänzlich verzichteten. Holmès verstand sich indes stets als professionelle Komponistin, handelte nachweisbar auf verschiedenen Ebenen Mitsprache- und Entscheidungsrecht aus und realisierte auf diese Weise ihre ästhetischen

---

83 Vgl. hierzu Strohmann, Studien zur Dichterkomponistin Augusta Holmès, S. 42–44.
84 Holmès, Augusta, Brief an Camille Saint-Saëns, Ms. autogr., 8.2.1900, Fonds Saint-Saëns du Château-Musée de Dieppe.
85 Bernac, Jean, „Interview mit Mademoiselle Augusta Holmès", in: *The Strand Musical Magazine* 5 (1897), S. 136–139, hier S. 139.
86 Ihre Aufnahme in die Ehrenlegion ob ihrer Verdienste um die nationale Musik wurde noch zu Lebzeiten der Komponistin diskutiert, jedoch letztlich nicht realisiert.

Ideale. In Anlehnung an Richard Wagners Gesamtkunstwerkästhetik gestaltete sie z.B. die Bühnenausstattung mit – ein Faktum, das uns glücklicherweise aufgrund einer Korrespondenz überliefert ist, wurden solche produktionsrelevanten Aspekte doch i.d.R. verbal vor Ort unter den Beteiligten diskutiert: Mit dem Entwurf eines Kreuzes, den der Bühnenbildner Marcel Jambon zum dritten Akt von *La Montagne noire* anfertigte, war sie nicht einverstanden und zeichnete in einem Brief an ihn kurzerhand ein neues Kreuz, das ihren Vorstellungen entsprach. Sie erklärte dazu:

> Mon cher ami,
>
> Ne maintenez pas dans votre maquette du 3ᵉ acte de la „Montagne" la forme de monument que j'ai vue sur votre petite esquisse au crayon, „la tombe de Mirko". La coïncidence est amusante et curieuse, mais je désire absolument une simple croix avec des rosaces byzantines aux extrémités comme nous l'avions dit primitivement. Cette croix joue un grand rôle dans cet acte et il ne faut pas, ni qu'elle ait l'air d'une croix de cimetière, ni qu'elle soit réduite à une petite chose surmontant un monument. [...] M. Gailhard m'a dit que Jeudi en huit nous verrions ensemble les maquettes. Mais j'aurais bien voulu les voir chez vous avant. Si vous pourriez me donner un matin, n'importe lequel, je franchirais avec joie les steppes qui me séparent de vous! [87]

Die Bühnenbilder der Opernproduktion lassen erkennen, dass letztlich das Kreuz nach den Vorstellungen der Komponistin realisiert wurde. Ihr Mitwirken im Platzieren der sozialen Güter erstreckte sich darüber hinaus auch auf den Druck der vollständigen Opernpartitur. Wurde ein Tableau des finalen Akts während der Probenarbeit gewissermaßen in letzter Minute gestrichen, so gelang es ihr, in der von Philippe Maquet in Druck genommenen Opernpartitur, beide Versionen – die an der Oper aufgeführte Version und ihre eigene, ursprünglich intendierte Version – abzudrucken. Gemäß Martina Löw spielt bei Aushandlungsprozessen der Habitus der handelnden Personen eine entscheidende Rolle: Mitte der 1890er Jahre war Holmès bereits eine arrivierte und bekannte Komponistin mit Kompositionsaufträgen und Ehrungen. Nach ihrem grandiosen Erfolg der Revolutionskantate *Ode triomphale en l'honneur du Centenaire de 1789* war sie gewissermaßen zur „offiziellen Staatskomponistin" avanciert.

Kommt ein Werk einer Frau im traditionell männerdominierten Opernhaus zur Aufführung, so verändert dies den Raum. Die Abweichung von der „Normalität" hat Auswirkungen auf das Personal am Opernhaus, sie hat aber gleichfalls Auswirkungen auf Publikum und Presse. Alle Beteiligten waren es nicht gewohnt, an jenem Ort Bühnenwerke von Komponistinnen zu produzieren, zu sehen und zu rezensieren. Die Abbildung (s. Abb. 2)[88], welche Holmès bei der Probenarbeit zu *La Montagne noire* zeigt, führt ihre Teilhabe an männlich-

---

87 Holmès, Augusta, Brief an anon. [Marcel Jambon] vom 16.10.1894, Ms. autogr., F-Pnasp Collection Rondel Correspondance, Rc A 66447.
88 Fleuret, Léon Louis und Destez, Paul, „Théâtre national de l'opéra. Une répétition d'orchestre de *La Montagne noire*, sous la direction de l'auteur, Mme Augusta Holmès: M. Mangin, chef du chant. M. Gaillard. Madame Holmès. M. Lapissida. M. Taffanel, chef d'orchestre", in: *L'univers illustré*, Paris [1895], F-Po Estampes scenes Montagne noire(1).

GENDER UND RAUM

Abb. 2: Orchesterprobe zur Oper *La Montagne noire* von Augusta Holmès unter der Leitung der Komponistin

hegemonialen Prozessen plastisch vor Augen. Ihre Präsenz verändert den Raum, den sie durch die Auswahl und Platzierung der sozialen Güter aktiv mitkonstituiert. Die Inszenierung von *La Montagne noire* zwang die Menschen, sich zu verhalten, und die Presse sorgte dafür, dass die Thematik zu einem ‚öffentlichen' Diskurs wurde: Augusta Holmès wird in den Pressekritiken stets als Ausnahmeerscheinung gewürdigt, die es als erste Frau nach Louise Bertins kontrovers diskutierter und schließlich mit einem beispiellosen Tumult nach der sechsten Aufführung abgesetzten Oper *Esmeralda* (14. November 1836, Opéra, Salle de la rue Le Peletier, Libretto: Victor Hugo) schaffte, ein musiktheatralisches Werk an dem prestigeträchtigen Opernhaus zu platzieren. Je nach kultureller Praxis stellt sich die Frage, wie mit einem Novum umgegangen wird – ob ihm skeptisch oder positiv begegnet wird. Einige Pressevertreter_innen erkennen das diesen Aufführungen innewohnende gesellschaftliche Veränderungspotential nicht und schmälern den Erfolg der Komponistin, wenn sie schreiben, dass es bislang noch keiner Komponistin gelungen sei, einen wahren Erfolg an der Opéra zu erzielen. Statt die Chance zu ergreifen und jenen transitorischen Raum zu schützen und zu stärken, schreiben sie *gegen* diesen „Zwischenraum". Der Grund für das rekursive Verhalten dürfte in der stets wiederholten und somit bereits institutionalisierten kulturellen Praxis liegen: Die Aufführung der ausschließlich von Komponisten verfassten Opern gerinnt zur Routine, und folglich werden gesellschaftliche Strukturen durch das gewohnheitsmäßige Wiederholen von alltäglichem Handeln rekursiv reproduziert.[89]

Fazit

Angesichts der Mannigfaltigkeit der Pariser Aufführungsorte im ausgehenden 19. Jahrhundert stellen die gewählten Orte – Salon, die Salles Pleyel, Érard und Herz, der Cirque Napoléon und das Opernhaus Garnier – freilich nur eine überschaubare Auswahl dar, sowohl hinsichtlich der potentiellen Orte als auch hinsichtlich der Orte, an denen Musik der Komponistin Augusta Holmès erklang. Gleichwohl lassen sich ausgehend von der vorherigen Betrachtung der unterschiedlichen materiell-physischen Räume folgende Ergebnisse konstatieren: Erstens lässt sich am Fallbeispiel Augusta Holmès zeigen, dass im Paris des *Fin de siècle* Komponistinnen prinzipiell Zugang zu den verschiedenen Konzerträumen hatten – im Unterschied zu der vielfach in der Literatur des 20. Jahrhunderts dargelegten These, dass ihnen ‚große' Konzertsäle und Opernhäuser generell nicht offen standen. Zweitens hatten Komponistinnen Gestaltungsmöglichkeiten der Räume, sie konnten an der Auswahl und Platzierung der sozialen Güter und somit an Macht- und herrschaftlichen Prozessen teilhaben. Die Untersuchung der Aufführungsräume hat außerdem gezeigt, dass der Grad der Institutionalisierung ausgehend vom Salon über die intimeren Säle der Klavierbaufirmen (Salles Pleyel, Érard und Herz) und die großen Konzertsäle bis hin zum Opernhaus zunimmt. Martina Löw spricht von „vorrangierten Räumen" und „institutionalisierter (An)Ordnung". Die Auswahl und Platzierung der sozialen Güter scheint generell umso schwieriger, je höher die „Vorrangierung der Räume" ist, das heißt, je älter die Institution ist und/oder je höher sie in der ihr zugeschriebenen Hierarchie der Pariser Aufführungsstätten angesiedelt ist.[90] Damit einher geht die an die Hierarchie des Aufführungsortes geknüpfte Quantität der von Komponistinnen verfassten und aufgeführten Kompositionen: Dass Stücke von Komponistinnen im Salon häufiger zur Aufführung kamen als in der Oper, ist evident. Beachtenswert ist aber vor allem ihre Frequenz im Konzertbereich: Im Spannungsfeld der privaten bis öffentlichen Musikveranstaltungen gab es offenbar eine sehr viel größere Anzahl an Konzerten als bisher angenommen. Komponistinnen wie Augusta Holmès schufen, kreierten, bewegten sich in und handelten sogenannte „Zwischenräume" aus. Zwischenräume sind nicht als physisch-materielle „Nischen" zu verstehen, es sind in diesem Zusammenhang keine Aufführungsorte, die ausschließlich von Komponistinnen benutzt wurden. Sondern sie entstehen, wenn Frauen aktiv am Machtdiskurs beteiligt sind und mit den vorherrschenden hegemonialen Dichotomisierungen und hierarchischen respektive herrschaftlichen Strukturen, die den Räumen

---

89 Löw, Raumsoziologie, S. 163.
90 Ob diese den Institutionen zugeschriebene Hierarchie ein Abbild der tatsächlichen hegemonialen Prozesse darstellt oder in irgendeiner Weise den Publikumsgeschmacks wiedergibt, darf hier bezweifelt werden.

bis dato eingeschrieben waren, gebrochen wird. In diesem Moment entsteht etwas Neues – das Vorherige wird verändert. Räume werden überschrieben. Jene Zwischenräume sind indes flüchtig und einzigartig wie das Musikereignis selbst. Da aber die Entstehung des Raumes ein stetig stattfindender Prozess ist, bergen jene Zwischenräume zugleich Chancen für neue institutionelle Arrangements, für neue Regulierungsformen kultureller Praxis sowie generell für die Neuordnung gesellschaftlicher Strukturen. Dies schien Augusta Holmès und den jeweils mit ihr agierenden Personen gelungen zu sein. „Mit ihrer Vorliebe für symphonisch-dramatische Werke, blechbläserdominierte Instrumentierungen und Orchestertutti repräsentierte sie weder die gewöhnliche Komponistin ihrer Zeit noch erfüllte sie die konventionelle Vorstellung einer ‚weiblichen' Kompositionsweise. Sich bewusst vom gesellschaftlich Konventionellen abgrenzend, indes musikästhetisch den Geschmack der Zeit treffend, avancierte sie ohne *Prix de Rome* zur ‚offiziellen Staatskomponistin'"[91], die jahrzehntelang in den einschlägigen (Musik-)Journalen präsent war und der wenige Jahre nach ihrem Tod eine wissenschaftliche Tagung gewidmet wurde. Während noch zu ihren Lebzeiten zur Diskussion stand, sie in die *Légion d'honneur* aufzunehmen, prophezeite ihr der Zeitgenosse Reynaldo Hahn einen Platz im kulturellen Gedächtnis. Er schrieb: „Ce don, si rare, de l'accent populaire, peu de musiciens l'ont eu à l'égal d'Holmès et c'est à lui qu'elle devra l'immortalité."[92] Und in der Tat ist eine gewisse Kontinuität der ihr gewidmeten Schriften und Ausstellungen – Straßen und Plätze sind nach ihr benannt – bis heute zu verzeichnen. Doch ist es nicht ein Paradoxon, dass sie sich in einen weiteren, nämlich den musikhistoriographisch konstituierten Raum einschrieb, während ihre Werke im 20. Jahrhundert mit Ausnahme weniger Liedvertonungen keinen Eingang in den Repertoirekanon fanden? Zwar handelt es sich jeweils um spezifische, transitorische Räume, die sich zu bestimmten Zeiten an bestimmten Orten konstituieren – Paris ist nicht gleich London ist nicht gleich Wien –, dennoch finden sich von all den zuvor beschriebenen Räumen Spuren im überlieferten Quellenmaterial. Biografien, Memoiren, Lexikoneinträge bilden Brücken zur Jetztzeit, liefern Hinweise und Ideen für Wiederaufführungen. Kompositionen leben davon, aufgeführt zu werden; andernfalls sind sie ‚totes Material'. Und auch physisch-materielle Orte heute sind leblose Behälter, würden in und an ihnen nicht Musik-Räume konstituiert. Diese Musikräume gilt es wieder mit Leben zu füllen. Insofern versteht sich dieser Aufsatz auch als Plädoyer für die (Re)konstitution von neuen (Zwischen)Räumen. Räume, in denen Werke von Komponistinnen mit der gleichen Selbstverständlichkeit zum Klingen gebracht werden wie einst. Das eingangs beschriebene Pariser Musikzimmer der Komponistin Augusta Holmès könnte hierfür ebenso Modell stehen wie die anderen zuvor skizzierten Aufführungsorte.

---

91 Strohmann, Nicole K., Art. „Holmès, Augusta", in: *Lexikon Musik und Gender*, hg. von Melanie Unseld und Annette Kreutziger-Herr, Kassel 2010, S. 280–281, hier S. 281 (Hervorhebung: die Verf.).

92 Gefen, Gérard, *Augusta Holmès. L'outrancière*, Paris 1987, S. 198.

Literatur- und Quellenverzeichnis

Album de photographies, programmes et coupures de presse rassemblé par Alphonse Catherine [Texte manuscrit], F-Pn Bp. 162.

Anon., „Courrier des Spectacles", in: *Le Gaulois*, 13.2.1895, S. 4.

Anon., „Courrier des Théâtres", in: *Le Figaro*, 18.3.1895, S. 3.

Bauer, Henry, „Premières Représentations", in: *L'Echo de Paris*, 10.2.1895, S. 2.

Bernac, Jean, „Interview mit Mademoiselle Augusta Holmès", in: *The Strand Musical Magazine* 5 (1897), S. 136-139.

Bernard, Élisabeth und Fauquet, Joël-Marie, Art. „Association artistique des concerts du Châtelet (Colonne)", in: *Dictionnaire de la musique en France au XIXe siècle*, hg. von Joël-Marie Fauquet, Paris 2003.

Bernard, Élisabeth, Art. „Concerts populaires de musique classique", in: *Dictionnaire de la musique en France au XIXe siècle*, hg. von Joël-Marie Fauquet, Paris 2003, S. 305–306.

Bernard, Élisabeth, *Le concert symphonique à Paris entre 1861 et 1914. Pasdeloup, Colonne, Lamoureux*, 4 Bde., Diss. Univ. Paris I-Sorbonne 1976.

Bilan des pièces jouées à l'Opéra, du 1er janvier au 31 décembre 1895, in: *Le Ménestrel*, 12.1.1896, S. 14.

Borchard, Beatrix, „Öffentliches Quartettspiel als geschlechtsspezifische ‚Raumgestaltung'"?, in: *Musik – Stadt. Traditionen und Perspektiven urbaner Musikkulturen*, Bd. 3: Musik in Leipzig, Wien und anderen Städten im 19. und 20. Jahrhundert: Verlage – Konservatorien – Salons – Vereine – Konzerte, hg. von Stefan Keym und Katrin Stöck, Leipzig 2011, S. 385–399.

Chimènes, Myriam, *Mécènes et musiciens. Du salon au concert à Paris sous la IIIe République*, Paris 2004.

Croze, Jean-Louis, „Augusta Holmès", in: *La Revue hebdomadaire – Romans, Histoire, Voyages* 12 (21.02.1903) 12, S. 305–317.

Debussy, Claude, *Monsieur Croche et autres écrites*, hg. von François Lesure, Paris 1987.

Devriès-Lesure, Anik, Art. „Hartmann, Jean/Hartmann, Romain-Jean-François, dit Georges", in: *Dictionnaire de la musique en France au XIXe siècle*, hg. von Joël-Marie Fauquet, Paris 2003, S. 579–580.

Dörhöfer, Kerstin, „‚Halböffentlicher Raum' – eine Metapher zur Auflösung (nicht nur) räumlicher Polarität", in: *Stadt – Raum – Geschlecht. Beiträge zur Erforschung urbaner Lebensräume im 19. und 20. Jahrhundert*, hg. von Monika Imboden, Franziska Meister und Daniel Kurz, Zürich 2000, S. 101–118.

Duchesneau, Michel, Art. „Société nationale de musique", in: *Dictionnaire de la musique en France au XIXe siècle*, hg. von Joël-Marie Fauquet, Paris 2003, S. 1163–1165.

Duchesneau, Michel, *L'Avant-garde musicale et ses sociétés à Paris de 1871 à 1939*, Liège 1997.

Ehrhardt, Damien, Art. „musique à programme", in: *Dictionnaire de la musique en France au XIXe siècle*, hg. von Joël-Marie Fauquet, Paris 2003, S. 834–935.

Fauser, Annegret, *Der Orchestergesang in Frankreich zwischen 1870 und 1920*, Laaber 1994 (= Freiburger Beiträge zur Musikwissenschaft 2).

Fleuret, Léon Louis und Destez, Paul, „Théâtre national de l'opéra. Une répétition d'orchestre de *La Montagne noire*, sous la direction de l'auteur, Mme Augusta Holmès: M. Mangin, chef du chant. M. Gaillard. Madame Holmès. M. Lapissida. M. Taffanel, chef d'orchestre", in: *L'univers illustré*, Paris [1895], F-Po Estampes scenes Montagne noire(1).

Fourcaud, L. de/Pougin, Arthur/Pradel, Léon, *La Salle Pleyel*, Paris 1893.

Hartmann, Georges, *Catalogue des Publications Musicales*, Paris 1887, F-Pn catalogues d'éditeurs G. Hartmann.

Holman-Black, Charles, „La Montagne Noire – opera by Augusta Holmès", in: *The London Musical Courier*, 11 (5.4.1901) 14 und 11 (12.4.1901) 15, S. 170 (zwei Nummern erschienen hier gemeinsam in einer Ausgabe, Hervorhebung im Original).

Holmès, Augusta, Brief an Camille Saint-Saëns, Ms. autogr., 8.2.1900, F-DCM Fonds Saint-Saëns du Château-Musée de Dieppe.

Holmès, Augusta, Brief an anon. [Marcel Jambon] vom 16.10.1894, Ms. autogr., F-Pnasp Collection Rondel Correspondance, Rc A 66447.

Hubrath, Margarete (Hg.), *Geschlechter-Räume. Konstruktion von ‚gender' in Geschichte, Literatur und Alltag*, Köln/Weimar/Wien 2011.

Imbert, Hugues, *Nouveaux Profils de Musiciens*, Paris 1892.

Joncières, Victorin, „Théâtre de l'Opéra: la Montagne noire, drame lyrique musical en quatre actes, poème et musique de Mlle Augusta Holmès", in: *La Liberté*, 10.2.1895, o.S. [= F-Po Dossier d'œuvre].

Jones, Timothy, „Nineteenth-Century Orchestral and Chamber Music", in: *French Music since Berlioz*, hg. von Richard Langham Smith und Caroline Potter, Aldershot/Burlington 2006, S. 53–89.

Konzertprogramm mit La „Nuit" von Augusta Holmès, Concert sous la direction de M. A. [Alphonse] Catherine, Casino de Royan, Royan 12.9.1899, F-Pn Bp. 162.

Konzertprogramme „La Musique de chambre", F-Pn 4° Vm 365.

L'Illustré soleil du Dimanche (o.D.) mit Bildunterschrift: „Mme Augusta Holmès auteur de la ‚Montagne Noire'", BnF, Collection René Dazy.

Launay, Florence, *Les Compositrices en France au XIXe siècle*, Paris 2006.

Le Monde Musical. Exposition de 1900, Numéro Spécial, 15.10.1900.

Löw, Martina, *Raumsoziologie*, Frankfurt a.M. 2001.

Mölders, Tanja/Behrendt, Maria/Biesecker, Adelheid et. al., *Blockierter Wandel? Denk- und Handlungsräume für eine nachhaltige Regionalentwicklung*, München 2006.

Mölders, Tanja und Thiem, Anja, *NaturKulturRäume – Beziehungen zwischen materiell-physischen und soziokulturellen Räumen. Eine dialogische Annäherung aus umwelt- und kulturwissenschaftlicher Perspektive*, unveröff. Manuskript, Lüneburg 2005.

Pasdeloup, Jules, *Concert Populaire de Musique Classique. Fondée en 1861*, Bekanntgabe der Subskription für Concert Populaire (Ausgabe von Gesellschaftsanteilen), Druck, s.d. [vor 16.4.1883], F-PBHVP 117320/5 Programmes de concerts Populaires.

Pichard du Page, René, *Une musicienne versaillaise – Augusta Holmès*, Paris 1920.

Pougin, Arthur, „La Montagne-Noire", in: *Le Ménestrel*, 10.2.1895, S. 43.

Pougin, Arthur, „Ode triomphale en l'honneur du centenaire de 1789. Poème et musique de Mlle Augusta Holmès exécutée au Palais de l'Industrie, le 11 septembre 1889", in: *Le Ménestrel*, 15.9.1889, S. 290–292.

Prod'homme, Jacques-Gabriel, *L'Opéra (1669-1925), description du nouvel Opéra: historique, salles occupées par l'Opéra depuis son origine, dénominations officielles, directions, répertoire, principaux artistes, bibliographie*, Paris 1925, Reprint Genf 1989.

Programmzettel *La Musique de Chambre. Annee 1894. Séances musicales données dans les salons de la Maison Pleyel, Wolff et Cie*, Paris: Salon Pleyel, Wolff et Cie o.D., S. 96 und 97, F-Pn 4° Vm 365.

Nicole K. Strohmann

Rapport des Commissaires de Police, M. Leproust vom 16.11.1900, F-P Archives de la Préfecture de Police.
Rode-Breymann, Susanne (Hg.), *Musikort Kloster. Kulturelles Handeln von Frauen in der Frühen Neuzeit*, Köln/Weimar/Wien 2009.
Rode-Breymann, Susanne (Hg.), *Orte der Musik. Kulturelles Handelns von Frauen in der Stadt*, Köln/Weimar/Wien 2007.
Rode-Breymann, Susanne/Tumat, Antje (Hg.), *Der Hof. Ort kulturellen Handelns von Frauen in der Frühen Neuzeit*, Köln/Weimar/Wien 2013.
Rode-Breymann, Susanne, „'Frauen und Jungfrauen dieses Ortes, in geistlichen deutschen Liedern dermaßen geübt' – Räume musikalischen Alltags in frühneuzeitlichen Städten", in: *Musik – Stadt. Traditionen und Perspektiven urbaner Musikkulturen*, Bd. 3: Musik in Leipzig, Wien und anderen Städten im 19. und 20. Jahrhundert: Verlage – Konservatorien – Salons – Vereine – Konzerte, hg. von Stefan Keym und Katrin Stöck, Leipzig 2011, S. 375–384.
Rode-Breymann, Susanne, „Orte und Räume kulturellen Handelns von Frauen", in: *History, Herstory. Alternative Musikgeschichten*, hg. von Annette Kreutziger-Herr und Katrin Losleben, Köln/Weimar/Wien 2009, S. 186–197.
Rolland, Romain, „Les institutions musicales nouvelles. La Société nationale", in: ders., *Musiciens d'aujourd'hui*, Paris o.J.
Ross, James, „Music in French Salons", in: *French Music since Berlioz*, hg. von Richard Langham Smith und Caroline Potter, Aldershot/Burlington 2006, S. 91–115.
Roster, Danielle, *Die großen Komponistinnen – Lebensberichte*, Frankfurt a.M./Leipzig 1998.
Saint-Saëns, Camille, *Harmonie et Mélodie*, 3. Aufl., Paris 1885.
Schnapper, Laure, Art. „salle de concert", in: *Dictionnaire de la musique en France au XIXe siècle*, hg. von Joël-Marie Fauquet, Paris 2003, S. 1113–1114.
Strohmann, Nicole K., Art. „Holmès, Augusta", in: *Lexikon Musik und Gender*, hg. von Melanie Unseld und Annette Kreutziger-Herr, Kassel 2010, S. 280–281.
Strohmann, Nicole K., *Gattung, Geschlecht und Gesellschaft im Frankreich des ausgehenden 19. Jahrhunderts. Studien zur Dichterkomponistin Augusta Holmès* (= Musikwissenschaftliche Publikationen, 36), Hildesheim/Zürich/New York 2012.
Strohmann, Nicole K., „Musik und nationale Identität: Augusta Holmès' politische Kompositionen als Spiegel individueller wie kollektiver Identitätsfindung während der ‚Troisième République'", in: *Überschreitungen – Transgressions. Mélanges en l'honneur de Hermann Hofer*, hg. von Thilo Karger, Wanda Klee und Christa Riehn, Marburg 2011, S. 197–225.
Strohmann, Nicole K., „Zur Professionalisierung weiblichen Komponierens im Frankreich des ausgehenden 19. Jahrhunderts: Die Dichterkomponistin Augusta Holmès", in: *Musik und Gender. Grundlagen – Methoden – Perspektiven*, hg. von Rebecca Grotjahn und Sabine Vogt, Laaber 2010 (= Kompendien Musik 5), S. 126–141.
Theuriet, André, *Le Journal de Tristan. Impressions et Souvenirs*, Paris 1883, S. 83–84.
Vallas, Léon, *Vincent d'Indy*, Bd. 1, Paris 1946.
Villiers de L'Isle-Adam, Auguste de, *Chez les Passants. Fantaisies, Pamphlets et Souvenirs*, Paris 1890.
Wolff, Stéphane, *L'Opéra au Palais Garnier (1875–1962). Les Œuvres, les Interprètes,* Paris 1962, Reprint 1983.

Martina Bick

Mittäterschaften?
Wie Musikschriftstellerinnen zur Heroenbildung beitrugen[1]

Die Frauenforschung in der Musikwissenschaft hat in den letzten drei Jahrzehnten u.a. auch im Rahmen der Forschungsplattform MUGI eine Fülle von musikalischen Berufswegen von Frauen, die in der bisherigen Musikgeschichtsschreibung des 19. und 20. Jahrhunderts nicht auftauchten, zutage gefördert. Musikgeschichte wurde von Männern geschrieben, könnte man anführen und unterstellen, dass diese Männer ihre Auswahlkriterien allein nach den Leistungen ihres eigenen Geschlechts ausrichteten. Musikgeschichte im 19. Jahrhundert wurde jedoch auch von Frauen geschrieben. Und zwar nicht im „stillen Kämmerlein" oder für die Schublade – die musikhistorischen Porträts der Musikschriftstellerin Marie Lipsius[2], die in der zweiten Hälfte des 19. Jahrhundert unter dem Pseudonym „La Mara" in diversen Zeitschriften und anschließend in Leipziger Verlagen wie z.B. Breitkopf & Härtel publiziert wurden, erreichten bis zu 17 Auflagen und standen somit in nicht wenigen deutschen bildungsbürgerlichen Bücherschränken. Hat Marie Lipsius ihren musikalischen Geschlechtsgenossinnen mehr Aufmerksamkeit geschenkt? Ja, durchaus: In Band 5 ihrer *Musikalischen Studienköpfe* behandelte sie *Frauen im Tonleben der Gegenwart*, erschienen mit immerhin drei Auflagen in Leipzig 1882 und 1902.

Zehn Jahre später, 1893, erschien der Sammelband *Deutschlands Tonkünstlerinnen. Biographische Skizzen aus der Gegenwart* der Berliner Musikpublizistin und -pädagogin Anna Morsch[3]. Die dritte namhafte Musikschriftstellerin des 19. Jahrhunderts im deutschsprachigen Raum, Lina Ramann[4], unterrichtete zwar zeitlebens Frauen in Musik, ihr Lebenswerk widmete sie jedoch der Erforschung Franz Liszts und der Abfassung von dessen erster umfassender Biografie[5].

---

[1] Der Aufsatz erschien in etwas anderer Fassung bereits unter dem Titel: „Musikschriftstellerinnen im 19. Jahrhundert: Zwischen Mittäterschaft und Intervention". In: Barbara Rendtorff/Birgit Riegraf/Claudia Mahs/Monika Schröttle (Hg.). *Erkenntnis, Wissen, Intervention. Geschlechterwissenschaftliche Perspektiven,* Weinheim und Basel 2015. S. 153–165.
[2] Bick, Martina, Artikel „Marie Lipsius", in: *Musikvermittlung und Genderforschung: Lexikon und multimediale Präsentationen,* hg. von Beatrix Borchard, Hochschule für Musik und Theater Hamburg, 2003 ff., http://mugi.hfmt-hamburg.de/artikel/Marie_Lipsius (eingesehen am 17.10.2013).
[3] Bick, Martina, Artikel „Anna Morsch", in: *Musikvermittlung und Genderforschung: Lexikon und multimediale Präsentationen,* hg. von Beatrix Borchard, Hochschule für Musik und Theater Hamburg, 2003 ff., http://mugi.hfmt-hamburg.de/artikel/Anna_Morsch (eingesehen am 17.10.2013).
[4] Rieger, Eva, Artikel „Lina Ramann", in: *Musikvermittlung und Genderforschung: Lexikon und multimediale Präsentationen,* hg. von Beatrix Borchard, Hochschule für Musik und Theater Hamburg, 2003 ff., http://mugi.hfmt-hamburg.de/neu/artikel/Lina_Ramann (eingesehen am 17.10.2013).
[5] Ramann, Lina, *Franz Liszt als Künstler und Mensch,* Bd. 1–3, Leipzig 1880-1892.

Martina Bick

Selbst diese frauenbewussten und selbständigen, meist in engen Frauenbezügen lebenden Autorinnen, alle drei Pionierinnen auf ihrem Gebiet, haben vornehmlich über männliche Künstler gearbeitet und die Arbeit ihrer Geschlechtsgenossinnen nur am Rande behandelt. Haben sie damit das Bild des männlichen Genies nicht mit befestigt und den Ausschluss der komponierenden und musizierenden, lehrenden und über Musik nachdenkenden Frauen aus dem kollektiven Gedächtnis mitbetrieben? Muss man sie als Mittäterinnen[6] bezeichnen, mitverantwortlich für eine Musikgeschichtskonstruktion, die nur die kulturellen Leistungen von Männern berücksichtigte, die der Frauen hingegen vernachlässigte? Und welche Rolle spielte diese Heroenkonstruktion für die Autorinnen und ihre Leserinnen und Leser?

Deutsche (Musik-)Geschichtsschreibung im 19. Jahrhundert

Die Bürger_innen des beginnenden 19. Jahrhunderts konstruierten ihre Identität vornehmlich in Abgrenzung zur Aristokratie: Während der Adel qua Geburt, Blut und Boden seine hegemoniale Identität erlangte, zeichnete der Bürger sich durch das aus, was er tat: Seine kulturelle Leistung war die Basis seiner Identität. Bildung und Kultur, Geschichtsschreibung im Besonderen, waren wichtige Schauplätze dieser Konstruktion. Der Bildungstitel des Bürgers entsprach (und entspricht z.T. noch heute) in dieser Hinsicht dem Adelstitel und grenzte sich doch essentiell von ihm ab. Besonders anhand der Beschreibung der Künste konnte der (Bildungs-)Bürger seinen guten Geschmack und den Grad seiner Vergeistigung beweisen, sich außerdem gleichzeitig über die unteren Schichten und Klassen (Kleinbürgertum und Proletariat) erheben. Für den französischen Soziologen Pierre Bourdieu verkörpert die Musik „die am meisten vergeistigte aller Geisteskünste, und die Liebe zur Musik ist sicherer Bürge für ‚Vergeistigung'"[7]. In seiner soziologischen Untersuchung der gesellschaftlichen Urteilskraft aus dem Jahr 1979 legte er dar, in welcher Weise sich eine Gesellschaft durch feinste kulturelle Differenzierungen und Geschmacksurteile auf vielerlei Gebieten – von der Wohnungseinrichtung über Kleidung, Essensregeln und Lebensmittel bis hin zur Differenzierung in „legitime" und „nicht legitime" Kulturgüter – entsprechend ihrer ökonomischen Klassen und anderer Unterteilungen wie Alter, Geschlecht, Ethnie etc. strukturiert und hierarchisiert. Die höchsten Kulturgüter sind demnach die, die am wenigsten materiellen, ökonomischen Zwängen und Profiten verhaftet sind und möglichst rein einer geistigen, „freien" Welt angehören.

---

6 Nach Christina Thürmer-Rohr, die 1987 aufgrund des Nicht-Handelns von Frauen und deren Rückzug in die Innerlichkeit die These der „Mittäterschaft" an den beiden Weltkriegen und der Wiederaufrüstung in der BRD aufstellte, auch wenn Frauen „in ihrer Mehrheit an der Produktion des Wissens um die Mittel der Zerstörung und an deren politischer Durchsetzung nicht beteiligt waren." Thürmer-Rohr, Christina, „Aus der Täuschung in die Ent-Täuschung. Zur Mittäterschaft von Frauen", in: *Vagabundinnen. Feministische Essays*, hg. von ders., Berlin 1987, S. 38–56.

7 Bourdieu, Pierre, *Die feinen Unterschiede*, Frankfurt a.M. 1988 (Paris 1979), S. 41 f.

MITTÄTERSCHAFTEN? – WIE MUSIKSCHRIFTSTELLERINNEN ZUR HEROENBILDUNG BEITRUGEN

Heroen-Bildung

Die Biografik, die sich im 19. Jahrhundert vom Essay zur umfangreichen künstlerisch-wissenschaftlichen Biografie entwickelte, stellte für Autor_innen und Publikum einen geeigneten Ort für den Entwurf von Identität sowie die Entfaltung politischer und sittlicher Ideen dar. Darüber hinaus bot sie Projektionsflächen für Emotionen, Ängste und Wünsche. Aus der Beschreibung politischer historischer Persönlichkeiten, bei der die „vita activa" im Vordergrund stand, wie z.B. bei Heinrich von Treitschke u.a., entwickelten sich in der Folge kultur- und geistesgeschichtliche Biografien, die die „vita contemplativa" im Blick hatten, den Künstler oder das „forschende Verstehen" (Gustav Droysen) des Wissenschaftlers[8]. Das Bild des Künstlers stand hier für den Geist, die Seelenkräfte, die Wahrheitsliebe. Waren die politischen Heroen geeignet, Stolz und Selbstbewusstsein der aufstrebenden bürgerlichen Klasse zu repräsentieren, den souverän handelnden Ordnungsstifter, so zeigten die großen Künstlerbilder neben dem Stolz auf dessen individuelle Leistungen und seine gottgleiche Schöpferkraft auch den Bruch mit der profanen Welt an, waren Bewältigung von Ausgrenzung und Andersartigkeit, denn die Kunst empfand man als ausgerichtet auf eine höhere Welt. Dem Künstler konnte man ein träumerisches, empfindsames und trotzdem heroisches Naturell unterstellen – ein Naturell, das sich auch mit weiblichen Rollenbildern vereinbaren ließ.

Poetische Heroenkonstruktion à „La Mara"

Die drei bekanntesten und erfolgreichsten Musikschriftstellerinnen des 19. Jahrhunderts lebten ungefähr im gleichen Zeitraum und begannen fast zeitgleich zu publizieren.

Ida Marie Lipsius (La Mara) wurde 1837 in Leipzig geboren. Sie entstammte als Tochter des Altphilologen und Professors Karl Heinrich Adelbert Lipsius und dessen erster Frau Juliane Molly geb. Rost einem hochgebildeten Elternhaus und erhielt eine Ausbildung im privaten Bildungsinstitut des Dr. August Christian Adolf Zestermann. Außerdem profitierte sie von der „geistigen Atmosphäre des Vaterhauses" und dem Unterricht durch ihre Brüder, „die sich viel mit mir abgaben, mich nicht nur im Rechnen, in dem ich mich nie hervortat, sondern auch im Zeichnen, im Französischen und ein wenig im Latein unterrichteten".[9] Alle drei Brüder machten eine Universitätskarriere, die der Schwester verwehrt war.

Durch den Leipziger Musikschriftsteller und -kritiker Richard Pohl und dessen Schwester Laura zum Schreiben ermutigt, begann Lipsius Anfang der 1860er Jahre ihre ersten Musikerporträts zu schreiben, beginnend mit einem Text über Robert Schumann, dessen Kla-

---

8 Vgl. Scheuer, Helmut, *Biographie. Studien zur Funktion und zum Wandel einer literarischen Gattung vom 18. Jahrhundert bis zur Gegenwart*, Stuttgart 1979.
9 La Mara, *Durch Musik und Leben im Dienste des Ideals* (Autobiografie), Bd. 1, Leipzig 1917, S. 18.

viermusik sie schätzte. Es folgte ein Aufsatz über Franz Liszt, den sie 1856 in Weimar persönlich kennen gelernt hatte. 1867 fragte sie wegen Veröffentlichung „bei ‚Westermanns Monatsheften' an, wurde bereitwillig willkommen geheißen und debütierte daselbst 1867 unter dem Namen La Mara mit drei ‚Musikalischen Studienköpfen': Schumann, Liszt, Chopin."[10] Ein Jahr später erschien der erste Band *Musikalische Studienköpfe* im Hermann Weißbach Verlag in Leipzig. Behandelt wurden neben Robert Schumann, Franz Liszt und Frédéric Chopin auch Carl Maria von Weber, Franz Schubert, Felix Mendelssohn Bartholdy und Richard Wagner. Dem Band folgten im Laufe der nächsten fünfzehn Jahre bei zunächst wechselnden Verlagen und ab 1881 bei Breitkopf & Härtel in Leipzig zahlreiche Musikermonographien und vier weitere Sammelbände: Band II enthielt Aufsätze über *Ausländische Meister*, basierend auf zum Teil damals noch unbekannten und unveröffentlichten Quellen und Dokumenten; in Band III wurden auf der Grundlage von Interviews und Briefwechseln *Musiker der Jüngstvergangenheit und Gegenwart* vorgestellt, Band IV war den *Klassikern* gewidmet und Band V den *Frauen im Tonleben der Gegenwart*. Schwerpunkt und Zentrum ihres Schreibens und ihrer Arbeit jedoch blieb für Marie Lipsius bis zu ihrem Tod 1927 Franz Liszt, der berühmte Musiker und Vernetzer, ihr Ermutiger und Förderer. Durch ihn erhielt sie praktische Unterstützung, mit ihm beriet sie ihre Schreibprojekte, er vermittelte ihr Briefe, Dokumente, Quellen, Zeitzeug_innen und Gesprächspartner_innen. Nach seinem Tod sammelte sie von überall her seine Briefe und gab sie in mehreren Bänden heraus.[11] 1911 erschien anlässlich seines 100. Geburtstags ihr Werk *Liszt und die Frauen*, in dem sie – quasi als eine alternative Erzählweise seiner Biografie – chronologisch seine Begegnungen mit „hervorragenden" Frauen beschrieb.

Franz Liszt als Heroe: Der „Gottgleiche"

Auf den ersten Blick wirkt Lipsius' Sprache in ihren *Studienköpfen* heute überspannt und schwärmerisch, werden die Texte jedoch laut vorgetragen, tritt ihre literarische Dimension in den Vordergrund. Das Liszt-Porträt beginnt mit der Schilderung der erregten Gefühle angesichts eines als so blendend empfundenen Gegenstands, dass dessen Erforschung und objektive Beurteilung kaum noch möglich zu sein schienen. Gerade das war es, was das poetisch-romantisch inspirierte Forscherinteresse der Autorin weckte:

> Es hat zu allen Zeiten Menschen gegeben, die licht- und glanzvoll ihren irdischen Wandel vollendeten und hinter deren sonnenhaftem Leuchten sich doch manch' räthselvolles Dunkel, mancher Sonnenfleck verbarg. Auch Franz Liszt gehört in die Reihe jener glänzenden Erscheinungen. Groß und feurig, wie ein wunderbar Gestirn, stieg er auf am Himmel der

---

10 Ebd., S. 67.
11 An der Universität Oldenburg wird derzeit von Lisbeth Suhrcke eine Dissertation mit dem Arbeitstitel *Das publizistische Werk von Marie Lipsius (1837–1927) in der formativen Phase der Musikwissenschaft* verfasst.

Kunst, sein Glanz entzückte, sein Licht blendete unsere Sinne; der Weltlauf aber, zu dem er berufen, durchmißt weitere Bahnen als derjenige gewöhnlicher Sterblicher, und so geschieht es, daß er sich zeitweise unserm Blick entzieht, daß Wolken und Fernen ihn verhüllen vor unserm suchenden Auge. Daß es etwas Räthselvolles sei um solche Erscheinungen, wer möchte es leugnen? – Und dennoch sind es eben die ungelösten Fragen, die unser Interesse, unsere Forschungslust am lebhaftesten erregen.[12]

In der Folge wird das Bild eines Heroen entworfen, der kein Mensch mehr ist, sondern ein Gott, ein himmlisches Wesen, ein Stern – ein Star. Sonnenhaft leuchtend, glänzend, groß und feurig, blendend und vor allem rätselhaft und dunkel für uns Sterbliche. Das Wunderbare wird inszeniert durch die Exposition eines Künstlers, der als Virtuose im Triumph durch die Welt zieht – dann all das hinter sich lässt und als Komponist von vorn anfängt – alleinstehend gegen eine Legion von Gegnern antritt – nicht nur für sich, sondern vor allem für seinen Kunstgenossen Wagner kämpft – und schließlich eine begeisterte Anhängerschaft werben kann. Leistung und guter Wille, Talent allein konnten solche Wunder nicht vollbringen. Es kam etwas hinzu, das irdisches Vermögen überstieg, die Vermählung von „entgegengesetzten Elementen – des Dämonischen und des Göttlichen". Dies erzeugte einen Zauber, der so stark war, dass er ein „unbefangenes Urteil" der Zeitgenossen beträchtlich erschwere. Man konnte – so Lipsius – nur leidenschaftlich für oder gegen ihn sein, man konnte ihn (noch) nicht verstehen.

Religiös angelehnte Heroenkonstruktionen wie diese, die auch in anderen Texten von Marie Lipsius präsentiert werden, entsprachen dem romantischen Geniebegriff, wie ihn auch Robert Schumann vertreten hatte: Transzendenz, Durchgeistigung und Überwindung der Materie, das „freie Gebären", zeichneten demgemäß das Genie aus – im Unterschied zur Formvollendung von Talenten zweiten Ranges oder Erweiterung der Form durch Talente ersten Ranges.[13]

Wissenschaftlich gestützte Konstruktion eines Heroen: Lina Ramann

Lipsius' Herzenswunsch, Franz Liszts Biografie schreiben zu dürfen, erfüllte sich jedoch für eine andere – sie hatte dafür vom „Meister" selbst die Erlaubnis erhalten: die Musikpädagogin und -schriftstellerin Lina Ramann. 1833 geboren, hatte auch Ramann außer einigen Jahren in der Dorfschule des fränkischen Weinbauernorts Mainstockheim, wo ihr Vater Weinhändler war, keinen institutionellen Unterricht erhalten – auch keinen Musikunterricht. Autodidaktisch bildete sie sich aus, abgesehen von einem kurzzeitigen Aufenthalt in Nürnberg, wo sie sich als 14-Jährige selbst Klavierunterricht verschaffte. In ihrem siebzehnten Lebensjahr zog die Familie nach Leipzig, wo Ramann Klavierschülerin der Pianistin

---

12 La Mara, *Musikalische Studienköpfe*, Bd. I, Leipzig 1868, S. 235.
13 Vgl. Schumann, Robert, *Gesammelte Schriften über Musik und Musiker*, Bd. 1, Leipzig 1854, u.a. im Aufsatz über die „Symphonie von H. Berlioz", S. 118–151.

Lysinka Brendel wurde, der Gattin des Musikschriftstellers Franz Brendel, der einige Jahre zuvor die Redaktion der *Neuen Zeitschrift für Musik* von Robert Schumann übernommen hatte. Franz Brendel begeisterte sie für die Musikgeschichtsschreibung. Ihren Lebensunterhalt bestritt Ramann zeitlebens als Musikpädagogin und Publizistin, ab 1858 in eigenen Musikinstituten in Glückstadt in Holstein, ab 1868 in Nürnberg, zusammen mit ihrer Lebensgefährtin, der Pianistin und Klavierpädagogin Ida Volckmann[14].

Auch Lina Ramann lernte Franz Liszt Ende der 1850er Jahre persönlich kennen. Ein Jahr später veröffentlichte sie *Technische Studien des Klavierspiels – Dr. Franz Liszt, dem Begründer einer neuen Ära des Klavierspiels* (Hamburg 1860), 1874 folgte eine Studie über sein *Christus*-Oratorium, die von allen Seiten große Anerkennung erfuhr, u.a. auch von Seiten Liszts. Sein Verleger legte ihr daraufhin nahe, Liszts Biografie zu schreiben, was sie als eine große Ehre empfand. Franz Liszt befürwortete das Vorhaben, das Ramann daraufhin für die folgenden beiden Jahrzehnte zu ihrer Lebensaufgabe machte. Sie legte eine umfangreiche Materialsammlung an, die alle verfügbaren Quellen wie Programmzettel, Rezensionen, Briefe und jegliche Veröffentlichungen über Franz Liszt einbezog. Vor allem aber erfragte sie in ausführlichen biografischen Interviews und per Brief kommunizierten „Fragezetteln" sowohl von Franz Liszt selbst als auch von dessen Lebensgefährtin, Gräfin von Sayn-Wittgenstein, seine eigenen Darstellungen.

Trotz dieser sorgfältigen und umfangreichen Quellenarbeit brachte ihr die dreibändige Biografie in Fachkreisen kaum Anerkennung ein. Gerade durch den engen persönlichen Kontakt und die Einflussnahme Liszts auf ihre Texte war es Ramann nicht immer gelungen, eine ausreichend distanzierte Position finden, um die Fülle an Informationen zu gewichten. Ihr Spagat zwischen „ganz nah dran" und „wissenschaftlicher Objektivität", „Ghostwriter" und „Musikhistorikerin" scheiterte besonders für den ersten Band der Trilogie. Nach schweren Konflikten mit Liszt und dessen Lebensgefährtin Carolyne von Sayn-Wittgenstein während der Schreibphase war das Echo auf die Veröffentlichung[15] gemischt: zahlreiche Rezensionen[16] zum Erscheinen des ersten Bandes zeugen von der ambivalenten Aufnahme des Werks, die z.T. den zerstrittenen Lagern pro und contra „Neudeutsche Schule" geschuldet, zum Teil aber auch der allzu „schwärmerischen Bewunderung Liszts" (Eduard Hanslick, *Neue Freie Presse* am 22. Dezember 1880) zuzuschreiben ist. In den Hintergrund traten ihre detaillierten Werk- und Repertoireanalysen, die spannenden Konzertbeschreibungen, die ungeheure Vielfalt von Quellen und Dokumenten, die sie einbezogen hatte, das Werkver-

---

14 Liu, Verena, Artikel „Ida Volckmann", in: *Musikvermittlung und Genderforschung: Lexikon und multimediale Präsentationen*, hg. von Beatrix Borchard, Hochschule für Musik und Theater Hamburg, 2003 ff., http://mugi.hfmt-hamburg.de/artikel/Ida_Volckmann (eingesehen am 17.10.2013).

15 Ramann, Lina, *Franz Liszt als Künstler und Mensch,* Leipzig 1880. In Bd. 2 (1887) und Bd. 3 (1892), die nach Liszts und Sayn-Wittgensteins Tod (Juli 1886 bzw. März 1887) erschienen, sind diese Konflikte nicht mehr spürbar, die beiden Arbeiten sind sehr viel sachlicher und in sich homogener abgefasst.

16 Sämtliche Rezensionen befinden sich in der Klassik Stiftung Weimar, Goethe und Schiller-Archiv, Signatur Sign. GSA 59/378,1–8.

zeichnis u.v.a.m. Konstatiert wurde neben viel Lob und einigen boshaften Seitenhieben auf die weibliche Identität der Autorin[17] die ermüdende Ausführlichkeit und romanhafte Breite. Ramann hatte jedoch nicht nur die Fachwelt als Adressat_innen ihrer Texte im Blick. Sie schrieb auch für ihre Schülerinnen, die genau wie sie selbst keine Schulbildung, geschweige denn ein Universitätsstudium genossen hatten. Insofern war sie bestrebt, anschaulich und verständlich die historischen, sozialen und geistesgeschichtlichen Kontexte zu erläutern, von denen sie wusste, dass ihre Leserinnen sie nicht kannten.

Genau wie Marie Lipsius stilisierte auch Lina Ramann Franz Liszt zum erlösenden Helden: Geschildert wird die Geburt im „Kometenjahr" in einfachen Verhältnissen, auf dem Land, quasi in einer Hütte und die Entfaltung des Wunders seines Talents, das auch in schwierigsten Situationen immer wieder erprobt und vorgeführt werden muss. Andere Musiker werden abgewertet und Liszt mit bereits etablierten Genies auf eine Stufe gehoben. Die Metaphorik der griechischen Mythologie (sein „Flug", der „Atlas", „Ikarus", „Pegasus", der „junge Aar") und die Rhetorik der Prophezeiung („dort sollte der Erfolg ihm beschieden sein", etc.) sind hierfür die Stilmittel im Rahmen der ansonsten eher faktenbasierten Studie.

Zusammen mit der Herausgabe sämtlicher Schriften Liszts und mehrerer klavierpädagogischer Aufsätze kreiste das Werk Ramanns bis zu ihrem Tod 1912 in München ebenso wie das ihrer Kollegin Lipsius zentral um den „verehrten Meister" Franz Liszt.

Begegnet sind sich die beiden Frauen übrigens zeitlebens nur ein einziges Mal. Nachgeblieben ist ein kurzer, höflicher Briefwechsel, in dem es um den Austausch von Materialien geht – natürlich Franz Liszt betreffend.

Über Frauen schreiben – Studien über Musikerinnen von Anna Morsch und Marie Lipsius

Während das Genie im 19. Jahrhundert sowohl von den männlichen als auch von den weiblichen Autoren rein männlich gedacht wurde, wurde musikalisches Talent Frauen natürlich ebenfalls zugebilligt – allerdings nicht zum Komponieren. Diese Auffassung teilten auch die Musikschriftstellerinnen, die, so Beatrix Borchard, „indirekt zur Heroengeschichtsschreibung bei[trugen], indem sie explizit darauf verwiesen, dass Frauen ‚nicht zum komponieren geboren seien' sondern der Bereich der Interpretation ihrem ‚Geschlechtscharakter' entspreche."[18] Borchard hält den Autorinnen zugute, dass sie immerhin bemüht waren, die künst-

---

17 Z.B. *Neue illustrierte Zeitung*, Nr. 6, Wien 1881 (namentlich nicht gekennzeichnet) über „Franz Liszt als Künstler und Mensch", Bd.1 von L. Ramann:: „Oder sollte es am Ende gar kein Biograph, sollte es – eine Biographin sein? Ei freilich, es ist eine Dame, Vorsteherin eines Musikinstitutes in Nürnberg. Und nun wundert man sich über Manches nicht mehr. Damen haben ein Recht, für Männer wie Franz Liszt kritiklos zu schwärmen, und sie richten kein großes Unheil an, wenn sie diese Schwärmerei auch in ein Buch übertragen."
18 Borchard, Beatrix, „Mit Schere und Klebstoff", in: *Musik mit Methode: neue kulturwissenschaftliche Perspektiven*, hg. von Corinna Herr, Monika Woitas, Köln, Weimar 2006, S. 47–62. Das Zitat im

lerische Arbeit der Interpretinnen darzustellen. In welcher Weise aber taten sie dies, und wie etablierten sie weibliches Künstlertum jenseits der männlichen Heroenkonstruktionen?

Anna Morsch, 1841 in Gransee bei Berlin geborenen und von den drei hier betrachteten Autorinnen die einzige mit einer professionellen musikalischen Ausbildung (Klavier bei Carl Tausig und Louis Ehlert sowie Kontrapunkt und Komposition bei Hermann Krigar in Berlin), lebte genau wie Lina Ramann zeitlebens von ihren Einkünften als Musikpädagogin. Sie unterrichtete zuerst in Potsdam und Berlin, ab 1880 in Verden/Aller, wo sie ihre Lebensgefährtin Minna Wolff kennenlernte, und ab 1884 wieder in Berlin. Hier gründete sie ein eigenes Musikinstitut, in dem sie Klavierspiel und allgemeine Musikkenntnisse an ihre Schülerinnen sowie durch Vorträge an eine breitere Öffentlichkeit vermittelte.

Von Jugend an verfolgte sie ihre musikwissenschaftlichen Interessen. Ihre ersten musikgeschichtlichen Aufsätze erschienen unter dem Titel *Briefe aus der Musikgeschichte an eine Freundin* von Juni bis Dezember 1877 unter dem Pseudonym Albert Moser in der Zeitschrift *Die Tonkunst*. 1878 wurde sie unter ihrem richtigen Namen Mitarbeiterin der musikpädagogischen Zeitschrift *Der Klavierlehrer*, die im gleichen Jahr von Emil Breslaur in Berlin gegründet worden war und ihren pädagogischen Intentionen entsprach. Hier veröffentlichte sie regelmäßig lange Essays zur Musikgeschichte von den Anfängen bis in die Gegenwart. Nach dem Tod Breslaurs übernahm sie 1899 die Redaktion der Zeitung und engagierte sich verstärkt in der musikpädagogischen Verbandsarbeit. Sie starb, in ihren Kreisen hoch geachtet, im Mai 1916 in Berlin.

Neben zahlreichen Zeitungsaufsätzen publizierte Anna Morsch nur zwei Bücher. Ihre „biographischen Skizzen" der „bedeutendsten, heut lebenden, schaffenden, lehrenden und ausübenden Tonkünstlerinnen", die sie für die Weltausstellung 1893 in Chicago im Auftrag des Deutschen Frauencomités zusammengestellt hatte, erschien im selben Jahr im Berliner Verlag Stern und Ollendorff unter dem Titel *Deutschlands Tonkünstlerinnen*. Vorausgegangen waren dieser Sammlung nur zwei ähnliche dieser Art: die *Musikalischen Studienköpfe Band 5: Die Frauen im Tonleben der Gegenwart* von La Mara (Marie Lipsius), erschienen 1882 in

---

Zitat stammt aus dem Vorwort von La Mara, *Tonkünstlerinnen der Gegenwart*, Leipzig 1882 (= Band 5 der musikalischen Studienköpfe), S. II.

In der dritten Auflage dieses Bandes von 1902 heißt es im Vorwort: „Ist unter allen Künsten des Raumes und der Zeit die Tonkunst ohne Frage die bevorzugteste der Gegenwart, so kann es nicht wunder nehmen, wenn auch die Frauen, denen die letztverflossenen Jahrzehnte eine wachsende Betätigung am öffentlichen Leben einräumen, sich an der Pflege derselben immer emsiger beteiligten. Bleibt doch die Musik vor allen die Kunst des Gemüts, spricht sie doch wie keine andere die Seele der Seele aus. Auf dem Gebiet freien tonkünstlerischen Schaffens zwar darf sich der weibliche Genius nur bescheidener Erfolge rühmen. Die eigentlich gestaltende Kraft, die Spontaneität der Erfindung und des kombinatorischen Vermögens scheinen ihm, der bisherigen Erfahrung zufolge, in zu kargem Maße von der Natur verliehen, um wirklich große, originale Leistungen in dieser Richtung nicht von vornherein auszuschließen. Keine Komponistin noch hat epochemachend oder gar bahnbrechend gewirkt, keine ihren Weg durch unvergängliche Taten bezeichnet."

Leipzig, und *Frauen als schaffende Tonkünstler: Ein biographisches Lexikon von Alfred Michaelis*, erschienen in Leipzig 1888.

„Die Frauen im Tonleben der Gegenwart"

Auf Anfrage des Herausgebers der Berliner *Illustrierten Frauenzeitung* hin hatte Marie Lipsius 1877 begonnen, per Brief und Interview das notwendige Material für eine Reihe von Aufsätzen über die bedeutendsten Pianistinnen ihrer Zeit zu sammeln. Franz Liszt, mit dem sie dieses wie auch alle anderen ihrer Vorhaben besprach, ehe sie sich an die Arbeit machte, riet ihr, die Sammlung mit einem Porträt Clara Schumanns[19] „als Alterspräsidentin" zu beginnen, die sie sowohl als „hinterlassene Gattin und Kunstgefährtin eines unserer beliebtesten Tondichter" als auch als Pianistin, deren Beruf es war, „die edelsten Schöpfungen unserer Tongenien in reinem Lichte wiederzustrahlen", würdigte.[20]

Das Wiedergeben, Reflektieren, Reproduzieren, Interpretieren, Hineinfühlen sind denn auch die Hauptaufgaben der anderen Pianistinnen, die Lipsius sich vornahm. Komponieren, Improvisieren, gar ein Orchester leiten (wie die „tapfere Frau" Teresa Carreño, die ein Orchester dirigierte) beschrieb sie eher distanziert und mit fast ironischem Unterton. Auch die gängigen Geschlechterzuordnungen wie „männliche Kraft", „männliche Energie und Objektivität" gegenüber „weiblichem Einfühlungsvermögen", „weiblicher Zartheit" sind bei ihr zu finden. Sophie Menter[21], erfolgreiche Pianistin dieser Zeit und Schülerin von Franz Liszt, bescheinigte sie „ein hinreißendes Temperament, das auch beim kühnsten Sichgehenlassen der Schönheit und der Anmut seine Grenze echt weiblich nie berührt und vornehm stets die äußere Ruhe wahrt, ein dämonischer Zug der Virtuosität".[22]

Aus heutiger Sicht diskriminierend klingen Namenszusätze wie „Schön-Ingeborg" (für die Komponistin und Pianistin Ingeborg von Bronsart[23]). Im Unterschied zu den Porträts der Männer enthält jedes Frauenporträt eine detaillierte Beschreibung des Auftretens und der physischen Merkmale der Künstlerinnen und – soweit vorhanden – eine genaue Zuordnung zu den männlichen Musikern, mit denen sie durch Familie, Ausbildung oder berufliche

---

19 Klassen, Janina, Artikel „Clara Schumann", in: *Musikvermittlung und Genderforschung: Lexikon und multimediale Präsentationen*, hg. von Beatrix Borchard, Hochschule für Musik und Theater Hamburg, 2003 ff., http://mugi.hfmt-hamburg.de/artikel/Clara_Schumann (eingesehen am 17.10.2013).
20 La Mara, *Die Frauen im Tonleben der Gegenwart*, Leipzig 1902, S. 4.
21 Wenzel, Silke, Artikel „Sophie Menter", in: *Musikvermittlung und Genderforschung: Lexikon und multimediale Präsentationen*, hg. von Beatrix Borchard, Hochschule für Musik und Theater Hamburg, 2003 ff., http://mugi.hfmt-hamburg.de/artikel/Sophie_Menter (eingesehen am 17.10.2013).
22 La Mara, Die Frauen im Tonleben der Gegenwart, S. 22.
23 Hottmann, Katharina, Artikel „Ingeborg von Bronsart", in: *Musikvermittlung und Genderforschung: Lexikon und multimediale Präsentationen*, hg. von Beatrix Borchard, Hochschule für Musik und Theater Hamburg, 2003 ff., http://mugi.hfmt-hamburg.de/artikel/Ingeborg_von_Bronsart (eingesehen am 17.10.2013).

Tätigkeit in Verbindung standen, bis hin zu Bezeichnungen wie „der weibliche Joachim" (für die Geigerin Wilma Neruda-Norman[24]).

„Deutschlands Tonkünstlerinnen"

Anna Morsch dagegen ging in ihrem nur zehn Jahre später erschienenen Sammelband klar davon aus, dass Frauen komponieren (= schaffen) und stellte 123 Musikerinnen vor, davon allein dreiundzwanzig Komponistinnen und deren Werke. In einer Zwischennote beschrieb sie, dass ihr von den „Herren Verlegern" noch Werke von weiteren Komponistinnen zur Verfügung gestellt worden seien, die jedoch auf ihre Aufforderung hin, ihr biografisches Material zur Verfügung zu stellen, leider nicht geantwortet hätten. Sie nahm an, dass diese wohl „ihre Kunst gern in der Stille üben, sich scheu vor der Oeffentlichkeit damit zurückziehen; der Druck des Vorurteils mag auch viel dazu beitragen."[25]

Es folgen die Kurzporträts von Musikschriftstellerinnen, Opern- und Konzertsängerinnen, Virtuosinnen des Klaviers, der Harfe, der Violine und anderer Instrumente sowie Direktorinnen von Konservatorien, Musik- und Gesangs-Instituten und hervorragende Pädagoginnen.

Auch in *Deutschlands Tonkünstlerinnen* steht das Porträt Clara Schumanns an erster Stelle. Gleich im ersten Satz jedoch wird die neue Perspektive deutlich: „Mit gerechtem Stolz blicken die deutschen Tonkünstlerinnen auf die ideale Gestalt ihrer ältesten, ihrer größten Kollegin (…)."[26] Morsch sprach hier als erste die Frauen als eigenständige Gruppe an, die sich positiv aufeinander beziehen. Ein solcher schon als feministisch zu bezeichnender Gedanke war der eher konservativen Professorentochter Marie Lipsius noch fremd gewesen. Clara Schumann wird im Weiteren als „unentthronte Königin der Klavierspielerinnen" beschrieben, die trotz aller beruflichen Erfolge „stets das einfache, wahrhaftige, echte Weib, die aufopfernde Mutter geblieben" sei. An dritter Stelle wird ihre Kindheit als Wunderkind hervorgehoben und schließlich ihre Rolle als Gattin Robert Schumanns, „des Musikers mit dem tiefen Dichtergemüth". Natürlich stellte auch Morsch Clara Schumann in erster Linie in ihrem Verhältnis zu ihrem Ehemann vor, als „treueste Prophetin für die tief innerlichen Geheimnisse der Muse ihres Mannes"[27]. Als gleichwertig jedoch werden ihre Leistungen als Pianistin mit ihren Kompositionen und ihrer Herausgebertätigkeit angesehen. Neu tauchen bei Morsch auch Stichworte wie Musikleben und Nation, Nationalstolz, Deutschtum, Vaterland sowie Pflichterfüllung auf.

---

24 Heise, Jutta, Artikel „Wilma Neruda", in: *Musikvermittlung und Genderforschung: Lexikon und multimediale Präsentationen*, hg. von Beatrix Borchard, Hochschule für Musik und Theater Hamburg, 2003 ff., http://mugi.hfmt-hamburg.de/artikel/Wilma_Neruda (eingesehen am 17.10.2013).
25 Morsch, Anna, *Deutschlands Tonkünstlerinnen*, Berlin 1893, S. 67. Gelistet werden hier weitere siebzehn Namen von Komponistinnen.
26 Ebd., S. 13.
27 Ebd., S. 15.

Mittäterschaften? – Wie Musikschriftstellerinnen zur Heroenbildung beitrugen

Also nur starke Frauen und keine Heldenlegenden bei Anna Morsch? In ihrer einzigen Buchproduktion neben *Deutschlands Tonkünstlerinnen*, entstanden aus einer Vortragsreihe, die sie 1885 im Victoria-Lyceum in Berlin für ihre Schülerinnen gehalten hatte, widmete sich die Autorin dem italienischen Kirchengesang. Auf rund 200 Seiten wird die Geschichte der abendländischen Musik als „spezifisches Erzeugnis des Christentums"[28] vermittelt, gekrönt vom „größten Meister des italienischen Kirchengesangs" Pierluigi Palestrina. Ihm widmete Morsch langjährige Forschungen, auf seinen Spuren reiste sie 1880 nach Rom und korrespondierte mit dem bekannten Palestrina-Forscher Franz Xaver Haberl[29]. Die Elemente der religiösen Heldenlegende (wie bei Marie Lipsius und Lina Ramann auf Franz Liszt bezogen) finden sich in Morschs Text nur als Quellenbericht: „An seiner Lebensgeschichte haftet noch manches legendenhafte", schreibt sie über Palestrina und referiert, was über den kometenhaften Aufstieg des Kindes erzählt wird: Wie er „als Betteljunge in den Straßen gesungen habe", bis „seine schöne Stimme die Aufmerksamkeit des Kapellmeisters von Santa Maria Maggiore erregt und dieser sich seiner angenommen habe", oder wie Papst Julius III. ihn schließlich in den Kapellendienst des Vatikan berufen habe.[30] Im Unterschied zu ihren Kolleginnen, die mit Franz Liszt einen Musiker beschrieben, den sie persönlich gekannt und erlebt hatten, konnte Anna Morsch sich bei ihrem Palestrina-Porträt nur auf Quellen, Sekundärliteratur und ihre Analyse der musikalischen Werke beziehen. Sie entging jedoch nicht nur der Falle der Heldenlegende, sondern sie kritisierte und dekonstruierte zudem die von den Biografen bereits errichteten Überhöhungen, statt eigene hinzuzufügen: „Es erzählt sich so hübsch und leicht, daß die Kirchenmusik vor Palestrina's Zeit sich in einem Zustande völliger Verwahrlosung befunden habe und daß er allein sie aus diesem Sumpfe errette. Baini, der Biograf Palestina's, hat hierbei viel auf dem Gewissen. Um seinem vergötterten Palestrina das nöthige Relief zu geben, macht er alle Musiker, die vor ihm gelebt haben, zu Barbaren (…)."[31] Nach einer ausführlichen Werkübersicht, die Morschs Begeisterung für

---

28 Morsch, Anna, *Der italienische Kirchengesang bis Palestrina. Zehn Vorträge gehalten im Victoria= Lyceum zu Berlin 1885*, Berlin 1887, zit. n. 2. Auflage 1891, S. 4.
29 „Berlin W., Ansbacherstr. 58. Sehr geehrter Herr! Verzeihen Sie mir gütigst eine Anfrage. Ich bin mit einer kleinen Skizze über Palestrina beschäftigt und möchte Sie, als Autorität, um Angabe einiger Daten ersuchen. Welches Jahr ist als sein Geburtsjahr endgültig festgestellt worden? Wie steht es mit seinen viel umstrittenen Vermögensverhältnissen? Endlich: Ist in Rom ein Haus bekannt, in dem er gelebt oder in dem er gestorben ist? Ist es mit einer Tafel oder Denkmal ausgezeichnet? Ich bin im Jahre 1880 längere Zeit, studienhalber, in Rom gewesen; damals war leider der Vatikan noch nicht frei, ich suchte mir alle mit dem Musiker in Berührung stehenden Stätten auf, fand aber ein Wohnhaus von ihm nicht. Ich wäre Ihnen, sehr geehrter Herr, zu großem Dank verpflichtet, wenn Sie mir gütigst Auskunft auf meine Fragen senden würden und bitte nur um Verzeihung für die Mühe, die ich Ihnen damit verursache. / Im Voraus dankend, bin ich mit vorzüglicher Hochachtung / Ihre ergebene Anna Morsch / Musikschriftstellerin".
Unveröffentlichter Brief von Anna Morsch an Franz Xaver Haberl (1840–1910), ohne Datum (vermutlich 1883 oder 1884), Bischöfliche Zentralbibliothek Regensburg, Proskesche Musikabteilung, Morsch18??/19??-01.
30 Morsch, Der italienische Kirchengesang, S. 188.
31 Ebd., S. 191.

die Musik Palestrinas nicht verbirgt, sie aber immer wieder sachlich fundiert, endet der Aufsatz mit der Diskussion der Frage, ob es einen Palestrina-Stil gäbe, die durch eine musikwissenschaftlich vorbildliche Übersicht der musikästhetischen und -historischen Positionen der Fachgemeinde abgehandelt wird.

Mittäterschaft oder Überlebensstrategien prekärer weiblicher Existenzen im Bildungsbürgertum?

Es lässt sich nirgendwo eine Ausgrenzung von Frauen aus der Musikgeschichtsschreibung oder gravierende Abwertung von Musikerinnen – nur weil diese Frauen waren –, durch die drei hier vorgestellten Musikschriftstellerinnen feststellen. Gegenstand ihres Hauptinteresses waren sie jedoch nicht. Dieses galt vielmehr den Komponisten, deren Musik ihnen bekannt war und die sie verehrten – soweit sie gedruckt und öffentlich aufgeführt wurde. Die Auswahl der Studienobjekte auch der wohlmeinendsten Musikschriftstellerin musste sich in erster Linie auf die Künstler richten, die Spuren hinterließen. Kompositionen, die nicht aufgeführt oder gedruckt wurden, hinterließen keine Spuren. Ihre Schöpferinnen vernetzten sich nicht in der Musikwelt, über sie und ihre Werke wurde nicht gesprochen, in Briefen debattiert und geschrieben, sie gingen weder ein ins kollektive Bewusstsein noch in die Archive.

Dass die Identifikation mit Komponistinnen darüber hinaus weder für Musikerinnen und Musikschriftstellerinnen noch für andere Frauen im 19. Jahrhundert attraktiv war, hat Melanie Unseld in ihrem Aufsatz „(Auto-)Biographie und musikwissenschaftliche Genderforschung"[32] thematisiert: „Die Tatsache, dass ein gesellschaftskonformes Lebensmodell für Komponistinnen bis in die Moderne nicht existierte, prägte die Selbstentwürfe der betroffenen Frauen." Um sich als Musikerin eine Identität zu verschaffen, mussten die Frauen sich folglich an männlichen Musikern orientieren. Wenn diese sie auch häufig als Schülerinnen förderten, nahmen sie sie als Berufskolleginnen meist nicht ernst. Ähnlich erging es den Musikschriftstellerinnen: Um Anerkennung und Reputation zu erringen, mussten sie sich mit renommierten männlichen Komponisten auseinandersetzen. Unter den zeitgenössischen war Franz Liszt einer der wenigen, der sie und ihre Arbeiten ernst nahm und förderte. Ohne höhere Schul- und Hochschulausbildung und die daraus resultierenden fördernden Berufsbeziehungen stand den Autorinnen der Weg in die Bildungs- und Forschungsinstitutionen der expandierenden akademischen Fachkultur zudem nicht offen.[33] Um publizieren und ihren Lebensunterhalt bestreiten zu können, blieben sie angewiesen auf den populären Buch- und Zeitschriftenmarkt und eine begleitende Berufstätigkeit.

---

32 Unseld, Melanie, „(Auto)-Biographie und musikwissenschaftliche Genderforschung", in: *Musik und Gender. Grundlagen – Methoden – Perspektiven*, hg. von Rebecca Grotjahn und Sabine Vogt, Laaber 2010, S. 81-93.

33 Marie Lipsius wurde für ihr Lebenswerk an ihrem 80. Geburtstag am 30. Dezember 1917 immerhin der königlich-sächsische Professorentitel verliehen.

MITTÄTERSCHAFTEN? – WIE MUSIKSCHRIFTSTELLERINNEN ZUR HEROENBILDUNG BEITRUGEN

Abhängig blieben sie damit auch vom Geschmack und von den Bedürfnissen ihres Publikums: In der Darstellung der Entwicklung von Künstlern, die regelhaft anfangs verkannt wurden und am Rande der Gesellschaft standen oder sich den bürgerlichen Rollenmodellen widersetzten, um dann sowohl durch ihre Kunst, ihre Leistung, ihr Talent – ihre Individualität also – als auch durch übersinnliche (göttliche oder dämonische) Zutaten gegen alle Widerstände bis an die höchste Spitze der Gesellschaft zu gelangen, erfolgreich, anerkannt und geliebt zu werden – in dieser Legende konnten bürgerliche Frauen sich mit ihrem beschränkten Wirkungskreis, ihren Wünschen und Leiden offenbar wiederfinden. In der Heldenlegende ließ sich die eigene Ohnmacht schreibend und lesend aufheben.

Heroengeschichtsschreibung also als Wunscherfüllung und Therapie? Ein gefährliches Spiel, weil die Konstruktion eines Helden meist eine männliche Geschlechtszuweisung einschließt. Konnte in den Heldenlegenden die Identifikation mit dem gegengeschlechtlichen Vorbild gelingen, führte der Aufbau eines starken Männerbilds durch die Abgrenzung von seinem Gegenpol jedoch auch rasch zur Reproduktion des Bilds der schwachen, hilfsbedürftigen Frau, zur Passivität, zur Muse[34].

Musikgeschichtsschreibung, ein Spielfeld für bürgerliche Identitätsentwürfe und ideologische Abgrenzungen – das konstatiert auch Frank Hentschel in seiner Untersuchung über *Bürgerliche Ideologie und Musik*:

> Die Musikgeschichten durchzog ein Netz politisch lesbarer Metaphern, die im Dienst der bürgerlichen Identitätsstiftung standen. Und vieles spricht für die Annahme, dass es gerade diese politischen Bedeutungsschichten waren, die der Musikgeschichtsschreibung ihre Existenzberechtigung verliehen. Denn politisch besetzt waren bereits die auf die Fortschritts- und die Emanzipationsidee gestützten Tiefenstrukturen der Musikgeschichtsschreibung, ohne die sie schon rein konzeptuell nicht existenzfähig gewesen wären: Entzöge man ihnen diese Bestandteile, so bliebe nichts weiter übrig als ein Schutthaufen aus Daten und Namen.[35]

Im Bestreben, sich einzuschreiben in die bildungsbürgerlichen Machtstrukturen (vgl. H. Scheuer) und teilzuhaben an der „legitimen Kultur" (vgl. P. Bourdieu), wurde das kulturell vorherrschende Modell der Geschlechterpolarität durch Marie Lipsius und Lina Ramann – wie auch durch viele andere schreibende Frauen dieser Zeit wie z.B. Luise Otto-Peters oder Fanny Lewald – durchaus reifiziert.[36]

Anna Morsch – die jüngste der drei Autorinnen – überwand am ehesten die Fallen der Ideologie und ging einen Schritt weiter, indem sie sich auf politischer Ebene durch Verbandsarbeit für die Schaffung einer selbstständigen Berufstätigkeit von Frauen einsetzte und in Berlin die Fundamente für die professionelle Ausbildung der Musikerzieherinnen legte.

---

34 Vgl. Unseld, „(Auto)-Biographie und musikwissenschaftliche Genderforschung".
35 Hentschel, Frank, *Bürgerliche Ideologie und Musik. Politik der Musikgeschichtsschreibung in Deutschland 1776–1871*, Frankfurt a.M./New York 2006, S. 486.
36 Vgl. Linnhoff, Ursula, *„Zur Freiheit, oh, zur einzig wahren –". Schreibende Frauen kämpfen um ihre Rechte*, Köln 1979, S. 252.

Ihr Anliegen war weniger ein musikästhetisches, wie das von Marie Lipsius, noch ein wissenschaftlich-pädagogisches, wie das Lina Ramanns. Sie sprach als erste Frauen als eigenständige Gruppe an und bezog sie nicht mehr allein auf die hegemoniale Kultur, sondern auch auf sich selbst, eine notwendige Entwicklungsstufe, die die erste Frauenbewegung in dieser Zeit vollzog, um sich dann später unabhängig und eigenständig in die Gesellschaft einbringen zu können.

Literatur

Bick, Martina, Artikel „Marie Lipsius", in: *Musikvermittlung und Genderforschung: Lexikon und multimediale Präsentationen*, hg. von Beatrix Borchard, Hochschule für Musik und Theater Hamburg, 2003 ff., http://mugi.hfmt-hamburg.de/artikel/Marie_Lipsius, (eingesehen am 17.10.2013).

Bick, Martina, Artikel „Anna Morsch", in: *Musikvermittlung und Genderforschung: Lexikon und multimediale Präsentationen*, hg. von Beatrix Borchard, Hochschule für Musik und Theater Hamburg, 2003 ff., http://mugi.hfmt-hamburg.de/artikel/Anna_Morsch, (eingesehen am 17.10.2013).

Borchard, Beatrix, „Mit Schere und Klebstoff", in: *Musik mit Methode: neue kulturwissenschaftliche Perspektiven*, hg. von Corinna Herr, Monika Woitas, Köln, Weimar 2006, S. 47–62.

Bourdieu, Pierre, *Die feinen Unterschiede: Kritik der gesellschaftlichen Urteilskraft*, Übersetzung aus dem Französischen von Bernd Schwibs, Frankfurt a.M. 1988 (Paris 1979).

Heise, Jutta, Artikel „Wilma Neruda", in: *Musikvermittlung und Genderforschung: Lexikon und multimediale Präsentationen*, hg. von Beatrix Borchard, Hochschule für Musik und Theater Hamburg, 2003 ff., http://mugi.hfmt-hamburg.de/artikel/Wilma_ Neruda, (eingesehen am 17.10.2013).

Hentschel, Frank, *Bürgerliche Ideologie und Musik. Politik der Musikgeschichtsschreibung in Deutschland 1776–1871*, Frankfurt a.M./New York 2006.

Hottmann, Katharina, Artikel „Ingeborg von Bronsart", in: *Musikvermittlung und Genderforschung: Lexikon und multimediale Präsentationen*, hg. von Beatrix Borchard, Hochschule für Musik und Theater Hamburg, 2003 ff., http://mugi.hfmt-hamburg.de/ rtikel/Ingeborg_von_ Bronsart, (eingesehen am 17.10.2013).

Klassen, Janina, Artikel „Clara Schumann", in: *Musikvermittlung und Genderforschung: Lexikon und multimediale Präsentationen*, hg. von Beatrix Borchard, Hochschule für Musik und Theater Hamburg, 2003 ff., http://mugi.hfmt-hamburg.de/artikel/Clara_Schumann, (eingesehen am 17.10.2013).

La Mara (d.i. Marie Lipsius), *Musikalische Studienköpfe*, Bd. I, Leipzig 1868.

La Mara (d.i. Marie Lipsius), *Musikalische Studienköpfe Bd. 5: Die Frauen im Tonleben der Gegenwart*, Leipzig 1882 (3. Auflage 1902).

La Mara (d.i. Marie Lipsius), *Durch Musik und Leben im Dienste des Ideals* (Autobiografie), Bd. 1, Leipzig 1917.

Linnhoff, Ursula, *„Zur Freiheit, oh, zur einzig wahren –". Schreibende Frauen kämpfen um ihre Rechte*, Köln 1979.

Liu, Verena, Artikel „Ida Volckmann", in: *Musikvermittlung und Genderforschung: Lexikon und multimediale Präsentationen*, hg. von Beatrix Borchard, Hochschule für Musik und Theater Hamburg, 2003 ff., http://mugi.hfmt-hamburg.de/artikel/Ida_Volckmann, (eingesehen am 17.10.2013).

Morsch, Anna, *Der italienische Kirchengesang bis Palestrina. Zehn Vorträge gehalten im Victoria=Lyceum zu Berlin 1885*, Berlin 1887 (2. Auflage 1891).

Morsch, Anna, *Deutschlands Tonkünstlerinnen. Biographische Skizzen aus der Gegenwart*, gesammelt und hg. von Anna Morsch, Berlin 1893.

Ramann, Lina, *Franz Liszt als Künstler und Mensch*, 3 Bände, Leipzig 1880–1892.

Rieger, Eva, Artikel „Lina Ramann", in: *Musikvermittlung und Genderforschung: Lexikon und multimediale Präsentationen*, hg. von Beatrix Borchard, Hochschule für Musik und Theater Hamburg, 2003 ff., http://mugi.hfmt-hamburg.de/neu/artikel/Lina_Ramann, (eingesehen am 17.10.2013).

Scheuer, Helmut, *Biographie. Studien zur Funktion und zum Wandel einer literarischen Gattung vom 18. Jahrhundert bis zur Gegenwart*, Stuttgart 1979.

Schumann, Robert, *Gesammelte Schriften über Musik und Musiker*, Bd. 1, Leipzig 1854.

Thürmer-Rohr, Christina, „Aus der Täuschung in die Ent-Täuschung". Zur Mittäterschaft von Frauen, in: *Vagabundinnen. Feministische Essays*, hg. von Christina Thürmer-Rohr, Berlin 1987.

Unseld, Melanie, „(Auto)-Biographie und musikwissenschaftliche Genderforschung", in: *Musik und Gender. Grundlagen – Methoden – Perspektiven*, hg. von Rebecca Grotjahn und Sabine Vogt, Laaber 2010.

Wenzel, Silke, Artikel „Sophie Menter", in: *Musikvermittlung und Genderforschung: Lexikon und multimediale Präsentationen*, hg. von Beatrix Borchard, Hochschule für Musik und Theater Hamburg, 2003 ff., http://mugi.hfmt-hamburg.de/artikel/Sophie_Menter, (eingesehen am 17.10.2013).

Regina Back

Von Frauen mit „männlich erhobnem Geist" und Männern in der Rolle der „Krankenwärterinn" – Facetten der Beziehungen zwischen Fanny Hensel, Carl Klingemann und Felix Mendelssohn Bartholdy

Auf seinem Weg in die musikalische Professionalisierung wurde Felix Mendelssohn Bartholdy (1809–1847) von seinen Eltern, aber auch von seinen Geschwistern und Freunden begleitet, gefördert und unterstützt. Besonderen Anteil an seinem künstlerischen Werdegang nahmen seine ältere Schwester Fanny Hensel (1807–1847) und sein Londoner Freund Carl Klingemann (1798–1862). Sie gehörten zu seinen wichtigsten Gesprächspartnern in musikalischen Fragen und begleiteten seine kompositorische Arbeit mit großer Begeisterung, aber auch mit kritischem Urteil. Klingemann beriet Mendelssohn zudem in der strategischen Planung seiner Laufbahn und setzte sich in vielfältiger Weise förderlich für die Publikation, Aufführung und Rezeption seiner Kompositionen in England ein – das geht aus einer systematischen Auswertung ihres Briefwechsels hervor, die kürzlich unter dem Titel *„Freund meiner MusikSeele"* durch die Autorin vorgelegt wurde.[1] Fanny Hensels Engagement als strenge Mentorin ihres Bruders spiegelte sich in ihrem Spitznamen „Cantor"[2], der ihr in Jugendjahren von ihm zugeschrieben worden war. Wie eng die künstlerische Verbindung der beiden Geschwister war, wie weit sie über die gemeinsame Musikerziehung in der Jugend hinausging und wie häufig sie sich in musikalischen Bezügen ihrer beider Werke niederschlug, machte Cornelia Bartsch in ihrer Studie zu *Musik als Korrespondenz* deutlich.[3] Dass auch zwischen Fanny Hensel und Carl Klingemann ein exklusives freundschaftliches Verhältnis bestand, drückt sich u.a. darin aus, dass er 1831 den handschriftlichen Klavierauszug ihrer Kantate *Lobgesang* (H 257) zum Geschenk erhielt und dass ihr *Ave Maria* (H 20) vermutlich auf seine Vermittlung hin 1834 in *The Harmonicon* publiziert wurde.[4]

Während für Fanny Hensels Tätigkeit und persönliches Engagement als Dialogpartnerin und Förderin das klassische weibliche Rollenmodell des 19. Jahrhunderts bestimmend blieb, galt dies schon weit weniger für ihr intellektuelles Selbstverständnis. Umgekehrt stellt sich im Fall Klingemanns die Frage, in welchem Verhältnis seine Funktion als Gesprächspartner

---

1 Back, Regina, *„Freund meiner MusikSeele". Felix Mendelssohn Bartholdy und Carl Klingemann im brieflichen Dialog*, Kassel u.a. 2014.
2 Vgl. z.B. den Brief von Felix Mendelssohns Bartholdy an die Familie Mendelssohn, 30.4.1829, in: *Felix Mendelssohn Bartholdy. Sämtliche Briefe*, Bd. 1, hg. von Juliette Appold und Regina Back, Kassel u.a. 2008, S. 278.
3 Bartsch, Cornelia, *Fanny Hensel, geb. Mendelssohn Bartholdy. Musik als Korrespondenz*, Kassel 2007.
4 Hellwig-Unruh, Renate, *Fanny Hensel, geb. Mendelssohn Bartholdy. Thematisches Verzeichnis der Kompositionen*, Adliswil 2000, S. 25 und S. 231.

und Mentor zu geschlechtsspezifischen Verhaltensmustern seiner Zeit stand und in welcher Weise dies von seinem gesellschaftlichen Umfeld wahrgenommen wurde.

Zur Klärung dieser Fragen erweisen sich die zwischen Carl Klingemann, Fanny Hensel und Felix Mendelssohn Bartholdy gewechselten Briefe als höchst aufschlussreich. Der Fokus ist hierbei auf die Zeit um 1829 gerichtet – in jene Zeit fällt sowohl Felix Mendelssohn Bartholdys erste Reise nach London und der Beginn seines professionellen Wirkens als Komponist, Pianist und Dirigent als auch Fanny Hensels Braut- und Verlobungszeit, die sie selbst in ihrem Tagebuch als „Anfang meiner 2ten Lebenshälfte"[5] bezeichnete. Mendelssohn stand am Beginn einer internationalen Karriere als Musiker und Komponist, Fanny Hensel erwartete ein häusliches Leben als Ehefrau und Mutter, in dem das Komponieren und Musizieren eine untergeordnete Rolle einnehmen und ihr musikalischer Wirkungskreis auf häusliche Geselligkeiten in Berlin beschränkt bleiben würde. Spätestens ab diesem Zeitpunkt verliefen die privaten und künstlerischen Entwicklungen der beiden Geschwister, den geschlechtsspezifischen Rollenverständnissen der Zeit entsprechend, in unterschiedliche Richtungen. Die Differenz der Lebenswege, die nun Wirklichkeit wurde, hatte sich indes bereits wesentlich früher abgezeichnet und war nicht zuletzt von den Eltern Lea und Abraham Mendelssohn Bartholdy so bestimmt worden.[6] Dafür mag der berühmte Brief Abraham Mendelssohn Bartholdys an seine Tochter Fanny vom 16. Juli 1820 als Beleg gelten, in dem er ihr schrieb:

> Was Du mir über Dein musikalisches Treiben im Verhältnis zu Felix in einem Deiner früheren Briefe geschrieben, war ebenso wohl gedacht als ausgedrückt. Die Musik wird für ihn vielleicht Beruf, während sie für Dich stets nur Zierde, niemals Grundbaß Deines Seins und Tuns werden kann und soll; ihm ist daher Ehrgeiz, Begierde, sich geltend zu machen in einer Angelegenheit, die ihm sehr wichtig vorkommt, weil er sich dazu berufen fühlt, eher nachzusehen, während es Dich nicht weniger ehrt, daß Du von jeher Dich in diesen Fällen gutmütig und vernünftig bezeugt und durch Deine Freude an dem Beifall, den er sich erworben, bewiesen hast, daß Du ihn Dir an seiner Stelle auch würdest verdienen können. Beharre in dieser Gesinnung und diesem Betragen, sie sind weiblich, und nur das Weibliche ziert die Frauen.[7]

Fanny Hensel wurde also „von Anfang an auf ihre weibliche Rolle hingewiesen, mit der eine musikalische Professionalisierung nicht vereinbar sei. […] Obwohl Fanny Hensel mit ihrem

---

5 *Fanny Hensel. Tagebücher*, hg. von Hans-Günter Klein und Rudolf Elvers, Wiesbaden 2002, S. 1.
6 Lea Mendelssohn wird im Musikerinnen-Lexikon bei MUGI als Kulturförderin, Korrespondentin und Organisatorin musikalischer Geselligkeiten geführt. Cornelia Bartsch schreibt in ihrem Artikel: „Fanny Hensels Biografin Françoise Tillard beschreibt Lea Mendelssohn als überzogen leistungsorientierte Mutter, die ihre Kinder Fanny und Felix den Geschlechtsrollenstereotypen ihrer Zeit zur Perfektion in der Erfüllung ihrer Rollen erzieht und die für die hieraus resultierenden Einschränkungen beider verantwortlich ist." Bartsch, Cornelia, Artikel „Lea Mendelssohn", in: *Musikvermittlung und Genderforschung: Lexikon und multimediale Präsentationen*, hg. von Beatrix Borchard, Hochschule für Musik und Theater Hamburg, 2003 ff. Stand vom 26.6.2008. URL: http://mugi.hfmt-hamburg.de/artikel/Lea_Mendelssohn (eingesehen am 27.3.2014).
7 Zit n. Hensel, Sebastian (Hg.), *Die Familie Mendelssohn. Nach Briefen und Tagebüchern*, Frankfurt a.M. u.a. 1995, S. 124.

Bruder Felix in enger künstlerischer Gemeinschaft aufwuchs, wurde die Grenze zwischen seiner und ihrer Musikausübung von Anfang an deutlich markiert. Während die ernsthafte musikalische Beschäftigung für ihren Bruder an die Bedingung gebunden wurde, dass er sich damit eine bürgerliche Existenz schaffen könne und als Dirigent und Komponist öffentlich zu wirken im Stande sein müsse, wurde eine Professionalisierung dieser Art für Fanny Hensel ausgeschlossen: Ihr musikalisches Wirkungsgebiet wurde auf ‚das Haus' beschränkt."[8] Die Konsequenzen, die mit dieser Einschränkung verbunden waren und das kulturelle Wirken Fanny Hensels prägten und lenkten, sind Gegenstand des Beitrags von Cornelia Bartsch im Musikerinnen-Lexikon von MUGI.[9]

Der Diplomat Carl Klingemann, der seit 1827 einer Tätigkeit als Sekretär der Königlich Deutschen Kanzlei in London nachging, war beiden Geschwistern freundschaftlich eng verbunden und stand seit seinem Umzug nach London mit beiden in brieflichem Kontakt. Er war 1818 – damals als Kanzlist der Königlich Hannoverschen Gesandtschaft – nach Berlin gekommen und hatte vermutlich 1823 die Bekanntschaft der Familie Mendelssohn gemacht.[10] 1825 hatte die Gesandtschaft mehrere Zimmer in den oberen Stockwerken des Mendelssohnschen Hauses in der Leipziger Straße 3 angemietet, wo Klingemann bis zu seinem Umzug nach London im Herbst 1827 auch wohnhaft war. Er verkehrte damals täglich im Hause Mendelssohn, und eine enge Freundschaft verband ihn bald mit den vier Geschwistern Fanny, Felix, Rebecka[11] und Paul. Später beschrieb Fanny Hensels Sohn Sebastian in seiner Familienchronik *Die Familie Mendelssohn* den belesenen, musikinteressierten und humorvollen Jugendfreund der Geschwister, als „eine sehr fein poetische Natur" und als „einen der Bedeutendsten und Treuesten aus diesem Kreise"[12].

Die beiden Briefwechsel, die Klingemann lebenslang mit Felix Mendelssohn Bartholdy und – in größeren Abständen – auch mit Fanny Hensel unterhielt, wurden bis zum Tod der beiden Geschwister im Jahr 1847 aufrechterhalten. Während der mehr als 300 Briefe umfassende Schriftwechsel von Carl Klingemann und Felix Mendelssohn Bartholdy nahezu

---

8 Bartsch, Cornelia, Artikel „Fanny Hensel", in: *Musikvermittlung und Genderforschung: Lexikon und multimediale Präsentationen*, hg. von Beatrix Borchard, Hochschule für Musik und Theater Hamburg, 2003 ff. Stand vom 22.3.2010. URL: http://mugi.hfmt-hamburg.de/artikel/Fanny_Hensel (eingesehen am 27.3.2014).

9 Ebd.

10 In der Korrespondenz Felix Mendelssohn Bartholdys fällt Carl Klingemanns Name erstmals am 6.5.1824 im Brief an Friedrich Voigts, vgl. Felix Mendelssohn Bartholdy. Sämtliche Briefe, Bd. 1, S. 116. Es spricht jedoch einiges dafür, dass er bereits einige Monate früher in die Familie Mendelssohn eingeführt worden war, vgl. Back, „Freund meiner MusikSeele", S. 100.

11 Carl Klingemann unterhielt von London aus auch mit Rebecka Dirichlet einen Briefwechsel, vgl. Back, „Freund meiner MusikSeele", S. 215. Rebecka Dirichlet ist mit ihrem Wirken als Sängerin, Korrespondentin und Dialogpartnerin im Musikerinnen-Lexikon vertreten. Zu ihrer Biografie und ihrem Wirken vgl. Bartsch, Cornelia, Artikel „Rebecka Dirichlet", in: *Musikvermittlung und Genderforschung: Lexikon und multimediale Präsentationen*, hg. von Beatrix Borchard, Hochschule für Musik und Theater Hamburg, 2003 ff. Stand vom 27.10.2011. URL: http://mugi.hfmt-hamburg.de/artikel/Rebecka_Dirichlet (eingesehen am 28.3.2014).

12 Zit. n. Hensel, Die Familie Mendelssohn, 1995, S. 178.

vollständig erhalten[13] und in Teilen auch gedruckt ist,[14] sind aus der Korrespondenz mit Fanny Hensel heute nur einige wenige Briefe bekannt.[15] Ihr Sohn Sebastian Hensel indes konnte sich beim Verfassen seiner 1879 veröffentlichten Familienchronik noch auf den vollständigen Briefwechsel seiner Mutter mit Klingemann als Hauptquelle stützen, und er berichtete, dass dieser „gerade für die Zeiten, aus denen andere schriftliche Aufzeichnungen nicht vorliegen, oft das einzige Material bietet und Fanny mit keinem, nicht der Familie Angehörigen so ausführlich korrespondiert hat"[16]. Wie viele Briefe diese Korrespondenz tatsächlich umfasste, lässt sich heute nicht mehr eruieren; überliefert sind – zumindest in Ausschnitten – knapp 30 Briefe durch Sebastian Hensels Publikation, einige weitere sind im Autograph in der Staatsbibliothek zu Berlin zugänglich.

* * *

Ein durchgängig behandeltes Thema in der Korrespondenz zwischen Fanny Hensel und Carl Klingemann war das Wohlergehen der Mendelssohnschen Familienmitglieder im Allgemeinen und die künstlerische Entwicklung ihres Bruders Felix im Besonderen, die von beiden mit großem Interesse verfolgt wurde. Auf Klingemanns Nachfrage antwortete die Freundin im Dezember 1828 aus Berlin:

> Ich gebe gar gern Ihrer Aufforderung nach, mich über Felixens Arbeiten näher zu äußern, obgleich das nicht so leicht ist, wie es wohl aussieht. Im ganzen genommen wird er wohl unleugbar mit jedem Werk klarer und tiefer. Seine Richtung befestigt sich immer mehr, und er geht bestimmt einem selbstgesteckten, ihm klar bewußten Ziel entgegen, welches ich mit Worten nicht deutlich zu bezeichnen wüßte, vielleicht weil sich überhaupt eine Kunstidee nicht wohl in Worte kleiden läßt, denn sonst würde Wortpoesie die einzige Kunst sein, vielleicht auch weil ich mehr mit Augen der Liebe seinen Schritten folgen, als auf Flügeln des Geistes ihm vorangehen und sein Ziel ersehen kann.[17]

Aus Fanny Hensels Formulierungen wird deutlich, wie differenziert sie die kompositorische Arbeit ihres Bruders wahrnahm und einschätzte, sich aber auch bewusst zurückhielt, was

---

13 Vgl. dazu Back, Regina, „‚A. Historisches. B Geschäftliches, und C. Sonstiges'. Publikationsgeschichte und kritische Würdigung von ‚Felix Mendelssohn-Bartholdys Briefwechsel mit Karl Klingemann' (1909)", in: *MusikTheorie*, 24. Jg., Heft 1, 2009, S. 59.

14 Klingemann, Karl jun. (Hg.), *Felix Mendelssohn Bartholdys Briefwechsel mit Karl Klingemann*, Essen 1909. Die Briefe, die Felix Mendelssohn Bartholdy an Carl Klingemann schrieb, sind neu transkribiert, herausgegeben und kommentiert in: *Felix Mendelssohn Bartholdy. Sämtliche Briefe*, Bde. 1–12, Kassel u.a. 2008 ff. Zahlreiche weitere Briefe werden zitiert in: Back, „Freund meiner MusikSeele", 2014.

15 Vgl. dazu Back, Regina, „‚Sonnenhelle Tage' in Boulogne-sur-Mer. Das Wiedersehen von Fanny Hensel und Carl Klingemann im Spiegel ihrer Korrespondenz", in: *Musikgeschichten – Vermittlungsformen. Festschrift für Beatrix Borchard*, hg. von Martina Bick, Julia Heimerdinger und Krista Warnke, Köln 2010, S. 333 ff.

16 Zit. n. Hensel, Die Familie Mendelssohn, 1995, S. 200.

17 Ebd., S. 228.

weitere Deutungen und Prognosen anging. Klingemanns Antwort auf diesen Brief ist nicht bekannt. Als sich indes zu Beginn des Jahres 1829 Mendelssohns Pläne für eine Reise nach London konkretisierten, nahm seine Schwester – die sich inzwischen mit dem Maler Wilhelm Hensel (1794-1861) verlobt hatte – den Faden der Korrespondenz mit Klingemann wieder auf, dies nicht ohne die eindringliche Bitte an ihn, die Rolle des wohlwollenden Mentors und Förderers während Mendelssohns Aufenthalt in London statt ihrer zu übernehmen. Am 22. März 1829 schrieb sie ihm:

> Zudem wird unsre Korrespondenz jetzt durch Felixens Aufenthalt dort einen neuen Schwung erhalten, und somit gebe ich Ihnen zu bedenken, welcher breite Schattenstreif in die Sonnenseite meiner Brautzeit fällt. Ich weiß, Sie lieben ihn für sich und ihn, lieben Sie ihn aber noch mehr, da er dort niemand hat, der ihn sonst liebte und Sie der erste und letzte sind, der sich ihm und vor dem er sich zeigen darf und wird. Bereiten Sie ihm manche ruhige Stunde, in der er alte Jahre und neue Augenblicke und tönende Ahnungen künftiger Stunden ausbreite [...]. Hegen und pflegen Sie ihn (geistig) und lassen Sie ihn für so viele warme Herzen, die er verläßt, eins wiederfinden. – Und nun verzeihen Sie mir, daß ich so weich vor Ihnen geworden, oder vielmehr, daß ichs so geradeheraus gesagt, denn Sie sinds wohl nicht weniger, aber ironischer.[18]

Der bevorstehende Abschied und der damit verbundene Schmerz sprechen aus Fanny Hensels Worten. Ganz offensichtlich fiel es ihr schwer, die Fürsorge für den Bruder und die Rolle der Vertrauten für die nächste Zeit, wenn nicht gar für die Zukunft, aufzugeben, und sie konnte es nicht, ohne die Verantwortung jemand anderem zu übertragen. Klingemann erschien ihr durch die Eigenschaft der „Weichheit", die sie beide in ihren Augen verband, als ihr idealer Vertreter, der ihre Rolle übernehmen und an ihrer Stelle für intellektuellen, freundschaftlichen Austausch und das geistige Wohlergehen ihres Bruders sorgen könnte. Doch nicht nur der Abschiedsschmerz selbst wird aus diesen Worten deutlich, sondern auch, in welchem Maß er ihre Brautzeit überschattete. An späterer Stelle im gleichen Brief findet sich bezeichnenderweise ein Passus, in dem ihr Unbehagen mit ihrer neuen bzw. zukünftigen Rolle als Braut und Ehefrau deutlich zum Ausdruck kommt:

> Beinah hätte ich vergessen, Ihnen zu danken, daß Sie erst aus meiner Verlobungskarte geschlossen haben, ich sey ein Weib wie Andre, ich meines Theils war darüber längst im Klaren, ist doch mein Bräutigam auch ein Mann wie Andre, wenn die Aehnlichkeit blos in der Verbindung besteht. Daß man übrigens seine elende Weibsnatur jeden Tag, auf jedem Schritt seines Lebens von den Herren der Schöpfung vorgerückt beköммt, ist ein Punkt, der einen in Wuth, u. somit um die Weiblichkeit bringen könnte, wenn nicht dadurch Uebel ärger würde.[19]

Da Carl Klingemanns vorausgegangener Brief nicht erhalten ist, muss offen bleiben, worauf genau sich Fanny Hensel mit ihrer Replik bezog. Die Resonanz, die sie durch ihn auf die Bekanntgabe ihrer Verlobung mit Wilhelm Hensel erfahren haben muss, zeigt jedoch, dass

---

18 Ebd., S. 240, korrigiert nach einer Mikrofilmkopie des Autographs, vor 1960.
19 Ebd.

sie bis dahin von ihm gerade nicht als „ein Weib wie Andre" wahrgenommen worden war. Sie besaß eine ungewöhnliche musikalische und kompositorische Begabung, war gebildet, redegewandt und selbstbewusst, und diese Eigenschaften wurden nicht nur als ungewöhnlich für eine Frau, sondern offensichtlich auch als nicht „weiblich" erachtet. Ihr Unmut über den Verlust der Gleichwertigkeit mit dem anderen Geschlecht und über die demonstrative Festlegung ihrer Weiblichkeit auf ein vorbestimmtes Rollenmodell, der sie in Folge ihrer Verlobung bei verschiedenen „Herren der Schöpfung" ihrer Familie und ihres Freundeskreises begegnete, ist nicht zu überhören.

Auch Adolf Bernhard Marx, der bis in die 1830er Jahre zum engsten Freundeskreis der Mendelssohnschen Geschwister zählte, könnte zu diesen Männern in ihrem Umkreis gehört haben. In seinem Brief vom 16. April 1830 an Carl Klingemann ist eine aufschlussreiche Beschreibung der inzwischen schwangeren Fanny Hensel überliefert:

> Dann hätten Sie die neue Vorstellung körperlich vor sich: Fanny als Mutter – was mich entzückt. Da ist nichts von den Kränklichkeiten und Entstellungen und Launen andrer Schwangern. Das seligtiefe Auge ist nur noch klarer und lichtreicher und ruhiger geworden, Wange und Mund nur noch zarter gewärmt, sie trägt die Bürde wie eine neu erfundene Anmuth. Und daß der edle männlich erhobne Geist ungebeugt und ungenirt die Bedingungen des andern Geschlechts auf sich genommen, ist rührend und würdigst zu gleich.[20]

Marx, der später auch in seiner Kompositionslehre[21] die Bezeichnungen „männlich" und „weiblich" zur Charakterisierung der gegensätzlichen Themen im Sonatenhauptsatz einführte, orientierte sich in seinem Sprachgebrauch – wie Ingeborg Pfingsten darlegte[22] – offensichtlich an Wilhelm von Humboldts Schrift *Über männliche und weibliche Form*[23]. Dieses Vokabulars und der damit verbundenen Konnotationen bediente sich Marx auch, um in Bezug auf die schwangere Fanny Hensel Gegensätze in der Beschreibung von Körper und Geist zu formu-

---

20 Staatsbibliothek zu Berlin, Preußischer Kulturbesitz, Handschriftenabteilung, Autogr. I/259/3.
21 Marx, Adolf Bernhard, *Die Lehre von der musikalischen Komposition, praktisch-theoretisch*, 4 Teile, Leipzig 1837–1847.
22 Vgl. dazu Ingeborg Pfingsten: „Nicht nur der Wortgleichklang beider Schriften macht es mehr als wahrscheinlich, dass Humboldts Ausführungen als Inspirationsquelle zur Kontrastierung von Sonatenthemen bei Marx in Frage kommen können, sondern auch die Tatsache, dass es sich bei diesen geschlechtsspezifischen Zuweisungen um zeittypische Vergleiche und Übernahmen aus der poetischen Sprache der ‚Goethe-Zeit' handelt." Pfingsten, Ingeborg, „‚Männlich'/‚Weiblich': Nicht nur im Sprachgebrauch von Adolf Bernhard Marx", in: *Der „männliche" und der „weibliche" Beethoven, Bericht über den Internationalen musikwissenschaftlichen Kongress vom 31.10. bis 4. 11. 2001 an der Universität der Künste Berlin*, hg. von Cornelia Bartsch, Beatrix Borchard und Rainer Cadenbach, Bonn 2003, S. 66 ff.
Vgl. dazu auch Heitmann, Christin, Artikel „Adolf Bernhard Marx", in: *Musikvermittlung und Genderforschung: Lexikon und multimediale Präsentationen*, hg. von Beatrix Borchard, Hochschule für Musik und Theater Hamburg, 2003 ff. Stand vom 22.3.2010. URL: http://mugi.hfmt-hamburg.de/artikel/Adolf_Bernhard_Marx (eingesehen am 28.3.2014).
23 Humboldt, Wilhelm von, „Männliche und weibliche Form", in: *Die Horen*, hg. von Friedrich von Schiller, Tübingen 1795, Jg. 1, Drittes Stück, S. 80-103, und Viertes Stück, S. 14–40.

lieren. Den als weiblich begriffenen Eigenschaften der Zartheit und Anmut, die Marx zur Beschreibung des Körpers heranzieht, steht das Edle und Erhabene eines als männlich wahrgenommenen Geistes gegenüber. Dass Fanny Hensel solche oder ähnliche Fremdwahrnehmungen als provozierend und als konträr zu ihrem Selbstverständnis empfunden haben muss, lässt sich mit Blick auf ihre oben zitierte Beschwerde Klingemann gegenüber leicht vermuten. Tatsächlich verlief für sie die Zeit ihrer Verlobung und frühen Ehe spannungsreich, da sie – so schreibt Cornelia Bartsch – „um ihre Musikausübung bangte. Sie verlor mit dem Fortgang ihres Bruders nicht nur ihr wichtigstes Publikum, sondern fürchtete auch, mit ihrer ‚Mädchenzeit' ihre Kunst zu verlieren. Immer wieder handeln ihre Briefe davon, wie und ob sie die Musik durch ihre Brautzeit hindurch in die Ehe retten werde."[24]

* * *

Mendelssohn reiste im April 1829 nach London und konnte dort mit der Aufführung seiner Symphonie Nr. 1 c-Moll, op. 11, durch die Philharmonic Society schon bald erste Erfolge als Komponist verzeichnen.[25] Klingemann erstattete der Mendelssohnschen Familie in seinem Brief vom 24. und 26. Mai 1829 Bericht über das Ereignis:

> Meine [Liebe] zur Symphonie ist bekanntlich keine der größten – ich stehe nicht mit ihr in dem zärtlichen Elfenhaften, Granatblüthigen, Sommernächtlichen und Syrenengesanglichen Verhältniß wie zu den späteren – und doch kann eine Henne nicht mit mehr Theilnahme über einem fremden Entenei sitzen, wie ich bei der Sinfonie – jeder Ton klingt besonders an. […]
> Ich war gerührt aus 3 7/8 Gründen.
> Einmal ists doch lieblich, wenn etwas was uns lange befreundet war, von allen oder vielen Menschen warm ans und ins Herz genommen wird. […] Wie ich es vor Jahren zum erstenmal gehört, hatte ich es schon freudig als ein neues Licht und Verheißung einer Blüthe begrüßt, das kam mir wieder.
> Und endlich […] soll Einer nicht ganz hinfällig werden vor Herzklopfen, der nicht blos sich selber und sein fühlendes Gemüth repräsentirt, sondern auch noch fühlt im Namen von Vater und Mutter und dreier unmündiger Geschwister? […]
> Von diesem Tage hing Felixens eigentliche künstlerische Würksamkeit hier hauptsächlich ab – er konnte nirgends so würdig und erfolgreich auftreten. Wie hier Alles Corporationsmäßig ist, so kommt mir diese Gesellschaft immer vor wie die Innung der Londner Musiker – sie kennen ihr Gewicht und legen welches darauf. Wer so ihre Phalanx mit eigner Kraft bricht wie Felix, der macht ordentlich sein Meisterstück und gehört mit zur Lade – dafür machen sie nun seinen Ruhm, und von hier aus stehen ihm die andern Concerte und Gott weiß was noch offen. Er hat Einiges ausgestanden ehe es so weit kam, und das Warten war hart – er warf sich im redlichen Künstlerherzen verlorne Zeit vor – wo er sich als Gentleman amüsirt hätte, aber als Künstler nichts gethan – aber wenn er mein Feind wäre, so müßte ich doch sagen: er hats klug gemacht – wenn ich ihn auch sonst

---

24 Bartsch, Artikel „Fanny Hensel".
25 Vgl. dazu Back, „Freund meiner MusikSeele", S. 119 ff.

nicht lobte, was ich überhaupt als Befangener nicht kann. [...] er ist a clever fellow – hat Jemand ein solches Zutrauen von den Eltern verdient, so ist Ers – ein volles und weites Gemüth, das mir im September und October die einschläfrige Stube verdammt kalt machen wird, wenn er erst fort ist – ich traue ihm stark und bin ihm Einiges gut.[26]

Klingemann erweist sich in diesem Brief als engster Vertrauter Mendelssohns in persönlichen, musikalischen und karrierestrategischen Fragen, der sich mit geradezu elterlich anmutendem Stolz und Begeisterung über den Erfolg des Freundes freut. Die selbstironische Anspielung auf das gluckenhafte Verhalten einer Henne, die ein fremdes Ei bebrütet, spricht dabei für sich. Klingemann zieht in seiner Beschreibung indes auch verschiedene Männlichkeitsbilder heran, die offenbar nicht ohne weiteres miteinander vereinbar waren und hier als Gegensätze konstruiert werden: Zum einen geht es um den „Gentleman", der sich als weltgewandter, kultivierter Mann in gehobenen Gesellschaftskreisen bewegt, seine Kontakte pflegt und das Amüsement liebt,[27] und zum andern um den „Künstler", der mit Fleiß und Nachhaltigkeit das Ethos eines höheren Handwerks zu vertreten und „Meisterstücke" zu schaffen hat.[28] Um

---

26 New York, The New York Public Library, Music Division, Mendelsohn letters, Volume II.
27 Vgl. dazu Klingemanns Liste mit „engländischen Lebens- und Sterbensregeln", die er Mendelssohn in seinem Brief vom 12. Februar 1829 mitteilte:
„1. Für acht Tage lang mit Ihrem Filzhut zu Bett zu gehen u zu schlafen, denn der Engländer nimmts sehr übel wenn man zu höflich ist, – die Deutschen Hände haben eine ganz verwünschte Tendenz nach dem Hute, u selbst der gröbste Kritiker bei uns zu Lande reißt ihn noch eher herunter wie einen guten Dichter. Ein Londoner Ladenmädchen, die ein Deutscher in Nahrung u somit in Respect setzt, faßt es schwer, daß der Fremde sich nicht, u darum an seinen Hut faßt. Man gewöhne sich also bei Zeiten.
2. Knocken Sie ums Himmelswillen nicht weniger denn dreimal an meine u jedes andern Londoner Insaßen Hausthüre! Sie können das möglicherweise aus meinen sonstigen Scripturen profilirt haben. Goltermanns blühender Hausbesen glaubte jedesmal wenn sie mir aufmachte, ich erröthe weil sie mich etwas Weniges entzücke, u es war blos die beschämende Erinnerung, daß ich bei meinem ersten Eintritt geknockt hatte wie ein Laquai, einmal. –
3. Bestellen Sie sich bei Ihrem Abgange Birnen u Klöße, u essen Sie für mich mit – Hier giebts keine nicht! –
4. Lassen Sie, wenn es thunlich, Ihren Backenbart wachsen.
5. Denken Sie sich, wenn Ihnen ein grüßendes Wesen, etwa der alte Schlesinger, freundschaftlich die Hand reicht, derselbe sey eine liebreizende hiesige Miss, – sie thun es gern, u man muß sich bei Zeiten vertraut damit machen, sonst macht es durch 10 Grad der Zartheit u Rücksicht hinaufdestillirte Deutsche, wie Sie u mich, perplex zu Anfange.
6. Nein! nackt u baar sagt kein sittsamer Deutscher gern – aber hier muß er sich doch bequemen: No, I thank you – zu sagen, wenn er nichts mehr mag.
7. Seyn Sie etwas musikalisch – man hat es hier gern u sieht uns bekanntlich darauf u dafür an.
8. Stellen Sie sich an einem der letzten hellen Frühlingstage in den Garten, u ziehen Sie so viel von dem hellen Sonnenschein u der reinen Luft in sich hinein, als Sie nur können – hier giebts keine nicht!
9. 10. 11. etc. etc." Oxford, Bodleian Libraries, MS. M.D.M. b. 4/35.
Vgl. dazu auch Back, „Freund meiner MusikSeele", S. 113 f.
28 Vgl. dazu die beiden folgenden Bemerkungen Mendelssohns: „es ist [...] der Fleiß quelconque der mir der rechte scheint [...] worauf es ankommt ist doch nur die fortgesetzte lebendige Thätigkeit. Für das andre, Reform, Effect, Unsterblichkeit, hat wohl ein Andrer zu sorgen." Brief von Felix

sein Debüt in London erfolgreich gestalten zu können, hatte Mendelssohn zweifellos beiden Rollenbildern zu genügen, was ihm offenbar auch mühelos gelang. Deutlich wird aus Klingemanns Darstellung, dass die Rolle des „Gentleman" für Mendelssohn die Pflichtübung war, der die künstlerische Arbeit zeitweise untergeordnet werden musste. Sein Schaffen als Komponist stand für Mendelssohn letztlich in engster Verbindung mit einer zutiefst bürgerlichen Arbeitsmoral, die der Kulturwissenschaftler Andreas Schulz mit den Worten beschrieb: „Nicht das Erreichen der Stufe höchster ästhetischer Vollendung, die den Virtuosen auszeichnet, war jedoch zunächst entscheidend, sondern das stete, zielgerichtete Streben nach Entwicklung der individuellen Anlagen und Fähigkeiten, der Genuß des Teilhabens und Sichübens an den Kulturleistungen großer Vorbilder."29 Diese Auffassung war mit dem Bildungsgedanken, der sich seit der Aufklärung durchgesetzt hatte und das bürgerliche Selbstverständnis ebenfalls maßgeblich prägte, durchaus wesensverwandt.

Fanny Hensel teilt Klingemann in ihrer Replik vom 4. Juni 1829 auf diesen Brief ihre Freude und Genugtuung über den Erfolg des Bruders mit:

> Sie werden es nicht mißverstehen, wenn ich Ihnen sage, daß Felixens Erfolg mich nicht überrascht, nicht verblendet oder erschüttert hat, daß ich überhaupt, was ihn betrifft, einen an Borniertheit grenzenden Prädestinationsglauben habe; das alles ist schön und gut, und so ein Brief wie […] Ihr heutiger ist doch eine unendliche Freude, und eine ebensolche ists, zu sehen, daß Sie ihn genauso hätscheln und verziehen, wie ichs wünsche und Sie in einem (wenn mir recht ist, ziemlich jämmerlichen) Briefe darum bat.30

Die Offenheit, mit der sich Fanny Hensel und Carl Klingemann über Mendelssohns Erfolg und seine berufliche Zukunft austauschten, hat sichtlich auf beiden Seiten ein altruistisches Selbstverständnis zur Voraussetzung. Gerade Fanny Hensel identifizierte sich in hohem Maß mit den Zielen und Erfolgen ihres Bruders, weil es ihr selbst verwehrt blieb, sich als professionelle Musikerin zu verwirklichen. Bereits 1822 hatte sie in einem Brief an den Kompositionslehrer Carl Friedrich Zelter ihren Bruder als ihr „besseres Ich"31 bezeichnet. Im gleichen Jahr begann sie, das Werkverzeichnis ihres jüngeren Bruders anzulegen und seine Biografie zu schreiben. Dazu notierte sie:

> Bis zu dem jetzigen Zeitpunkt besitze ich sein uneingeschränktes Vertrauen. Ich habe sein Talent sich Schritt vor Schritt entwickeln sehen und selbst gewissermassen zu seiner Aus-

---

Mendelssohn Bartholdy an Carl Klingemann, 26.3.1835, zit. n. Felix Mendelssohn Bartholdy. Sämtliche Briefe, Bd. 4, S. 205 f.; „ich […] glaube ich habe Recht, wenn ich wieder mehr Respect habe vor Form, und ordentlicher Arbeit und wie sonst die Handwerksausdrücke heißen mögen, als früher." Brief von Felix Mendelssohn Bartholdy an Fanny Hensel, 30. Januar 1835, zit n. Felix Mendelssohn Bartholdy. Sämtliche Briefe, Bd. 4, S. 156.

29 Schulz, Andreas, „Der Künstler im Bürger. Dilettanten im 19. Jahrhundert", in: *Bürgerkultur im 19. Jahrhundert. Bildung, Kunst und Lebenswelt*, hg. von Dieter Hein und Andreas Schulz, München 1996, S. 35.
30 Zit. n. Hensel, Die Familie Mendelssohn, 1995, S. 256.
31 Brief von Fanny Hensel an Carl Friedrich Zelter, 29.12.1822, Staatsbibliothek zu Berlin, Preußischer Kulturbesitz, Handschriftenabteilung, Nachlass Fam. Mendelssohn 4,1, fol. 4.

> bildung beigetragen. Er hat keinen musikalischen Rathgeber als mich, auch sendet er nie einen Gedanken auf's Papier, ohne ihn mir vorher zur Prüfung vorgelegt zu haben. So habe ich seine Opern z.B. auswendig gewusst, noch ehe eine Note aufgeschrieben war.[32]

Aus der Tatsache, dass Fanny Hensel ihre Funktion als engste Ratgeberin ihres Bruders so betont, spricht „nicht allein die künstlerische Nähe der Geschwister, sondern auch die ihr von Beginn an bewusste Trennung ihrer künstlerischen Wege, die ihr nur die Möglichkeit bot, sich als Alter Ego des Bruders zu imaginieren."[33] In dieser Rolle wachte sie darüber, „dass er den Weg, den sie nicht gehen konnte, so gut als möglich ging."[34]

Mit Blick auf das Geschlechterverständnis der Zeit erstaunt dies indes weniger als die Tatsache, dass sich offensichtlich auch Klingemann in ähnlicher Weise mit dieser Rolle identifizieren und sich in dem Künstlerfreund spiegeln konnte. Er schien in seiner Funktion als allwissender Vertrauter und musikalischer Mentor des jungen Mendelssohn wieder ganz aufzugehen, nachdem er bereits während seiner Berliner Zeit bis 1827 dessen künstlerischen Werdegang aus nächster Nähe mit verfolgt und durch eigene poetische und kompositorische Arbeiten flankiert hatte.[35]

Zum Komponieren kam Mendelssohn während seines Aufenthalts in London nicht, doch an Ideen für neue Werke scheint es ihm nicht gefehlt zu haben, wenn man Klingemanns Darstellung Glauben schenken darf. An Fanny Hensel schrieb Klingemann am 5. bis 7. Juli 1829:

> Was wir denn aber hier machen? Vieles – Alles – wenn auch nur Sprünge wie Noten. Es ist aber recht so – gelebt muß hier werden u produciren läßt sich hier nicht viel, das kommt nachher im Lande und auf den Bergen. Dort erwarte ich viel für Felixens entworfene Arbeiten, die blos noch den letzten Sonnenblick brauchen, um zu unsrer aller Lust aufzugehen. Die drei, die ich meine, und liebe, sind fast auf demselben Puncte, alle zum Aufbrechen fertig. Fühlen Sie denn auch – SchwesterPartheilichkeit abgerechnet, das reizende Vergnügen, mit dem man solche Sachen bei einem Künstler werden sieht, und was mit darin liegt, daß das Ganze noch nicht abgeschlossen ist und die Aussicht auf das Kommende noch so weit? So freue ich mich namentlich nach dem was ich von der Symphonie weiß, auf das was noch kommen muß. Ein neues Quartett, aus B.P. dur, stehts im Adagio – es ist da in diesen Tagen eine Wendung erfunden worden, die mich glücklich gemacht hat, so wie es ihn erfreute, daß ichs verstand. Die Schottische Sonate muß hier in England noch fertig werden, oder ich bin ein schlechter Prophet – ich wünsche es nebenbei sehnlichst, weil so was nebenbei später eine Gedenksäule werden muß für eine gute Zeit, die man mit erlebt hat.[36]

---

32 Zit. n. Hensel, Die Familie Mendelssohn, 1995, S. 169.
33 Bartsch, Artikel „Fanny Hensel".
34 Ebd.
35 Klingemann komponierte ca. 80 Lieder und verfasste zahlreiche Gedichte und Novellen. Vgl. dazu Back, „Freund meiner MusikSeele", S. 263–300 und S. 483–543.
36 B.P. – Friederike Dorothea Elisabeth (Betty) Pistor (1808–1887), eine Freundin der Mendelssohnschen Geschwister.
    Staatsbibliothek zu Berlin, Preußischer Kulturbesitz, Handschriftenabteilung, Autogr. I/264/3.

Die drei Werke, von denen Klingemann in diesem Brief spricht, sind vermutlich die später als *Schottische Symphonie* bekannt gewordene Symphonie Nr. 3 in a-Moll, op. 56, die Mendelssohn wohl schon vor der Reise nach Schottland geplant hatte zu schreiben, dann sein Streichquartett in Es-Dur, op. 12, das Mendelssohn ursprünglich Betty Pistor (daher die von Klingemann verwendete Abkürzung „B.P.") hatte widmen wollen und das er kurz nach der Schottlandreise am 14. September 1829 beendete, und schließlich die hier noch als „Schottische Sonate" erwähnte Fantasie für Klavier in fis-Moll, op. 28, auch *Sonate écossaise* genannt, die Mendelssohn indes erst 1833 fertigstellte. Deutlich wird an diesem Brief, dass für Klingemann mit der ideellen Förderung und Unterstützung des Freundes sichtlich auch eine eigene Freude und Befriedigung verbunden war, denn die Ergebnisse würden dem gemeinsam Erlebten und Geschaffenen für immer ein Denkmal der Freundschaft setzen, das gerade in seiner Exklusivität und Privatheit eine umso höher zu schätzende Bedeutung erhielt.

* * *

Mendelssohns Pläne, spätestens zur Hochzeit seiner Schwester Fanny und Wilhelm Hensels Anfang Oktober 1829 wieder in Berlin zu sein, wurden durch einen Unfall zunichte gemacht.[37] Die Kutsche, in der Mendelssohn am 17. September 1829 durch London fuhr, überschlug sich, und dabei erlitt er eine schwere Quetschung des Beins und eine Knieverletzung, deren Folgen ihm wochenlange Bettruhe abforderten und ihn in London festhielten, so dass er schließlich auch an der Hochzeit seiner Schwester nicht teilnehmen konnte. In dieser Notlage war es Klingemann, der Mendelssohn über viele Wochen hinweg pflegte und versorgte.

Mendelssohn und Klingemann teilten der Familie Mendelssohn am 18. September 1829 das Geschehnis in knappen Worten mit und verschwiegen zunächst, wie gravierend und folgenreich die Verletzung war. Sie taten dies vor allem, um die Familie zu schonen, denn die erschreckende und schockierende Wirkung, die ein solcher Brief auf die Empfänger haben musste, war ihnen wohl bewusst. Also schrieb Mendelssohn beruhigend an seinen Vater Abraham, dass „Klingem. mich nicht verläßt"[38], und Klingemann, der selbst in dieser Situation eine humorvolle Seite hervorkehren wollte, versicherte diesem:

> einstweilen pflegen wir so gut wir können; man hat das sehr bequem, wenn man Haus an Haus wohnt, ich nehme die Deutsche Kanzlei mit ins Krankenzimmer, und erschrecke damit überlästige Besucher.[39]

Die Heilung verlief nur langsam und schleppend, und während dieser Zeit war Mendelssohn vollständig auf Klingemanns Unterstützung angewiesen. Klingemann wohnte acht Wochen lang bei dem Freund, pflegte und versorgte ihn, nahm ihm seine Korrespondenz ab und

---

37 Vgl. dazu Back, „Freund meiner MusikSeele", S. 132–137.
38 Zit. n. Felix Mendelssohn Bartholdy. Sämtliche Briefe, Bd. 1, S. 403.
39 Ebd., S. 404.

kümmerte sich um die Mahlzeiten. Zur Erheiterung des Kranken las er ihm in diesen Wochen zudem Jean Pauls Roman *Das Leben des Quintus Fixlein* vor. Kurz gesagt: Klingemann übernahm in dieser Zeit eine Reihe von Aufgaben, die dem gängigen Geschlechtermodell zufolge eigentlich der Frauen- und Mutterrolle zugeschrieben wurden. Am 22. September 1829 konnte Mendelssohn daher an seine Eltern berichten, „daß Klingem. ein Hauptkerl ist. Nebenbei ist er auch eine Krankenwärterinn, wenns ihm einfällt".[40] Die humoristische Bezeichnung „Krankenwärterinn" für Klingemann, die in den folgenden Briefen konkretere Beschreibung erfuhr, lässt mit der Verwendung der weiblichen Deklinationsform aufhorchen. Die Formulierung suggeriert den Eindruck, als habe es sich in dieser Zeit um ein rein weiblich besetztes Berufsbild gehandelt. Tatsächlich war der Diakonissenberuf der Vorläufer für den Beruf der Krankenpflegerin, und konfessionelle Krankenpflegeorganisationen schufen zu Beginn des 19. Jahrhunderts schließlich „die Grundlagen für die Herausbildung der Krankenpflege zu einem Frauenberuf".[41] Das Berufsbild konkretisierte sich in der Folge, und so darf „Krankenpflege als (fast) ausschließlich den Frauen zugeschriebener Beruf als eine ‚Erfindung' des 19. Jahrhunderts" gelten.[42]

Am 2. Oktober 1829 schrieb Mendelssohn auf die besorgten Nachfragen der Eltern hin:

> Indeß war die Contusion, die ich beim Fallen erhielt, doch ziemlich bedeutend, und verursachte auf der entgegengesetzten Seite von der besprochenen Fleischwunde, die sehr gesund nur etwas langsam zuheilt, eine Entzündung derer Theile, die zunächst unter der Haut pp. Was Teufel weiß ichs, wie sies nennen; Klingem. wirds berichten, der ist ein halber Wundarzt geworden, denn er weicht nicht von meinem Zimmer, und ist mein Glück und mein Trost; ich glaube, er würde mich päppeln wenn ich nicht von selbst heillos fräße. [...] Es geht die Zeit pfeilschnell, obgleich die Minuten schleichen; der Morgen verfliegt, am Mittag kommen Besuche, Klingem. ist immer bei mir und ich werde ihm nie danken können, was er mich jetzt beglückt.[43]

Nach sechs Wochen Bettruhe konnte Mendelssohn zum ersten Mal für einen kurzen Ausflug die Wohnung verlassen. Gleichwohl blieb er weiterhin auf Klingemanns tatkräftige Unterstützung angewiesen, wie aus seinem Brief vom 27. Oktober 1829 an die Eltern in Berlin hervorgeht:

> Neulich Sonntag hatte ich Klingem. überredet zum erstenmale seit den 6 Wochen auszufahren, und Mühlenf. aß bei mir, und leistete mir Gesellschaft, wir sprachen ernst, und der Abend verging schön und schnell. Um 1/2 11 ging Mühlenf. fort, und ich mußte noch auf Klingem. warten, denn der ist der einzige, der mich zu Bett schaffen kann.[44]

---

40 Ebd., S. 409.
41 Vgl. Schaper, Hans-Peter, *Krankenwartung und Krankenpflege. Tendenzen der Verberuflichung in der ersten Hälfte des 19. Jahrhunderts*, Opladen 1987, S. 181 und S. 192.
42 Vgl. Bischoff, Claudia, *Frauen in der Krankenpflege: Zur Entwicklung von Frauenrolle und Frauenberufstätigkeit im 19. und 20. Jahrhundert*, Frankfurt a.M. 1984, S. 13 und S. 78.
43 Zit. n. Felix Mendelssohn Bartholdy. Sämtliche Briefe, Bd. 1, S. 415 f.
44 Mühlenf. – Ludwig von Mühlenfels (1793-1861), Jurist, 1828 Professor für deutsche und nordische Literatur an der University of London. Ebd., S. 433.

Die dankbare Resonanz aus Berlin auf so viel Hilfsbereitschaft und persönlichen Einsatz blieb nicht aus. Die inzwischen verheiratete Fanny Hensel brachte in ihrem Brief vom 4. und 5. November 1829 an ihren Bruder und Klingemann ihre Dankbarkeit zum Ausdruck:

> Wir wußten doch alle längst, was wir von Ihnen zu halten, und an Ihnen zu schätzen hatten, wir hätten Ihnen längst dankbar seyn können für die Sorgfalt, die Sie Jedem von uns bei vorkommendem Falle erwiesen hätten, nun wissen wir nur aus Erfahrung, was wir längst im Herzen wußten. Aber nun erfahren wir wieder kleine details, die alle schon in jenem Ganzen enthalten sind, wir haben sie uns nur nicht so klar vor Augen geführt, das 6wöchentliche ununterbrochene Zuhausebleiben, das Zubettebringen, das SophaandenKaminrutschen, (wir haben ja die Erlaubniß, lange Hauptwörter zu bilden) jedes so einzeln ausgesprochen, wirkt wieder wie ein Ganzes, und fordert wieder einen ganzen Dank für eine ganz gute That. Nehmen Sie ihn, und Alles damit, was sich nicht sagen, aber noch viel ungeschickter schreiben läßt.[45]

Schließlich erhielt die Familie Mendelssohn auch von dritter Seite noch einen Bericht über Klingemanns außergewöhnliches Engagement als Pfleger. Der mit Mendelssohn und Klingemann eng befreundete Orientalist Friedrich Rosen, der an der University of London lehrte, schrieb am 6. November 1829 einen „Separatbrief", in dem es über Klingemanns Dienste heißt:

> Ich kann nicht von Ihnen scheiden, ohne noch mein allerwärmstes Lob über die Treue und Sorgfalt auszusprechen, mit der Klingemann während der ganzen Zeit des Leidens fast nicht von der Seite unseres Felix gewichen ist. Mit unausgesetzter Liebe hat er ihn gepflegt und ihm alle die kleinen Dienste geleistet, die eine Mutter ihrem leidenden Kinde nicht zärtlicher hätte erfüllen können.[46]

Auch von Friedrich Rosen wurde Klingemanns pflegerischer Einsatz als weibliche bzw. speziell mütterliche Qualität wahrgenommen – mit den zugehörigen Charakteristika der Sorgfalt, Liebe und Treue. Nach Mendelssohns Rückkehr nach Berlin war es daher vor allem seine Mutter Lea, die Klingemann in ihrem Brief vom 8. Dezember 1829 ihren Dank aussprach:

> Von seinem [Mendelssohns, Anm. d. Verf.] Londoner Aufenthalt können wir Ihr Bild nun weniger als je trennen, Sie lieber Wohltäter! mir ist es, als könnte ich Mutter Ihnen gar nicht genug danken. Sie fühlen aber, was man fühlen muss, wenn man einen solchen Sohn hat und ein so gewaltiges Freundschaftsstück an ihm üben sah. God bless you![47]

* * *

---

45 Oxford, Bodleian Library, Music Section, MS. M.D.M. b. 4/104.
46 Zit. n. Klingemann, Briefwechsel, S. 63.
47 Ebd.

Hinsichtlich Mendelssohns Professionalisierung als Komponist veränderte sich in den folgenden Jahren das Verhältnis zwischen Mendelssohn und seinen beiden Gesprächspartnern. Seine künstlerische Unabhängigkeit zeigte sich unter anderem darin, dass er zunehmend darauf verzichtete, das kritische Urteil seiner Schwester Fanny oder Carl Klingemanns einzuholen, bevor er Kompositionen in den Druck gab. Für Klingemann wurde dies mit der Drucklegung von Mendelssohns *Scherzo a capriccio* bzw. *Presto scherzando* fis-Moll für Klavier (MWV U 113) spürbar, das er erst als gedrucktes Werk in die Hände bekam. Das Klavierstück erschien 1836 als *Scherzo a capriccio* in der von Maurice Schlesinger edierten Sammlung *L'album des pianistes* und nachfolgend in England als *Presto scherzando* bei Cramer, Addison & Beale in London. Klingemann teilte Mendelssohn am 19. Februar 1836 darüber mit:

> Wie ein Mondschein aus blauem Himmel ist dein Presto scherzando aus fis moll unter uns niedergefallen, von Cramer gedruckt. Es hat mir groß Plaisir gemacht, ich wollte es wäre mir ohne deinen Namen vorgekommen; ich glaube ich hätts sicher erkannt. Der Anfang ist sehr hübsch, wie ein Schwarm so herabsteigt – später wieder das hinaufklettern aus der Tiefe ist beidemal sehr schön – desgl der Agitato Zwischensatz. Ich habe ein Gefühl, als wäre mir was zu nahe geschehen, daß etwas von Dir im Druck erscheint, was ich nicht früher im Manuscript gekannt oder von Dir gehört oder doch dessen Existenz gewußt.[48]

Abgesehen von der metaphernreichen Würdigung des Klavierstücks steht in Klingemanns Briefpassus die Betroffenheit darüber im Vordergrund, dass eine Komposition Mendelssohns in Druck gegangen war, ohne dass er sie kannte. War Klingemann bis dahin stets mit als Erster über Mendelssohns neuesten Kompositionspläne unterrichtet gewesen und hatte seine Werke entweder durch Mendelssohns privates Vorspiel oder im Manuskript kennen gelernt, bevor sie gedruckt wurden, so fühlte er sich nun gewissermaßen auf Distanz gehalten und zurückgesetzt.

In einem Brief Fanny Hensels vom 2. Juni 1837 an ihren Bruder Felix Mendelssohn Bartholdy findet sich eine fast gleich lautende Bemerkung bezüglich des Drucks von dessen *Sechs Gesängen für eine Singstimme mit Begleitung des Pianoforte* op. 34:

> Uebrigens ist es mir immer sehr eigen, Sachen von Dir zuerst gedruckt zu sehen. Ich habe gleich ein Urtheil drüber wie über Compositionen von Mendelssohn, es ist mir dann gar nicht als wären sie von Felix.[49]

Die Irritation, die sich mit dem gedruckten Werk in Händen auch bei Fanny Hensel einstellte, fasste sie als einen Verlust an persönlicher Nähe auf, als Veränderung in Mendelssohns Komponieren. Mit Blick auf dessen künstlerische Entwicklung wiederum kann diese Veränderung auch als Zeichen für den Grad an Unabhängigkeit betrachtet werden, den er vom

---

48 Klugheit – unsichere Lesart. Oxford, Bodleian Library, Music Section, MS. M.D.M. d. 31/30.
49 Zit. n. Citron, Marcia (Hg.), *The Letters of Fanny Hensel to Felix Mendelssohn*, New York 1987, S. 531.

Urteil seiner Mentoren erlangt hatte. Jedenfalls war damit eine zunehmende Auflösung der unterstützenden Funktionen verbunden, die Fanny Hensel und Carl Klingemann beide für Mendelssohn eingenommen hatten und die vor allem in den 1820er Jahren eine wichtige Rolle auch für die emotionale Qualität der Beziehungen zwischen den drei Beteiligten gespielt hatte.

* * *

Abschließend sei noch einmal der Bogen geschlagen zur anfangs formulierten Fragestellung, die Fanny Hensels und Carl Klingemanns Funktionen als Dialogpartner und Mentoren Mendelssohns mit dem Geschlechterverständnis ihrer Zeit konfrontierte. Wie die Lektüre von Briefen zeigte, sahen sich beide in ihrem sozialen Umfeld mit einer Fremdwahrnehmung konfrontiert, in der ihr Wirken – wenn auch in durchaus unterschiedlicher Weise – als gegengeschlechtlich beschrieben wurde.

Fanny Hensels musikalische Begabung und ihr Intellekt wurden spätestens in dem Moment, in dem sie in die Rollen der Ehefrau und Mutter hineinwuchs, als männliche Qualitäten wahrgenommen. Tatsächlich konnte sie den Weg einer musikalischen Professionalisierung nicht gehen, auch wenn sie dank der Unterstützung ihres Ehemannes weiterhin komponierte und im halböffentlichen Rahmen der von ihr veranstalteten häuslichen Sonntagsmusiken auch als Pianistin und Dirigentin wirkte. Die Vereinbarkeit des weiblichen Rollenkonzepts ihrer Zeit mit der Realisierung ihrer intellektuellen Fähigkeiten blieb problematisch für sie, denn ihr Selbstverständnis als Komponistin litt unter dem „gänzlichen Mangel an Anstoß von außen", wie sie am 15. Juli 1836 an Carl Klingemann schrieb:

> Daß sich jemand hier etwas abschriebe oder nur eine Sache zu hören verlangte, das kommt kaum einmal im Jahr vor, namentlich seit der letzten Zeit, und seit Rebecka nicht mehr singen mag, liegen meine Lieder durchaus ungehört und ungekannt da, und man verliert am Ende selbst mit der Lust an solchen Sachen das Urtheil darüber, wenn sich nie ein fremdes Urtheil, ein fremdes Wohlwollen entgegenstellt. Felix, dem es ein leichtes wäre, mir ein Publikum zu ersetzen, kann mich auch, da wir nur wenig zusammen sind, nur wenig aufheitern, und so bin ich mit meiner Musik ziemlich allein.[50]

Klingemann fungierte vor allem in England weiterhin als Ratgeber Mendelssohns in künstlerischen und karrierestrategischen Fragen und führte damit fort, was Fanny Hensel in den Jugendjahren der Geschwister als ihre Aufgabe betrachtet hatte. Dem ‚Genie' Mendelssohn gegenüber nahm er eine in vielerlei Hinsicht ‚dienende' Rolle ein, die zum hegemonialen Männlichkeitskonzept des 19. Jahrhunderts[51] in einem untergeordneten, komplementären Verhältnis steht. Mit diesem Männlichkeitsbild vertrat Klingemann zweifellos eine Minderheit, markierte sozusagen eine Ausnahme von der Regel. Diese These lässt sich durch einige

---

50 Zit. n. Hensel, Die Familie Mendelssohn, 1995, S. 480 f.
51 Connell, Raewyn [Robert], *Der gemachte Mann: Konstruktion und Krise von Männlichkeiten*, Erg.: 3. Aufl. Wiesbaden 2006, S. 185 ff und S. 193 ff.

Hinweise und Formulierungen in Klingemanns Briefen an Mendelssohn untermauern. 1830 schrieb er etwa über seine Autorschaft des Librettos zum Liederspiel *Heimkehr aus der Fremde*:

> Noch schöner wärs, wenn Niemand wüßte, daß es von mir wäre. Ich säete einmal als 13jähriger Mensch in meinem kleinen Garten mit Kresse den Namen einer Schönheit, die ich stumm verehrte, machte aber nachher Schnörkel an die Buchstaben mit einer zweiten Saat, damit es Niemand merkte.[52]

In einem Brief aus dem Jahr 1833, in dem er die künstlerische Strahlkraft Mendelssohns vergleichend beschreibt, heißt es:

> Schon als kurzer Mann nahm ich mir vor, bei Zeiten mich in den Hintergrund u auf eine zweite, dritte oder vierte Linie zu stellen, – das macht sich dann um so viel hübscher u natürlicher, wenn der Komet erst da ist, u ich eben dann dort auf jener Linie bequem auf OpernVerse simulire.[53]

Und schließlich bat er Mendelssohn 1836 um Wahrung der Anonymität bei seinem Besuch der Uraufführung des *Paulus* in Düsseldorf:

> Noch eins: betitelt mich nicht in dortigen Listen oder sonstigen Publicationen, wenn die illustren Fremden etwa genannt werden. Ich bin nichts, u reise incognito als simpler H. Kl.[54]

Klingemann behielt sich also die Wahl vor, anonym zu schreiben, inkognito zu reisen und der zweite Mann zu sein – er lehnte die öffentliche Wahrnehmung seiner Person auch späterhin häufig ab. Damit trug er selbst nicht unwesentlich dazu bei, dass sein Wirken hinter den Kulissen nicht entsprechend wahrgenommen wurde und auch aus diesem Grund heute nicht mehr bekannt ist.

Mendelssohn dagegen musste es im Zuge seiner Professionalisierung als Komponist zunehmend um die Darstellung seiner Autorschaft nach außen und um deren bewusste Wahrnehmung durch andere gehen. Damit wiederum war zwangsläufig ein anderes Selbstverständnis als Künstler und ein dominanteres Männlichkeitskonzept verbunden. Es führte nicht nur immer wieder zu Distanzierungen von der vermeintlich weiblich konnotierten Gattung *Lieder ohne Worte*,[55] sondern wirkte sich – wie die Lektüre der Briefe aus den späten

---

52 Brief von Carl Klingemann an Felix Mendelssohn Bartholdy, 8. und 9.2.1830. Oxford, Bodleian Library, Music Section, MS. M.D.M. d. 28/4.
53 Brief von Carl Klingemann an Felix Mendelssohn Bartholdy, 26.2.1833. Oxford, Bodleian Library, Music Section, MS. M.D.M. d. 28/81.
54 Brief von Carl Klingemann an Felix Mendelssohn Bartholdy, 10.5.1836. Oxford, Bodleian Library, Music Section, MS. M.D.M. d. 31/93.
55 Christa Jost stellte im Rahmen ihrer Untersuchungen zu Mendelssohns *Liedern ohne Worte* fest, dass sich Mendelssohn „auf Kosten des weiblichen Publikums von Kompositionen mit reduziertem Gattungsanspruch distanzierte." Jost, Christa, *Mendelssohns Lieder ohne Worte* (Frankfurter Beiträge zur Musikwissenschaft 14), Tutzing, 1988, S. 25 ff.

1820er und frühen 1830er Jahren zeigte – auch auf seine Beziehungen zu seiner Schwester Fanny und zu Carl Klingemann nachhaltig aus.

Wie diese Ausführungen deutlich machen, endet die Vergleichbarkeit der Rollen, die Fanny Hensel und Carl Klingemann bis in die 1830er Jahre hinein als engste Gesprächspartner Mendelssohns in künstlerischen Fragen übernahmen, bei der Frage nach der freien Wahl. Während Klingemann sich aus freien Stücken dazu entschließen konnte, in bestimmten Zusammenhängen und Situationen traditionell weiblich konnotierte Rollen zu übernehmen, hatte Fanny Hensel nicht die Wahl, sondern bewegte sich damit innerhalb des Weiblichkeitskonzepts ihrer Zeit. Aus diesem Grund erfuhr Klingemann für die freiwillige Übernahme dieser Funktionen von Mendelssohns Angehörigen Dankbarkeit und höchste Wertschätzung, während es im Falle Fanny Hensels als selbstverständlich für sie als Frau erachtet wurde und nicht weiter der Rede wert war, dass sie ihren Bruder uneigennützig unterstützte und seine künstlerische Entwicklung förderte. Insofern bedeutete auch die zunehmende künstlerische Unabhängigkeit Mendelssohns für Carl Klingemann und Fanny Hensel Unterschiedliches: Klingemann entledigte sich einer von vielen möglichen Rollen, die er in seinem Beruf als Diplomat und als Freund und „Agent"[56] Mendelssohns in London einnehmen konnte. Für Fanny Hensel indes entstand mit dem Beginn von Mendelssohns Professionalisierung als Komponist und Musiker eine Lücke, die sie durch ihr häusliches und halb-öffentliches musikalisches Wirken auszufüllen lernte.

Literatur

Back, Regina, *„Freund meiner MusikSeele"*. *Felix Mendelssohn Bartholdy und Carl Klingemann im brieflichen Dialog*, Kassel u.a. 2014.

Back, Regina, „‚A. Historisches. B Geschäftliches, und C. Sonstiges'. Publikationsgeschichte und kritische Würdigung von ‚Felix Mendelssohn-Bartholdys Briefwechsel mit Karl Klingemann' (1909)", in: *MusikTheorie*, 24. Jg., Heft 1, 2009, S. 59–70.

Back, Regina, „‚Sonnenhelle Tage' in Boulogne-sur-Mer. Das Wiedersehen von Fanny Hensel und Carl Klingemann im Spiegel ihrer Korrespondenz", in: *Musikgeschichten – Vermittlungsformen. Festschrift für Beatrix Borchard*, hg. von Martina Bick, Julia Heimerdinger und Krista Warnke, Köln 2010, S. 333–348.

Back, Regina, „A Friendship in Letters: The Correspondence of Felix Mendelssohn Bartholdy and Carl Klingemann", in: *Mendelssohn Perspectives*, hg. von Nicole Grimes und Angela Mace, Farnham, S. 269–282.

Bartsch, Cornelia, *Fanny Hensel, geb. Mendelssohn Bartholdy. Musik als Korrespondenz*, Kassel 2007.

Bartsch, Cornelia, Artikel „Rebecka Dirichlet", in: *Musikvermittlung und Genderforschung: Lexikon und multimediale Präsentationen*, hg. von Beatrix Borchard, Hochschule für Musik und Theater Hamburg, 2003 ff. URL: http://mugi.hfmt-hamburg.de/artikel/ Rebecka_Dirichlet (eingesehen am 28.3.2014).

---

56 Back, Regina, *„Freund meiner MusikSeele"*, S. 309–338.

Bartsch, Cornelia, Artikel „Fanny Hensel", in: *Musikvermittlung und Genderforschung: Lexikon und multimediale Präsentationen*, hg. von Beatrix Borchard, Hochschule für Musik und Theater Hamburg, 2003 ff. URL: http://mugi.hfmt-hamburg.de/artikel/Fanny_ Hensel (eingesehen am 27.3.2014).

Bartsch, Cornelia, Artikel „Lea Mendelssohn", in: *Musikvermittlung und Genderforschung: Lexikon und multimediale Präsentationen*, hg. von Beatrix Borchard, Hochschule für Musik und Theater Hamburg, 2003 ff. URL: http://mugi.hfmt-hamburg.de/artikel/Lea_ Mendelssohn (eingesehen am 27.3.2014).

Bischoff, Claudia, *Frauen in der Krankenpflege: Zur Entwicklung von Frauenrolle und Frauenberufstätigkeit im 19. und 20. Jahrhundert*, Frankfurt a.M. 1984.

Citron, Marcia (Hg.), *The Letters of Fanny Hensel to Felix Mendelssohn*, New York 1987.

Connell, Raewyn [Robert], *Der gemachte Mann: Konstruktion und Krise von Männlichkeiten*, Erg.: 3. Aufl. Wiesbaden 2006.

Fanny Hensel. Tagebücher, hg. von Hans-Günter Klein und Rudolf Elvers, Wiesbaden 2002.

Felix Mendelssohn Bartholdy. Sämtliche Briefe, Bde. 1 bis 8, hg. von Helmut Loos und Wilhelm Seidel, Kassel u.a., 2008 ff.

Heitmann, Christin, Artikel „Adolf Bernhard Marx", in: *Musikvermittlung und Genderforschung: Lexikon und multimediale Präsentationen*, hg. von Beatrix Borchard, Hochschule für Musik und Theater Hamburg, 2003 ff. URL: http://mugi.hfmt-hamburg.de/ artikel/Adolf_Bernhard_ Marx (eingesehen am 28.3.2014).

Hellwig-Unruh, Renate, *Fanny Hensel, geb. Mendelssohn Bartholdy. Thematisches Verzeichnis der Kompositionen*, Adliswil 2000.

Hensel, Sebastian (Hg.), *Die Familie Mendelssohn. Nach Briefen und Tagebüchern*, Frankfurt a.M. u.a. 1995.

Humboldt, Wilhelm von, „Männliche und weibliche Form", in: *Die Horen*, hg. von Friedrich von Schiller, Tübingen 1795, Jg. 1, Drittes Stück, S. 80–103, und Viertes Stück, S. 14–40.

Jost, Christa, *Mendelssohns Lieder ohne Worte* (= Frankfurter Beiträge zur Musikwissenschaft 14), Tutzing 1988.

Klingemann, Karl jun. (Hg.), *Felix Mendelssohn Bartholdys Briefwechsel mit Karl Klingemann*, Essen 1909.

Marx, Adolf Bernhard, *Die Lehre von der musikalischen Komposition, praktisch-theoretisch*, 4 Teile, Leipzig 1837–1847.

Pfingsten, Ingeborg, „,Männlich'/,Weiblich': Nicht nur im Sprachgebrauch von Adolf Bernhard Marx", in: *Der „männliche" und der „weibliche" Beethoven, Bericht über den Internationalen musikwissenschaftlichen Kongress vom 31.10.bis 4.11. 2001 an der Universität der Künste Berlin*, hg. von Cornelia Bartsch, Beatrix Borchard und Rainer Cadenbach, Bonn 2003, S. 59–76.

Schaper, Hans-Peter, *Krankenwartung und Krankenpflege. Tendenzen der Verberuflichung in der ersten Hälfte des 19. Jahrhunderts*, Opladen 1987.

Schulz, Andreas, „Der Künstler im Bürger. Dilettanten im 19. Jahrhundert", in: *Bürgerkultur im 19. Jahrhundert. Bildung, Kunst und Lebenswelt*, hg. von Dieter Hein und Andreas Schulz, München 1996.

Sarah M. Ross

Musikalische Grenzgängerinnen –
Wie Frauen den Kanon amerikanischer Synagogalmusik neu bestimmen

Einleitung

Sucht man in der Datenbank „Musik und Gender im Internet" (MUGI)[1] nach synagogaler Musik, die von jüdischen Frauen geschrieben wurde, so bleibt die Suche in weiten Teilen ergebnislos. Ziel der Datenbank ist es, die Frauen- und Geschlechterforschung in der Musikwissenschaft besonders in methodischer Hinsicht weiterzuentwickeln, und dabei den Fokus der Musikgeschichte von einer einseitigen „Geschichte von Autoren und Werken" hin zu einer „Geschichte des kulturellen Handelns" zu verschieben.[2] Hierbei sollen Musikerinnen (und andere im Bereich der Musik tätige Frauen), die meist abseits der Öffentlichkeit gewirkt haben, in den Mittelpunkt des Interesses gerückt werden.[3] Dennoch werden in MUGI die in dem vorliegenden Artikel betrachteten amerikanisch-jüdischen Musikerinnen und ihre Musik für die Synagoge ausgeklammert, da sich das Projekt MUGI zum einen auf den Forschungsbereich der Historischen Musikwissenschaft beschränkt, Studien zu jüdischer Musik jedoch größtenteils in den Bereich der Ethnomusikologie fallen bzw. zwischen die Forschungsfelder der Historischen Musikwissenschaft, Ethnomusikologie und der Jüdischen Studien.[4] Zum anderen hängt der Zugang zu Daten und Informationen zu jüdisch-liturgischer Musik von Frauen (und eine weiterführende wissenschaftliche Auseinandersetzung mit derselben) stark davon ab, wer nach welchen Kriterien als Jude bzw. Jüdin in der Datenbank erfasst ist.

Während in der hebräischen Bibel die Zugehörigkeit eines Menschen zum jüdischen Volk noch patrilinear bestimmt war, so gilt seit der rabbinischen Zeit (70-6. Jh. n. Z.), gemäß der *Halacha* (dem jüdischen Religionsgesetz), nur diejenige Person als jüdisch, die von einer jüdischen Mutter geboren wurde oder nach orthodoxer Norm zum Judentum übergetreten ist.[5] Die alleinige Tatsache, dass jemand aus halachischer Sicht als Jude bzw. Jüdin gilt, sagt jedoch wenig darüber aus, wer sich selbst als jüdisch identifiziert: Menschen, die einen

---

[1] Vgl. http://mugi.hfmt-hamburg.de (eingesehen am 14.11.2013).
[2] Vgl. http://mugi.hfmt-hamburg.de/Projekt (eingesehen am 6.12.2013).
[3] Ebd.
[4] Vgl. Cohen, Judah M., „Whither Jewish Music? Jewish Studies, Music Scholarship, and the Tilt Between Seminary and University", in: *AJS Review*, Volume 32, Issue 01 (April 2008), S. 29–48, hier S. 46.
[5] Vgl. hierzu in der hebräischen Bibel 3. Moses 24:10, 5. Moses 7:1–5, Ezra 10:2–3, sowie im Talmud Kiddushim 66b.

jüdischen Vater und eine nicht-jüdische Mutter haben und somit als Nicht-Juden gelten, aber dennoch jüdisch erzogen und/oder sozialisiert wurden, können sich sehr wohl jüdisch fühlen bzw. sich als Jude/Jüdin identifizieren. Dies führt heute noch in den verschiedenen Denominationen des Judentums zu Kontroversen bezüglich der Frage, wer Jude/Jüdin ist und wer nicht. In gleicher Weise muss berücksichtigt werden, dass eine Person zwar gemäß der Halacha als jüdisch gilt, jedoch aus verschiedensten Gründen anderen Identitätsmerkmalen mehr Gewicht einräumt oder gar zu einer anderen Religion konvertiert ist (vgl. z.B. Felix Mendelssohn Bartholdy).

Bei einer entsprechenden Schlagwortsuche in MUGI[6] erfahren wir in der Regel nichts oder nur sehr wenig darüber, ob eine in der Ergebnisliste aufgeführte Musikerin, Komponistin, Musikwissenschaftlerin oder Musikkritikerin etc. aus halachischer Sicht als Jüdin gilt oder nicht – mit wenigen Ausnahmen wie etwa der Musikwissenschaftlerin Elsa Bienenfeld.[7] In den meisten Fällen sind Frauen in MUGI dann unter dem Oberbegriff „Judentum"[8] aufgeführt, wenn sie einen nicht näher spezifizierten „jüdischen Hintergrund" haben und daher von den Nationalsozialisten verfolgt wurden. In letzterem Fall wurden Personen vor dem Hintergrund der Nürnberger Rassengesetze von 1935 als jüdisch definiert und nicht auf der Grundlage des jüdischen Religionsgesetzes. Somit sind in MUGI in der hier diskutierten Kategorie möglicherweise auch Frauen erfasst, die aus der Perspektive des jüdischen Religionsgesetzes nicht als Jüdinnen gelten. Die Beschäftigung mit der Musik „jüdischer Frauen" bzw. dem Schaffen „jüdischer" Musikerinnen, Komponistinnen und Musikwissenschaftlerinnen etc. muss an dieser Stelle also kritisch hinterfragt werden, zumal man in MUGI selten etwas darüber erfährt, inwieweit die Arbeit dieser Frauen in Bezug zum Judentum bzw. zu ihrer jüdischen Identität steht.[9]

Der vorliegende Artikel behandelt daher ein Defizit, das am Beispiel des Kanons synagogaler Musik verdeutlicht werden soll. Dabei geht der vorliegende Beitrag der Frage nach, welchen Ursprungs und welcher Gestalt die Idealvorstellung synagogaler Musik ist, und beschreibt, wie diese durch die Entstehung jüdisch-feministischer Musik im Kontext des amerikanischen Judentums des 20. und 21. Jahrhundert grundlegend in Frage gestellt wurde. Dabei stehen hier Rabbinerinnen, Kantorinnen und Singer-Songwriterinnen im Fokus, die als musikalische Grenzgängerinnen im Zuge des jüdischen Feminismus eine neue, egalitäre Form synagogaler Musik geschaffen, und damit die Grenzen zwischen sakraler und säkularer jüdischer Musik durchbrochen und neu definiert haben.

---

6 Die hier verwendeten Suchbegriffe waren: Juden, Judentum, jüdische Musik, Synagoge und synagogale Musik.
7 Dieser Umstand mag dem Fehlen detaillierterem Quellenmaterials geschuldet sein.
8 Vgl. hierzu auch Anmerkung 5.
9 Als Ausnahme der in MUGI erfassten Personen können hier die Komponistin Zara Levina und ihr Werk „Jüdische Rapsodie" (1930er Jahre, Vgl. http://mugi.hfmt-hamburg.de/Levina, eingesehen am 14.11.2013) oder die Pianistin und Holocaust-Überlebende Edith Kraus-Bloedy (Steiner-Kraus) genannt werden, die nach der Shoah ihre musikpädagogische und künstlerische Arbeit u.a. auch der Erinnerung an Theresienstädter Komponisten widmete (http://mugi.hfmt-hamburg.de/artikel/Edith_Kraus-Bloedy, eingesehen am 14.11.2013).

Ein Kanon synagogaler Musik?

„[Jewish music is] music created by Jews for Jews as Jews, by Jews for non-Jews as Jews or as non-Jews, or by non-(or ex-)Jews for Jews and non-Jews as non- (or ex-)Jews."[10]

Es gibt zwei Seiten, die bestimmen, was zum Kanon synagogaler Musik gehört: zum einen die Rabbiner, die in den halachischen Ansichten zur Musik ihre Vorstellungen synagogaler Musik etablierten, und die Wissenschaftler, welche seit jeher über die Musik der Synagoge forschen und schreiben. Beide ignorieren jedoch die Musik jüdischer Frauen, weshalb deren Repertoire synagogaler Musik nicht zum Kanon gezählt wird.

Diesbezüglich macht das Zitat von Edwin Seroussi weiterhin deutlich: Wenn wir über jüdische Musik reden – und was diese eigentlich sei[11] –, müssen wir stets auch über die vielschichtigen Ebenen der Autorenschaft und Rezipientenschaft reden. Denn diese haben Auswirkungen auf die Kanonisierung jüdischer Musik – also des Pools an musikalischen Werken (Notationen), Tondokumenten und anderen schriftlichen Dokumentationen. Wie Seroussi in seinem Artikel „Music: The ‚Jew' of Jewish Studies" (2009) erklärt, erlangt ein Kanon seine Autorität zunächst dadurch, dass Musiken einst gesammelt, dokumentiert und in Anthologien der Öffentlichkeit zugänglich gemacht wurden. Somit wirft die Kanonisierung jüdischer Musik Fragen auf: nämlich in Bezug auf die Vollständigkeit desselben, vor allem aber hinsichtlich der Intention der Sammler sowie deren Fähigkeiten und Möglichkeiten, die klanglichen Qualitäten jener Musik in schriftlicher Form der Nachwelt (und der *scientific community*) zu übermitteln.[12] Was und wie viel wir über jüdische Musik erfahren und welches Repertoire zum Kanon jüdischer Musik gezählt wird, wird letztlich auch durch Musikwissenschaftler_innen und deren jeweilige wissenschaftliche Tradition bestimmt. So verzichten Abhandlungen zu jüdischen Musiken, die wie diejenige Abraham Zvi Idelsohns aus dem Jahr 1929[13] in tiefer philologischer Tradition stehen, zugunsten des Forschungsobjektes häufig auf eine nähere Beschreibung der jeweiligen Träger und Übermittler musikalischer Traditionen.[14] Letzteres ist jedoch im Zusammenhang mit den innerjüdischen Vorstellungen und Diskussionen darüber, wer Jude/Jüdin und was jüdische/synagogale Musik ist und was nicht, von grundlegender Bedeutung für die Kanonbildung, und dies besonders im Kontext

---

10 Seroussi, Edwin, „On Cheeseburgers and Other Modern Jewish Anxieties: Music and Jews, Musicology and Jewish Studies", in: *Jewish Studies and Music*, hg. von Klára Móricz und Ronit Seter, *Journal of the American Musicological Society*, Vol. 65, No. 2 (Summer 2012), S. 557–592, hier S. 584.
11 Vgl. hierzu Eckhard, John und Zimmermann, Heidy, Vexierbild „Jüdische Musik": Einleitung, in: *Jüdische Musik? Fremdbilder – Eigenbilder*, hg. von Eckhard John und Heidy Zimmermann, Köln, Weimar, Wien: Böhlau Verlag 2004, S. 1–10.
12 Seroussi, Edwin, „Music: The 'Jew' of Jewish Studies", in: *Jewish Studies*, Vol. 46 (2009), S. 3–84, hier S. 54.
13 Abraham Zvi Idelsohn, *Jewish Music. Its Historical Development*, New York 1929 [2. Aufl. 1944].
14 Seroussi, Edwin, „De-gendering Jewish music: The survival of the Judeo-Spanish folk song revisited", in: *Music and Anthropology 3* (1998), http://www.umbc.edu/MA/index/number3/seroussi/ser_0.htm (eingesehen am 28.4.2013).

des amerikanischen Judentums, wo Mitte des 20. Jahrhunderts erneut eine tiefgreifende Veränderung in der synagogalen Musikpraxis stattfand. Im Zuge der emanzipatorischen Bewegungen der *American Counterculture* der 1960er und -70er Jahre wurde die Kunst des traditionellen Chazzanuts[15] teilweise durch liturgische Lieder im amerikanischen Folk/Rock-Stil abgelöst. In progressiven, reformierten und auch konservativen Gemeinden des amerikanischen Judentums wurde diese musikalische Trendwende in nicht geringem Maße vom aufkommenden jüdischen Feminismus geprägt, in dessen Kontext die Kanonisierung synagogaler Musik neu verhandelt werden musste. Die Frage, wer hier für wen jüdisch-liturgische Musik verfasst und aufführt, gewann zunehmend an Bedeutung.

Obwohl jüdisch-liturgische Musik alles andere als eine monolithische Entität ist, existiert seit der Zerstörung des zweiten Tempels in Jerusalem (70 n. Z.) eine Idealvorstellung von jüdischer Ritualmusik, auf deren Grundlage über den Ein- oder Ausschluss neuerer Formen liturgischer Musik in den Kanon entschieden wird.

Halachische Ansichten zur Musik – Etablierung einer Idee synagogaler Musik

Innerhalb der jüdischen Religionspraxis und Kultur stellt Musik keine unabhängige Einheit dar, sondern ist stets im Werte- und Normsystems des Judentums verankert. Letzteres ist in der *Halacha* und der rabbinischen Literatur[16] (z.B. im Talmud) manifestiert. Nach der Zerstörung des zweiten Tempels in Jerusalem 70. n. Z. war es notwendig, den Stellenwert und die Funktion von Musik im jüdischen Alltag, besonders aber im Kontext des Synagogengottesdienstes (der fortan den Tempeldienst ersetzte), genau zu regeln.

Obwohl die Hochachtung vor der Musik eines der wesentlichsten kulturellen Merkmale jüdischer Gemeinschaften ist,[17] finden wir im Talmud und anderen rabbinischen Schriften eine zunächst überraschend verhaltene Sicht auf Musik, die vor allem durch diverse Verbote gekennzeichnet ist, wie sie der mittelalterliche Philosoph und Rechtsgelehrte Moses Mai-

---

15 Der Begriff „Chazzanut" (vom Hebr. Chazzan, Kantor oder Vorbeter in der Synagoge) bezeichnet im weitesten Sinne die Kunst des kantoralen Gesangs in der Synagoge. Er umfasst dabei sowohl das Konzept des „Nusach" (der musikalische Stil und Melos einer jüdischen Gemeinde, bzw. der freie, improvisierte Gesang des Kantors/Vorbeters auf der Grundlage bestimmter melodischer Sets und Motive), als auch auskomponierte Werke für den synagogalen Gesang. Vgl. hierzu: Bohlman, Philip V., *Jewish Music and Modernity*, New York 2008, S. 102–103.

16 Die rabbinische Literatur umfasst das gesamte Spektrum religiöser Schriften jüdischer Gelehrter seit Entstehung des rabbinischen Judentums im 1. Jh. n. Z. bis heute. Meist bezieht sich der Begriff jedoch auf schriftliche Werke (wie Talmud und Midraschim) des talmudischen Zeitalters (70–500 n. Z.). Wie Günter Stemberger erklärt, hat das rabbinische Judentum zwar nie „die einzige Ausprägung jüdischen Lebens dargestellt", ist jedoch „durch eine Entwicklung von Jahrhunderten zum ‚normativen Judentum' geworden, als das man es gern für die ganze Periode gesehen hat". Vgl. Stemberger, Günter, *Einleitung in Talmud und Midrasch*, 8. neubearbeitete Auflage, München 1992, hier S. 15.

17 Vgl. Friedmann, Jonathan L., „Introduction", in: *Perspectives on Jewish Music. Secular and Sacred*, hg. von Jonathan L. Friedmann, Lanham und Plymouth 2009, S. 1–7, hier S. 2.

monides (ca. 1135-1204) später in seinen *Responsa* zusammenfasste: Da das Spielen von Instrumenten ein zentraler Bestandteil des ehemaligen Tempeldienstes war, ist es als Zeichen der Trauer über die Zerstörung des Tempels in der Synagoge am Shabbat und anderen Feiertagen verboten.[18] Denn Musik gilt im Judentum als Ausdruck der Freude.[19] Weiterhin sind alle Arten das Singens und Spielens profaner, hier gleichgesetzt mit nicht-jüdischen Musiktraditionen, sowie Lieder mit frivolen Inhalten verboten. Auch das Singen und Musizieren im Zusammenhang mit dem Konsum von Alkohol ist untersagt sowie das Beiwohnen von öffentlichen musikalischen Aufführungen von Frauen.[20] Letzteres geht mit der Aufteilung des jüdischen religiösen wie auch sozialen und kulturellen Lebens in zwei komplementäre Bereiche einher, die ihren Ursprung im talmudischen Diktum Berakhot 24a hat, wo es heißt: „Kol b'isha erwa" (Hebr. „die Stimme der Frau ist Nacktheit", hier im Sinne von sexuell aufreizend).

Was hier zunächst nach einer zusammenhanglosen Aufzählung einzelner Verbote bezüglich des Musizierens aussieht, erklärt sich daraus, dass sowohl die antiken Rabbiner als auch Juden und Jüdinnen – die sich sehr wohl als ein musikalisches Volk verstehen[21] – bis heute Musik als ein Mittel zur kulturellen und religiösen Abgrenzung einsetzen. Denn Musik ist, wie Martin Stokes erklärt, „[a] means by which people recognize identities and places, and the boundaries wich separate them."[22] Um eben jene Etablierung religiöser und kultureller Grenzen geht es in den rabbinischen Auseinandersetzungen zur Musik. Durch Musik soll der interne Zusammenhalt der jüdischen Gemeinschaft verstärkt und eine klangliche Verteidigungslinie gegen die „Angriffe der Mehrheitsgesellschaft" errichtet werden, wie Jonathan L. Friedmann erklärt.[23]

In diesem Zusammenhang drückt sich die Angst vor dem Angriff aus der Mehrheitsgesellschaft unter anderem in der Sorge der Rabbiner um den Verfall der Sittlichkeit aus. So schwebte vor allem die Trinität der Freuden – Wein, Frauen und Gesang – wie ein Damokles-Schwert über den Israeliten, welches die Gläubigen vom Wesentlichen des Lebens (Gott) abzulenken vermochte.[24] Dabei stellt besonders die emotionale und manipulative Kraft der Musik eine Gefahr für Moral und Ethos jüdischer Gemeinden dar, was ein Verbot des pro-

---

18 Vgl. Goodman, Mark S., „The Folk and Folk/Rock Movement of the Sixties and its Influence on the Contemporary Jewish Worship Service", in: *Perspectives on Jewish Music. Secular and Sacred*, hg. von Jonathan L. Friedmann, Lanham und Plymouth 2009, S. 41–55, hier S. 42.
19 Grözinger, Karl Erich, *Musik und Gesang in der Theologie der frühen jüdischen Literatur*, Tübingen 1982, S. 228 ff.
20 Vgl. Shiloah, Amnon, „The attitude towards music of religious authorities", in: *The Dimensions of Music in Islamic and Jewish Culture*, hg. von Amnon Shiloah, Aldershot, Burlington 1993, S. XII, 1-11, hier S. 10; wie Anmerkung 16, S. 246.
21 Vgl. Friedmann, Jonathan L., *Introduction*, 2009, S. 2.
22 Ebd.
23 Ebd.
24 Vgl. Farmer, Henry Georg, „Maimonides on Listening to Music", in: *Journal of the Royal Asiatic Society of Great Britain and Ireland*, No. 4 (Oct. 1933), S. 867–884, hier S. 867. Vgl. ebenfalls Grözinger, Karl Erich, *Musik und Gesang in der Theologie der frühen jüdischen Literatur*, 1982, S. 247.

fanen Gesanges zur Folge hatte. Wie Amnon Shiloah erklärt, gingen die Rabbiner davon aus, dass besonders säkulare Musik im Hörer spontane und damit unkontrollierbare Reaktionen hervorrufe, die zu einem Kontrollverlust über dessen Vernunft und Verhalten und damit zur Abkehr des Gläubigen von seiner Religion führen kann. Dies steht jedoch im Gegensatz zu den religiösen Grundsätzen des Judentums.[25] Denn, so Shiloah:

> Even the inspirational power the mystics attributed to music presupposes the use of man's inner resources for his spiritual experience rahter than relying on the words of the scriptures that should be, according to the religious doctors, the only way to the true knowledge of God and all He has created. At a more sophisticated level it may be seen as a kind of polytheism.[26]

Der hier angesprochene Kontrollverlust hängt wiederum eng mit der Auflösung des Sanhedrins zusammen, wie es in Mischna[27] Sotah 9:11 beschrieben wird:

> „Früher war die Furcht vor dem Synhedrium[28] auf ihnen [den Sängern], so daß sie keine Schändlichkeiten in [ihren] Lied[ern] sangen. Aber jetzt, wo die Furcht vor dem Synhedrium nicht mehr auf ihnen liegt, da singen sie Schändlichkeiten in [ihren] Lied[ern]."[29]

Mit dem Wegfall des Hohen Rates befürchtete man, dass das Singen nicht-liturgischer Lieder in *divrei nevalah* – Obszönitäten (hier v.a. in Form von Liebesliedern und Poesie) – abgleiten würde, was ein weiteres Motiv für das Verbot säkularer Musik darstellt. Besonders Instrumentalmusik wurde im antiken Israel mit weltlicher (nicht-jüdischer) Musik gleichgesetzt und widerspricht damit der Vorstellung des jüdischen Volkes als einer „sacred nation".[30]

---

25 Diese Haltung der Rabbiner basiert auf einer historischen Vorlage. Im Babylonischen Talmud, in Chagigah 15b heißt es „Greek song did not cease from his mouth", was auf die Beziehung zwischen Götzendienst und Musik hinweist. Diese Talmudstelle bezieht sich auf Rabbi Elisha ben Abuyah (vor 70 n. Z. in Jerusalem geboren), der wegen seiner ausschweifenden Beschäftigungen mit mystischen und gnostischen Fragen, sowie mit griechischer Philosophie – und v.a. dem Singen griechischer Lieder (Jerusalemer Talmud, Megillah 1:9) – der Abtrünnigkeit vom Judentum beschuldig wurde. Daher erhielt er den Beinamen „Acher" (Heb. „der Andere"). Acher hatte nicht nur das Gebot der Gesanglosigkeit übertreten, vielmehr hatte man vermutet, dass die (nicht-jüdischen) griechischen Lieder ketzerische Inhalte besaßen. Für nähere Informationen Vgl. Rubenstein, Jeffrey, „Elisha ben Abuya: Torah and the Sinful Sage", in: *Journal of Jewish Thought and Philosophy* 7, Nr. 2 (1998), S. 139–225; Goshen-Gottstein, Alon, *The Sinner and the Amnesiac: The Rabbinic Invention of Elisha Ben Abuya and Eleazar Ben Arach*, Stanford 2000; Grözinger, Musik und Gesang, S. 47.
26 Shiloah, The Attitude Towards Music, S. 5–6.
27 Die Mischna (Hebr. „Wiederholung") bildet die Basis des Talmuds, welcher das bedeutendste Schriftwerk des Judentums ist. Sie ist die erste umfassende Aufzeichnung der mündlichen Tora und somit eine der wichtigsten Sammlungen religionsgesetzlicher Überlieferungen des rabbinischen Judentums.
28 Das Synhedrium, oder Sanhedrin (der Hohe Rat), war zu Zeiten des Jerusalemer Tempels die oberste jüdische, religiöse sowie politische Instanz, sprich das oberste Gericht.
29 Zitiert nach Grözinger, Musik und Gesang, S. 249.
30 Shiloah, The Attitude Towards Music, S. 9.

Ein weiteres Motiv findet sich im Babylonischen Talmud in Sanhedrin 12:10, wo vor dem Musizieren im Zusammenhang mit Alkoholkonsum gewarnt wird: „R. Aqiva sagt: Wer beim Trinkgelage beim [Singen des] Hohenliedes seine Stimme hin und her schwingen läßt und es zu einer Art [Profan-]Gesang (zemer) macht, hat keinen Anteil an der kommenden Welt."[31] Dieses Verbot bezieht sich besonders auf Situationen, in denen der Konsum von Alkohol und das Musizieren dem reinen Selbstzweck dienen, und erhält besonderes Gewicht in Kontexten, in denen Musik, Wein und Prostitution miteinander in Verbindung gebracht werden.

Formierung einer Idee synagogaler Musik

Welche Konsequenzen haben diese Restriktionen für die Formierung einer Idee synagogaler Musik? Die hier beschriebenen rabbinischen Bestimmungen zur Musik beinhalten einen Diskurs darüber, was als Musik bezeichnet wird und was nicht, und demnach, welche Art von musikalischer Äußerung im synagogalen Gottesdienst erlaubt ist und welche nicht. Zusammenfassend kann festgehalten werden, dass die Kantillation – die Vertonung religiöser Texte durch den Kantor/Vorbeter – nicht zum rabbinischen Konzept von Musik gezählt wird, im Gegensatz zu Instrumentalmusik und säkularen Musiktraditionen (wie etwa Volkslieder). Die einfache Kantillation, welche dem Text – und damit keinem reinen Selbstzweck – dient, ist folglich als musikalische Äußerung in der Synagoge erlaubt. Die Torakantillation wie auch die Rezitation von Gebeten folgen einfachen Mustern der modalen Improvisation (genannt Nusach),[32] auf deren Grundlage der Kantor eine Melodie kreiert, die als Mittel zur Interpretation des hebräischen Textes dient und somit den Inhalt der heiligen Texte sinngemäß und eindrucksvoll wiedergibt.[33] Die Kantillation passt sich der natürlichen Sprachmelodie und dem Sprachrhythmus an und funktioniert nach ästhetischen Prinzipien, die gemäß rabbinischer Vorstellung nur angemessene emotionale Reaktionen im Hörer hervorrufen. Der kantorale, in der Regel unbegleitete Gesang ist daher durch die Verwendung der hebräischen Sprache und melodischer Motive eigener jüdischer Provenienz gekennzeichnet. Die Melodien, welche für die Torakantillation verwendet werden, begreifen die Rabbiner

---

31 Zitiert nach Grözinger, Musik und Gesang, S. 248.
32 Die Rezitation von Gebeten im Judentum erfolgt mit einfachen Mustern der modalen Improvisation genannt „Nusach". Diese werden innerhalb einer lokalen Tradition mündlich überliefert. Der Begriff „Nusach" bezeichnet in Bezug auf die Musik Tonskalen und ein variierendes Set melodischer Motive, die mit den alten Kirchentonarten vergleichbar sind. „Nusach" bildet die Grundlage des kantoralen Musikrepertoires in der Synagoge. In der jüdischen Liturgie gibt es für jede Tages- und Jahreszeit, sowie für die verschiedenen Feiertage jeweils einen bestimmten „Nusach" (Gebetsmodus). Vgl. Kalib, Sholom, *The Musical Tradition of the Eastern European Synagogue*, Volume One: *Introduction: History and Definition*, Part One. Text, Syracuse 2002, S. 92–101.
33 In Taanit 16a sagt Raschi, dass der Vorbeter eine angenehme Stimme besitzen und den Text mit einer lieblichen, „parfümierten" Melodie wiedergeben solle, was die Herzen der Gläubigen anzieht. Vgl. Grözinger, Musik und Gesang, 1982, S. 108.

als *mi sinai* – sprich: als Melodien, die Moses am Berg Sinai übergeben wurden. Die Melodien sind damit integraler Bestandteil der Tora und gelten als „gesungenes Gotteslob", denn: „Dieser Melodie galt, wie jedem Gotteslob und dem Studium der Tora überhaupt, die Verheißung der Gegenwart Gottes, was sicherlich auch für das Singen gerade im synagogalen Gottesdienst eine Rolle spielte."[34] Während der Kantor als Übermittler der Botschaft des Textes gilt und sein Gesang die Funktion hat, die Konzentration des Hörers auf die Inhalte der Texte zu fördern, so hat die Melodie die Aufgabe, Mensch und Gott zusammenzuführen.[35]

Auf dieser Grundlage des rabbinischen Diskurses über Musik hat sich im Laufe der Jahrhunderte eine Idee synagogaler Musik etabliert. Ganz gleich welches vereinheitlichende musikalische Konzept im Zusammenhang mit dem Tempeldienst einst entstanden sein mag,[36] es steht in keinem Gegensatz zur Idee einer synagogalen Musik, obwohl diese durch das Leben vieler Generationen von Juden und Jüdinnen in der Diaspora und die Übernahme lokaler Musiktraditionen eigentlich ad absurdum geführt wurde. Denn diese ist nach wie vor durch einen gewissen Grad an Exklusivität gekennzeichnet:

> [All] Jewish groups possess their own songs. [...] The decisive fact is that the songs which are generally classified as typically Jewish are being sung at present by Jews exclusively. Even when borrowed, these songs are often reshaped in a really creative way and fused with original elements into an organic reality.[37]

Obwohl die Musik der Synagoge seit dem Aufkommen des Reformjudentums in Deutschland im 19. Jahrhundert – und in seiner späteren Fortführung in den USA im 20. und 21. Jahrhundert – immer wieder musikalischen Neuerungsprozessen unterlag, ist festzustellen, dass jene Exklusivität – sprich: die einzigartige Verbindung von Elementen des traditionellen Chazzanuts[38] mit Aspekten zeitgenössischer (Kunst-)Musik – ein feststehendes Charakteristikum synagogaler Musik zu sein scheint.[39] Dadurch wird nicht nur eine maßgebliche Grenze zwischen sakraler und säkularer Musik im Judentum gezogen, sondern auch zwischen der Musik der Männer (dem traditionellen Gesang in der Synagoge) und der Musik der Frauen (den para-liturgischen und profanen Liedtraditionen außerhalb des synagogalen Gottesdienstes), wie im Folgenden dargestellt wird.

---

34 Grözinger, Musik und Gesang, S. 118/119.
35 Vgl. Shiloah, *The attitude towards music of religious authorities*, 1993, S. 5-9; Grözinger, Musik und Gesang, 1982, S. 119.
36 Vgl. hierzu Grözinger, Musik und Gesang, S. 119 ff.
37 Eric Werner zitiert nach Friedmann, Introduction, S. 4.
38 Vgl. Anmerkung 15.
39 Vgl. Goodman, The Folk and Folk/Rock Movement, S. 44-45.

Musik der Frauen – Teil oder nicht Teil des Kanons?

Die oben erwähnte Etablierung einer Idee synagogaler Musik, die auf der Trennung zwischen sakraler und säkularer Musik basiert, steht in einem direkten Zusammenhang mit der Trennung der Geschlechter im traditionellen Judentum in einen öffentlichen, sakralen Bereich der Männer und einen privaten, säkularen Bereich der Frauen. Im Judentum gelten Frauen, die Musik machen, in der Regel als gefährliche Verführerinnen, die mit betörenden Gesängen die Männer vom Gebet ablenken. Daher unterliegt die Stimme der Frau scharfen Restriktionen, welche bis heute Auswirkungen auf das Musikschaffen jüdischer Frauen haben.[40]

Ausschlaggebend für die Regulierung musikalischer Betätigungen von Frauen ist die bereits erwähnte Passage Berakhot 24a aus dem Babylonischen Talmud, wo es heißt: „Samuel said: [Kol b'isha erwa] A woman's voice is a sexual incitement, as it says, for sweet is thy voice and thy countenance is comely". Berakhot 24a ist eine rabbinische Auslegung eines Verses aus dem Hohelied der Liebe (2:14).[41] Das hier enthaltene Diktum, kurz *Kol Isha*, besagt, dass die Sprech- und Singstimme einer Frau sinnliche und verführerische Qualitäten besitzt, und demnach als Quelle sexueller Stimulation gilt. Daher wird die Stimme der Frau als eine ernst zu nehmende Ablenkung der Männer von ihrem Gebet verstanden und zum Wohle der gesamten Gemeinde (im Hebräischen: *kevod ha-zibur*)[42] aus dem Synagogen-Gottesdienst verbannt,[43] wie es auch aus Sotha 48a hervorgeht: „R. Joseph said: When men sing and women join in it is licentiousness; when women sing and men join in it is like fire in tow. For what practical purpose is this mentioned? – To abolish the latter before the former".

Ursprünglich war das Konzept der *Kol Isha* ein Gebot für Männer, sich während des Gebets von den Stimmen der Frauen fernzuhalten, wurde jedoch in ein Verbot für Frauen umformuliert. Im traditionellen Judentum führt diese Interpretation von *Kol Isha* bis heute zur räumliche Trennung der Geschlechter während des synagogalen Gottesdienstes und hat somit den Ausschluss der Frauen von der vokalen Teilnahme am selbigen zur Folge, was deren Exklusion von den zentralen Bereichen der Religionspraxis bedeutet: Frauen werden daher nicht zum ‚Minyan' (dem Quorum von zehn Männern; der traditionellen Art und Weise der Ausübung jüdischer Gebete) gezählt, dürfen nicht öffentlich aus der Tora lesen und die Gemeinde

---

40 Jacobson, Joshua „Jewish women in music", in: *Music Faculty Publications*, Paper 4 (2001), http://hdl.handle.net/2047/d20000650 (eingesehen am 16.5.2013), S. 55.
41 Hohelied 2:14: „Meine Taube in den Felsklüften, in den Steinritzen, zeige mir deine Gestalt, laß mich hören deine Stimme; denn die Stimme ist süß, und deine Gestalt ist lieblich."
42 Für eine weiterführende Diskussion zu „kevod ha-zibur" und dessen Auswirkung auf die Teilnahme jüdischer Frauen am Synagogengottesdienst Vgl.: Rhein, Valerie, „Transforming Traditions: Halakhah, Women, and Kriat Ha-Torah", in: *Gender, Memory, and Judaism*, hg. von Judit Gazsi, Andrea Pető, und Zsuzsanna Toronyi, Budapest 2007, S. 67-73.
43 Vgl. Berman, Saul J., „Kol' Isha", in: *Rabbi Joseph H. Lookstein Memorial Volume*, hg. von Leo Landman, Jersey City 1981, S. 45-66. Für eine weiterführende Diskussion zum talmudischen Diktum „Kol Isha" vgl. Koskoff, Ellen, „Both In and Between. Women's Musical Roles in Ritual Life", in: *Concilium 202* (1989), S. 82-93, hier S. 85; Steinsaltz, Adin, *Guide to Jewish Prayer*, New York 2000, S. 26 ff.

nicht in Gebet und Gesang leiten. Folglich haben Frauen weder religiöse Pflichten noch Rechte und werden, wie Ellen Koskoff schreibt, auf wirksamste Weise davor bewahrt, ungehindert an den Ritualen – und damit auch an den musikalischen Traditionen – der Männer teilzunehmen.[44] Wie weit das talmudische Diktum *Kol Isha* heute ins Leben jüdischer Frauen und Mädchen hineinreicht, zeigt sich in aktuellen Diskussionen orthodoxer Rabbiner: Ihnen stellt sich die Frage, ob jegliches Singen von Frauen verboten ist oder ob es nur in Kontexten des öffentlichen Lebens untersagt ist? Ist das Hören von Frauenstimmen im Radio oder auf CD verboten, wo *Mann* sie nicht sehen kann? Dürfen Frauen in gemischten Chören singen? Obwohl *Kol Isha* innerhalb der verschiedenen Denominationen des Judentums (Progressive, Reformer, Konservative) immer wieder neu diskutiert, interpretiert und an die aktuellen Gegebenheiten und sozialen Strukturen der Gemeinden angepasst wird, so repräsentiert dieses talmudische Diktum eine mal mehr und mal weniger sichtbare Grenze zwischen den Geschlechtern und den einzelnen Bereichen des jüdischen Musiklebens.

Besonders spürbar ist diese Grenze jedoch in Bezug auf synagogale Musik, wo deutlich wird, dass die rabbinischen Bestimmungen hier weit mehr als nur abstrakte Diskussionen sind. Denn der kantorale Gesang – mit all seinen Veränderungen und Entwicklungen in den vergangenen Jahrhunderten – ist nach wie vor das Herzstück des Synagogen-Gottesdienstes und damit der Kern des Kanons jüdischer Ritualmusik, welcher die gemeinsamen Werte und Normen des Judentums repräsentiert, von dem Frauen aufgrund von *Kol Isha* bis vor wenigen Jahrzehnten selbst in liberalen Synagogen-Gemeinden noch weitestgehend ausgeschlossen waren. Grund dafür ist, dass es Frauen nicht möglich war, die synagogalen Musiktraditionen (den kantoralen Gesang) von Grund auf zu erlernen, somit selbst anzuwenden und zu verstehen, was einer eingeschränkten Erfahrbarkeit der jüdischen Religion gleichkommt. Im Vergleich zum Gebet der Männer werden den traditionellen Gebeten jüdischer Frauen daher keine öffentlichen und zeremoniellen Aspekte zugeschrieben.[45] Vielmehr werden sie auf den reinen „Dienst des Herzens"[46] – und damit auf die direkte persönliche Verbindung zu Gott – beschränkt.[47] Bis zu dem Zeitpunkt, als das Konzept der *Kol Isha* ein zentraler Aspekt jüdisch-feministischer Kritik wurde, war es Frauen nicht möglich, voll umfänglich am jüdischen Erbe und Gedächtnis teilzuhaben, welches sich nicht zuletzt in der musikalischen Praxis der Synagoge manifestiert und darüber hinaus die jüdische Identität der Gemeinde konstituiert.

Doch trotz der hier beschriebenen rabbinischen Restriktionen haben Frauen niemals geschwiegen. Zwar ist es ihnen verboten, in der Gegenwart der Männer zu singen, jedoch

---

44 Koskoff, „Both In and Between.", S. 85.
45 Vgl. Weissler, Chava, *Voices of the Matriarchs: Listening to the Prayers of Early Modern Jewish Women*, Boston 1998.
46 Der Talmud definiert das jüdische Gebet als einen sogenannten „Dienst des Herzens" (Vgl. Taanit 2a), was wiederum auf den biblischen Vers in Deut. 11:13 zurückgeht, in dem es heißt: „Wenn ihr nun meinen Geboten eifrig gehorcht, die ich euch heute gebiete, so dass ihr den Herrn, euren Gott, liebt und ihm mit eurem ganzen Herzen und mit eurer ganzen Seele dient."
47 Vgl. Steinsaltz, Guide to Jewish Prayer, S. 27

nicht in Kontexten, in denen sie (und Kinder) unter sich sind. Seit jeher findet das religiöse Leben der Frauen im Privaten – abseits der öffentlichen Religionspraxis der Männer – statt, wo sie fernab des spirituellen Pfads des Rechtsstudiums und des Argumentierens der Männer andere Wege zu Gott in Form von eigenen Ritualen und liturgischen Gesängen entwickelten und auch als Vorbeterinnen fungieren konnten.[48] Die liturgischen Musiktraditionen jüdischer Frauen sind jedoch wenig erforscht, und es gibt kaum historische Dokumente, die diese belegen und näher beschreiben.

Der bestehenden Forschung zur liturgischen Musik jüdischer Frauen ist jedoch zu entnehmen,[49] dass sie mit ihrer Musik all die oben beschriebenen, rabbinischen Verbote und Restriktionen bezüglich Musik gebrochen haben, weshalb ihre Musik lange Zeit nicht Bestandteil des Kanons synagogaler Musik war. So ist die Musik der Frauen meist durch instrumentale Begleitung, der Adaption „nicht-jüdischer" Musiktraditionen aus ihrer jeweiligen Umgebungskultur sowie durch den Gebrauch verschiedener Sprachen in ihren Liedtexten (neben Hebräisch auch Jiddisch, Ladino/Judeo-Spanisch, Englisch und weitere lokale Sprachen der Diaspora) gekennzeichnet. Zudem singen sie in der Öffentlichkeit, wie etwa bei Konzerten, und verdienen ihren Lebensunterhalt als professionelle Musikerinnen. Darüber hinaus setzten sie bewusst auf die emotionale Wirkkraft der Musik als Trägerin spiritueller Gefühle und religiöser Emotionen, die weit über das geschriebene Wort hinausgehen.[50] Solange Frauen jedoch im privaten Bereich, abseits der Männer, musizieren, stellen weder Inhalt, musikalische Struktur und Ästhetik noch die Aufführungspraxis ein Problem für den synagogalen Gottesdienst – bzw. für Männer – dar. Dies änderte sich jedoch im Zuge des jüdischen Feminismus des 20. und 21. Jahrhunderts und der Entstehung einer prononciert jüdisch-feministischen Musik. Seither fordern jüdische Singer-Songwriterinnen, wie beispielsweise Debbie Friedman (1952–2011), ihre musikalischen Rechte im Judentum ein und verlangen nicht nur als Kantorinnen und Rabbinerinnen ausgebildet zu werden und tätig zu sein, sondern auch, dass deren eigene Form liturgischer Musik als integraler Bestandteil im Synagogengottesdienst und damit in den Kanon jüdisch-liturgischer Musik aufgenommen wird. Mit ihrer Musik haben jüdisch-feministische Musikerinnen die Grenzen zwischen sakraler und säkularer Musik im Judentum aufgelöst, wie im Folgenden dargestellt wird.

---

48 Plaskow, Judith, *Und wieder stehen wir am Sinai: Eine jüdisch-feministische Theologie*, Luzern 1992, S. 95.
49 Vgl. zum Beispiel Koskoff, Ellen, Miriam Sings Her Song: „The Self and the Other in Anthropological Discourse", in: *Musicology and Difference. Gender and Sexuality in Music Scholarship*, hg. von Ruth A. Solie Berkeley, Los Angeles, London 1993, S. 149–163; dies., *Music in Lubavitcher Life*, Urbana 2001; Ross, Sarah, *Performing the Political in American Jewish-Feminist Musik*, Dissertation an der Hochschule für Musik und Theater Rostock 2009.
50 Vgl. Paloma, Vanessa, Gender and Liturgy in Music: Masculine and Feminine Forms of Language and Ritual in Sephardic Secular and Sacred Music, in: *Perspectives on Jewish Music. Secular and Sacred*, hg. von Jonathan Friedmann, Lanham, Plymouth 2009, S. 77–96, hier S. 78.

Sarah M. Ross

Musikalische Grenzgängerinnen –
Ansichten zur Musik aus Jüdisch-Feministischer Perspektive[51]

Bis in die 1960er Jahre hinein war synagogale Musik in den USA auf anspruchsvolle Chormusik und kantorale Kunstmusik beschränkt. Im gesellschaftlichen Umfeld der emanzipatorischen Bewegungen der *American Counterculture* der 1960er und 70er Jahre begann ein neuer Diskurs über jüdische Identität und Musik. Zwischen den Kraftfeldern von Tradition und Moderne, Assimilation und Dissimilation wurden die althergebrachten, meist patriarchalisch geprägten Normen des Judentums neu verhandelt: und zwar auf kultureller wie auch auf religiöser Ebene. Infolge dessen entwickelte sich eine neue Form jüdisch-liturgischer Musik. Junge Musiker und Musikerinnen trugen den Sound und die Aufführungspraxis der meist politisch motivierten Folk-Songs jener Zeit in die Synagogen der Reformbewegung und des *Conservative Movement*. Sie begannen amerikanische Populärmusik mit den Texten der jüdischen Liturgie zu verbinden, die sie vom Hebräischen ins Englische übertrugen. Es entstanden eingängige, leicht singbare Lieder für Gitarrenbegleitung und gemeinschaftlichen Gesang, die fortan auch unter dem Label *New Jewish Music* bekannt wurden.[52]

Jene progressiven und revolutionären Jahre wurden nicht zuletzt auch von der Frauenbewegung vorangetragen, welche auch vor dem amerikanischen Judentum keinen Halt machte. In den USA kam der jüdische Feminismus auf, in dessen Kontext jüdische Frauen ihre Ungleichbehandlung im Judentum kritisierten und versuchten, ihren religiösen, rechtlichen und sozialen Status zu verbessern. Das primäre Ziel des jüdischen Feminismus war und ist die Implementierung einer Gender-Gleichberechtigung im Bereich der Liturgie und damit die Schaffung einer egalitären Form des jüdischen Gottesdienstes, in der Männer und Frauen *gemeinsam* zu einem spirituellen Erlebnis finden können.

---

51 Für umfassendere Darstellungen vgl.: Ross, Performing the Political; dies., „How Does One Sing to a God Who Isn't the Lord? Sacred Singing in American-Jewish Feminism", in: *Sacred Singing and Musical Spirituality*, hg. von Ian Russel und Frances Wilkins, (= Sonderband von *Musiké, International Journal of Ethnomusicological Studies*, Vol.5/6.), 2009, S. 201–216; dies., „Die sinnliche Erfahrbarkeit Gottes. Zur Ästhetik Jüdisch-Feministischer Musik in den USA", in: *pop:aesthetiken: Beiträge zum Schönen in der populären Musik*, (= Populäre Musik 2), hg. von Anja Brunner und Michael Parzer, Innsbruck 2010, S. 113–138; dies., „What Would Miriam Sing? Die Prophetin Miriam als Vorbild und Inspiration Jüdisch-Feministischer Ritualmusik", in: *Musik | Kultur | Wissenschaft, Rostocker Schriften zur Musikwissenschaft und Musikpädagogik*, hg. von Hartmut Möller und Martin Schröder, Essen 2011, S. 19–41; dies. „Translating American-Jewish Feminism through Mediterranean Music: Reflections on Consuelo Luz's Compositions within the Context of Crypto-Jewish Tradition", in: *Journal of Mediterranean Studies: History, Culture and Society in the Mediterranean World*, Vol. 21, Number 2 (2012), S. 303–320.

52 Vgl. Kligman, Mark, „Recent trends in new American Jewish music", in: *The Cambridge Companion to American Judaism*, Cambridge 2005, S. 363–379; Cohen, Judah M., „Singing Out for Judaism: A History of Song Leaders and Song Leading at Olin-Sang-Ruby Union Institute", in: *A Place of Our Own*, hg. von Michael M. Lorge und Gary P. Zola, Tuscaloosa 2006, S. 173–208; Goodman, The Folk and Folk/Rock Movement, S. 44 ff.

Voraussetzung dafür war zunächst eine Neuinterpretierung des negativ konnotierten Diktums *Kol Isha*. Erst durch die Abschaffung der Stigmatisierung der Stimme der Frau konnte die Geschlechtertrennung (zumindest) in egalitären Gemeinden gänzlich aufgehoben und Frauen als vollständige Gemeindemitglieder anerkannt werden. Des Weiteren konnten Frauen nun auch Führungspositionen wie das Amt der Rabbinerin oder Kantorin übernehmen.[53]

Eine tatsächliche Gleichberechtigung von Frauen und Männern stand jedoch in den 1980er und -90er Jahren immer noch aus. Trotz der ‚äußeren' Veränderungen in der amerikanisch-jüdischen Gemeinschaft standen Frauen nach wie vor ihrer religiösen, spirituellen und kulturellen Identität ambivalent gegenüber, da sie sich in den Texten der jüdischen Liturgie noch immer nicht wiederfinden konnten. Es wurde daher kritisiert, dass der Prozess der Gleichberechtigung von Männern und Frauen nicht bis in den Kontext der Liturgie vorgedrungen war. Im Synagogengottesdienst wurden keine egalitären geistlichen Texte, Gebete und Lieder verwendet, durch die *auch* Frauen eine spirituelle Erkenntnis in Gott finden konnten.[54] Jüdische Feministinnen begannen sich im Kontext des sog. *New Jewish Feminism* (seit Ende der 1980er Jahre)[55] auf die Veränderung der ‚internen' und substantiellen Faktoren der jüdischen Religionspraxis zu konzentrieren. Sie diskutierten die patriarchale Grundhaltung jüdischer Traditionen, welche die Ansichten und Anliegen von Frauen ignoriert. Ausgehend von der zentralen Frage „does [Jewish] theology speak to women's experiences?" begannen sie, die jüdische Geschichte und Tradition neu zu lesen und neu zu schreiben, um Alternativen zum herkömmlichen Verständnis des Judentums aufzuzeigen.[56] Dies resultierte in der Erfindung eigener Gebete, religiöser Rituale und liturgischer Melodien feministischer Prägung, welche die Frauen als ein Korrektiv den religiösen Praktiken der Männer – und damit dem klassischen Kanon synagogaler Musik – gegenüber stellten. Die so entstandene jüdisch-feministische Musik kann als ein Sub-Genre der oben erwähnten *New Jewish Music* angesehen werden. Seitdem nun auch Aspekte wie Gender, Ethnizität, Herkunft/Klasse oder etwa die sexuelle Orientierung eines Menschen im Judentum bei der Auswahl der Gebetssprache, religiöser Symbole und Melodien überhaupt eine Rolle spielen, gibt es auch identifizierbare Frauenstimmen in Gottesdiensten amerikanischer Synagogengemeinden und wird *Kol Isha* als eine positiv konnotierte Metapher für die Diversität der Stimmen jüdischer Frauen betrachtet, welche auch das Wissen von Frauen über das Judentum und deren Vor-

---

53 Die vokale Teilnahme der Frauen am jüdischen Gottesdienst durch den Wegfall des talmudischen Diktums *Kol Isha*, und damit auch das Musizieren im öffentlichen Raum, hat ausschließlich Auswirkungen auf liberale jüdische Gemeinden. Im Kontext des orthodoxen Judentums ist das Diktum der *Kol Isha* immer noch maßgeblich. Somit bezieht sich auch die Forschung zu jüdisch-feministischer Musik hauptsächlich auf den Kontext des liberalen Judentums, Vgl. Ross, Performing the Political.
54 Vgl. Ackelsberg, Martha, „Spirituality, Community, and Politics: B'not Esh and the Feminist Reconstruction of Judaism", in: *Journal of Feminist Studies in Religion*, Vol. 2/2 (1986), S. 109–120, hier S. 109–111.
55 Vgl. Ross, Performing the Political, S. 83 ff.
56 Christ, Carol P./Plaskow, Judith, *Womanspirit Rising: A Feminist Reader in Religion*, New York 1992, S. 19.

stellungen einer jüdischen Religionspraxis symbolisiert. Das Schlagwort „Stimme" steht seither für die Übernahme einer aktiven und kreativen Rolle von Frauen im Judentum.

Zur Integration jüdisch-feministischer Musik in die religiöse Praxis

Ausgehend von der Tatsache, dass ca. 95% des Synagogen-Gottesdienstes aus Musik besteht, ist besonders der Gebrauch der immer gleichen, traditionellen Gesänge für Frauen problematisch, da sie sich häufig weder durch die Liedtexte angesprochen fühlen noch die Melodien auch für Frauenstimmen komponiert sind (was bes. für Kantorinnen eine Herausforderung darstellt).

Besonders die Konzeptualisierung Gottes (die abstrakte Art und Weise, wie Gott in der realen Welt verstanden und vergegenwärtigt wird), welche im Judentum von zentraler Bedeutung ist, spielt hier eine gewichtige Rolle, da diese sowohl Auswirkungen auf die Textur jüdischer Gebete und sakraler Gesänge hat, als auch auf die Art und Weise wie beides im Kontext des Gottesdienstes ausgeführt wird. Das jüdische Gebet ist somit nicht nur eine Liturgie, sondern auch eine Performance und entscheidet darüber, inwiefern Frauen in den Gottesdienst mit einbezogen werden und inwiefern eine gemeinschaftliche Einheit und Identität unter Männern und Frauen geschaffen werden kann. Das bedeutet im Umkehrschluss, dass auch jüdisch-feministische Konzepte von Gott untrennbar mit der Struktur feministischer Gebete, Rituale und Musik verbunden sind.

Sacred Lyrics – Zur Reflexion eines feministischen Gottes-Konzeptes in den Liedtexten

Im traditionellen Judentum wird Gott primär in der männlichen Form vergegenwärtigt, nämlich als der „Sky God", wie es Rabbinerin Margot Stein in einem Interview ausdrückte, der über und außerhalb unserer Wahrnehmung steht. Infolge dessen spiegelt auch die textliche Struktur des normativen, schriftlich fixierten Gebets die direkte „Ich-Du" Beziehung des Einzelnen mit dem *Avinu Malkenu* („Unsern Vater, unsern König") oder etwa dem „Adon Olam" („dem Herrscher der Welt") wider. So wird das jüdische Gebet in erster Linie als das Gebet der Männer verstanden, in dem die gemeinschaftlichen und rituellen Aspekte betont und jede emotionale Ablenkung, wie z.B. die Stimme der Frau, als Störung und Abkehr vom fundamentalen Zweck des Gebets empfunden wird.[57]

So ähnelt auch die Struktur traditioneller Synagogalmusik der Textur standardisierter Gebete. Diesbezüglich erklärte die feministische Songwriterin und Rabbinerin Margot Stein, dass Menschen, die zum „Sky God" singen, für gewöhnlich dazu tendieren, Bitt- und Lobgebete in „grand fashion with big musical flourishes" zu singen.[58] Dadurch soll der religiösen Zeremonie eine fundamentale Qualität von Herrlichkeit und Würde verliehen werden. In

---

57 Vgl. Steinsaltz, Guide to Jewish Prayer, S. 26 ff.
58 Email-Interview mit Rabbinerin Margot Stein, Philadelphia, Oktober 2008.

diesem Zusammenhang erklärte sie weiterhin: „Grand classical musical styles serve that more external God. It's not an accident that the congregation can't sing along. The (male) cantor is the conduit, and the rest of the group are the beneficiaries".[59] Im Kontext normativen Gottesdienstes übernehmen die Betenden, und hier besonders Frauen, eine eher passive Rolle.[60] Rabbi Steins Statement weist darauf hin, wie durch klassische Synagogalmusik die erhöhte Position Gottes, „des Herrn", akzentuiert wird, ebenso wie es auch im Gebetstext selbst kommuniziert wird. Zudem erzeugt diese Musik eine eher elitäre und hierarchische Form des Gottesdienstes, was jedoch im Gegensatz zum feministischen Verständnis von Judentum und jüdischer Liturgie steht. Es wird deutlich, dass die Art und Weise, wie über Gott gesprochen wird, eng mit den sozialen Strukturen einer Gemeinde zusammenhängen. Das bedeutet auch, dass jüdisch-feministische Songwriterinnen sich mit der Schwierigkeit der Sprache in ihren Lyrics auseinandersetzen müssen, die häufig traditionellen sakralen Texten entnommen oder an diese angelehnt sind. Damit also künftig die Stimmen der Frauen in jüdisch-liturgischer Musik gehört werden können, übertragen sie ihre Songtexte vom hebräischen Originaltext, der im Maskulinum verfasst ist, in das sog. "feminist Hebrew" oder in eine andere genderneutrale Gottes-Sprache (z.B. Englisch). Das Hebräische selbst kennt kein Neutrum. Besonders im Kontext von Ritualen, die eng mit den Geboten der Frauen verbunden sind (wie z.B. Niddah, dem Eintauchen in die Mikwe [Ritualbad]), wird der traditionelle Beginn von Segenssprüchen „Baruch Ata Adonai, Elohaynu Melekh ha-Olam…" („Gepriesen seist Du, Ewiger, unser Gott, König der Welt…") als unangemessen empfunden und daher von Judith Plaskow als „sexist, hierarchical, and idolatrous in its fixedness" kritisiert.[61] Vor diesem Hintergrund kombiniert z.B. die Singer-Songwriterin Juliet Spitzer in ihrem *Mikvah Song* die herkömmliche maskuline Version des Segens, der beim Eintauchen in die Mikwe von der Frau rezitiert wird, mit der feministischen Variante desselben, wobei Shechinah (der feminine Aspekt Gottes) Seite an Seite mit Gott, dem Herrn, genannt wird. Somit heißt es in ihrem Lied: „Brucha At Shechina, Elohaynu Ruach ha-Olam, asher kideshanu b'mitzvoteha vetzivanu al ha-t'vilah […] Blessed are you Shechina, Spirit of the world, who has sanctified us with Her commandments and commanded us on immersion."[62] Darüber hinaus sind feministische Song-Texte meist im Plural verfasst, um auf sprachlicher Ebene keinen Unterschied zwischen Mann und Frau in der Liturgie zu machen.

Die Transformation der Sprache alleine genügt jedoch nicht. Wie bereits angedeutet, ist die Re-Konzeptualisierung Gottes im jüdischen Feminismus die weitaus bedeutendere Neuerung. So ist Gott nicht nur der Gott unserer Väter und Patriarchen, sondern auch der unserer Mütter und Matriarchinnen, weshalb auf Gott nicht mehr nur als „den Herrn", „den Allmächtigen" oder „König" verwiesen wird, was Männlichkeit und Dominanz vermittelt, sondern auch auf Shechinah. Letztere wird als der feminine Aspekt des Göttlichen bzw. als

---

59 Ebd.
60 Ebd.
61 Plaskow, Judith, *Standing at Sinai Again. Judaism from a Feminist Perspective*, San Francisco 1990, S. 142.
62 Spitzer, Juliet, *Full Glory: Songs of hope, consolation, and joy*, Hakol Muisc [1998] 2007.

Gottes Manifestation in der Welt verstanden. Zusätzlich zu dem Gebrauch alternativer Metaphern für Gott im Englischen, wie z.B. „the Eternal", „the Beloved" oder einfach nur „You", ist das Singen über Shechinah in jüdisch-feministischen Liedern charakteristisch. Es heißt, dass Shechinah die kreative Schöpferkraft der Frauen verkörpert.

Der Song *Shechinah, My Sister in the Wind* von der in Tennessee geborenen und aufgewachsenen Rabbinerin Geela Rayzel Raphael ist ein Beispiel dafür, wie durch die Re-Integration der Shekhinah in jüdisch-feministischen Liedern die religiöse Identität und das Selbstbewusstsein von Frauen im Kontext der Liturgie wieder gestärkt werden kann. Der Song wurde 1987 von Rabbinerin Raphael geschrieben und ist heute nur als Tonbandaufnahme zugänglich,[63] welche den Titel *Shechinah Songs* trägt. Im Allgemeinen ist die Musik von Raphael, wie die ihrer Kolleginnen, von vielen verschiedenen Musikstilen beeinflusst, wie Countrymusik, Rock'n' Roll, Bluegrass oder Jazz, wobei der Stil dieses Songs als Country-Pop bezeichnet werden kann.

> **Shechinah, My Sister in the Wind**
> (Geela Rayzel Raphael)
>
> I feel supported by the universe
> From the Source of where all life begins,
> Floating through time and space that blankets me
> Gently carried by the wind.
>
> Shechinah! Heal my mind and body
> Shechinah, I call to you my friend,
> Use your powers of radiance
> Help my hurting heart to mend.
>
> Your presence in my life so subtly
> Sometimes I forget to let you in.
> The shelter of Your love protects me
> Shechinah, my sister in the wind.
> […]

Wie aus den ersten Strophen des Liedes hervorgeht, kommuniziert die Verwendung von Redewendungen wie „source of life", „sister" oder „presence in my life" die feministische Gottes-Vorstellung eines um uns und in uns und nicht über uns existierend Gottes bzw. als einer immanenten Präsenz im Leben. Dadurch wird dieses Lied von Frauen als vertrauter und bedeutungsvoller erachtet.[64]

Im Kontext eines feministisch geprägten Rituals oder Gottesdienstes richtet sich der Akt des Betens selbst nicht nur auf die Beziehung zwischen dem Einzelnen und Gott, sondern

---

63 Das Tonband befindet sich im Original im Privatarchiv von Rabbinerin Geela Rayzel Raphael, Philadelphia, und als Kopie im Privatarchiv der Autorin.
64 Im Allgemeinen richtet sich der Fokus jüdisch-feministischer Lieder des Weiteren auf die Geschichten biblischer Frauen, auf alltägliche Bedürfnisse und spezifische Erfahrungen von Frauen (wie

vielmehr auf die Beziehung der Gottesdienstteilnehmer untereinander sowie auf die Beziehung zwischen der Gemeinschaft und Gott. Dies wird, im Vergleich zum traditionellen Gebet, eher als lebensbejahend denn als kontrollierend empfunden.[65] Vor diesem Hintergrund berichtet Rabbinerin Stein, was jüdisch-feministische Musik für sie bedeutet:

> When I sing to the God within and around me I reflect more deeply, I take a more personal approach toward prayer. I see myself more clearly. […] So that is […] the "felt experience" of praying to an imminent God. [While praying, I] want to be embodied, not disembodied. Connected, not disconnected. Brought forth, not overawed.[66]

Eine spirituell erfüllende Gemeinschaft für Männer *und* Frauen zu schaffen, ist eines der zentralsten Anliegen des zeitgenössischen jüdischen Feminismus. In diesem Zusammenhang wird populäre Musik als ein elementarer Bestandteil in der praktischen Umsetzung dieses Vorhabens betrachtet.[67] Dies bedeutet im Umkehrschluss, dass der Re-Konzeptionalisierung des traditionellen Gottesverständnisses, und damit des jüdischen Gebetes, ebenfalls eine Re-Konzeptionalisierung jüdisch-liturgischer Musik folgen musste, um die oben beschriebene Erfahrbarkeit des Judentums für Frauen und die Schaffung eines egalitären Gottesdienst tatsächlich realisieren zu können.

Sacred Sound – Zur Konzeptionalisierung liturgischer Musik

An dieser Stelle drängt sich die Frage auf, was populäre Musik eigentlich zu religiöser Musik macht und warum die klassische synagogale Musik mit jüdisch-feministischen Gebeten und der feministischen Konzeption Gottes unvereinbar ist. Eine eher einfache Antwort auf diese Fragen ist, dass Musik, welche die Betenden emotional nicht bewegt, auch in religiöser Hinsicht ineffektiv ist.[68] Diese Einschätzung wird von jüdisch-feministischen Musikerinnen geteilt. Es ist die sogenannte „folkiness" populärer Musik, die während der „American Counterculture" der 60er-/70er Jahre ihren Einzug in den jüdischen Gottesdienst hielt, die jüdisch-feministische Songwriterinnen versuchen zu vermitteln. Der „folksy" Charakter sowie die Einfachheit dieser Musik macht es den Gottesdienstteilnehmer_innen möglich, jederzeit in den Gesang einzustimmen. Dabei transportiert die Musik eben jenen Gemeinschaftssinn, nach dem die Musikerinnen suchen.[69] Im Vergleich zur Struktur und zum Ablauf eines traditionellen Gottesdienstes nehmen die Betenden hier eine aktive Rolle ein.

---

z.B. Geburt), auf den Aspekt der Heilung bzw. Erneuerung von Körper und Geist, sowie auf andere Themen, die in der Regel von der jüdischen Tradition ignoriert werden.

65 Vgl. Englander, Karen, „Bringing Practice to Theory: A Case Study of Language Use in Jewish Feminist Worship", in: *WILLA* 3 (2004), S. 24–29, hier S. 27.
66 Email-Interview mit Rabbinerin Stein.
67 Ebd.
68 Stephen A. Marini, *Sacred Song in America: Religion, Music, and Public Culture*, Urbana, Chicago: University of Illinois Press 2003, S. 4.
69 Email-Interview mit Rabbinerin Stein.

Eine detailliertere Antwort auf die obigen Fragen bezieht sich auf den Aspekt der *kavannah* – der Intention und inneren Einstellung, mit der Gebete rezitiert werden, bzw. der Bedeutung, die hinter dem jüdischen Gebet steht. Die feministische Konzeption Gottes als die immanente Gegenwart in der Welt bringt die Betenden eher mit diesem Aspekt des jüdischen Gebetes in Kontakt und betont dabei das Bewusstsein der Betenden, in der Gegenwart der Shechinah zu stehen. Darüber hinaus fordert das Beten mit *kavannah* die Gottesdienstteilnehmer auf, ihre eigenen Gedanken, Ideen und Gefühle, die über den vorgeschriebenen Gebetstext hinaus gehen, mit in das Gebet einfließen zu lassen, wodurch sie die Möglichkeit erhalten, die jüdische Liturgie für sich neu zu entdecken. *Kavanna* hat also die Funktion, die Gemeindemitglieder in einen höheren Geistes- und Gefühlszustand zu versetzen, wie Rabbi Stein erklärt.[70] Diese Ebene des jüdischen Gebetes erfordert eine andere Form der Vertonung. Nämlich eine Musik, die dem/der Betenden die Möglichkeit eröffnet, sich durch das Singen in einen meditativen Bewusstseinszustand zu versetzen. Eine dieser musikalischen Formen ist „Chanting" – ein meditativer Gruppengesang. Im Kontext feministisch geprägter Rituale und Gottesdienste ist die Praxis des „Chantings" als alternative Methode zum klassischen kantoralen Gesang herangezogen worden, um sich spirituell öffnen, eine Verbindung zwischen dem Einzelnen und der Gemeinde herstellen und gleichzeitig auch die Inhalte sakraler Texte besser vermitteln und verstehen zu können. Somit wird „Chanting", laut Rabbinerin Shefa Gold, als ein feministischer Akt betrachtet.[71]

Anders als in den Songtexten ist jüdisch-feministische Musik selbst nicht primär durch Anleihen aus dem weitgefächerten Korpus jüdischer Musiktraditionen gekennzeichnet. Jüdisch-feministische Musik ist eine „cultural fusion of sound". So begründete die Musikerin Yofiyah (alias Susan Deikman) den sog. *Kabbalistic Kirtan*, was eine Kombination aus hinduistischem Kirtan-Gesang und den mystischen Lehren des Judentums ist. Der häufigste Performancekontext von Kirtan-Gesängen im Judentum sind Gottesdienste und Rituale in Gemeinden der Jewish Renewal Movement. Yofiyahs religiöse Ansichten wie auch ihr Feminismus sind stark von der New Age Ideologie der Jewish Renewal Movement und damit vom jüdischen Mystizismus und nicht-westlichen Philosophien beeinflusst.[72] Die Musik dieser Bewegung, die sog. ‚Renewal Music', ist eine Mixtur verschiedenster musikalischer Genres, die einen stark meditativen Charakter aufweist. Vor diesem Hintergrund ist es ganz natürlich, dass Yofiyah hebräische sakrale Texte sowie die diversen jüdischen Gottesnamen zu den repetitiven und ekstatischen Klängen des Kirtans singt, welche von Instrumenten wie Harmonium, Rahmentrommel, Tabla, Ud und Bansuriflöte begleitet werden. Ihre Intention ist es dabei, den Gottesdienst und die jüdische Liturgie egalitärer und zugänglicher zu gestalten. Im Vergleich zu den Liedtexten anderer jüdisch-feministischer Songwriterinnen können Yofiyahs Texte nicht als „overtly feminist, but at least not patriarchal" bezeichnet

---

70 Email-Interview mit Rabbinerin Stein.
71 Vgl. Gold, Shefa, *Torah Journeys: The Inner Past to the Promised Land*, Teaneck, NJ 2006, S. 228. Interview mit Rabbinerin Shefa Gold, Albuquerque, März 2008.
72 Interview mit Yofiyah, Philadelphia, März 2008.

werden, wie sie selbst erklärte.⁷³ Die musikalische Struktur des „Kabbalistic Kirtan" ist durch einen ‚call' (einen Ruf) des Songleaders (der die Gemeinde in Gebet und Gesang leitet) und eine ‚response' (eine Antwort) der Gemeinde gekennzeichnet.

Eine Performance von Yofiyahs Lied *Hamakom Hazeh* (Hebr. „dieser Ort") ist über Youtube zugänglich⁷⁴ und zeigt, auf wie viele verschiedene Weisen Gott adressiert werden kann, ohne dass man sich auf das patriarchale Gotteskonzept beschränken muss. In dem sehr kurz gehaltenen Liedtext werden daher mehrere Gottesnamen genannt, wie etwa ‚Adonai', ‚Shechinah' oder ‚Ya Rofe' (Hebr. „der Gott, der heilt"). Der Rest ihres Songtextes besteht lediglich aus den beiden Worten „Hamakom Hazeh", die dem Bibelvers aus Genesis 28:17 entnommen sind, in dem es heißt: „Und er fürchtete sich und sprach: Wie heilig ist diese Stätte [im Hebräischen ‚Hamakom Hazeh']! Hier ist nichts anderes als Gottes Haus, und hier ist die Pforte des Himmels." Über einen Zeitraum von etwa sieben Minuten werden die Strophen immer und immer wieder mit der gleichen Melodie wiederholt.

Die Verbindung einer minimalistischen Anzahl von Wörtern im Liedtext mit der Einfachheit und hypnotischen Energie dieser Musik ruft schnell ein Gefühl von Spiritualität und Gemeinschaft hervor. In dem Clip ist zu sehen, wie die Teilnehmer_innen in körperliche Bewegungen übergehen. Ihre Augen sind geschlossen. Das Mitreißen der Teilnehmer_innen in den Fluss des Gesangs und seines Rhythmus, und damit in einen tranceähnlichen Zustand, vermittelt dem Einzelnen das Gefühl, in Synchronität mit der Gruppe zu agieren. Während des Gesangs bewegt sich Yofiyah gemeinsam mit der betenden Gemeinschaft an einen ‚anderen Ort'. Dies beschreibt am deutlichsten die Funktion und Bedeutung von *kavannah*. Gleichzeitig bietet sie den Teilnehmer_innen die Möglichkeit zu entscheiden, mit welchem der diversen Gottesnamen/-vorstellungen sie sich am ehesten identifizieren können, sowie neue Ideen und Interpretationen der Bedeutung der biblischen Worte „Hamakom Hazeh" hinzuzufügen. Nach Yofiyahs Ansicht lassen sich die beiden Worte als „the Transcendent One", „the Immanent One", „the Healing One", „the One Who Is", „the High God" und schließlich nur als „God" verstehen.⁷⁵ Yofiyahs Gesang steht jedoch nicht nur in der jüdischfeministischen Tradition, alternative Perspektiven zur herkömmlichen Gottesvorstellung anzubieten.

Während meiner Feldforschung in einer jüdischen Gemeinde in Philadelphia im März 2008 konnte ich die Wirkung, die Kirtan-Gesänge auf die Gemeinde haben, selbst erfahren. Während ich an einem sog. *Kirtan Kabbalat Shabbat* Gottesdienst in einer Reformgemeinde in Philadelphia teilnahm, konnte ich beobachten, wie nur einige wenige Worte des traditionellen Gebetstextes, die zu Kirtan gesungen wurden, sogar die zurückhaltendsten Gemeindemitglieder dazu bewegten, in den Gesang mit einzustimmen, und wie dadurch ein Gefühl von Einheit, Gemeinschaft und Spiritualität, das über die herkömmliche Rezitation bestimmter Gebetstexte hinaus ging, geschaffen wurde.

---

73 Interview mit Yofiyah.
74 Vgl. https://www.youtube.com/watch?v=TpPyq7ZBphM (eingesehen am 25.5.2013).
75 Vgl. Booklet der CD von Yofiyah, *Kabbalah Kirtan*, Yofiyah, Sounds True 2006.

Sarah M. Ross

Fazit

Jüdisch-feministische Musikerinnen sind Mittlerinnen zwischen den Traditionen: zwischen dem normativen Judentum und dem amerikanischen Mainstream, zwischen traditioneller Ritualmusik und populärer Musik, Exklusivität und Inklusivität. Als musikalische Grenzgängerinnen verfolgen sie das Ziel, eine Gleichstellung von Mann und Frau nicht nur auf institutioneller, sondern auch auf liturgischer Ebene zu etablieren, wobei die Musik des Synagogengottesdienstes eines der wichtigsten religionspolitischen Medien darstellt. Durch Musik werden die Themen und Werte des *New Jewish Feminism*, v.a. jedoch die Konzepte jüdisch-feministischer Theologie kommuniziert und in den Gottesdienst integriert. Die Songtexte basieren dabei auf traditionellen, sakralen Texten, die vor dem Hintergrund feministischer Theorie und Theologie neu interpretiert werden, während die Melodien durch die Verwendung einfacher, populärer, teils auch meditativer musikalischer Stile und Strukturen gekennzeichnet sind. Im Gegensatz zum traditionellen kantoralen Gesang verzichten jüdisch-feministische Songwriterinnen zugunsten westlicher Dur- und Molltonarten auf die Verwendung modaler Tonalitäten und passen ihre Form synagogaler Musik den Hörgewohnheiten vieler Juden und Jüdinnen an, die sowohl mit der populären Musik des amerikanischen Mainstreams als auch mit Weltmusik aufgewachsen sind.[76] Der eigentliche Stil jüdisch-feministischer Musik ist somit einerseits durch die musikalischen Konventionen der jüdischen Denominationen, zu denen die jeweiligen Songwriterinnen gehören, sowie durch Einflüsse lokaler Musiktraditionen und dem individuellen, persönlichen Interesse der Musikerinnen an anderen Weltkulturen bestimmt. Damit reflektiert jüdisch-feministische Musik die Vielfalt jüdischer Identitäten.

Die Musik jüdischer Frauen ist im amerikanischen Judentum heute ein Phänomen, das wahrgenommen werden muss, da es im Kontext der *New Jewish Music* entschieden zum musikalischen Trendwechsel in den US-amerikanischen Synagogengemeinden beigetragen hat. Jüdisch-feministische Singer-Songwriterinnen, Rabbinerinnen und Kantorinnen haben mit ihrer Musik den Kanon amerikanischer synagogaler Musik (und damit den Kanon der Werte und Normen des Judentums) erweitert, welcher nun nicht mehr nur aus dem Repertoire des traditionellen Chazzanuts (dem ursprünglichen Repertoire der Männer) besteht, sondern auch aus populären liturgischen Liedern (dem Repertoire der Frauen *und* Männer).

Entsprechend könnte auch die Datenbank von MUGI erweitert werden, das derzeit mit seiner musikhistorischen Ausrichtung vor allem Musikschaffende im Bereich der Kunstmusik Europas im Blick hat und weniger außereuropäische Musikerinnen, die sich in der populären, religiösen bzw. rituellen Musik oder anderen zeitgenössischen Musiken verdient gemacht haben und deren Werke und Einfluss früher oder später – in der heutigen globalisierten Welt – auch in Europa Gehör finden werden. Indem man die Geschichte jüdisch-feministischer Musik in den USA erzählt, wird sie auch Teil der Geschichte der jüdischen Musik.

---

76 Vgl. Goodman, The Folk and Folk/Rock Movement, S. 52.

Literatur

Ackelsberg, Martha, „Spirituality, Community, and Politics: B'not Esh and the Feminist Reconstruction of Judaism", in: *Journal of Feminist Studies in Religion*, Vol. 2/2 (1986), S. 109–120.

Berman, Saul J., Kol' Isha, in: *Rabbi Joseph H. Lookstein Memorial Volume*, hg. von Leo Landman, Jersey City, NJ 1981, S. 45–66.

Christ, Carol P. /Plaskow, Judith, *Womanspirit Rising: A Feminist Reader in Religion*, New York 1992.

Cohen, Judah M., „Singing Out for Judaism: A History of Song Leaders and Song Leading at Olin-Sang-Ruby Union Institute", in: *A Place of Our Own*, hg. von Michael M. Lorge und Gary P. Zola, Tuscaloosa 2006, S. 173–208.

Cohen, Judah M., „Whither Jewish Music? Jewish Studies, Music Scholarship, and the Tilt Between Seminary and University", in: *AJS Review*, Volume 32, Issue 01 (April 2008), S. 29-48.

Englander, Karen, „Bringing Practice to Theory: A Case Study of Language Use in Jewish Feminist Worship", in: *WILLA* 3 (2004), S. 24–29.

Framer, Henry Georg, „Maimonides on Listening to Music", in: *Journal of the Royal Society of Great Britain and Irland*, No. 4 (Oct. 1933), S. 867–884.

Friedmann, Jonathan L., „Introduction", in: *Perspectives on Jewish Music. Secular and Sacred*, hg. von Jonathan L. Friedmann, Lanham und Plymouth 2009, S. 1–7.

Gold, Shefa, *Torah Journeys: The Inner Past to the Promised Land*, Teaneck, NJ 2006.

Goodman, Mark S., „The Folk and Folk/Rock Movement of the Sixties and its Influence on the Contemporary Jewish Worship Service", in: *Perspectives on Jewish Music. Secular and Sacred*, hg. von Jonathan L. Friedmann, Lanham und Plymouth 2009, S. 41–55.

Goshen-Gottstein, Alon, *The Sinner and the Amnesiac: The Rabbinic Invention of Elisha Ben Abuya and Eleazar Ben Arach*, Stanford 2000.

Grözinger, Karl Erich, *Musik und Gesang in der Theologie der frühen jüdischen Literatur*, Tübingen 1982.

Idelsohn, Abraham Zvi, *Jewish Music. Its Historical Development*, New York 1929 [2. Aufl. 1944].

Jacobson, Joshua, „Jewish women in music", in: *Music Faculty Publications*, Paper 4 (2001), http://hdl.handle.net/2047/d20000650 (eingesehen am 16.5.2013).

John, Eckhard und Zimmermann, Heidy (Hg.), *Jüdische Musik? Fremdbilder – Eigenbilder*, Köln, Weimar, Wien 2004.

Kalib, Sholom, *The Musical Tradition of the Eastern European Synagogue*, Volume One: *Introduction: History and Definition*, Part One. Text, Syracuse 2002, S. 92–101.

Koskoff, Ellen, „An Introduction to Women, Music, and Culture", in: *Women and Music in Cross-Cultural Perspective*, hg. von Ellen Koskoff, Westport, CT 1987, S. 1-24.

Koskoff, Ellen, „Both In and Between. Women's Musical Roles in Ritual Life", in: *Concilium 202* (1989), S. 82–93.

Koskoff, Ellen, „Miriam Sings Her Song: The Self and the Other in Anthropological Discourse", in: *Musicology and Difference. Gender and Sexuality in Music Scholarship*, hg. von Ruth A. Solie, Berkeley, Los Angeles, London 1993, S. 149–163.

Long, Elizabeth, „Textual Practice as Collective Action", in: *The Ethnography of Reading*, hg. von Jonathan Boyarin, Berkeley und Los Angeles 1993, S. 180–211.

Kligman, Mark, „Recent trends in new American Jewish music", in: *The Cambridge Companion to American Judaism*, Cambridge 2005, S. 363–379.

Móricz, Klára/Seter, Ronit, „Jewish Studies and Music", in: *Journal of the American Musicological Society*, Vol. 65, No. 2 (Summer 2012), S. 557–592.

Paloma, Vanessa, „Gender and Liturgy in Music: Masculine and Feminine Forms of Language and Ritual in Sephardic Secular and Sacred Music", in: *Perspectives on Jewish Music. Secular and Sacred*, hg. von Jonathan Friedmann, Lanham, Plymouth 2009, S. 77–96.

Plaskow, Judith, *Und wieder stehen wir am Sinai: Eine jüdisch-feministische Theologie*, Luzern 1992.

Plaskow, Judith, *Standing at Sinai Again. Judaism from a Feminist Perspective*, San Francisco 1990.

Rhein, Valerie, Transforming Traditions: Halakhah, Women, and Kriat Ha-Torah, in: *Gender, Memory, and Judaism*, hg. von Judit Gazsi, Andrea Pető, und Zsuzsanna Toronyi, Budapest 2007, S. 67–73.

Rubenstein, Jeffrey, „Abuya, Elisha ben: Torah and the Sinful Sage", in: *Journal of Jewish Thought and Philosophy 7*, Nr. 2 (1998), S. 139–225.

Ross, Sarah, *Performing the Political in American Jewish-Feminist Music*, Dissertation an der Hochschule für Musik und Theater Rostock 2009.

Ross, Sarah, „How Does One Sing to a God Who Isn't the Lord? Sacred Singing in American-Jewish Feminism", in: *Sacred Singing and Musical Spirituality*, hg. von Ian Russel und Frances Wilkins, (= Sonderband von *Musiké: International Journal of Ethnomusicological Studies*, Vol. 5/6), 2009, S. 201–216.

Ross, Sarah, „Die sinnliche Erfahrbarkeit Gottes. Zur Ästhetik Jüdisch-Feministischer Musik in den USA" in: *pop:aesthetiken: Beiträge zum Schönen in der populären Musik*, Band 2 der Schriftenreihe *Werkstatt Populäre Musik*, hg. von Anja Brunner und Michael Parzer, Innsbruck 2010, S. 113–138.

Ross, Sarah, „,What Would Miriam Sing?' Die Prophetin Miriam als Vorbild und Inspiration Jüdisch-Feministischer Ritualmusik", in: *Musik | Kultur | Wissenschaft*, Rostocker Schriften zur Musikwissenschaft und Musikpädagogik, hg. von Hartmut Möller und Martin Schröder, Essen 2011, S. 19–41.

Ross, Sarah, „Translating American-Jewish Feminism through Mediterranean Music: Reflections on Consuelo Luz's Compositions within the Context of Crypto-Jewish Tradition", in: *Journal of Mediterranean Studies: History, Culture and Society in the Mediterranean World*, Vol. 21, Number 2 (2012), S. 303–320.

Seroussi, Edwin, „Music: The ,Jew' of Jewish Studies", in: *Jewish Studies*, Vol. 46 (2009), S. 3-84, http://xa.yimg.com/kq/groups/15375440/1437720074/name/Edwin+Seroussi+-+Music+and+Jewish+Studies.pdf (eingesehen am 15.4.2013).

Seroussi, Edwin, „De-gendering Jewish music: The survival of the Judeo-Spanish folk song revisited", in: *Music and Anthropology* 3 (1998), http://www.umbc.edu/MA/index/number3/seroussi/ser_0.htm (eingesehen am 28.4.2013).

Seroussi, Edwin, „On Cheeseburgers and Other Modern Jewish Anxieties: Music and Jews, Musicology and Jewish Studies", in: *Jewish Studies and Music*, hg. von Klára Móricz und Ronit Seter, Journal of the American Musicological Society, Vol. 65, No. 2 (Summer 2012), S. 557–592.

Shiloah, Amnon, „The attitude towards music of religious authorities", in: *The Dimensions of Music in Islamic and Jewish Culture*, hg. von Amnon Shiloah, Aldershot, Burlington 1993, S. XII, 1–11.

Steinsaltz, Adin, *Guide to Jewish Prayer*, New York 2000.

Stemberger, Günter, *Einleitung in Talmud und Midrasch*, 8. neubearbeitete Auflage, München 1992.

Weissler, Chava, *Voices of the Matriarchs: Listening to the Prayers of Early Modern Jewish Women*, Boston: Beacon Press 1998.

Tonaufnahmen

Spitzer, Juliet, *Full Glory: Songs of hope, consolation, and joy*, Hakol Muisc [1998] 2007.
Yofiyah, *Kabbalah Kirtan*, Sounds True 2006.

Beatrix Borchard/Bettina Knauer

Musik und Gender –
Vermittlungsprojekte an weiterführenden Schulen.
Grundlagen, Fragestellungen, Beispiele

Das Projekt „Musik und Gender an weiterführenden Schulen" unter Leitung von Beatrix Borchard und Bettina Knauer wird in Hamburg seit 2010 als Projektpartnerschaft zwischen Wissenschaftler_innen, jungen Künstler_innen, Lehrer_innen und Schüler_innen durchgeführt, mit dem Ziel, Schüler_innen und Lehrer_innen einen Einblick in die musik- und kulturwissenschaftliche, genderorientierte Forschung zu ermöglichen. Am Projekt nahmen bislang ca. 120 Schüler_innen teil, Klassenstufe 6-13. Durch aktive Mitwirkung an kleineren Forschungsprojekten, Einbindung in den wissenschaftlichen wie künstlerischen Betrieb an der Hochschule für Musik und Theater Hamburg, Erarbeitung eigener Formate zur Musikvermittlung gemeinsam mit Studierenden der wissenschaftlichen und künstlerischen Studiengänge etc. lernen Schüler_innen Fragestellungen und Methoden der Musik-, Literatur- und Kulturwissenschaft kennen. Die Zusammenarbeit mit den Schulen ist so strukturiert, dass sie in verschiedenen Fächern an den Schulen durchgeführt werden kann. Weitere Kooperationspartner waren bislang die Staatsoper Hamburg, die Laeiszhalle/Elbphilharmonie und das Kulturforum21, ein eigenständiges Education-Programm des Katholischen Schulverbandes Hamburg. Für diese Institutionen war es neben der Unterstützung aller Beteiligter wichtig zu erfassen, wie nachhaltig Prozesse der Musikvermittlung anzulegen sind, wie intensiv der Dialog mit Lehrer_innen und Schüler_innen gepflegt werden muss, damit ein Education-Programm sich nicht als „Eintagsfliege" erweist, wie genderorientierte Themen das eigene Programm bestimmen könnten und – nicht zuletzt – wie das Vermittlungsprojekt „Musik und Gender" innerhalb der seit 2010 diskutierten Frage der „Leichtigkeitslüge" resp. „Komplexitätsvermeidung" in der Musikvermittlung[1] als Kontrapunkt zu bewerten ist. Bisher mitwirkende Schulen waren das Niels-Stensen-Gymnasium Hamburg-Harburg, die Sophie-Barat-Schule Hamburg, die Stadtteilschule Hamburg-Bergedorf und die Stadtteilschule St. Paulus Billstedt.

Fragestellungen und Themen

Ausgangspunkt des Vermittlungsprojektes ist ein Musikverständnis, das nicht nur Werke im Sinne von geschriebenen Noten meint, sondern alle Aspekte des Lebens einbezieht. Zu

---
[1] Noltze, Holger, *Die Leichtigkeitslüge. Über Musik, Medien und Komplexität*, Edition Körber-Stiftung, Hamburg 2010.

allen Zeiten wird das Musikleben von Männern und Frauen mit und ohne Namen getragen, die in verschiedenen Feldern handeln, wie z.B. ein Instrument spielen, singen, vermitteln über Sprechen und/oder Schreiben, komponieren, fördern. Geschlecht, Leben, Arbeiten und bestimmte Orte des Handelns sind dabei eng miteinander verknüpft. Musik, so verstanden zeigt sich als vielfältiges Beziehungsereignis. Verschriftlichte Werke sind dabei nur ein Teil des komplexen Gefüges. Musikgeschichtsschreibung sollte also nicht mehr nur der Kontextualisierung von Werken, sondern der Rekonstruktion historischer und aktueller Lebenswelten gelten. Das Projekt identifiziert die Vielfalt der Formen, Räume und Orte kulturellen Handelns insbesondere von Frauen und öffnet damit neue Perspektiven in der Vermittlung von Musik und Musikgeschichtsschreibung im Transfer von Wissenschaft und Schule. Angeknüpft wird an die Ergebnisse der Forschungsplattform MUGI (= Musikvermittlung und Genderforschung im Internet) sowie an eigene einschlägige Forschungen unter Einbeziehung der Aufführungspraxis und der Entwicklung von neuen Formaten an der Hochschule für Musik und Theater Hamburg; zudem werden interdisziplinäre Perspektiven durch die Verbindung zur Literatur- und Kulturwissenschaft und eine auf performative Wissensräume spezialisierte Musikvermittlung berücksichtigt. Die Bedeutung der Arbeit von Interpretinnen, Initiatorinnen von musikalisch-literarischen Salons, Kulturvermittlerinnen u.a. gehört ebenso zum Forschungsfeld wie Performances, Popkultur und andere zeitgenössische Musikformen. Als weiteres Forschungs- und Vermittlungsfeld kommen hinzu: musik- und literaturgeschichtliche Untersuchungen, in denen Fragen der Konstruktion von Männlichkeit(en) und Weiblichkeit(en) im Vordergrund stehen. Grundsätzlich gilt es im Transfer zu Schulen die Vielfalt von Forschungsfeldern im Bereich Musik und Gender zu öffnen und ein Umdenken in der Musikgeschichtsschreibung und damit auch in der Musik- und Kulturvermittlung zu bewirken.

Ziele und Zielgruppe

Am Projekt nahmen bislang über 120 Schüler_innen teil, Klassenstufe 6–12. Ziel ist, mit den Forschungen zu „Musik und Gender" eine Perspektive im Unterricht zu verankern, die bisher nicht vertreten ist. Durch die interdisziplinäre Ausrichtung des Projektes können die einzelnen Themenfelder in verschiedenen Fächern und im Rahmen des curricularen Stoffes behandelt werden, musik- und allgemein geistes- wie kulturgeschichtliche Fragestellungen werden so deutlich aufeinander bezogen. Alle beteiligten Lehrer_innen haben diesen Transfer zwischen ihren einzelnen Fächern strukturell vorbereitet. Die Integration in den Schulunterricht ist damit problemlos und kontinuierlich möglich. Ausgehend von Quellen- und Methodenfragen und der Einübung in Recherchetechniken können grundlegende Kompetenzen für ein Studium oder allgemein ein forschendes Lernen oder langfristig angelegte Projektarbeit erworben werden. Darüber hinaus wird durch die aus der Genderforschung entwickelten Themen ein Bewusstsein für Hierarchien und Zuordnungen geschärft. Über neue Strategien aus der Musikvermittlungsforschung (inkl. Internet und multimediale Präsentationen, aber auch an konkrete Räume gebundene Vermittlungsformen) wird den Schüler_innen bewusst, wie spannend und vielfältig Wissen und Kultur präsentiert resp. vermittelt werden kann und wie sie selbst daran mitwirken können.

Projektbeispiel: „Künstlerpaare und Topographien" an der Stadtteilschule St. Paulus Hamburg-Billstedt (Klassenstufe 10)

Für die Schüler_innen der 10. Klasse der Stadtteilschule St. Paulus (beteiligte Lehrerinnen: Christine Roschlaub, Charlotta Riepe) wurde das Thema „Künstlerpaare im 19. Jahrhundert" zunächst von einem heutigen Künstlerpaar (Gwyneth Paltrow, Chris Martin) aus aufgebaut. Sie lernten über Analyse von Kritiken bis hin zu Darstellungen in den Boulevard-Medien Topoi zu identifizieren, wie Mann/Frau jeweils anders in ihrem künstlerischen Tun bewertet werden und wie sich dies auf die jeweiligen biografischen Profile auswirkt. Die Markierung der Topoi ermöglichte dabei den Schüler_innen eine kritische Distanz, die durch Aufzeigen weiterer historischer Topoi – u.a. der männliche Künstler als Melancholiker (Robert Schumann, Heinrich Heine) – weiter konturiert wurde. In einem zweiten Schritt wurde das Erlernte unter dem Thema „Männlichkeits- und Weiblichkeitskonstruktionen und die Inszenierung kultureller Leitbilder" kontextualisiert.

Der Hintergrund: Mit Männlichkeits- und Weiblichkeitskonstruktionen eng verknüpft sind Konzepte von Autorschaft und Werk, die für das Selbstverständnis unseres nach wie vor vorrangig an der mitteleuropäischen Kunstmusik orientierten Faches zentral sind. Musikgeschichte als eine Geschichte kulturellen Handelns bricht die Werkorientierung auf und liefert über Vorstellungs-/Toposkritik Gegenlektüren. Das Beispiel Beethoven: Bei der Suche nach Männlichkeitskonstruktionen im Bereich der Musik führt kein Weg an Beethoven und der Rezeptionsgeschichte seiner Musik und seines Lebens vorbei. Denn Beethoven gilt seit dem 19. Jh. als „männlichster" aller Komponisten. Diese Markierung hat wesentlich die Interpretation seiner Musik geprägt – bis heute. Eine differenzierte Untersuchung geschlechtsspezifischer Aspekte kultureller Leitbilder wurde – ausgehend vom Beethoven-Bild – bis in die heutige Pop- und Hip-Hop-Kultur hinein durchgeführt. Parallel wurde die Weiblichkeitskonstruktion im „Fall" Clara Schumann und Fanny Hensel thematisiert. In einem weiteren Schritt wurde Erforschtes unter Einbeziehung von Methoden performativer Wissensvermittlung in Darstellungs- und Aufführungsformate überführt. Die Schüler_innen wurden dabei unterstützt von dem Pianisten Daniel Gerzenberg, Student der Hochschule für Musik und Theater Hamburg und aus einer Künstlerfamilie stammend. Daniel Gerzenberg hat ein Gesprächskonzert für die Schüler_innen in der Hochschule veranstaltet, in denen er ihnen das freie Assoziieren und Sprechen über Musik vorführte (Musik u.a. von Robert und Clara Schumann, Ludwig van Beethoven). Zudem hat er, der mit seinem Bruder ein Klavierduo bildet, gleichsam seine Innensicht auf die Frage gegeben, was es bedeuten kann, ein Künstlerpaar zu sein. Im zweiten Teil hat Florian Rügamer, wissenschaftlicher Mitarbeiter an der HfMT Hamburg, den Schüler_innen die wissenschaftliche Herangehensweise an ein Thema in einer aufwändigen Präsentation demonstriert. Im anschließenden Seminarteil wurden Erfahrungen und Fragestellungen ausgetauscht.

BEATRIX BORCHARD/BETTINA KNAUER

Mit dem Konzert in der HfMT Hamburg haben die Schüler_innen begriffen, dass bei „ihren" nun weiter auszuleuchtenden Künstlerpaaren nicht nur die in Buchstaben verfasste „Beziehungskunst" der Paare wichtig ist, sondern dass ihre Musik, vor allem die Musik „zwischen" den Paaren, erst eigentlich die „Beziehungskunst"[2] verdeutlichen kann. Sie haben neben biographischen Erkenntnissen nun entschieden, insbesondere auch das romantische Kunstlied in ihr Thema zu integrieren (besonders bei Fanny Hensel und Felix Mendelssohn Bartholdy). Über *Youtube* haben sie sich selbstständig mit dem Repertoire auseinandergesetzt und haben ihre „Lieblingsstücke" ausgewählt. In sechs Doppelstunden haben die Schüler_innen sie vor ihrer Klasse präsentiert, ihre Auswahl begründet und in den Kontext ihres Themas gestellt. Besonders hervorzuheben ist, dass die Schüler_innen in Assoziationen zur Musik einen Zugang fanden, der ihnen weitere reflektierte Überlegungen leicht machte, neue Fragestellungen öffnete, der sie anspornte, ihr Thema zu kontextualisieren. Ausnahmslos alle Schüler_innen hatten davor keine Berührung mit dem romantischen Kunstlied, von dreien abgesehen keine_r mit klassischer Musik.

Das Bedürfnis der Schüler_innen, über Musik zu reden – und das qualifiziert –, wurde weiter unterstützt durch den Besuch zweier Opernaufführungen, Rossinis *La Cenerentola* in der Staatsoper Hamburg und Mozarts *Così fan tutte* in der Hochschule für Musik und Theater.

Beide Opern wurden anschließend hinsichtlich der Inszenierung diskutiert, wobei Gender-Fragen im Vordergrund standen. Die gesehenen Inszenierungen wiederum waren Ausgangspunkt, das Wissen über die Komponistenpaare – das von verschiedenen Teams gebündelt wurde – nun in inszenierte Räume zu übersetzen. D.h. Topographien wurden entwickelt und skizziert, in denen das Wissen so präsentiert wurde, dass eine andere Sicht auf die Biografien der Künstlerpaare augenscheinlich werden konnte. Immer wurde bei dieser Positionierung gleichsam Rückfrage bei dem Internetportal MUGI gehalten, das als Referenz für die Stimmigkeit der getroffenen Aussagen und Bezüge galt; bei der Umsetzung in Topographien waren vor allem die multimedialen Seiten von MUGI sehr hilfreich. In Zusammenführung mit dem Deutschunterricht an der Schule wurden zeitgleich bildkünstlerische und literarische Themen behandelt, und hier wurden zusätzlich Bücher angeschafft, so dass das Projekt auch in einem kleinen Handapparat präsent war. Wichtig war der begleitende Deutschunterricht vor allem hinsichtlich der Auseinandersetzung mit der Verbindung Musik und Text bzgl. des Themas Kunstlied in der Romantik.

Die Topographien im Sinne einer gendersensiblen Biographieschreibung von Künstlerpaaren wurden als große, bebilderte Skizzen an die Wände des Klassenzimmers gemalt und für das „Fest der Künste" an der St. Paulus Schule in ein Ausstellungskonzept übersetzt. Ein Raum wurde gestaltet, durch den die Schüler_innen das Publikum als Moderator_innen führten und das Projekt erläuterten. Über CD haben sie zudem ihre Musikauswahl präsentiert und diese den Besucher_innen ebenfalls erklärt, zudem Flyer entworfen, die die Aus-

---

2 Borchard, Beatrix, „Musik als Beziehungskunst – ein Blick zurück, zwei nach vorne", in: *Das Konzert: Neue Aufführungskonzepte für eine klassische Form*, hg. von Martin Tröndle, Bielefeld 2009, S. 219-238.

stellung erläuterten und eben eine andere Form der Biografieschreibung deutlich machen sollten. Die mündliche Abschlussprüfung an der St. Paulus Schule hatte für alle beteiligten Schüler_innen zum Thema: romantisches Kunstlied. Das muss hervorgehoben werden, denn von Seiten der Schulbehörde Hamburg war zunächst ein solches Thema für Stadtteilschulen nicht „erwünscht", weil angeblich zu schwierig. Die Schule setzte sich darüber hinweg und entschied für sich, das Thema – mit dem die Schüler_innen sich über ein Schuljahr im Kontext der „Künstlerpaare" auseinandersetzten – zu prüfen. Das Ergebnis war mehr als positiv, auch sonst eher „schlechtere" Schüler_innen haben hier großartige Ergebnisse erzielt.

Quellenbegriff und Montage als wissenschaftliche Methode

Ein fundierter Transfer Wissenschaft – Schule muss selbstverständlich eine Propädeutik beinhalten. Neben angeführter Toposkritik[3] sind die propädeutischen Orientierungen im Transfer von einer grundsätzlichen Überlegung zum Quellenbegriff getragen und – daraus resultierend – zu einer Methodik der Montage.

Am Anfang und am Ende der Auseinandersetzung mit biographischen Quellen steht stets ein Erkenntnisproblem, dessen heuristisches Potential es fruchtbar zu machen gilt: Jegliches Material, durch das wir etwas über Arbeit und Selbstverständnis von Musikern erfahren, seien es Programme, Briefe oder Akten, ist immer schon aus bestimmten Perspektiven geformt, und nicht – wie O. E. Deutsch glaubte – Tatsache, ‚Selbstabdruck eines Lebens'. Im Laufe der Jahre wächst das Material zu einem Berg an, bildet jedoch nur bedingt einen festen Corpus, der keiner weiteren Interpretation bedarf. Zufällige Entdeckungen ebenso wie gezielte Archivarbeit fördern selbst bei so gut erforschten Komponisten wie z. B. wie Bach und Beethoven, erst recht bei wenig erforschten wie weiblichen Musikern immer wieder reichhaltige, unveröffentlichte Quellen zu Tage. Es gilt, die *Leerstellen, weißen Flecken* sind also kein beklagenswertes Manko, sondern essentiell: Die Eigenschaften allen Quellenmaterials, immer schon vorgeformt und unvollständig zu sein, verbieten von vornherein ein einfaches Ausbreiten von Fakten und die Ergebnisse der Auswertung müssen immer wieder hinterfragt und neu gedeutet werden. Was wird überliefert? Wer überliefert was und warum? Was wird aus welchen Gründen verdrängt? Wo wird das Material aufbewahrt und in welcher Form geschieht dies: als Erinnerungsstück, Wertgegenstand, Spekulationsobjekt, Sammlertrouvaille oder als historische Quelle? [...] Vor dem Hintergrund dieser Fragen sind die Wege der Tradierung und der Recherche unlösbar mit dem Material verknüpft, damit dessen konstitutiver *Teil* und Gegenstand der deutenden Darstellung.[4]

---

3 Bornscheuer, Lothar, *Topik. Zur Struktur der gesellschaftlichen Einbildungskraft*, Frankfurt a.M. 1976.
4 Borchard, Beatrix, „Mit Schere und Klebstoff – Montage als biographisches Verfahren", in: Cordula Heymann-Wentzel; Johannes Laas (Hg.): *Musik und Biographie, Festschrift Rainer Cadenbach*, Berlin 2004, S. 39f.

Für eine genderorientierte Musikgeschichtsschreibung ist ein kritischer Quellenbegriff zentral. Das wissenschaftliche Verfahren der Montage macht dies deutlich und ist dadurch insbesondere auch im Transfer Wissenschaft – Schule geeignet. Als Gestaltungsprinzip berücksichtigt die Montage Aspekte, die der Historiker Klaus Füßmann als wesentlich für jede Geschichtsdarstellung herausgearbeitet hat: die Retrospektivität jeder Geschichtsdarstellung, ihre Perspektivität, ihre Selektivität, ihre Sequenzialität – das „Moment der inneren Verknüpfung der selektierten Geschehensmomente", ihre Kommunikativität – die Tatsache, dass sich jede Form von Geschichtsdarstellung an Adressaten wendet, und schließlich ihre Partikularität – ein Aspekt, der „den ‚Stückwerk'-Charakter historischer Darstellungen, aber auch die grundsätzliche Revidierbarkeit" zur Sprache bringt.[5]

Um Frauen in der Musikgeschichte sichtbar zu machen, sind neue historiographische Ansätze notwendig. Ein Beispiel: Wer war Clara Schumann? Eine Frage, die jenseits der Zuschreibungen, von denen sie von Geburt an umstellt war, nicht zu beantworten ist. Also müssen in einer kritischen Biografie die Zuschreibungen selber thematisiert werden. „Montiert man nun verschiedene Textsorten wie Briefe, Konzertkritiken, Werkbesprechungen, Verzeichnisse der während eines bestimmten Zeitabschnittes entstandenen Kompositionen, juristische Texte zum Eherecht, pädagogische Schriften zur musikalischen Mädchenerziehung etc. werden sie in ungewohnte Zusammenhänge gebracht. Das Ergebnis einer reflektierten Montage ist also kein ‚Buch der Tatsachen', es hält nicht die ‚biographische Illusion' aufrecht, sondern es ist ein Buch der Zuschreibungen und Interpretationen, Selbstdeutungen und Fremdwahrnehmungen. Wer von der Lektüre einer montierten Biographie erhofft, zu erfahren, wer Clara Schumann oder Beethoven oder Schubert war, wird nun mit einer Vielfalt von Blickweisen konfrontiert. Das Verhältnis Autor_in – Leser_in ist dabei ein grundsätzlich anderes als in einer erzählten Biographie. Jedes Lesen ist auch ein Mitschreiben, ein Sinnstiften.[6] Die Montage macht dies bewusst, indem sie die Leserinnen und Leser explizit dazu einlädt, sich selbst in die Texte mit einzuschreiben. Dabei setzt sie nicht auf eine empathische Lesehaltung, sondern erzeugt Distanz und fordert eine Reflexion der eigenen Perspektive.

Was allgemein für eine biographische Montage gelten kann, macht sie gerade im Bereich der Musik zu einem besonders gut geeigneten Darstellungsmittel. Denn die besondere Herausforderung an die Musik bezogene Biographieschreibung besteht darin, dass die konstruierten Subjekte sich in einem Medium ausdrücken, das zwischen zwei Buchdeckeln kaum darstellbar ist. Das bedeutet, die geschriebene Biographie über eine Musikerin hat immer eine zentrale Leerstelle, nämlich die Musik, die sie komponiert bzw. die Art und Weise, wie sie musiziert. Diese ‚Ich'-Leerstelle kann bestenfalls markiert werden. Das ist das eine, Besondere, mit dem wir uns als Biographen und Biographinnen von Menschen, die Musik machen, auseinandersetzen. Das zweite, fast alle Materialen, vor allem autobiographische Materialien, die als Rohmaterial für jedes Lebensbild dienen, sind in einer – aus der Sicht von Musikern – Fremdsprache abgefasst. Über Nietzsche kann ich eine intellektuelle Biogra-

---

[5] Füßmann, Klaus (Hg.): *Historische Faszination. Geschichtskultur heute*, Köln 1994, S. 32 ff.
[6] Jauß, Hans Robert: Literaturgeschichte als Provokation, 11. Aufl. Frankfurt a.M. 1997.

phie schreiben – Denken, Sprechen, Schreiben findet im Medium der Wortsprache statt. Über Clara Schumann hingegen kann ich nur eine vielstimmige Biographie montieren, deren Bauelemente aus Fremd- und Egodokumenten bestehen. Ihre eigene Stimme jedoch fehlt, die ihres Klavierspiels."[7] Als Einübung sowohl in der den Quellenbegriff als auch in das Verfahren der Montage haben die Projektschulen sich eingehend mit Beatrix Borchards Buch, *Clara Schumann*[8] auseinander gesetzt.

Projektbeispiel: „Korrespondenzen: Fanny und Felix" an der Stadtteilschule St. Paulus Hamburg-Billstedt

In der oben benannten Ausstellung im Rahmen des „Festes der Künste" an der Stadtteilschule Billstedt wurde ein „Fall" aufgenommen, in dem Montage als Prinzip explizit thematisiert wurde: die Korrespondenzen zwischen Fanny Hensel und Felix Mendelssohn Bartholdy, Korrespondenzen in doppelter Bedeutung. Das Geschwisterpaar tauschte sich brieflich aus. Zwischen den Zeilen finden sich Notenzitate voller musikalischer Anspielungen. Oft sprechen die Geschwister über Kompositionen, die sie vom jeweils anderen erhalten haben. Melodische Motive oder Formen, die sie in ähnlicher Weise verwenden, lassen einige Kompositionen von Fanny und Felix miteinander korrespondieren. Besonders interessant ist es, Felix' und Fannys Vertonungen derselben Texte zu vergleichen. Ähneln sich ihre Kompositionen? Warum kehren beide immer wieder zu Texten von Goethe und Heine zurück? Beider „Stimmen" werden erst laut, wenn auch diese „Korrespondenzen in Tönen"[9] in ihre ‚Biografien' montiert werden. In genannter Ausstellung wurden über eine besondere Anordnung im Raum und musikalische „Zwischenräume" diese Korrespondenzen veranschaulicht. Auch auf Fanny Hensels Zyklus *Das Jahr* – eine Korrespondenz in Tönen, Worten und Bildern zwischen Fanny Hensel und ihrem Mann, dem Maler Wilhelm Hensel – wurde Bezug genommen.

Projektbeispiel: Wissenschaftliche Propädeutik und Einführung in die wissenschaftliche Darstellung von Musikerprofilen am Beispiel des „Profils" einer Musikerin am Niels-Stensen-Gymnasium Hamburg-Harburg und der Stadtteilschule Hamburg-Bergedorf

In der Klassenstufe 12 oben genannter Schulen waren die Voraussetzungen gegeben, MUGI-Artikel nicht nur im Zusammenhang des Quellenbegriffs zu reflektieren, sondern solche auch zu erstellen. Durch die Musikwissenschaftlerin Silke Wenzel wurde an den Schulen

---

7 Vgl dazu: Borchard, Beatrix, „Mit Schere und Klebstoff – Montage als biographisches Verfahren", in: Cordula Heymann-Wentzel; Johannes Laas (Hg.): *Musik und Biographie. Festschrift Rainer Cadenbach*, Berlin 2004, S. 30–45.
8 Borchard, Beatrix, *Clara Schumann – Ihr Leben. Eine biographische Montage*. 3. erweiterte Aufl. Hildesheim 2015.
9 Bartsch, Cornelia, *Fanny Hensel, geb. Mendelssohn Bartholdy. Musik als Korrespondenz*, Kassel 2007.

dargestellt, wie anhand des „Profils" einer Musikerin neues Wissen im Bereich der Genderforschung geschaffen wird. Sie selbst berichtete darüber: „Als Ausgangspunkt wurden die Schwestern Franziska und Ottilie Friese gewählt, für deren Artikel der Forschungsweg nachvollzogen wurde. Die beiden MUGI-Artikel zu der Geigerin Franziska Friese und der Pianistin Ottilie Friese entstanden auf der Grundlage eines Fotos in der Sammlung Manskopf der Universitätsbibliothek Frankfurt a.M., dessen Beschreibung weder exakte Geburtsdaten noch den Vornamen von Ottilie Friese auswies. In keinem heutigen Lexikon werden die beiden Musikerinnen erwähnt. Nach einem Brainstorming, aus welchen Quellen Informationen zu erhalten sind – z. B. (,alte') Lexika, Briefe, Zeugnisse, Geburtsurkunden, Zeitungsartikel –, wurden gemeinsam mit den Schüler_innen die gängigen popularen und wissenschaftlichen Rechercheinstrumente ‚durchkämmt': *world biographical information system*, *google* und *google books*, das Verbundsystem Nachlässe und Autographe *Kalliope*-Portal u.a.m. Ferner wurden Archive vorgestellt, die für die beiden Schwestern relevant sind: Das Archiv der Hochschule für Musik und Theater „Felix Mendelssohn Bartholdy" in Leipzig, wo die beiden Schwestern studiert hatten, Berliner Archive etc. Anhand der Fundstellen in *google books* wurden abschließend die Funktionsweisen von Bibliothekskatalogen dargelegt, vom Campus Katalog der Staats- und Universitätsbibliothek Hamburg bis zum weltweiten Verbundkatalog ‚Karlsruher virtueller Katalog'. Auf diese Weise konnte gezeigt werden, wie sich nach und nach eine Biografie zu einem Bild zusammenfügt: Ausbildungsorte, -zeiten und Lehrer, Auftrittsorte, Repertoire und die Rezeption in Zeitschriften. Hieraus entstanden die „Profile" zweier Musikerinnen, die zu Beginn der Unterrichtseinheit (bzw. vor Entstehen der MUGI-Artikel) – abgesehen von einem Foto – vollständig unbekannt gewesen waren."

Diese Einübung in die Recherche wurde von einer Abiturientin des Niels-Stensen-Gymnasium, das bereits seit 2010 und einem Projekt zu Pauline Viardots *Cendrillon* in das Vermittlungsprojekt eingebunden ist, zur Inspiration, selbstständig Texte für das Internetportal MUGI zu schreiben. Henrieke Max verfasste zwei Artikel: zu der Geigerin und Komponistin Vivien Chartres (http://mugi.hfmt-hamburg.de/Artikel/Vivien_Chartres) und der Geigerin und Komponistin Lucy Stone (http://mugi.hfmt-hamburg.de/Artikel/Lucy_Stone).

Die Zusammenarbeit mit dem Niels-Stensen-Gymnasium (Lehrerin: Petra Max) und der Sophie-Barat-Schule (Lehrerin: Lucia Justenhoven) hat sich auch in einem Aufführungsprojekt niedergeschlagen: Pauline Viardots Salonoper *Cendrillon*. Im Zusammenhang dieses Projektes arbeiteten professionelle Künstler_innen, Studierende und Schüler_innen zusammen – auf der Bühne, Backstage und vor allem in der Dramaturgie. Unter dem Titel „Von Schuhen und Kleidern" wurden hier Topoi des Märchens im Kontext aktueller vestimentärer Codes – als Handlungsträger oder Metaphern – thematisiert. Die Schüler_innen waren wesentlich an der Gestaltung des Programmheftes beteiligt, übernahmen als Musikvermittler_innen die Einführungsvorträge vor den Aufführungen und erarbeiteten das Motiv des Werbeplakats. Das umfangreiche Programmheft ist auf der Forschungsseite zu Pauline Viardot abrufbar: http://pauline-viardot.de/pdf/Cendrillon_Programm_101130.pdf

Aufführungspraxis:
Formen des Musizierens in privaten, halböffentlichen und öffentlichen Räumen

Der konkrete und geistige Raum, in dem und für den Musik entstanden ist, die Menschen, die mit einem solchen Raum verbunden sind, werden bei einer Betrachtungsweise, die die „eigentliche" Musik in den Notentexten sucht, außer Acht gelassen. Im Kontext einer Musikgeschichte des kulturellen Handelns ist der Raum, sind die Menschen aber Teil der Musik selbst. Während z.B. im Konzertsaal die Trennung von Ausführenden und Zuhörenden konstitutiv ist, sind in privatem Raum (z.B. Hausmusik) und halböffentlichem Raum (z.B. Salon) diese Grenzen aufgehoben. In diesem Zusammenhang dient Musik der Unterhaltung im kommunikativen Sinne, ist Umgangsmusik, und wenn sie komponiert ist, ein Gegenentwurf zur Darbietungsmusik.[10] Mit den verschiedenen Räumen sind verschiedene ästhetische und kommunikative Konzepte verbunden, und diese verschiedenen Räume sind eben bis ins 20. Jahrhundert hinein geschlechtsspezifisch definiert. Ein Blick zurück in die Geschichte des Konzertwesens zeigt, dass es schon immer die vielfältigsten Vermittlungsformen – mit Text oder ohne Worte – gegeben hat, die an das anknüpfen, was Musik in erster Linie ist, nämlich ein ästhetisch-kommunikatives Ereignis und nicht bloß ein pädagogischer ‚Stoff'. Führende Interpreten und Interpretinnen des 19. Jahrhunderts wie Clara Schumann und Joseph Joachim haben sich genaue Gedanken darüber gemacht, wie sie welches Publikum auf welche Musik einstimmen konnten, und zwar nicht in erster Linie mit Worten, sondern beispielsweise durch Improvisationen zwischen den einzelnen Programmnummern. Durch diese ‚Zwischenspiele' bereiteten sie das Publikum auf die neue Tonart, den Charakter des folgenden Stückes vor. Durch die Hinzufügung von Kommentaren wird die Idee des Konzerts als kommunikativer Akt ausschließlich in Tönen aufgegeben, so könnte man meinen. Aber das Bedürfnis auch nach verbalen Erläuterungen gab es schon im 19. Jahrhundert, dem Zeitalter der Erfindung einer umfangreichen Konzertführerliteratur. Der Pianist und Dirigent Hans von Bülow benutzte für seine Konzerte den Terminus des „Klaviervortrags" in seiner Doppelbedeutung von „Musik vortragen" und über „Musik sprechen". Sein Ziel war es, die Interpretation eines Notentextes musiktheoretisch zu begründen und auf dieser Basis auch für andere Interpret_innen in seinen praktischen Ausgaben so genau wie möglich schriftlich zu fixieren. Anders übrigens der Geiger und Komponist Joseph Joachim: Er lehnte eine Bezeichnung ab, wollte sich und anderen die Freiheit wahren, aus dem Moment heraus zu spielen, Ort, Stimmung etc. zu berücksichtigen. Aus Joachims Sicht entstand das musikalische Kunstwerk während einer Aufführung immer wieder neu und immer wieder anders. „Eine dienende Haltung" gegenüber dem Werk – wir würden heute von Werktreue sprechen – stand für ihn nicht im Widerspruch zu einer „subjektiven Färbung des Textes", sondern

---

10 Vgl.: Besseler, Heinrich, „Umgangsmusik und Darbietungsmusik im 16. Jahrhundert", in: *Archiv für Musikwissenschaft 16. Jahrg., H. 1./2., Wilibald Gurlitt zum siebzigsten Geburtstag* (1959), S. 21–43

das Einbringen der eigenen Individualität im Dialog mit dem Notentext war notwendige Voraussetzung für ein angemessenes Werkverständnis. Die Konsequenz seiner Haltung: Eine bezeichnete Notenausgabe war für ihn, anders als für von Bülow, keine sinnvolle Möglichkeit der Tradierung seiner Werkauffassung und der Steuerung der Performance durch eine Art operativen Text, sondern bestenfalls nur Dokument einer Realisierungsmöglichkeit unter vielen. Schon im 19. Jahrhundert finden wir also bei Interpreten beide Haltungen: die Musik „für sich" sprechen zu lassen oder alles so genau wie möglich zu begründen und zu „bestimmen". Anknüpfend an diese historische Diskussion sind neue Formen der Musikvermittlung auszuloten. Als außerordentlich fruchtbar erweist sie sich im Zusammenspiel mit Jugendlichen, deren Hör- und Sehgewohnheiten und Experimentierfreudigkeit schnell interessante und begeisternde Ergebnisse bei der Entwicklung von neuen Formaten erbringt.

Bisheriger Schwerpunkt im Vermittlungsprojekt war, die Wirkungsräume und Tätigkeitsfelder von musizierenden Frauen (als Komponistin, Interpretin, Salonière, Vermittlerin, Förderin) zu charakterisieren und davon ausgehend womöglich „neue" Räume in der Musikvermittlung zu definieren, in denen Musik (wieder) Teil eines umfassend kommunikativen Geschehens ist oder wieder werden kann. Das Untersuchungsfeld konzentrierte sich im Vermittlungsprojekt bislang auf den Konzertraum und vor allem auf die Salons des 19. Jahrhunderts sowie auf die Räume der Pop- und Technokultur, wobei die wissenschaftlichen Fragestellungen hier eine wesentliche Ergänzung durch die Methodik einer performativen Wissensvermittlung fanden. D.h. aus den wissenschaftlichen Fragestellungen werden Räume halbszenisch in Form moderierter Konzerte, einer kleinen Ausstellung, Salons etc. aufgebaut und „getestet" – die Verbindung künstlerischer und kommunikativer Aspekte in der Praxis durchgespielt, um die Ergebnisse dann wieder in der wissenschaftliche Reflexion aufzunehmen. Der Verbindung von einer „anderen" Form der Musikgeschichtsschreibung und von Forschungen zu neuen Musikvermittlungswegen wurde hier – neben der Nutzung virtueller Räume (Internet, MUGI) – in einem weiteren konkreten Anwendungsfeld Rechnung getragen.

Projektbeispiel: „Die Epoche der Romantik im Kontext von Gender-Fragen" am Niels-Stensen-Gymnasium Hamburg-Harburg und der Sophie-Barat-Schule (Gymnasium) Hamburg

Beginnend mit einem so genannten „Gender Radar" respektive einer Bild-/Toposkritik wurden Männlichkeits- und Weiblichkeitskonstruktionen in der Werbung untersucht. Diese Sensibilisierung war Voraussetzung, um die Gender-Thematik in den Epochenunterricht an den Schulen zu integrieren (beteiligte Lehrerin: Stefanie Heinrichs). Mit dem Schwerpunkt Romantik wurde daraufhin ein interdisziplinäres Seminar (Texte u.a.: E. T. A. Hoffmanns *Der Sandmann*, Novalis' *Hymnen an die Nacht*, Friedrich de la Motte Fouqués *Undine* – Musik: Clara und Robert Schumann, Jacques Offenbachs *Hoffmanns Erzählungen*, Kunstlieder des 19. und 20. Jahrhunderts mit dem Motiv „Nixen und Wasserfrauen" – Bilder: Philipp Otto Runge, Caspar David Friedrich), das auch in die Hamburger Kunsthalle und zu einem Konzert mit Anna Prohaska in der Hamburger Laeiszhalle sowie zu einer Opernaufführung von *La Bohème* in der Staatsoper Hamburg führte. Insbesondere das Konzert von Anna Prohaska zum Thema „Sirène" und einem anschließenden Künstlergespräch führte die Schüler_innen zu einer kritischen Auseinandersetzung mit den Weiblichkeitskonstruktionen in Literatur und Musik und regte zu einer Gestaltung eines eigenen Salons an, der einen Kontrapunkt zum öffentlichen Konzerterlebnis und der dort produzierten Sirene-Wasserfrauen-Topoi bilden sollte. Der Salon wurde vor 100 Gästen in der Alten Feuerwache des Gymnasiums aufgeführt. Topographisch brach er mit den Zuschauer-Zuhörergewohnheiten, in dem durch „gesellige" Arrangements der Tische (auch Getränke und kleine Speisen wurden gereicht) und eine Vorführung, gleichsam aus der „Mitte" des Publikums heraus Offenheit und Pluralität im Sinne auch des romantischen Lebenskonzeptes verdeutlicht werden sollte. Vorbereitet wurde dies durch Beschäftigung mit Salonièren wie Rahel Varnhagen oder Bettina von Arnim. Alle Texte und Musikbeispiele wurden von den Schüler_innen selbstständig ausgewählt und live präsentiert.

Das Programm des Salons:
Johann Sebastian Bach, C-Dur Präludium aus: *Das Wohltemperierte Klavier*, Teil I BWV 846 (Vorbilder romantischer Klaviermusik)
Joseph von Eichendorff – Romantische Formeln
Novalis und Sophie – Liebe und Tod
„Du meine Seele, du mein Herz" – Das Künstler- und Ehepaar Clara und Robert Schumann
Robert Schumann, *Widmung*, op. 25,1
Clara Schumann, *Sie liebten sich beide* op. 13, 2
Der Sandmann – eine szenische Lesung
Clemens Brentano, *Das Myrtenfräulein* – Kommentar in Bildern
Spinnen, Weben, Singen: zwei Gedichte von Clemens Brentano – Interpretation und Improvisationen zur Gitarre
Elementargeister und brennende Liebe – Ein inszeniertes Gespräch über Friedrich de la Motte Fouqués *Undine*
Robert Schumann, Träumerei aus: *Kinderszenen* op. 15
Rezeption der Romantik: *My heart will go on* aus dem Film *Titanic*

Ein Salon wurde auch an der Sophie-Barat-Schule (beteiligte Lehrerin: Dorothea Duffek) durchgeführt. Bei guter Vorkenntnis klassischer Musik und eigener Musikausübung der Schüler_innen wurde zunächst das Repertoire der Klassen- und Schulorchester gendersensibel hinterfragt. In einem Salon, für den Moderations-, Ausstattungs-, Regie-, Darsteller_innen- und Musiker_innenteams gebildet wurden, wurde ein Kontrapunkt zum bekannten Repertoire gesetzt, indem Musik und Texte von Bettine von Arnim, Fanny Hensel, Felix Mendelssohn Bartholdy, Clara und Robert Schumann und Johanna Kinkel vor Publikum präsentiert wurden.

Beatrix Borchard/Bettina Knauer

Analog und multimedial

Die grundsätzliche Anwendungsbezogenheit, die im Vermittlungsprojekt Musik und Gender angelegt ist, bezieht sich – und die multimedialen Seiten des Internetportal MUGI sind hier Vorbild – auch auf Vermittlung neuer Räume für Musik im Internet. Des Weiteren sollten durch den Transfer Fragestellungen und Themen, die für die Jugendkultur repräsentativ sind, in den Forschungsbereich aufgenommen werden. An der Stadtteilschule Bergedorf (beteiligter Lehrer: Bernd Ruffer) wurde in einem komplexen Prozess das Thema „Panorama der Vielfalt. Musik und Gender in der heutigen Popularkultur" aufgebaut.

*Projektbeispiel: „Panorama der Vielfalt. Musik und Gender in der heutigen Popularkultur"
an der Stadtteilschule Bergedorf*

Am Beginn des Projektes standen Überlegungen zum Thema „Über Musik sprechen und schreiben". Im Kontext des TONALI-Wettbewerbs in Hamburg, bei dem junge Musiker_innen auch in der Kategorie Musikvermittlung antreten, haben die Schüler_innen über die Bildung einer Jury bewertet und die Grundkompetenzen „über Musik zu sprechen" ausgelotet. Anhand theoretischer Reflexionen und praktischer Übungen wurden weiterhin Formen und Möglichkeiten der Musikkritik und -vermittlung besprochen. Wie kann man Musik in Worte übersetzen? Welche historischen Kontexte erweitern das Verständnis für ein Musikstück, und wie kann man durch einen Text Interesse dafür wecken? Im Zentrum stand die Sensibilisierung für Sprachkategorien, derer man sich oft unreflektiert bedient, um Musik zu beschreiben und die musikalische Fachsprache, Metaphern, ästhetische Einordnungen. Relevant wurde Erarbeitetes dann in der Übersetzung in eigene Präsentationen von Musik. Die Schüler_innen wählten ihre Musikstile aus: Pop, Hip Hop, Techno, House, Reggeatón, Rap, Dubstep, Schlager-Revivals, aus dem klassischen Repertoire: Schostakowitsch. In traditionellen Präsentationen bis hin zu performativen Aktionen wie z.B. die Beschreibung/Darstellung des Musikstils durch Integration in einen inszenierten Raum, der eine Clubatmosphäre assoziierte, haben die Schüler_innen ihr Wissen um und kulturelles Handeln mit Musik übersetzt. Die Club- und Eventkultur wurde als wesentlicher Bezugspunkt weiterhin nach den Kriterien: Club policy, Designs (Architektur, Interieur, Artworks, Darstellungen im Internet), DJ/DJanes und Zielgruppen beschrieben, inhärente Grenzüberschreitungen wie Hedonismus, Exzess, Rausch, Cross-Dressing, Queer analysiert und zuletzt noch einmal unter dem Thema „Techno und Clubkultur aus Perspektive der Gender Studies" in einem 4-stündigen Workshop mit Jan Simons (MA-Studierender an der Uni Hamburg) zusammengefasst. Gerade durch die Aktualität des Themas für die Schüler_innen und ihr Interesse wurden die Grundvoraussetzungen des Tranfers Wissenschaft–Schule noch einmal auf den Prüfstein gestellt: Die Fähigkeit zu differenzieren und zu kontextualisieren, biografisch, historisch, geschlechtsspezifisch, kulturspezifisch, schichtspezifisch, gattungsspezifisch, materialspezifisch. Vor allem mußten Deutungsversuche angeboten werden, die Perspektivität und Historizität der eigenen Rezeption bewusst machten.

In einem letzten Projektteil wurden die Ergebnisse der Schüler_innen unter drei Kategorien gebündelt, mit dem Ziel, einen multimedialen Raum des Projektes im Internet zu realisieren. Das Ergebnis ist unter http://mugi.hfmt-hamburg.de/Panorama_der_Vielfalt/ abrufbar.

Die Kategorien und Einzelthemen:
1. Gender/Aspekt
   – Androgynität in der Popmusik
   – Emanzipation und Künstlerinnenstyling in den 1970/-80er Jahren. Das Beispiel Anni-Frid Lyngstad
   – Sexualität zu Werbezwecken. Wie benutzen weibliche Sängerinnen ihren Körper für das Marketing? Nicky Minaj und Shakira im Vergleich
   – Genderspezifische Vermarktungsstrategien im Rapgeschäft

2. Raum/Form
   – Reggaetón-Kultur. Eine Untersuchung unter besonderer Berücksichtigung der Gender-Perspektive
   – Die Club-Welt Hamburgs: Welche Clubs in Hamburg sind besonders angesagt. Eine Umfrage unter Schülerinnen und Schülern der Stadtteilschule Bergedorf
   – Minderheiten im Hip Hop
   – Homosexualität in der Hip Hop Szene

3. Kultur/Politik
   – Die Rolle der Frau in der afghanischen Musikkultur 1960-2010
   – Die Rolle der Frau in der afghanischen Musikkultur 2000-2013
   – „Russendisco"
   – Musik als Politik: Der Fall Pussy Riot

Der Effekt des Vermittlungsprojekts seitens der Wissenschaft und seitens der Schule: Staunen. Die forschend Fragenden sehen sich bei einem solchen Projekt nicht einem fest definierten ‚Stoff' gegenüber, an dem sie sich „abarbeiten", sondern arbeiten mit einem Pool heterogener Materialien und Fragestellungen, mit denen umzugehen ist. Aufgrund der interdisziplinären Ausrichtung des Projektes können die Fragestellungen grundsätzlich in den Fächern Musik, Deutsch, Geschichte, Englisch, Theater, Philosophie und Kunst Platz finden – für die Kontextualisierung der Themen auch absolut wünschenswert.

Das Vermittlungsprojekt wird fortgesetzt.

BEATRIX BORCHARD/BETTINA KNAUER

Literatur

Bartsch, Cornelia; Borchard, Beatrix; Cadenbach, Rainer (Hg.), *Der „männliche" und der „weibliche" Beethoven. Bericht über den Internationalen musikwissenschaftlichen Kongress vom 31.10. bis 4.11. an der Universität der Künste Berlin*, Bonn 2003 (= Veröffentlichungen des Beethoven-Hauses Bonn: Reihe IV, Schriften zur Beethoven-Forschung 18, hg. von Ernst Herrtrich), Bonn 2003.

Bartsch, Cornelia, *Fanny Hensel, geb. Mendelssohn Bartholdy. Musik als Korrespondenz*, Kassel 2007.

Besseler, Heinrich, „Umgangsmusik und Darbietungsmusik im 16. Jahrhundert", in: *Archiv für Musikwissenschaft* 16. Jahrg., H. 1./2., Wilibald Gurlitt zum siebzigsten Geburtstag (1959), S. 21–43.

Borchard, Beatrix, *Clara Schumann, Ihr Leben*. Eine biographische Montage. 3. erweiterte Aufl. Hildesheim 2015.

Borchard, Beatrix, „Mit Schere und Klebstoff – Montage als biographisches Verfahren", in: Cordula Heymann-Wentzel; Johannes Laas (Hg.): *Musik und Biographie. Festschrift Rainer Cadenbach*, Berlin 2004, S. 30–45.

Borchard, Beatrix, „Musik als Beziehungskunst – ein Blick zurück, zwei nach vorne", in: *Das Konzert: Neue Aufführungskonzepte für eine klassische Form*, hg. von Martin Tröndle, Bielefeld 2009, S. 219–238.

Borchard, Beatrix, „Les-Arten oder: Wie verändert die Gender-Perspektive die Interpretation von Quellen?", in: *Musik und Gender. Grundlagen – Methoden – Perspektiven*, hg. von Rebecca Grotjahn und Sabine Vogt, Laaber 2010, S. 43–56 (= Kompendien Musik 5, hg. im Auftrag der Gesellschaft für Musikforschung).

Borchard, Beatrix (Hg.), *Musikvermittlung und Genderforschung: Lexikon und multimediale Präsentationen*, Hochschule für Musik und Theater Hamburg, 2003 ff. http://mugi.hfmt-hamburg.de (zuletzt eingesehen am 29.12.2015)

Borchard, Beatrix und Knauer, Bettina, „Provokation MEDEA. Forschendes Lernen in einem künstlerischen Projekt", in: *Forschendes Lernen im Studium. Aktuelle Konzepte und Erfahrungen*, hg. von Ludwig Huber, Julia Hellmer und Friederike Schneider, Bielefeld 2009, S. 189–198.

Bornscheuer, Lothar, *Topik. Zur Struktur der gesellschaftlichen Einbildungskraft*, Frankfurt a.M. 1976.

Deutsch, Otto Erich: *Schubert. Die Dokumente seines Lebens*, (NGA VIII: Supplement, Bd. 5), Leipzig 1963.

Füßmann, Klaus (Hg.): *Historische Faszination. Geschichtskultur heute*, Köln 1994.

Hausen, Karin, „Die Nicht-Einheit der Geschichte als historiographische Herausforderung. Zur historischen Relevanz und Anstößigkeit der Geschlechtergeschichte", in: *Geschlechtergeschichte und Allgemeine Geschichte. Herausforderungen und Perspektiven*, hg. von Hans Medick und Anne-Charlott Trepp, Göttingen 1998, S. 15–55.

Jauß, Hans Robert: *Literaturgeschichte als Provokation,* 11. Aufl. Frankfurt a.M. 1997.

Noltze, Holger, *Die Leichtigkeitslüge. Über Musik, Medien und Komplexität*, Edition Körber-Stiftung, Hamburg 2010.

Autor_innen des Bandes

Regina Back, Dr. phil. studierte Musikwissenschaft und Romanistik an der Philipps-Universität Marburg und – als Stipendiatin der Französischen Regierung – an der Université Paris IV-Sorbonne. Nach ihrer Tätigkeit als Programmheftredakteurin für das Symphonieorchester des Bayerischen Rundfunks war sie von 2001 bis 2007 wissenschaftliche Mitarbeiterin bei der Felix-Mendelssohn-Bartholdy-Briefausgabe an der Universität Leipzig – einem Forschungsprojekt der Deutschen Forschungsgemeinschaft – tätig und gab den ersten Band von Mendelssohns *Sämtlichen Briefen* (Kassel u.a., 2008) heraus. Von 2008 bis 2014 war sie als Redakteurin für das „Musikerinnen-Lexikon" von *Musik und Gender im Internet* an der Hochschule für Musik und Theater in Hamburg zuständig. Sie promovierte 2012 mit einer Arbeit über den Briefwechsel zwischen Felix Mendelssohn Bartholdy und Carl Klingemann (*„Freund meiner MusikSeele"*, Kassel u.a. 2014).2014 übernahm sie die Programmleitung der Claussen-Simon-Stiftung in Hamburg, seit September 2015 ist sie Geschäftsführerin der Stiftung.

Cornelia Bartsch, Dr. phil. ist wissenschaftliche Mitarbeiterin am Musikwissenschaftlichen Seminar der Universität Basel. Studium der Schulmusik, Musikwissenschaft, Literaturwissenschaft und Politologie. Promotion mit einer Arbeit über Fanny Hensel und Felix Mendelssohn Bartholdy (*Fanny Hensel, geb. Mendelssohn Bartholdy, Musik als Korrespondenz*). Ihre Arbeits- und Forschungsschwerpunkte liegen an den Schnittpunkten zwischen Geschlechter- und Musikgeschichte vom 18. Jahrhundert bis zur Gegenwart. Darüber hinaus forscht sie zu Musik im jüdischen Akkulturationsprozess sowie zu Topographien der Musik und der musikalischen Wissensproduktion im Kontext der europäischen Kolonialgeschichte. Sie ist Mitglied im Beirat des Jahrbuchs *Musik und Gender* (hg. von der Fachgruppe Frauen und Genderforschung der Gesellschaft für Musikforschung und dem fmg Hannover) und gibt in dieser Reihe gemeinsam mit Britta Sweers (Universität Bern) derzeit den Band *Grenzgänge: Gender, Ethnizität und Klasse als Wissenskategorien der Musikwissenschaft* heraus.

Martina Bick, geboren in Bremen, schrieb Kriminalromane, Romane sowie Kurzgeschichten und arbeitet seit 1996 an der Hochschule für Musik und Theater Hamburg, seit 2001 als Referentin der Gleichstellungsbeauftragten. 2005 schloss sie ein Studium in den Fächern Historische Musikwissenschaft, Neuere deutsche Literatur und Gender-Studies an der Universität Hamburg mit dem Magisterexamen ab und ist seitdem zusätzlich für das Forschungsprojekt *Musikvermittlung und Genderforschung im Internet* tätig und u.a. zuständig für die kommentierten Links und die Redaktion der „Männer"-Artikel.

Beatrix Borchard, Prof. Dr. phil. habil., Musikwissenschaftlerin und Musikpublizistin, geb. in Lingen/Ems, studierte in Bonn und Berlin Musikwissenschaften, Germanistik und Geschichte und promovierte über *Clara Wieck und Robert Schumann, Bedingungen künstlerischer Arbeit in der 1. Hälfte des 19. Jahrhunderts* (1983, 2. Auflage Kassel 1992). 2000 habilitierte sie sich mit der interpretationsgeschichtlichen Studie *Stimme und Geige. Amalie und Joseph Joachim. Biographie und Interpretationsgeschichte*. Wien 2002 (2. Auflage 2007). Weitere Veröffentlichungen: *Clara Schumann – Ihr Leben. Eine biographische Montage*. Hildesheim-Zürich-New York 2015. *Pauline*

Autor_innen des Bandes

Viardot: Fülle des Lebens, Köln-Weimar-Wien 2016. Beatrix Borchard lehrte zehn Jahre an der Hochschule der Künste Berlin (heute: Universität der Künste). Vom WS 2000 bis zum SS 2002 hatte sie eine Professur für historische Musikwissenschaft und Genderforschung an der Musikhochschule Detmold/Universität Paderborn inne. Seit 2002 ist sie Professorin für Musikwissenschaften an der Hochschule für Musik und Theater Hamburg.
Mehr zu Beatrix Borchard: http://mugi.hfmt-hamburg.de/Borchard

Janina Klassen, Prof. Dr. phil. habil., ist Professorin für Musikwissenschaft an der Musikhochschule Freiburg i. Br. Promotion an der Christian Albrechts Universität zu in Kiel mit einer Arbeit über die Komponistin Clara Wieck Schumann, Fakultätspreis 1990, Habilitation an der Technischen Universität Berlin mit einer Arbeit über Musik und Rhetorik. Neben dem Studium freischaffend als Musikdramaturgin, Autorin und im Verlag. Derzeitige Forschungsschwerpunkte: Musik und Sprachtheorie, Musikgeschichte und -theorie seit der Frühneuzeit, zeitgenössische Musik- und Soundkonzepte, Gender Studien. Wissenschaftliche Leitung des Projekts *Sound Caching*, gemeinsam mit Prof. Dr. Rainer Bayreuther.

Bettina Knauer, Dr. phil., geboren in Coburg, studierte Germanistik, Philosophie, Theaterwissenschaft, Buch- und Bibliothekswissenschaften, Christliche Archäologie und Kunstgeschichte an den Universitäten Würzburg und Erlangen-Nürnberg; 1992 war sie wissenschaftliche Mitarbeiterin am Lehrstuhl für Neuere deutsche Literaturgeschichte der Universität Erlangen-Nürnberg und promovierte 1993 über *Allegorische Texturen. Studien zum Prosawerk Clemens Brentanos* (Tübingen: Niemeyer, Hermaea Neue Folge 1995, Reprint De Gruyter 2015), 1993-2000 forschte und lehrte sie als Akademische Rätin an der Universität Erlangen-Nürnberg; nach Stationen in der PR- und Werbebranche in Hamburg, Hongkong und Hangzhou arbeitet sie seit 2002 als Kulturmanagerin und Dramaturgin, entwickelt neue Formen und Formate in der Vermittlung von Musik, Literatur und Kunst und konzipierte zahlreiche Musiktheater-(Ur-)Aufführungen; seit 2008 leitet sie das Kulturforum21 und das Education-Programm des Katholischen Schulverbandes Hamburg; sie hat Lehraufträge an der Universität Hamburg, an der Hochschule für Musik und Theater Hamburg und in der Erwachsenenbildung.

Kirsten Reese studierte Flöte, elektronische Musik und Komposition in Berlin und in New York. Als Klangkünstlerin und Komponistin schafft sie Werke für Elektronische Medien und Instrumente sowie intermediale und interaktive Installationen. Eine hervorgehobene Rolle spielen bei ihren Arbeiten raum- und wahrnehmungsbezogene sowie performative und narrative Aspekte. Als Flötistin trat Kirsten Reese mit Kammerensembles und als Solistin auf, war beteiligt an Film- und Rundfunkaufnahmen und initiierte Uraufführungen von Auftragswerken. Als Autorin schrieb sie Radiosendungen und Features und publizierte in Fachzeitschriften und Lexika. Von 2002 bis 2007 war sie an der Hochschule für Musik und Theater Hamburg wissenschaftliche Mitarbeiterin im Forschungsprojekt *Musik und Gender im Internet*. Seit 2005 unterrichtet Kirsten Reese Komposition und elektronische Klanggestaltung an der Universität der Künste Berlin. 2010 erschien im Wolke Verlag ihr Katalog „Medien Klang Konstellationen".
Mehr zu Kirsten Reese http://www.kirstenreese.de

Sarah M. Ross, Prof. Dr. phil. habil., studierte zwischen dem WS 1997/98 und dem SS 2004 an den Universitäten Kiel und Köln Historische Musikwissenschaft, Musikethnologie, Judaistik,

Klassische Archäologie und Europäische Ethnologie. Von 2006 bis 2009 war sie Stipendiatin am DFG-Graduiertenkolleg „Kulturkontakt und Wissenschaftsdiskurs" an der Universität Rostock sowie Doktorandin an der Hochschule für Musik und Theater Rostock, an der sie im Februar 2010 mit einer Dissertation zum Thema „Performing the Political in American Jewish-Feminist Music" promoviert wurde. Seit Dezember 2009 ist Sarah Ross Assistentin für Kulturelle Anthropologie der Musik am Institut für Musikwissenschaft sowie Studienfachleiterin des Masterstudienganges „World Arts" am Center for Cultural Studies an der Universität Bern. Derzeit habilitiert sie zum Thema „Musikalische Zeitlandschaften: Überlegungen zu einer Musikethnologie der Nachhaltigkeit." Ihre Forschungsschwerpunkte sind: Musik und Religion (Jüdische Musik), Musikethnologie und kulturelle Nachhaltigkeit (UNESCO, Immaterielles Kulturerbe), Musikethnologische Genderforschung, Kognitive Musikethnologie (Musik und Emotionen), Populärmusikforschung sowie Angewandte Musikethnologie.

Florian Rügamer, geboren in Nürnberg, studierte Historische Musikwissenschaft, Deutsche Sprachwissenschaft und Linguistische Informatik an der Friedrich-Alexander-Universität Erlangen-Nürnberg sowie Historische und Systematische Musikwissenschaft an der Universität Hamburg. 2008 schloss er sein Studium mit einer Arbeit über „Die Tonfolge B-A-C-H in Zwölftonkompositionen der Neuen Wiener Schule" ab. Florian Rügamer betätigt sich, mit Unterbrechungen und unter verschiedenen Pseudonymen, als Autor in der Wikipedia und als Administrator eines weiteren Wikis. Im Zuge dessen erwarb er sich Kenntnisse verschiedener Web-Technologien, darunter HTML, Javascript und PHP. Seit Oktober 2010 bringt er diese Kompetenzen auch als Wissenschaftlicher Mitarbeiter an der Hochschule für Musik und Theater Hamburg im Projekt *Musikvermittlung und Genderforschung im Internet* ein sowie als freiberuflicher Programmierer. Mit mehreren von ihm angebotenen Lehrveranstaltungen nahm er am Hochschulprogramm der Wikipedia teil und leitete Musik-Studierende beim Verfassen von Wikipedia-Artikeln an. Seine Forschungsinteressen umfassen die Musikgeschichte des 16. und 20. Jahrhunderts, Orgelsinfonik, spekulative Musiktheorie sowie Popularmusik mit dem Schwerpunkt auf Jugend- bzw. Subkultur. Derzeit verfasst Florian Rügamer seine Dissertation über das Thema „Die Tonfolge B-A-C-H im 20. Jahrhundert" bei Prof. Dr. Friedrich Geiger, Universität Hamburg.

Nicole K. Strohmann, Dr. phil., 1996–2002 Lehramtsstudium Musik (Schwerpunkt Gesang), Musikwissenschaft, Musikpädagogik und Erziehungswissenschaft an der Folkwang Universität der Künste Essen und Deutsch an der Universität Duisburg-Essen, anschließend dort Studium der Betriebswirtschaftslehre; 2005–2008 Wissenschaftliche Mitarbeiterin an der Hochschule für Musik und Theater Hamburg; Forschungsaufenthalte an der Harvard University, Cambridge MA, USA, und Paris; Mariann Stegmann Förderpreis (Auszeichnung für hervorragende Arbeiten von NachwuchswissenschaftlerInnen zur musikwissenschaftlichen Genderforschung; 2010 Promotion im Fach Musikwissenschaft (Dr. phil.) an der Folkwang Universität der Künste Essen; seit März 2012 wissenschaftliche Mitarbeiterin im Bereich Historische Musikwissenschaft/Gender Studies im Forschungszentrum Musik und Gender an der Hochschule für Musik, Theater und Medien Hannover; Strohmann ist aktives Mitglied in mehreren internationalen und nationalen Fachgesellschaften und Jurorin des „Gundlach Musikpreises". Forschungsschwerpunkte: Französische Musikgeschichte des 19. Jahrhunderts, Oper und Musiktheater, Musik- und Festkultur in der Frühen Neuzeit, musikwissenschaftliche Frauen- und Geschlechterforschung, Interpretations- und Aufführungsanalyse sowie Kultur- und Rezeptionsgeschichte.

Autor_innen des Bandes

Elisabeth Treydte studierte Musikwissenschaft, Romanistik und Germanistik in Frankfurt a.M.; im Wintersemester 2010/11 als Stipendiatin des DAAD an der Universität Wien. Von 2011 bis 2014 war sie für das Archiv Frau und Musik in Frankfurt a.M. tätig und ist seit Dezember 2014 Wissenschaftliche Mitarbeiterin an der Hochschule für Musik und Theater Hamburg.

Christiane Wiesenfeldt, Prof. Dr. phil. habil., wurde 2005 in Kiel (Friedhelm Krummacher) zur Cellosonate im 19. Jahrhundert promoviert und habilitierte sich 2011 in Münster (Jürgen Heidrich) mit einer Arbeit zur Marienmesse im 16. Jahrhundert. Seit 2012 ist sie Lehrstuhlinhaberin für Historische Musikwissenschaft am gemeinsamen Institut für Musikwissenschaft Weimar-Jena.